幼儿园课程资源丛书

幼儿园健康教育资源 体育活动

刘馨　张首文　主编

人民教育出版社
·北京·

图书在版编目(CIP)数据

幼儿园健康教育资源. 体育活动 / 刘馨，张首文主编. — 北京：人民教育出版社，2018.6
（幼儿园课程资源丛书）
ISBN 978-7-107-32185-6

Ⅰ. ①幼… Ⅱ. ①刘… ②张… Ⅲ. ①体育课—学前教育—教学参考资料 Ⅳ. ①G613

中国版本图书馆 CIP 数据核字（2018）第 120334 号

幼儿园健康教育资源　体育活动
责任编辑　焦　艳　向　导
装帧设计　房海莹

出版发行	人民教育出版社
	（北京市海淀区中关村南大街 17 号院 1 号楼　邮编：100081）
网　　址	http://www.pep.com.cn
经　　销	全国新华书店
印　　刷	大厂益利印刷有限公司
版　　次	2018 年 6 月第 1 版
印　　次	2018 年 6 月第 1 次印刷
开　　本	787 毫米×1 092 毫米　1/16
印　　张	29.75
字　　数	580 千字
印　　数	0 001～3 000 册
定　　价	60.00 元

版权所有·未经许可不得采用任何方式擅自复制或使用本产品任何部分·违者必究
如发现内容质量问题、印装质量问题，请与本社联系。电话：400-810-5788

幼儿园课程资源丛书

幼儿园健康教育资源　　健康生活
幼儿园健康教育资源　　体育活动
幼儿园语言教育资源
幼儿园社会教育资源
幼儿园科学教育资源
幼儿园数学教育资源　　上册
幼儿园数学教育资源　　下册
幼儿园音乐教育资源　　唱歌
幼儿园音乐教育资源　　律动
幼儿园音乐教育资源　　打击乐
幼儿园美术教育资源　　绘画

幼儿园课程资源丛书编写委员会

主 任 委 员 邹海燕　刘雅琴
副主任委员 焦　艳　秦光兰
编　　　委（按姓氏音序排列）
　　　　　　　陈伊丽　刘　丽　刘　馨　刘占兰　刘峰峰
　　　　　　　王迎兰　许卓娅　向　导　张　帆　张念芸
　　　　　　　张慧和　周　菲　周　兢

本册编写人员

主　　　编 刘　馨　张首文
副　主　编 范惠静　安亚玲　冷小刚　韩　梅　范　茜
编　　　委 向　导　李淑芳　赵　萍　李迎春　冯　颖　徐　超
　　　　　　　李　徽　马丽雯　张　瑜　黄　洁　张卫红　彭盛斌
　　　　　　　付春香　苑立洁　黎　芳　张凤真　钱颖涵　李连姬
　　　　　　　丁静娴　张　京　曹　梅　张　杰　何　维　赵亚娟
　　　　　　　刘丽坤　刘　岩　崔凤兰

鸣谢幼儿园

北京市昌平区工业幼儿园

原中国人民解放军总后勤部六一幼儿园

北京市丰台区芳群第二幼儿园

北京市东城区分司厅幼儿园

四川省绵阳市机关幼儿园

北京市朝阳区劲松第一幼儿园

北京市延庆区第四幼儿园

国家安全监管总局幼儿园

北京市丰台区育英幼儿园

北京市丰台区蒲黄榆第一幼儿园

北京市石景山区实验幼儿园

北京市石景山区第三幼儿园

南京市鼓楼幼儿园

出版说明

自 20 世纪 80 年代以来，尤其是在贯彻《幼儿园工作规程（试行）》的过程中，我国学前教育界就开始了全面改革，儿童观和教育观发生了深刻变化。教育者开始重新认识幼儿身心发展的规律和需求，认识儿童学习和发展的特点。在教育理念发生深刻变化的同时，幼儿园课程和教学的研究也在深入。幼儿园教育实践开始打破以往以学科逻辑为中心的分科课程模式，开始尝试围绕幼儿经验和活动组织课程。各种课程模式、教育方案在幼儿园教育实践中应运而生，诸如领域课程、单元主题课程、整合课程、多元智能课程、项目活动或方案教学等。许多地方根据自己的实践，编写了多种课程用书。

为规范和引领幼儿园教育实践，2001 年，教育部颁布了《幼儿园教育指导纲要（试行）》（以下简称《纲要》），对幼儿园教育的内容与要求、组织与实施、教育评价、教师角色和要求都做出了规定；2012 年，教育部颁布《3—6 岁儿童学习与发展指南》（以下简称《指南》），分五大领域提出了幼儿学习与发展的目标、各年龄阶段的典型表现及相应的教育建议。

《纲要》和《指南》为幼儿园课程与教学提供了明确的方向和指引。在实践中，教师需要根据幼儿的学习、发展特点和教育实际，以一种课程模式为主体，选取和组合丰富的教育资源，生成和发展课程。课程资源对教师的课程实施、教学设计起到十分重要的作用。

为了满足广大幼儿园教师对新型幼儿园课程资源的需求，我社课程教材研究所学前教育课程教材研究开发中心承担了中国教育学会"十二五"教育科研规划重点课题"幼儿园课程资源建设研究"，组织我国学前教育领域的有关专家学者、幼儿园园长和骨干教师，根据《纲要》和《指南》的精神，开展了幼儿园课程资源的理论与实践研究。本研究围绕如何开发教师的创新能力，引导教师以适宜的材料和方式去教育和指导幼儿，促进幼儿园的有效教学，促成幼儿的良好发展而进行，希望能够开发出一套既能突出教师在课程开发中的主体作用，又能够保证幼儿主动学习的课程资源，支持教师在教学实际中，根据幼儿发展和学习需要，创设环境、设计活动，引导幼儿主动学习。

现在呈现给大家的幼儿园教育课程资源丛书正是上述研究的结晶。本丛书概括起来有以下几个主要特点。

1. 课程资源涵盖幼儿发展的各个方面

本套丛书涵盖幼儿园健康教育、语言教育、社会教育、科学教育和艺术教育五个领域，并围绕《纲要》和《指南》的内容组织资源素材。根据幼儿园的现实教学情况，为方便教学，我们将科学领域的内容划分为科学和数学两大部分，将艺术领域的内容划分为美术和音乐两大部分，并分别单独成书。

2. 不拘于课程模式，教师可灵活选用

本丛书根据教师完成教育任务的需求，提供可适用于多种课程模式的教育素材，其中包括不同年龄班幼儿在不同学习领域的关键经验、基本教学内容和指导要点，大量的教育活动和游戏活动实例，丰富的素材如诗歌、故事、绘画作品、手工作品、歌曲、舞蹈和小知识等，以及相关的幼儿操作材料和配套产品。在提供素材的同时，给予相关的教学提示，包括教师在组织相关教育活动时，如何创设环境，提供材料，如何设计教育活动实施步骤，如何指导幼儿探索等。

作为幼儿园最基本的课程资源，本丛书适用于各种课程模式，无论是分领域教学还是综合教学，或其他各种课程模式的教学都可以灵活选用。从而将过去那种固定搭配的教案改变为一系列备选的素材，同时对教师提出多种组织教育活动的建议。这样不仅有利于教师自主开展教育活动，而且可以使幼儿获得更有效的发展。

3. 实用性和操作性强

本丛书为教师提供了教学时可供选择的多种教育活动方案、相关资源与操作材料。不仅包括文本形式，还提供了多媒体资源、幼儿操作材料、工具包等，在为幼儿提供大量动手动脑机会的同时，也可以减轻教师制作教具和学具的负担。

本丛书得到中国教育科学研究院、北京师范大学、华东师范大学、南京师范大学、首都师范大学、北京市教育科学研究院、南京高等幼儿师范学校的有关专家、教师以及众多幼儿园的参与和支持，在此表示诚挚的感谢！

衷心希望广大读者在使用过程中提出宝贵的意见，以使本丛书更臻完善和实用。

幼儿园课程资源丛书编写委员会
2017 年 4 月

编写说明

健康是指人在身体、心理和社会适应方面的良好状态。幼儿正处于身体发育和心理发展的重要时期，维护和促进幼儿健康对幼儿的全面、和谐发展具有重要的作用。教育部2001年颁布的《幼儿园教育指导纲要（试行）》明确指出"幼儿园必须把保护幼儿的生命和促进幼儿的健康放在工作的首位"，2012年颁布的《3—6岁儿童学习与发展指南》又从幼儿学习与发展的角度，提出了幼儿在健康领域学习与发展的具体目标，其目的就是要指导我们围绕幼儿的健康做好各方面的工作，促进幼儿健康成长。

幼儿园健康教育，是最能体现幼儿学习与发展生活化、游戏化和操作性的教育：幼儿在日常生活中了解生活常识，掌握生活技能，养成受益终身的生活习惯，在生活中学习生活、学会生活；同时，教育者根据幼儿学习与发展的特点和目标，紧密结合生活场景，提供游戏、操作和体验，充分体现教育引领发展的理念。

《幼儿园健康教育资源》分为"健康生活"和"体育活动"

两册。编写的目的,就是要为教师提供与健康和体育相关的、必需的理论与背景知识、丰富的内容素材、精彩的使用案例,为教师实施健康教育提供启发和参考。

本册为"体育活动",专门提供幼儿园体育活动的资源。根据教育实践中教师组织体育活动的需要,我们对于资源的设计分为以下三个部分。

第一部分:教师的基本理论知识,包括幼儿体育活动的价值与目标、计划与组织,以及幼儿体育活动的两个核心概念等。其中,特别阐述了幼儿身体素质的内涵、幼儿基本动作发展的特点与指导要点等。相信这些都是教师组织体育活动必备的基础。

第二部分:内容和素材,分为幼儿体育游戏、幼儿运动器械活动与游戏、幼儿基本体操三章。这一部分汇集了大量经典的幼儿体育游戏、器械活动和体操活动,既有传承,又有创新。教师可根据幼儿的年龄特点、教育目标灵活选用。

第三部分:各种类型体育活动组织的案例。比如,体育教学活动、区域体育活动、其他形式的体育活动(室内活动、运动会、远足活动)等,为教师利用素材组织活动提供了参考和范例。

以上三个部分,将体育活动"为什么、是什么、怎么做"的知识进行有机整合,为教师提升幼儿体育活动方面的专业素质和实践能力、提高幼儿体育活动的质量,提供了很好的专业指导。同时,为教师生成课程提供素材和依据,有利于发挥教师在教育过程中的主动性和灵活性。

本书能如期出版,除了编写者的努力外,还要感谢多年来一直参与体育研究园所的支持,以及本次提供丰富素材和活动案例的幼儿园。感谢人教社学前室领导关怀以及各位编辑的支持和努力。

为了编好这套书,我们通过多种渠道与收入本书作品的作者进行了联系,得到了各位作者的大力支持,在此,我们深表谢意。但是,有些作品的作者姓名和地址不详,暂时无法取得联系,恳请这些作品的作者尽快与我们联系,以便做出妥善处理。

刘 馨

2017 年 7 月

目 录

第一章　幼儿体育活动概述/1

第一节　幼儿体育活动的价值与目标/1
一、幼儿体育活动的价值/1
二、幼儿园体育活动的目标/3

第二节　幼儿体育活动的两个核心概念/5
一、幼儿身体素质/5
二、幼儿基本动作/12

第三节　幼儿园体育活动的计划与组织/38
一、幼儿园体育活动的计划/38
二、幼儿园体育活动的组织原则/48
三、幼儿园体育活动的安全与卫生/51

第二章　幼儿体育游戏/53

第一节　幼儿体育游戏概述/53
一、幼儿体育游戏的含义与价值/53
二、幼儿体育游戏的类型和年龄特点/54
三、幼儿体育游戏的组织要点/57

第二节　小班体育游戏/59
一、基本体能游戏/59
二、循环体能游戏/73
三、民族、民间体育游戏/79
四、亲子体育游戏/81

第三节　中班体育游戏/85
一、基本体能游戏/85
二、循环体能游戏/101

　　　　三、民族、民间体育游戏/108

　　　　四、亲子体育游戏/111

　　第四节　大班体育游戏/115

　　　　一、基本体能游戏/115

　　　　二、循环体能游戏/131

　　　　三、民族、民间体育游戏/136

　　　　四、亲子体育游戏/145

第三章　幼儿运动器械活动与游戏/150

　　第一节　幼儿运动器械活动与游戏概述/150

　　　　一、幼儿运动器械活动与游戏的含义与价值/150

　　　　二、幼儿运动器械的分类/151

　　　　三、幼儿运动器械活动与游戏的年龄特点/152

　　　　四、幼儿运动器械活动与游戏的组织要点/154

　　第二节　固定性运动器械/156

　　　　一、多功能组合滑梯/156

　　　　二、隧道爬网/158

　　　　三、管道/159

　　　　四、秋千/161

　　　　五、转马/162

　　　　六、摇马/163

　　　　七、攀爬架、攀登网、攀岩石/164

　　　　八、梅花桩、平衡木/166

　　　　九、滑索/167

　　　　十、悬垂架/168

　　　　十一、吊球/170

　　第三节　移动性运动器械/171

　　　　一、花样泡沫垫/171

　　　　二、拱形门/178

三、单元砖/181

　　四、大陀螺/183

　　五、独轮车/187

　　六、双人协力车/190

　　七、自制托马斯小车/192

第四节　手持类轻器械/194

　　一、圈/194

　　二、球/197

　　三、粘板/210

　　四、沙包/212

　　五、飞盘/215

　　六、儿童拉力器/219

　　七、脚球/221

　　八、空竹/222

　　九、铁环/224

　　十、百变条/226

　　十一、花毽/228

　　十二、自制瓢虫梅花桩/229

　　十三、自制降落伞/232

　　十四、自制荷叶/234

　　十五、自制小高跷/236

　　十六、玉米秆、高粱秆/238

　　十七、自制中幡/242

　　十八、自制盾牌/243

　　十九、自制小动物箬帚/246

第四章　幼儿基本体操/249

第一节　幼儿基本体操概述/249

　　一、幼儿基本体操的含义与价值/249

二、幼儿基本体操的内容/249

三、不同年龄段幼儿操节活动的特点/252

四、幼儿基本体操的组织要点/253

第二节　小班基本体操/255

一、队形和队列练习/255

二、模仿操/257

三、轻器械操/265

第三节　中班基本体操/269

一、队形和队列练习/269

二、徒手操/274

三、轻器械操/279

第四节　大班基本体操/294

一、队形和队列练习/294

二、徒手操/298

三、轻器械操/309

第五章　幼儿园体育教学活动/317

第一节　幼儿园体育教学活动概述/317

一、幼儿园体育教学活动的含义和特点/317

二、幼儿园体育教学活动的组织要点/318

第二节　小班案例/323

案例1　小蚂蚁搬豆豆/323

案例2　我当司机把车开/325

案例3　彩虹伞/326

案例4　小猫捉鱼/328

第三节　中班案例/330

案例1　好玩的椅子小路/330

案例2　时空隧道/332

案例3　特警部队/334

　　　　案例4　葫芦娃大力士/336

　　第四节　大班案例/337

　　　　案例1　小小杂技员/337

　　　　案例2　赛龙舟/340

　　　　案例3　我是特种兵/342

　　　　案例4　小猴夺宝/343

第六章　幼儿园区域体育活动/346

　　第一节　幼儿园区域体育活动概述/346

　　　　一、幼儿园区域体育活动的含义与价值/346

　　　　二、幼儿园体育活动区域的分类/347

　　　　三、幼儿园区域体育活动的组织要点/348

　　第二节　各年龄班典型体育活动区域设置/354

　　　　一、小班典型体育活动区域设置/354

　　　　二、中班典型体育活动区域设置/362

　　　　三、大班典型体育活动区域设置/374

　　第三节　综合性体育活动区域设置/383

　　　　一、沙土区/384

　　　　二、玩水区/386

　　　　三、小山坡区/389

第七章　其他形式的体育活动/392

　　第一节　室内体育活动/392

　　　　一、室内体育活动概述/392

　　　　二、室内体育游戏精选/395

　　　　三、室内体操精选/415

　　第二节　幼儿远足活动/427

　　　　一、幼儿远足活动概述/428

　　　　二、案例精选/431

第三节 幼儿运动会/439

    一、幼儿运动会概述/439

    二、案例精选/442

第一章 幼儿体育活动概述

幼儿体育活动是幼儿园健康领域教育的重要组成部分，它对于增强幼儿体质、增进幼儿健康具有重要的意义。

第一节 幼儿体育活动的价值与目标

影响幼儿体质强弱的因素很多，如遗传、先天素质、营养状况、生活条件、体育活动等。其中，幼儿经常参加适宜的体育活动是增强体质最积极、最有效的因素，也是增进健康的重要手段。

一、幼儿体育活动的价值

幼儿在参与体育活动的过程中，不仅能获得身体上的锻炼与发展，也能获得认知、个性、情绪情感、社会性等方面的良好发展。

（一）幼儿体育活动对身体发展的价值

幼儿的生长发育十分迅速，身体各组织、器官与系统正处于生长发育的关键时期。适当的体育活动有助于促进幼儿的生长发育及机体的协调发展。

适宜的体育活动能促进幼儿骨组织的新陈代谢，增加骨细胞营养物质的供给，提高骨细胞的生长能力，使幼儿身高增长，骨骼更加结实；能使幼儿身体各部位的肌肉组织和关节得到锻炼，提高肌肉的力量和耐力，增强关节的牢固性；能提高幼儿心肌的收缩能力，使每搏输出量得到增加，增强心脏的功能；能锻炼幼儿的呼吸肌，增大肺通气量和肺活量，促进肺部的发育与健康。经常在天气多变的自然环境中进行运动和锻炼，还能逐步提高幼儿机体的适应能力和抵抗疾病的能力。

体育活动对于幼儿神经系统的发育与脑功能的完善具有特别重要的价值。首先，体育活动能提高幼儿神经系统对机体的调节与控制能力。例如：幼儿参与跑、跳等运动能增强神经系统对心肺的调节功能；幼儿进行跳跃、投掷等运动，能提高神经系统对视觉、肌肉运动的综合调节和控制能力；等等。其次，适当的体育活动能改善幼儿神经过程的不均衡性，促使大脑皮层的抑制加深，使兴奋和抑制更加集中。例如：幼儿通过单脚站立、走平衡板、走跑中突停或改变方向等运动，能增强大脑皮层的抑制过程，提高神经系统对身体的控制能力；幼儿通过玩追逐躲闪跑、单双脚变换跳、躲避他人扔过来的沙包等体育游戏，又能使神经过程的兴奋更加集中，提高神经过程的灵活性；等等。此外，一些有针对性的体育活动还能有效促进幼儿大脑双侧分化，增强前庭功能的稳定性，同时使幼儿视觉、触觉、本体觉等得到协调发展，促进感知觉的统合，为幼儿学习能力的发展奠定基础。

幼儿经常参加各种体育活动，能提高平衡能力、协调性、灵敏性、力量、耐力、速度、柔韧性等身体素质，使各种基本动作（如走、跑、跳跃、投掷、攀登、钻、爬、悬垂等）得到一定的发展，这不仅有利于幼儿动作能力的提高和体质的增强，而且也能为幼儿更好地维护自身安全、适应社会生活提供重要的保障。同时，幼儿身体素质和基本动作的发展，还将为其今后进一步学习各种运动技能奠定良好的基础。

（二）幼儿体育活动对心理发展的价值

运动医学与脑科学的研究表明，儿童早期的运动有助于增强幼儿脑组织的功能和感觉统合，这些都将为幼儿认知能力的发展提供良好的生理基础。同时，幼儿在运动中还伴随着大量的认知活动。例如：幼儿需要认识并记忆身体部位和运动器械的名称；要理解游戏的方法、运动的规则；要注意观察和记忆教师的动作示范和动作要求；要模仿和表现各种身体姿态和动作；要判断物体或他人运动的速度、方向及位置，并适时地调整自己的空间方位和速度；要计划活动的路线与思考解决问题的方案；要动脑动手尝试多种游戏的方法；等等。可见，运动不仅仅是身体的活动，也是积极的认知活动，这些过程和经验的积累都有助于促进幼儿认知能力的发展。

体育活动以它丰富多样的内容和器材吸引着幼儿，幼儿通过独立、自主的运动探索和游戏，能满足好奇心和探索欲望，并能从中获得一定的自由感、愉悦感和满足感。运动能缓解幼儿的紧张和压力，减少和消除不良的情绪，或使不良的情绪得到适当地释放。幼儿在快乐的运动中，还能获得一定的成功体验和良好感受，从而使他们心情舒畅，活泼开朗，积极主动，充满自信。

在体育活动中，幼儿会面临一些挑战，也会遇到一些困难和挫折，这时需要幼儿能够勇敢地去面对，树立起克服困难的信心，大胆地去尝试和探索。因此，运动有助于培养幼儿积极乐观的态度与坚强、勇敢、不怕困难、坚持不懈等良好的意志品质。

幼儿参加体育活动的过程也是与他人积极交往的过程，需要幼儿遵守游戏的要求和规则，克服自我中心和自我冲动，学会等待、分享和合作，还要具有一定的团队意识、集体意识以及责任感等，运动过程还能培养幼儿公平的竞争意识，这些都将为幼儿社会性的良好发展提供有利的契机。

二、幼儿园体育活动的目标

幼儿园体育活动的目标是指导幼儿园全面规划和组织幼儿体育活动的重要依据，它为幼儿园开展科学、适宜的体育活动指明了方向。

在教育部颁布的《幼儿园教育指导纲要（试行）》（2001）（以下简称《纲要》）健康领域中，围绕幼儿园体育活动提出的幼儿发展目标是"喜欢参加体育活动，动作协调、灵活"。

从中我们首先可以看到，培养幼儿对体育活动的兴趣是幼儿园体育活动的重要目标之一。幼儿只有对体育活动产生了兴趣，才能积极、主动地投入体育活动之中，兴趣是活动的内在动力。其次，"动作协调、灵活"这一幼儿发展目标告诉我们，幼儿园的体育活动要落实到幼儿身体动作的协调性和灵敏性这两个身体素质的培养上。《纲要》在健康领域的教育内容与要求中还进一步提出，要"用幼儿感兴趣的方式发展基本动作，提高动作的协调性、灵活性"，由此表明，发展幼儿的基本动作也是幼儿园体育活动的重要任务之一，但最终应落实到幼儿身体素质的培养上。《纲要》中对于幼儿身体素质和基本动作的发展目标并没有做具体的阐释。

随着我国幼教事业的不断发展，2012年教育部颁布了《3—6岁儿童学习与发展指南》（以下简称《指南》），在这一国家性的幼教文件中，对幼儿在体育活动中的发展目标做了较为深入、具体的阐述和方向上的引领，尤其是提出了3～

6岁幼儿在大肌肉的动作上"具有一定的平衡能力,动作协调、灵敏"和"具有一定的力量和耐力"的发展目标。身体素质反映了一个人在身体运动中的机能水平,对幼儿来说,平衡能力、协调性、灵敏性、力量和耐力都是最基本的身体素质。同时,《指南》围绕幼儿健康的体态、生活习惯与生活能力等方面,提出了幼儿在身体形态和姿势、体育活动的兴趣与主动性、安全运动等方面的发展目标。这些目标的提出,为幼儿园深入开展幼儿体育活动,提高幼儿体育活动的有效性,增强幼儿的体质,促进幼儿身心健康成长,指明了工作方向。

依据《纲要》和《指南》中幼儿在健康领域学习与发展的需要以及体育活动对幼儿发展的价值,幼儿园体育活动的目标主要体现为以下三个方面。

(一) 促进幼儿生长发育和增强幼儿体质方面的目标

幼儿阶段是生长发育的重要时期,幼儿园体育活动的首要任务就是要促进幼儿的正常生长发育,促使幼儿身体主要器官和系统机能的良好与协调发展,增强幼儿的体质。其主要目标如下。

1. 促使幼儿形成健康的体态,如身高和体重增长适宜、比例协调,表现出正确的站姿、行走姿势和跑步姿势等。
2. 提高幼儿的平衡能力、协调性、灵敏性、力量、耐力等基本身体素质。
3. 发展幼儿走、跑、跳跃、投掷、攀登、钻、爬、悬垂等基本动作。
4. 锻炼幼儿机体对摆动、颠簸、旋转等刺激的适应能力,促进幼儿平衡功能的良好发展。
5. 提高幼儿机体对外界气候及其变化的适应能力以及抵抗疾病的能力。

(二) 培养幼儿良好运动习惯和安全运动的能力方面的目标

在幼儿园体育活动中,培养幼儿良好的运动习惯和安全运动的能力也是重要的目标,这既是现代保健观念和终身体育理念的体现,也是保证幼儿运动安全的基本条件。其主要目标如下。

1. 激发幼儿参加体育活动的兴趣和主动性。
2. 逐步培养幼儿体育锻炼的习惯。
3. 提高幼儿运动时的安全意识和自我保护能力。

(三) 促进幼儿认知、情绪情感、个性、社会性等方面发展的目标

体育活动是实现幼儿身心全面、和谐发展的重要途径和手段,通过体育活动

应达成以下主要目标。

1. 促进幼儿认知能力的发展。例如：丰富幼儿的运动体验以及对身体部位、物体基本特性的认识；发展幼儿的感知觉、注意力、记忆力、模仿能力、想象力、创造力以及判断能力、计划与行动能力；等等。

2. 促进幼儿情绪情感的发展。例如：使幼儿体验运动过程带来的快乐与胜任感，激发幼儿积极向上、愉快的情绪；帮助幼儿舒缓紧张和压力，转移不良的情绪；等等。

3. 促进幼儿个性、社会性等方面的发展。例如：培养幼儿的自信心、独立性、主动性以及勇敢、不怕困难、坚持等良好的个性品质和意志品质；培养幼儿轮流、等待以及与同伴友好合作的能力；培养幼儿遵守活动要求和规则的意识与习惯；培养幼儿一定的团队与集体意识、责任感以及公平竞争的意识；等等。

4. 促进幼儿审美能力的发展。例如：培养幼儿对体态美、动作美的感知能力；培养幼儿的节奏感、韵律感；等等。

综上所述，幼儿园体育活动的总目标可以概括为以下三个方面。

• 促进幼儿生长发育和机能的良好发展，提高幼儿身体素质，发展幼儿基本动作，增强幼儿体质。

• 满足幼儿运动需要，丰富幼儿运动体验，培养幼儿参加体育活动的兴趣和习惯，提高幼儿运动中的自我保护能力。

• 激发幼儿愉快情绪，促进幼儿认知、个性、社会性等方面的良好发展。

第二节 幼儿体育活动的两个核心概念

一、幼儿身体素质

（一）幼儿身体素质的内涵

人类的一切身体运动，都是在大脑皮层支配下所实现的不同形式的肌肉活动。平衡能力、力量、速度、灵敏性、协调性、柔韧性、耐力等身体素质，则是人体在肌肉活动中所表现出来的机能能力。从运动生理学的角度来分析，一个人身体素质的发展水平，不仅取决于肌肉组织本身的机构和机能特点，还与肌肉工作时的能量供应、氧气供给以及神经调节过程等方面的状况有关，这些，又与呼吸系统、循环系统、感觉器官、神经系统的功能状况以及新陈代谢过程密切关联。可见，身体素质是人体主要器官、系统的功能在肌肉工作中的综合反映。提高身体素质的过程，其实质就是增强身体主要器官、系统功能的过程。幼儿的身体各器官、系统正处于迅速发育之中，有目的、有意识地逐步发展幼儿的身体素质，有助于提高幼儿身体主要器官、系统的功能，促进幼儿生长发育和机能的协调发展，这对于增强幼儿体质具有重要的作用和意义。

依据幼儿的年龄特点以及学习与发展的需要，学前阶段应逐步提高和发展幼儿的平衡能力、协调性、灵敏性、力量和耐力等基本的身体素质。

1. 平衡能力

平衡能力是指人体处于不同身体姿势或运动状态时，能及时做出调整以维持身体稳定的能力。

平衡能力一般可分为静态平衡能力和动态平衡能力。静态平衡能力是指人体处于某种静止的身体姿势（如站立、单脚站立、蹲着等）时能维持身体稳定的能力。动态平衡能力是指人体处于运动状态或所处位置发生变化（如走步、自转圈、立定跳远、侧滚翻、在平衡板上走、攀爬攀登架、滑滑梯、荡秋千、走荡桥等）时，能及时做出相应调整以维持身体稳定的能力。

平衡能力是身体运动的基础，是完成各种身体动作的前提，大肌肉活动几乎都需要在维持身体平衡的状态下进行。幼儿若缺乏平衡能力，就不能站得稳、走得稳、跳得稳，就无法完成各种身体运动，并容易出现摔伤等安全问题。发展幼儿的平衡能力，有助于使幼儿在平稳、安全的状态下进行各种身体运动，是幼儿实现自我保护的基本能力，也是幼儿学习和掌握各种动作技能的基础能力。

平衡能力受到视觉信息、肌肉运动知觉信息和前庭刺激的影响。对于幼儿来说，视觉对于维持平衡起着重要作用，可以帮助他们在进行静态或动态活动时监控身体的动作。前庭器官是维持身体姿势和平衡的位觉感受装置，参与和控制身体姿势平衡、水平运动平衡和旋转运动的平衡。前庭器官和视觉系统、触觉系统、知觉运动系统相互协调，并与肌肉组织协同作用，才能保持身体的平衡。因此，发展幼儿的平衡能力有助于促进幼儿前庭器官的机能以及感知觉的统合，改善和提高中枢神经系统的功能及其对运动系统等相关系统的调控，提高机体适应复杂环境及其变化的能力。

2. 协调性

协调性，即协调能力，是指在运动过程中，机体从时间和空间上将不同感觉通道的信息及身体动作有效地整合起来，使之成为和谐且高效的动作的能力。

手眼协调和眼脚协调的特征是把视觉信息和手及手臂或腿脚的动作整合起来，上下肢协调则是把视觉信息和上肢、下肢部位的动作整合起来。如果个体能快速而准确地做出一系列动作，并表现出同步、合拍、顺序恰当、轻松、流畅等特征，就可以认为其具有较好的协调性。一般来说，动作越多、任务越复杂，所需要的协调能力也就越高。由此可以看出，协调性是一种综合性的能力，它与感知能力以及肌肉活动的准确性、灵活性等密切相关，充分反映了中枢神经系统对肌肉活动的支配和调节的功能。

对于幼儿来说，无论是进行走步、跑步、跳跃，还是完成钻、爬、攀登或进行球类运动，都需要感知觉与身体的多个部位做出快速、准确的反应和进行恰当地整合。身体动作的协调性是基本的身体素质。发展幼儿的协调性有助于促使幼儿学习和掌握基本动作以及习得更加复杂的动作技能，使身体动作更加轻松自如、和谐优美。

3. 灵敏性

灵敏性是指在人体运动过程中，身体对刺激做出快速反应，准确调整和控制身体姿势和动作的能力。

灵敏性也是一种综合性的能力，需要反应速度、动作速度、一定的平衡能力与协调性等多种能力要素的协同作用才能实现。幼儿的灵敏性可以在身体启动、突停等迅速改变身体位置和动作时表现出来。幼儿要完成绕障碍跑、追逐躲闪跑、单双脚交替跳、助跑跨跳、攀爬攀登设备、匍匐爬等动作，也都需要具备一定的灵敏性。因此，动作的灵敏性也是基本的身体素质。发展幼儿的灵敏性有助于促使幼儿学习和掌握各种基本动作，提高幼儿神经系统、运动系统的灵活性以及调节、控制的能力，增强幼儿在复杂多样环境中的适应能力和应对能力。

4. 力量

力量是指肌肉组织在收缩时所表现出来的一种机能能力，通常是指发出最大气力的能力。

人体在做跳跃、投掷等动作时，力量和速度往往是相伴出现的，因此，力量有时也被看作是短时间内发出最大力气的能力，确切地说应该是爆发力。

力量是动作的基础。如果幼儿下肢部位的肌肉组织没有力量，幼儿就无法站立和行走，更无法做跑、跳等动作，更不用说跑得快、跳得高、跳得远了。同样的道理，如果幼儿上肢部位的肌肉组织缺乏力量，就无法做抓握、推、拉、投掷、搬运、悬垂等动作。幼儿的任何一种身体动作都离不开肌肉的力量，力量是幼儿身体动作的基础能力。依据幼儿的年龄特点，通过适宜的身体运动来提高幼儿的力量，有利于增强幼儿肌肉组织的功能，并为幼儿更好地学习和掌握基本动作以及发展多种动作技能，促进其他身体素质的发展奠定必要的基础。

这里需要特别提出的是，由于幼儿生理发育特点的局限，幼儿阶段应避免进行专门性的力量练习，尤其不宜做憋气的静力性力量活动，如举哑铃、拉拉力器、拔河、掰手腕等，这些活动有可能会导致幼儿心脏、运动系统等方面的损伤。

5. 耐力

耐力是指人体在尽可能长的时间里持续进行肌肉活动的能力，也称为耐久力或持久力，有时也可看作是抵抗疲劳的一种能力。耐力体现了一个人肌肉耐力、心肺耐力和全身耐力的综合状况。

耐力也是基本的身体素质。如果幼儿想在走步的过程中不摔倒，除了需要一定的平衡能力和腿部肌肉力量外，还需要具备一定的腿部肌肉耐力。同样，如果幼儿要成功地搬运自己的小凳子、小椅子，也需要具备一定的上肢部位肌肉耐力，同时还需要具备下肢部位肌肉力量。如果幼儿想要上多层楼梯或持续进行一定时间的身体运动的话，那么，还必须具备一定的心肺耐力和全身耐力才能胜任。可见，耐力是一个人进行身体运动以及更好地适应社会生活应具备的基本能力。依据幼儿的年龄特点，通过适宜的身体运动来提高幼儿的耐力，有利于增强幼儿肌肉组织、心肺系统的功能以及机体对身体运动的适应能力。

这里需要特别提出的是，由于幼儿生理发育特点的局限，幼儿阶段应发展的是幼儿的有氧耐力，幼儿尚不具备进行无氧耐力运动的生理基础，应避免让幼儿的运动进入无氧代谢状态。因此，一方面，应避免让幼儿进行专门性的耐力练习；另一方面，在幼儿进行身体运动时，一定要把握好运动量的大小，避免幼儿出现上气不接下气的现象，避免让幼儿进行较长距离的跑步或较长时间的追逐跑、快跑等活动。

总之，身体素质是人体主要器官、系统的功能在肌肉工作中的综合反映，提高身体素质的过程，其实质就是增强身体有关器官、系统功能的过程。幼儿期是身体素质发展的基础阶段，有目的、有意识地逐步提高和发展幼儿基本的身体素质，能够增强幼儿身体主要器官和系统的功能，促进幼儿生长发育和机能的协调发展，增强幼儿体质，同时，也为幼儿逐步学习和掌握动作技能，更好地适应社会生活与学习奠定着重要的能力基础。

（二）幼儿身体素质的典型表现

《指南》依据幼儿的年龄特点，围绕幼儿的平衡能力、协调性、灵敏性、力量和耐力，提出了幼儿在不同年龄段时的典型表现。这些典型表现一方面可以帮助我们观察和了解幼儿在身体素质上的能力表现，另一方面也是一种方向上的引领，指导我们对幼儿身体素质的发展提出合理的期望。具体内容如表1-1所示。

表1-1 各年龄段幼儿身体素质的典型表现[①]

年龄段	基本的身体素质	典型表现
3～4岁	平衡能力、协调性和灵敏性	• 能沿地面直线或在较窄的低矮物体上走一段距离 • 能双脚灵活交替上下楼梯 • 能身体平稳地双脚连续向前跳 • 分散跑时能躲避他人的碰撞 • 能双手向上抛球
	力量和耐力	• 能双手抓杠悬空吊起10秒左右 • 能单手将沙包向前投掷2米左右 • 能单脚连续向前跳2米左右 • 能快跑15米左右 • 能行走1千米左右（途中可适当停歇）

---

① 中华人民共和国教育部. 3—6岁儿童学习与发展指南［Z］. 2012-10-09.

续表

年龄段	基本的身体素质	典型表现
4~5岁	平衡能力、协调性和灵敏性	• 能在较窄的低矮物体上平稳地走一段距离 • 能以匍匐、膝盖悬空等多种方式钻爬 • 能助跑跨跳过一定距离，或助跑跨跳过一定高度的物体 • 能与他人玩追逐、躲闪跑的游戏 • 能连续自抛自接球
4~5岁	力量和耐力	• 能双手抓杠悬空吊起15秒左右 • 能单手将沙包向前投掷4米左右 • 能单脚连续向前跳5米左右 • 能快跑20米左右 • 能连续行走1.5千米左右（途中可适当停歇）
5~6岁	平衡能力、协调性和灵敏性	• 能在斜坡、荡桥和有一定间隔的物体上较平稳地行走 • 能以手脚并用的方式安全地爬攀登架、网等 • 能连续跳绳 • 能躲避他人滚过来的球或扔过来的沙包 • 能连续拍球
5~6岁	力量和耐力	• 能双手抓杠悬空吊起20秒左右 • 能单手将沙包向前投掷5米左右 • 能单脚连续向前跳8米左右 • 能快跑25米左右 • 能连续行走1.5千米以上（途中可适当停歇）

上述这些各年龄段幼儿身体素质的典型表现是一种参考或举例。这告诉我们：通过观察幼儿在生活与运动中的动作表现，可以了解到幼儿身体素质的发展状况。例如，3~4岁幼儿在平衡能力、协调性和灵敏性方面的发展状况，可以通过观察其上下楼梯时的动作状况而得知，也可以通过观察其双脚连续向前跳的运动质量而了解。同时，这也为我们指出：可以通过为幼儿提供多种身体练习的机会来提高幼儿相应的身体素质。例如，可以通过带领和鼓励4~5岁的幼儿玩

追逐躲闪跑的游戏或自抛自接球的活动,来提高其协调性和灵敏性。

此外,这些典型表现还是我们对幼儿身体素质发展的合理期望。例如,《指南》在描述3~4岁幼儿在平衡能力、协调性、灵敏性方面的典型表现时,有一条是"分散跑时能躲避他人的碰撞",这一方面是期望幼儿能做协调跑步的动作,另一方面也是期望幼儿在跑步过程中能具备灵活躲避他人、保证自己安全的能力。又如,《指南》在描述幼儿力量和耐力的典型表现时,列举了上肢、下肢不同部位的身体动作,其目的在于强调幼儿身体锻炼与发展的全面性。而《指南》中提出的"能行走1千米左右(途中可适当停歇)"(3~4岁)、"能连续行走1.5千米左右(途中可适当停歇)"(4~5岁)、"能连续行走1.5千米以上(途中可适当停歇)"(5~6岁),就是期望成人要为幼儿提供一定距离的步行练习机会,逐步提高幼儿的耐力素质。

需要注意的是,这些典型表现决不是要求幼儿去达标,不能作为评价幼儿身体素质发展水平的工具,这是在《指南》国家级解读本[①]中特别强调的地方,希望广大教师能认真、正确地领会其中的精神。

(三)提高和发展幼儿身体素质的基本途径

提高和发展幼儿的身体素质,应该依据幼儿的年龄特点,并结合幼儿的游戏、生活与活动进行。

一般来说,提高和发展幼儿的身体素质可以从以下三种基本途径入手。

1. 开展丰富多样、适合幼儿的体育活动

幼儿体育活动的内容丰富多样,主要包括利用各种运动器械的活动与游戏(如滑滑梯、荡秋千、走平衡板、骑小车),基本动作的练习与游戏(如追逐躲闪跑、助跑跨跳、掷远、匍匐爬、悬垂),幼儿基本体操的练习(如小动物模仿操、圈操、武术操),民族民间幼儿体育游戏(如跳绳、跳竹竿、滚铁环、抽陀螺),以及利用环境资源开展的幼儿体育活动(如登山、爬树、打雪仗、堆雪人、滑冰、游泳)等。

开展这些适合幼儿的体育活动,可以在丰富幼儿运动体验、满足幼儿运动需

---

① 李季湄,冯晓霞.《3—6岁儿童学习与发展指南》解读[M].北京:人民教育出版社,2013.

要、激发幼儿运动兴趣的同时，有目的地提高幼儿的平衡能力、协调性、灵敏性、力量和耐力这些基本的身体素质。

2. 在日常生活中有意识地培养

在幼儿的日常生活中，有很多机会可以用来培养幼儿的身体素质。把握这些机会，能够发挥幼儿的积极性和主动性，有意识地促进幼儿的发展。例如：鼓励幼儿自己上下楼梯、少乘电梯；在往返幼儿园的途中鼓励幼儿进行适当距离的徒步行走；鼓励幼儿自己背小书包、自己搬小凳子；有机会多带幼儿乘车、坐船、乘飞机等。这些活动不仅能培养幼儿的独立性、自主性和基本的生活能力，也有助于提高幼儿基本的身体素质。

3. 通过其他活动培养

幼儿在许多活动中都需要运用身体的大肌肉。例如：在建构游戏中，用大积木搭建房屋或桥梁，搬运游戏材料或玩具盒；在玩沙水游戏时，用工具铲土、挖洞，搬运沙土或水；在音乐活动中，做各种律动、舞蹈；在美术活动中，用绘画工具在地面、绘画板上大胆地涂鸦、创作；在种植活动中，进行挖土、浇水、拔草和采摘；在做值日生时，帮忙擦桌子、搬运餐具或物品等。这些都需要大肌肉动作的参与，因此，也能使幼儿的身体素质和动作能力得到一定的锻炼和提高。

此外，一些综合性的主题活动，如外出采摘、参观、远足等，既能帮助幼儿获得丰富的社会经验和对环境的认识，同时也能锻炼幼儿的身体，有助于发展幼儿的耐力等身体素质。

二、幼儿基本动作

（一）幼儿基本动作的含义

基本动作是指人们在日常生活和社会实践中需要的最基本的动作技能，通常包括大肌肉动作（也称粗大肌肉动作）和小肌肉动作（也称精细动作）。与幼儿体育活动关系密切的主要是大肌肉动作，其基本运动方式有：走步、跑步、跳跃、投掷、攀登、钻、爬、支撑、推、拉、搬运、悬垂等。

幼儿期是基本动作发展的重要时期，应逐步发展幼儿的各项基本动作技能，以帮助幼儿适应社会生活。同时，基本动作的学习和练习过程，还能有效地促进幼儿身体素质的发展，并为今后学习和掌握较复杂的动作技能奠定基础。

（二）幼儿基本动作与身体素质的相互关系

幼儿基本动作与身体素质之间是相互联系的，有着密切的关联，正确理解和认识两者之间的相互关系非常重要。

一方面，幼儿身体素质是基本动作发展的基础。首先，幼儿只有具备了一定的身体素质，才能学习和掌握基本动作。例如：平衡能力是幼儿行走、跑步、跳跃等动作的基础，平衡能力较差的幼儿，走路和跑步时会跌跌撞撞，跳跃时也不能很好地移动身体的重心，容易摔倒；力量和耐力是幼儿学习和掌握悬垂动作的基础，若幼儿手部握力弱、手臂耐力差，就无法完成悬垂的动作。其次，只有提高了幼儿的多种身体素质，才能更好地发展幼儿的基本动作。例如，追逐躲闪跑的动作需要幼儿具有一定的协调性、灵敏性、平衡能力、力量和耐力等身体素质才能完成，若其中任何一种身体素质发展得较差，都将会直接影响幼儿对这一动作的获得与完成质量。

另一方面，幼儿基本动作是身体素质发展状况的外部表现，也就是说，幼儿身体素质的发展水平可以在各种基本动作中表现出来。例如，幼儿在单脚连续跳跃时，若跳跃时间比较短、距离比较近，并表现出身体不稳定的状况，就反映出幼儿腿部的肌肉力量和耐力较弱，且平衡能力较差。又如，若幼儿在做匍匐爬行时动作又快又好，就表明幼儿动作的协调性和灵敏性发展较好。

因此，我们在引导幼儿进行基本动作的学习和练习时，要将其与身体素质的培养有机地结合起来考虑，并将发展幼儿身体素质作为核心目标。例如，在指导幼儿学习和练习掷远动作时，既要指导幼儿把握好出手的角度、转体用力的方法，逐渐掌握正确的掷远动作，同时又要通过各种投掷活动发展幼儿的力量和动作的协调性，以提高幼儿的身体素质。

（三）幼儿基本动作的特点与指导要点

采用幼儿感兴趣的游戏方式来发展幼儿的基本动作是幼儿园体育活动的重要任务之一，幼儿教师应深入了解各种基本动作的特点、幼儿的年龄特点及指导要点，科学、有效地支持和促进幼儿基本动作和身体素质的良好发展。

1. 走步

走步是人体移动位置最基本、最自然的一种运动方式，是基本动作技能之一，是我们每天都要使用到的、日常生活中最实用的身体活动技能，也是锻炼身体和提高身体素质的重要手段。

幼儿期是走步能力发展以及形成正确的走步姿势的重要时期。幼儿参与走步活动，不仅能学习和掌握多种形式的走步动作技能，逐步提高走步能力，增强腿部肌肉力量，发展平衡能力和协调性，而且有助于掌握正确的走步姿势，有利于形成健康的体态。走步是一种以有氧代谢为主的身体运动，一定距离的行走，对提高幼儿的肌肉耐力和心肺耐力具有十分重要的意义。

小班幼儿已能较平稳、轻松地四处走动，走步动作较熟练，能较好地控制走步的方向，但走步姿势还不够正确，步幅较小，步频较快且不够稳定，调节步幅的能力较差，摆臂幅度较小，走步缺乏节奏感，上下肢动作的配合还不够协调，走步时爱东张西望，排队走步时保持队形的能力较差。在成人的指导下，幼儿通过一定的走步练习，到中、大班时能逐渐掌握走步动作的基本要领。

（1）幼儿走步动作的基本要领

①上体保持正直，自然挺胸，头正颈直，眼看前方。

②两肩肌肉放松、舒展，以肩为轴，两手臂前后适度地自然摆动，向前摆臂时肘关节稍弯曲，摆臂幅度随步幅而定。

③两腿交替向前迈步，抬腿适度、方向正，步幅大小适宜，步幅稳定，两脚落地时较轻，脚尖稍向正前方，蹬地有力。

④上下肢动作协调，轻松自然，平稳，有一定的节奏感。

⑤集体排队走步时，保持一定的队形，与集体走步的节拍基本一致。

（2）幼儿走步动作发展的主要目标

①走步动作和走步姿势基本正确。

②能较好地控制走步的速度、方向和步幅；集体走步时，能保持一定的走步队形，与集体走步的节拍基本一致。

③双脚能灵活、平稳、交替地上下楼梯和台阶。

④能较平稳地在某些特殊场地或器材（如小斜坡、平衡板、有一定间隔的物体等）上行走。

⑤能平稳地闭目行走一小段距离，方向基本保持一致。

⑥能自转几圈，停止时身体保持平稳，不眩晕。

⑦持续步行的距离（1千米以上）不断增长，耐力不断增强。

(3) 幼儿各年龄段走步动作的主要内容

幼儿走步动作的形式和内容丰富多样，应根据幼儿不同年龄段的身心特点和发展需要，选择不同的动作内容，有计划、循序渐进地提高幼儿的走步能力。

不同年龄段幼儿走步动作的主要内容如表1-2所示。

表1-2 不同年龄段幼儿走步动作的主要内容

年龄段	走步动作的主要内容
3～4岁	• 一个跟着一个走 • 在指定范围内四散走 • 听信号向指定方向走 • 模仿动物走、踮脚走、倒退走 • 捡物走、持物走、推物走、拉物走 • 窄道走、直线走、圆圈走、曲线走、绕障碍走 • 跨过低障碍物走 • 上坡、下坡、上下台阶 • 在低矮的平衡板上走 • 持续一定距离地行走（1千米左右）
4～5岁	• 听信号有节奏地走、变换队形走 • 听信号变速走、变换方向走 • 踮脚走、倒退走、闭眼走、蹲着走 • 持物走 • 在平衡板上走 • 在有一定间隔的物体上走 • 在荡桥上走 • 持续一定距离地行走（1.5千米左右） • 双人协同走
5～6岁	• 听信号有节奏地走、变换队形走 • 闭眼走、蹲着走 • 持物走 • 在较窄的平衡板上走 • 在有一定间隔的物体上走 • 在荡桥上走 • 持续一定距离地行走（1.5千米以上） • 多人协同走

（4）幼儿走步动作的指导要点

①依据幼儿的年龄特点与发展需要，选择适宜的走步内容，提出适宜的动作要求，逐步提高幼儿的走步能力

教师应在深入学习和理解幼儿走步动作发展特点、走步动作基本要领以及幼儿走步动作发展目标的基础上，依据本班幼儿走步动作发展的实际状况与发展需要，循序渐进地为幼儿选择适宜的走步动作内容，提出适宜的动作要求，引导幼儿进行适当的动作练习。例如：可以为小班幼儿选择在指定范围内四散走、窄道走、直线走、圆圈走等较简单的活动；为中、大班幼儿选择蹲着走、在较窄的平衡板上走、在有一定间隔的物体上走等有一定难度的活动。针对小班幼儿，重点要求幼儿走得平稳，步子迈得开；走步时集中注意力，不东张西望，不仅要看前方还要注意脚下，避免与他人相撞或绊倒、摔倒等。针对中、大班幼儿，可逐步要求幼儿做到走步动作和姿势正确，上下肢动作协调；集体排队走步时保持一定的队形，有节奏、有精神地走；等等。

同时，教师应注意观察幼儿走步过程中存在的主要问题，帮助幼儿及时纠正不正确的走步动作或走步姿势，逐步提高幼儿走步的动作质量。此外，应特别关注幼儿走步动作的姿势，若发现幼儿出现低头含胸、耸肩、斜肩、内八字步或外八字步、落地跺脚等情况，要及时纠正，进行正确的引导。

②走步动作的讲解和示范要正确

教师要掌握幼儿阶段走步动作的基本要领。在向幼儿讲解走步动作的要领时，语言要清晰、准确、抓住重点，同时，走步动作的示范要正确。

③走步练习的方法和内容要多样化

带领幼儿进行走步练习的方法、形式和内容要多样化：可以通过晨间锻炼、排队、基本体操、走步游戏以及借助多种运动器械来引导幼儿进行走步练习；可以充分利用周围环境中的资源开展走步活动，如上下楼梯和台阶、上下斜坡、去周围的小公园进行远足等；可以安排小组、集体的走步活动或游戏，也可以鼓励幼儿进行个人自主的走步游戏、练习或探索活动。在带领幼儿进行走步练习时，要充分调动幼儿参与活动的积极性和主动性，通过开展丰富多样的走步活动，激发幼儿的走步兴趣，丰富幼儿的走步体验，避免进行简单重复或枯燥的走步练习。

④将走步活动与幼儿身体素质的发展有机结合起来

不同的走步形式和内容，对身体锻炼的价值略有不同。在引导幼儿学习和练习走步动作的过程中，应有意识地将其与身体素质的发展结合起来，通过开展丰富多样的走步活动，提高幼儿走步的能力，同时也有效地促进幼儿身体素质的发展。例如：通过圆圈走、曲线走、绕障碍走、听信号变速或变换方向走，发展幼儿的灵敏性和平衡能力；通过窄道走、直线走、在平衡板上走、在有一定间隔的物体上走、倒退走、闭眼走，发展幼儿的平衡能力；通过踮脚走、蹲着走，发展幼儿的平衡能力、力量和耐力；通过持物走、推物走，发展幼儿的平衡能力和协调性；通过一个跟着一个走、排队走步，发展幼儿的协调性；通过一定距离的行走、远足，发展幼儿的耐力；等等。

⑤教师要以身作则

教师在平时的工作中，也应该保持良好的走步姿势，给幼儿做出良好的榜样与示范。

⑥与家庭配合，加强幼儿的日常锻炼

幼儿园应与家庭保持密切联系，指导家长在日常生活中有意识地加强幼儿的身体锻炼。例如：在接送幼儿的途中让幼儿进行一定距离的步行，少抱幼儿，少让幼儿乘车；让幼儿自己上下楼梯，少乘电梯；利用周末或节假日，带领幼儿外出活动或远足；等等。这些均是发展幼儿走步能力，提高幼儿耐力素质的极好时机。此外，也应提醒家长平时在走路时，尽量保持良好的走步姿势，给幼儿做出良好的榜样。

2. 跑步

跑步是人体移动位置最基本、最快的一种运动方式，是基本动作技能之一，是日常生活中实用性较强的身体活动技能，是锻炼身体和提高身体素质的重要手段，同时，也是幼儿最喜欢的运动方式之一。

幼儿期是跑步能力发展以及形成正确跑步姿势的重要时期。幼儿通过参与适宜的跑步活动，不仅能学习和掌握多种形式的跑步动作技能，逐步提高跑步能力，增强腿部的肌肉力量，发展协调性、灵敏性和耐力，而且有助于掌握正确的跑步姿势，有利于形成健康的体态。

幼儿阶段是跑步动作快速发展的阶段。小班幼儿跑步已有腾空阶段，但步幅较小且不均匀,步频较快,动作较紧张;在跑步过程中,控制跑步方向以及转弯、躲闪、突停的能力较差,调节动作的能力较差,动作不够灵敏;缺乏跑步速度的意识和竞赛的意识。随着年龄的增长和成人的指导,通过一定的跑步练习,幼儿到中、大班时跑步能力有了很大的提高,能逐渐掌握跑步的动作要领;跑步速度的意识有所增强,对竞赛与胜负有较强的意识,同时也表现出一定的意志品质。

(1) 幼儿跑步动作的基本要领

①上体保持正直、稍向前倾,眼看前方。

②两肩肌肉放松,两手轻握拳,两臂屈肘置于体侧,以肩为轴,两手臂前后自然摆动,快跑时用力摆臂、速度加快。

③两腿交替向前迈步,抬腿适度、方向正,步幅大小适宜,两脚落地时较轻、平稳,脚尖朝前,后腿用力蹬地。

④上下肢动作协调,轻松自然,平稳,动作灵敏。

⑤用鼻子呼吸或口鼻同时呼吸。

⑥集体排队跑步时,保持一定的队形。

(2) 幼儿跑步动作发展的主要目标

①跑步动作和跑步姿势基本正确。

②能较好地控制跑步动作的速度、方向和步幅;集体跑步时,能保持一定的跑步队形。

③能掌握多种跑步形式,如绕障碍跑、过障碍跑、往返跑、接力跑、追逐躲闪跑、快跑(15～25米),动作较协调、灵敏。

④能进行一定距离的慢跑或走与慢跑交替(100～300米),耐力逐渐增强。

⑤能注意跑步时的安全,学会躲闪,避免与他人相撞。

(3) 幼儿各年龄段跑步动作的主要内容

幼儿跑步动作的形式和内容丰富多样,应根据幼儿不同年龄段的身心特点和发展需要,选择不同的跑步动作内容,有目的、循序渐进地提高幼儿的跑步能力。

不同年龄段幼儿跑步动作的主要内容参考如表1-3所示。

表1-3　不同年龄段幼儿跑步动作的主要内容

年龄段	跑步动作的主要内容
3～4岁	• 直线跑、圆圈跑、曲线跑、绕障碍跑 • 听信号向指定方向跑 • 在指定范围内四散跑 • 一个跟着一个跑 • 快跑15米左右 • 持物跑 • 慢跑（或慢跑与走交替）100米左右
4～5岁	• 圆圈跑、曲线跑、绕障碍跑 • 听信号变速跑、变换方向跑 • 往返跑、接力跑 • 四散躲闪跑、追逐躲闪跑 • 快跑20米左右 • 持物跑、拉物跑、推物跑 • 慢跑（或慢跑与走交替）200米左右
5～6岁	• 听信号变速跑、变换方向跑、突跑、突停 • 往返跑、接力跑 • 追逐躲闪跑 • 快跑25米左右 • 慢跑（或慢跑与走交替）300米左右 • 持物跑、拉物跑、推物跑 • 双人协同跑

（4）幼儿跑步动作的指导要点

①为幼儿提供安全的跑步环境，注意幼儿跑步过程中的安全

应为幼儿提供开阔、平坦、地面有一定弹性的运动场地，如沙土地、草地、塑胶地等，供幼儿进行跑步活动和游戏。尽量避免让幼儿在水泥地或砖块地等坚硬的地面上奔跑。

幼儿跑步时穿的衣服和鞋子要适宜，衣服要合体，便于运动。鞋底要具有一定的弹性，最好穿运动服和运动鞋。

在组织幼儿进行跑步活动时，一定要提醒幼儿注意躲避，避免相互碰撞，确保运动时的安全，并做好应急的准备。

②依据幼儿的年龄特点与发展需要，选择适宜的跑步内容，提出适宜的动作要求，逐步提高幼儿的跑步能力

教师应在深入学习和理解幼儿跑步动作发展特点、跑步动作基本要领以及幼儿跑步动作发展目标的基础上，依据本班幼儿跑步动作发展的实际状况与发展需要，循序渐进地为幼儿选择适宜的跑步动作内容，不断提高跑步动作的要求，引导幼儿进行适当的动作练习。例如：可以为小班幼儿选择曲线跑、绕障碍跑、在指定范围内四散跑等较简单的活动；为中、大班幼儿选择听信号变速或变换方向跑、往返跑、接力跑、追逐躲闪跑等有一定难度的活动。针对小班幼儿，重点要求幼儿跑步时注意安全，学会躲闪，避免与他人相撞，学习摆臂动作，适当增大步幅等；针对中、大班幼儿，可逐步要求做到跑步动作和姿势基本正确，上下肢动作协调、灵敏，快跑时摆臂和蹬地有力，加快奔跑速度等。

同时，教师应注意观察幼儿跑步过程中存在的主要问题，帮助幼儿改进动作质量，及时纠正不正确的跑步动作或跑步姿势，逐步提高幼儿跑步的动作技能。

③跑步动作的讲解和示范要正确

教师要掌握幼儿阶段跑步动作的基本要领。在向幼儿讲解跑步动作要领时，语言要清晰、准确、抓住重点，同时，跑步动作的示范要正确。

④跑步练习的方法和内容要多样化

带领幼儿进行跑步练习的方法、形式和内容要多样化：可以通过晨间锻炼、早操活动、跑步游戏以及借助多种运动器械来引导幼儿进行跑步练习；可以安排小组、集体的跑步活动或游戏；也可以鼓励幼儿进行个人自主的跑步游戏、练习或探索活动。在跑步练习中，要充分调动幼儿参与活动的积极性和主动性，满足幼儿奔跑的需要，丰富幼儿的跑步体验，避免进行简单重复或枯燥的跑步练习。

⑤将跑步活动与幼儿身体素质的发展有机结合起来

不同的跑步形式和内容，对身体锻炼的价值略有差异。在引导幼儿学习和练习跑步动作的过程中，应有意识地将其与身体素质的发展结合起来，通过开展丰富多样的跑步活动，提高幼儿的跑步能力，同时有效地促进幼儿身体素质的发展。例如：通过圆圈跑、曲线跑，发展幼儿的平衡能力、协调性；通过绕障碍跑、听信号变速或变换方向跑、四散跑、往返跑、追逐躲闪跑，发展幼儿的灵

敏性、协调性和平衡能力；通过快跑、接力跑，发展幼儿的力量、速度、协调性；通过持物跑、拉物跑、推物跑，发展幼儿的平衡能力、协调性、灵敏性、力量和耐力；通过一定距离的慢跑（或慢跑与走交替），发展幼儿的耐力；等等。

⑥做好跑步前的准备活动和跑步后的放松活动，把握好幼儿跑步活动的运动量，并注意个体差异

一般来说，跑步活动是一项运动量较大、较激烈的运动，通常让下肢部位和心脏承受的负荷较大，因此，在带领幼儿进行跑步活动前，一定要做好充分的准备活动，尤其需要充分活动下肢部位的关节、肌肉、韧带和肌腱，以提高幼儿机体的适应性，防止其在运动中受伤。

在组织幼儿进行跑步活动的过程中，一定要注意观察幼儿跑步时的活动状态，控制好幼儿跑步的运动量，关注幼儿的年龄特点和个体差异。年龄较小、体质较弱的幼儿，跑步活动持续的时间和跑步距离都要短些，跑步次数要少些，间歇时间要长些，这样做可以避免幼儿心脏负荷过大、机体过于疲劳。随着幼儿年龄的逐渐增长以及体质的逐渐增强，跑步活动持续的时间可逐渐延长，跑步距离也可逐渐增长。无论是快速跑，还是慢跑，都应该把握这个基本原则，并关注个体差异，切不可盲目地延长跑步持续的时间或距离，以免超出幼儿机体所能承受的生理负荷，对幼儿健康成长产生危害或不利影响。

一般而言，当幼儿出现跑步动作质量下降、不太想继续跑，或出现上气不接下气、脸色苍白时，都表明幼儿的机体已进入无氧代谢状态，这时一定要及时调整、休息。

在幼儿跑步活动结束时，应当带领幼儿做一些身体的放松和整理活动，通过舒缓的动作以及调整呼吸，帮助幼儿调整机体，有利于幼儿心率的恢复和心脏的健康。

3. 跳跃

跳跃是基本动作技能之一，是日常生活中较实用的身体活动技能，也是锻炼身体和提高身体素质的重要手段，而且是深受幼儿喜爱的一项运动。

幼儿阶段是跳跃能力快速发展的阶段。幼儿通过参与适宜的跳跃活动，学习和掌握多种形式的跳跃动作技能，逐步提高跳跃能力，增强腿部的肌肉力量，发

展协调性、灵敏性和耐力，有利于保证机体的健康。

小班幼儿已经能双脚跳起，但由于腿部肌肉力量较弱，平衡能力和协调性均较差，因此在做跳跃动作时蹬地力量较小，动作较僵硬、紧张，落地较重，动作不够协调，身体重心把握不好，较容易摔倒。在成人的指导下，幼儿通过一定的跳跃练习，到中、大班时能逐渐掌握跳跃动作的基本要领，跳跃能力获得较大的提升。

(1) 幼儿跳跃动作的基本要领

幼儿跳跃动作的形式和内容多样，但都包括了预备、起跳、腾空、落地四个基本阶段。这四个阶段的基本动作要领如下。

①预备阶段

- 原地预备动作：屈膝，体前屈，两臂后摆。
- 助跑动作：短距离、中速跑，起跳前不减速。

②起跳阶段

- 单脚起跳：起跳腿快速用力蹬直，摆动腿快速向前方迈出、幅度要大，手臂配合用力摆起。
- 双脚起跳：两腿屈膝，两腿快速用力蹬直、起跳，同时两臂快速用力由后向前摆起。

③腾空阶段

- 垂直方向：保持身体平稳，或同时用头或手触摸或拍打上方的物体。
- 水平方向：保持身体平稳，或同时迈过、跨过障碍物。

④落地阶段

- 落地动作要轻，可屈膝缓冲，保持身体平稳。

总之，幼儿阶段，跳跃动作的基本要领是：屈膝摆臂，用力蹬地跳起，落地动作要轻，上下肢动作协调，身体保持平稳。

(2) 幼儿跳跃动作发展的主要目标

①跳跃时能保持身体平稳，落地较轻，上、下肢动作协调，动作灵敏，蹬地或起跳逐渐有力，跳跃高度不断增加，跳跃距离和持续时间不断增长，耐力不断增强。

②能逐渐掌握多种跳跃形式，如原地纵跳、纵跳触物、双脚连续向前跳、单

脚连续向前跳、单双脚交替跳、立定跳远、行进侧跳、助跑跨跳、在一定高度上往下跳、在有弹性的器械上做连续弹跳动作等。

（3）幼儿各年龄段跳跃动作的主要内容

幼儿跳跃动作的形式和内容丰富多样，应根据幼儿不同年龄段的身心特点和发展需要，选择不同的跳跃动作内容，有目的、循序渐进地提高幼儿跳跃的能力。

不同年龄段幼儿跳跃动作的主要内容如表1-4所示。

表1-4 不同年龄段幼儿跳跃动作的主要内容

年龄段	跳跃动作的主要内容
3～4岁	• 原地纵跳、纵跳触物 • 双脚连续向前跳 • 单脚连续向前跳 • 立定跳远 • 从较低处（15～25厘米）往下跳 • 跳蹦蹦床等
4～5岁	• 纵跳触物 • 双脚连续向前跳、双脚连续跳过低障碍物 • 单脚连续向前跳 • 单双脚交替跳、两脚开合跳 • 立定跳远 • 跨跳、助跑跨跳 • 在一定高度上（20～30厘米）往下跳 • 跳蹦蹦床 • 跳羊角球等
5～6岁	• 纵跳触物 • 单脚连续向前跳 • 单双脚交替跳、两脚开合跳、行进侧跳、转身跳 • 立定跳远 • 助跑跨跳 • 在一定高度上（30厘米）往下跳 • 跳蹦蹦床 • 跳羊角球、跳绳、跳竹竿等

（4）幼儿跳跃动作的指导要点

①为幼儿提供安全的跳跃环境

应为幼儿提供具有一定弹性的地面（如沙土地、草地、塑胶地等）进行跳跃活动，尽量避免让幼儿在坚硬的水泥地或高低不平的砖块地上进行跳跃，以减少跳跃时的震动，保护下肢关节和大脑。

②依据幼儿的年龄特点与发展需要，选择适宜的跳跃内容，提出适宜的动作要求，逐步提高幼儿的跳跃能力

教师应在深入学习和了解幼儿跳跃动作发展特点、跳跃动作基本要领以及幼儿跳跃动作发展目标的基础上，依据本班幼儿跳跃动作发展的实际状况与发展需要，循序渐进地为幼儿选择适宜的跳跃动作内容，由简单到复杂、由易到难，跳跃的距离、高度、次数、时间等由近到远、由低到高、由少到多、由短到长，鼓励幼儿进行跳跃动作的尝试和体验，不断提高跳跃动作的要求，引导幼儿进行适当的动作练习，帮助幼儿改进动作质量，逐步提高幼儿的跳跃能力。例如：为小班幼儿选择原地纵跳、纵跳触物、双脚连续向前跳等较简单的活动；为中、大班幼儿选择单脚连续向前跳、单双脚交替跳、行进侧跳、助跑跨跳、跳绳等具有一定难度的活动。针对小班幼儿，重点要求幼儿跳跃时要保持身体平稳，不会摔倒，落地动作要轻等；针对中、大班幼儿，可逐步要求其做到起跳和蹬地动作有力，上下肢相互配合，动作协调、灵敏等。

③跳跃动作的讲解和示范要正确

教师要掌握幼儿阶段跳跃动作的基本要领。在向幼儿讲解跳跃动作要领时，语言要清晰、准确、抓住重点，同时，跳跃动作的示范要正确。

④跳跃练习的方法和内容要多样化

带领幼儿进行跳跃练习的方法、形式和内容要多样化：可以通过基本体操、跳跃游戏以及借助多种运动器械来引导幼儿进行跳跃练习；可以安排小组、集体的跳跃活动或游戏；也可以鼓励幼儿进行个人自主的跳跃游戏、练习或探索活动。在幼儿跳跃练习中，要充分调动幼儿参与活动的积极性和主动性，开展丰富多样的跳跃活动，激发幼儿的跳跃兴趣，丰富幼儿的跳跃体验，避免进行简单重复或枯燥的跳跃练习。

⑤尊重个体差异，加强个别指导

应注意观察和关注不同跳跃水平的幼儿,在跳跃练习的内容和动作要求上要有所区别。在跳跃的高度、远度等方面应尽可能为幼儿提供不同难度、不同水平的运动器材或环境,鼓励幼儿自主选择、进行自主练习,尊重幼儿的个体差异,加强个别指导,不断增强幼儿跳跃的自信心,使其获得成功感,促使幼儿在自己原有的水平上不断得到提高和发展。

⑥将跳跃活动与幼儿身体素质的发展有机结合起来

不同的跳跃形式和内容,对身体锻炼的价值有一定的差异。在引导幼儿学习和练习跳跃动作的过程中,应有意识地将其与身体素质的发展结合起来,通过开展丰富多样的跳跃活动,提高幼儿的跳跃能力,同时有效地促进幼儿身体素质的发展。例如:通过纵跳触物,发展幼儿的力量、协调性;通过双脚连续向前跳、助跑跨跳,发展幼儿的力量、协调性、灵敏性;通过单脚连续向前跳,发展幼儿的平衡能力、力量、耐力;通过单双脚交替跳、双脚开合跳、转身跳、行进侧跳,发展幼儿的灵敏性、协调性、平衡能力;等等。

⑦做好跳跃前的准备活动和跳跃后的放松活动,把握好幼儿跳跃活动的运动量

跳跃活动主要是下肢部位的运动,同时,也是运动量比较大的运动,因此,在带领幼儿进行跳跃活动前,一定要做好身体的准备活动,尤其需要充分活动下肢部位的关节、肌肉、韧带和肌腱,以提高幼儿机体的适应性,防止其在运动中受伤。

在幼儿进行跳跃活动的过程中,一定要注意观察幼儿跳跃时的活动状态,控制好幼儿跳跃的运动量。当幼儿的跳跃动作质量明显下降,或出现跌跌撞撞、上气不接下气、脸色苍白等状况时,都表明幼儿的机体已进入到无氧代谢状态,这时一定要及时调整、休息。

在幼儿跳跃活动结束时,应当带领幼儿做一些身体的放松和整理活动,通过舒缓的动作以及调整呼吸,帮助幼儿调整机体,以维护幼儿心脏的健康。

4. 投掷

投掷是基本动作技能之一,是日常生活中较实用的身体活动技能,也是锻炼身体和提高身体素质的良好手段。

幼儿参与投掷活动,不仅能增强上肢和躯干(如腰、背)等部位的肌肉力

量，提高上肢部位关节的柔韧性和灵活性，促进动作协调性、准确性的发展，提高视觉运动能力和投掷能力，而且还可以学会多种投掷技能，为今后进一步学习专项的球类技能奠定基础。

小班幼儿在做单手掷远动作时，基本上是正面投，不太会挥臂，投掷物出手角度过小，往往是将投掷物向下方扣或扔，投掷方向和角度掌握不好，忽左忽右、忽上忽下，投掷力量小，投掷能力差。随着年龄的增长以及经过适当的投掷学习和练习后，幼儿投掷能力有所提高。到中、大班阶段，幼儿逐步学会半侧面转体单手肩上投掷以及转体、挥臂、甩腕等动作，动作较协调、较有力，投掷方向和出手角度逐渐把握得较好，投掷距离也较远。在掷准方面，由于幼儿目测能力和动作的准确性较差，再加上上肢力量较弱，因此，投掷的方向把握得不够准确、稳定。相较于掷远能力，幼儿掷准能力的发展相对较差、较缓慢。总体而言，投掷动作是幼儿较难掌握的基本动作。

（1）幼儿投掷动作的基本要领

投掷动作通常可以分为两种类型：掷远和掷准。掷远（或称投远），是要将手中的投掷物尽可能地投得远。掷准（或称投准），是要将手中的投掷物尽可能地投得准，如击中指定目标，或投进指定的筐中或篮筐里。

幼儿阶段，投掷动作的基本要领如下。

①单手正面肩上掷远动作：正面朝向投掷方向，两腿左右自然开立，单手持投掷物于肩上方，屈肘，眼看前方，通过挥臂、甩腕的快速连续动作将投掷物向前上方投去，投掷角度较适宜，投掷方向较稳定，动作较协调，投掷较有力。

②单手半侧面肩上掷远动作：半侧身朝向投掷方向，两腿前后自然开立，后腿稍弯曲，重心放在后腿上，单手持投掷物置于后肩的上方，屈肘，眼看前方，通过蹬腿、转体、挥臂、甩腕等一系列快速、连贯的动作，将投掷物向前上方投去，投掷角度较适宜，投掷方向较稳定，动作较协调，投掷较有力。

③单手掷准动作：正面朝向投掷方向，两腿左右自然开立，单手持投掷物置于体侧，屈肘，瞄准投掷目标，通过挥臂、甩腕的连续动作将投掷物投向既定目标，手眼配合较协调，投掷较准确。

（2）幼儿投掷动作发展的主要目标

①单手肩上掷远时，逐渐学会侧身转体投掷的动作，动作较协调，投掷较有

力,掷远距离不断增长。

②能逐渐掌握多种掷准方式,如用沙包击打前方投掷架上的固定目标、将球投进前方的筐里或投掷架的篮筐里等,掷准动作的准确性不断提高,掷准距离逐渐增长。

(3) 幼儿各年龄段投掷动作的主要内容

幼儿投掷动作的形式和内容丰富多样,应根据幼儿不同年龄段的身心特点和发展需要,选择不同的投掷动作内容,有计划、循序渐进地提高幼儿的投掷能力。

不同年龄段幼儿投掷动作的主要内容如表1-5所示。

表1-5 不同年龄段幼儿投掷动作的主要内容

年龄段	投掷动作的主要内容
3~4岁	• 单手正面肩上掷远 • 将手中物体投进前方的筐里或篮筐里
4~5岁	• 单手半侧面肩上掷远 • 双手头上掷远 • 将手中物体投进前方的筐里或篮筐里 • 用手中物体击打前方投掷架上的固定目标 • 小组或两人之间相互投掷沙包、躲沙包 • 打雪仗等
5~6岁	• 单手半侧面转体肩上掷远 • 双手头上掷远 • 将手中物体投进前方的筐里或篮筐里 • 投篮游戏 • 用手中物体击打前方固定的或移动的目标 • 小组或两人之间相互投掷沙包、躲沙包 • 打雪仗等

(4) 幼儿投掷活动的指导要点

①提供适宜的投掷环境和投掷物,做好幼儿投掷过程中的安全指导

幼儿进行投掷活动的场地要开阔,投掷的前方应宽敞、无遮挡。提供的投掷物要安全,如沙包、布包、小球等,其大小要适合于幼儿手掌的大小,重量要适

宜，便于幼儿抓握和进行投掷练习。

在幼儿进行投掷活动的过程中，应当向幼儿提出基本的安全要求，指导幼儿学会在运动中进行自我保护以及不伤及他人。此外，在投掷游戏中，应积极地引导幼儿学习和练习躲避沙包或小球——这也是很有价值的一种活动，既可以提高幼儿的自我保护能力，又可以促使幼儿动作更加灵敏、协调。

②依据幼儿的年龄特点与发展需要，选择适宜的投掷内容，提出适宜的动作要求，逐步提高幼儿的投掷能力

教师应在深入学习和了解幼儿投掷动作发展特点、投掷动作基本要领以及幼儿投掷动作发展目标的基础上，依据本班幼儿投掷动作发展的实际状况与发展需要，循序渐进地为幼儿选择适宜的投掷动作内容，由单一到综合，由易到难，鼓励幼儿进行投掷动作的尝试和体验，不断提高投掷动作的要求，引导幼儿进行适当的动作练习，帮助幼儿改进动作质量，逐步提高幼儿的投掷能力。例如：为小班幼儿选择单手正面肩上掷远、将沙包投进前方的筐里等较简单的活动；对中、大班幼儿，除了选择单手半侧面肩上掷远外，还可以选择具有一定难度的双手头上掷远、用沙包击打前方固定的或移动的目标、相互投掷沙包等活动。针对小班幼儿，重点指导幼儿单手正面肩上掷远时将投掷物往前上方投掷，不往下扣，逐步掌握好出手的角度，投掷后保持身体平稳等；针对中、大班幼儿，可逐步引导幼儿学习和掌握单手半侧面侧身转体掷远的动作，加快出手速度，学会协调用力等。

③投掷动作的讲解和示范要正确

教师要掌握幼儿阶段投掷动作的基本要领。在向幼儿讲解掷远和掷准动作要领时，语言要清晰、准确、抓住重点，同时，投掷动作的示范要正确。

④投掷练习的方法和内容要多样化

带领幼儿进行投掷练习的方法、形式和内容要多样化：可以通过投掷游戏以及借助多种运动器材来引导幼儿进行投掷练习；可以安排小组、集体的投掷活动或游戏，也可以鼓励幼儿进行个人自主的投掷游戏、练习或探索活动。如果幼儿愿意的话，还可以鼓励幼儿轮换使用左、右手来尝试投掷动作，以促进身体两侧肌肉的协调发展。在组织幼儿进行投掷练习时，要充分调动幼儿参与活动的积极性和主动性，通过开展丰富多样的投掷活动，激发幼儿的投掷兴趣，丰富幼儿的

投掷体验，避免进行简单重复或枯燥的投掷练习。

⑤尊重个体差异，加强个别指导

应注意观察和关注不同投掷水平的幼儿，在动作要求和练习内容上要有所区别，并尽可能为幼儿提供不同难度、不同类型的运动器材，鼓励幼儿自主选择、自主练习，尊重幼儿的个体差异，加强个别指导，不断增强幼儿投掷的自信心，使其获得成功感，促使幼儿在自己原有的水平上不断得到提高和发展。

⑥将投掷活动与幼儿身体素质的发展有机结合起来

不同的投掷形式和内容，对身体锻炼的价值各有所长。在引导幼儿学习和练习投掷动作的过程中，应有意识地将其与身体素质的发展结合起来，通过开展丰富多样的投掷活动，提高幼儿的投掷能力，同时有效地促进幼儿身体素质的发展。例如：可以通过肩上掷远的活动，发展幼儿的力量、协调性、平衡能力、柔韧性；可以通过将小球投进前方的筐里或小篮筐中、用沙包击打前方投掷架上的靶子等掷准活动，发展幼儿的协调性和力量；还可以通过相互投掷沙包、躲沙包的活动，发展幼儿的灵敏性、协调性、平衡能力、力量和耐力；等等。

⑦做好投掷活动前的准备活动和投掷活动后的放松活动，把握好幼儿投掷的运动量

投掷活动主要是上肢部位的运动，因此，在带领幼儿进行投掷活动前，一定要做好上肢部位关节（包括腕关节、肘关节、肩关节）和肌肉的准备活动，以提高幼儿机体的适应性，防止其在运动中受伤。同时，还应当注意，每次进行投掷练习的次数不宜过多，以免幼儿上肢部位的负荷过大。若运动时间较长，可以将投掷活动与跑、跳等下肢活动有机地结合起来。此外，在幼儿投掷活动结束时，也应当带领幼儿做上肢部位的放松和整理活动，以减缓肌肉的紧张，消除肌肉疲劳。

5. 钻与爬

钻与爬是基本的动作技能，是实用性较强的身体活动技能，也是锻炼身体和提高身体素质的良好手段，而且深受幼儿喜爱。

钻是指将身体紧缩、从较狭小的空间中通过的一种运动方式。幼儿参与钻的活动，不仅能增强下肢部位的肌肉力量、耐力，发展平衡能力以及动作的协调性、灵敏性，而且能提高钻的能力，更好地适应日常生活和社会实践，在危急关

头甚至能用于逃生自救。

幼儿很小就喜欢钻的活动。但小班幼儿由于缺乏低头、弯腰、屈膝、紧缩身体的意识，空间感知能力不足，缺乏对障碍物的判断能力，在钻的过程中头或身体其他部位常常会触碰到障碍物；同时，由于下肢力量较弱、耐力和平衡能力较差，在钻的过程中也经常会出现跌跌撞撞的现象，身体不够平稳，动作不够协调、灵敏。通过适当的引导以及钻的练习后，小班幼儿能逐渐掌握正面钻的动作要领，钻的过程中能保持身体平衡；中、大班幼儿能逐渐掌握侧面钻的动作要领，动作逐渐协调、灵敏。

爬是指运用上肢和下肢同时着地支撑的姿势，通过上下肢交替位移动作使身体产生移动的一种运动方式。爬的动作形式有多样，最常用的是手膝着地爬、手脚着地爬、匍匐爬、爬越等。幼儿参与爬的活动，能增强四肢的肌肉力量以及背肌力，提高动作的协调性和灵敏性，发展耐力。

幼儿很小的时候就学会了手膝着地爬的动作，小班幼儿通常都能较协调地进行这种爬行。幼儿还喜欢尝试和体验其他形式爬的动作，如手脚着地爬、爬越较低的障碍物等，通过适当的练习以后，幼儿手脚着地爬、爬越低障碍物的动作逐渐灵敏、协调。随着不断练习，幼儿动作的协调性和灵敏性不断提高，中、大班幼儿还能逐步掌握匍匐爬这一难度较大的动作。

(1) 幼儿钻与爬的基本动作要领

①正面钻：身体面向障碍物，两腿屈膝下蹲，低头弯腰，紧缩身体（团身），两脚交替向前移动，从障碍物下方通过。

②侧面钻：身体侧向障碍物，两腿屈膝下蹲，靠近障碍物的一侧腿从障碍物下方伸出，然后低头弯腰，紧缩身体，移动重心，使身体从障碍物下方通过，最后将另一侧腿收回后站起。

③手脚着地爬：运用双手和双脚着地支撑的姿势，通过手和脚交替、协调配合的位移动作，使身体向前移动，头稍抬起，眼向前看。

④匍匐爬：运用双肘和双膝着地支撑、身体俯卧在地面（或垫子）上的姿势，通过肘部与膝盖交替、协调配合的位移动作，使身体向前移动，头稍抬起，眼向前看。

(2) 幼儿钻与爬动作发展的主要目标

①学会多种钻的动作,如正面钻、侧面钻和连续钻,钻时保持身体平稳,动作较协调、灵敏。

②学会多种爬的动作,如手脚着地爬、爬越、匍匐爬等,爬时动作较协调、灵敏,具有一定的耐力。

(3) 幼儿各年龄段钻与爬动作的主要内容

幼儿钻与爬动作的形式和内容丰富多样,应根据不同年龄段幼儿的身心特点和发展需要,选择不同的动作内容,有目的、循序渐进地提高幼儿钻与爬的能力。

不同年龄段幼儿钻与爬动作的主要内容如表1-6所示。

表1-6 不同年龄段幼儿钻与爬动作的主要内容

年龄段	钻与爬动作的主要内容
3~4岁	• 正面钻过拱形门 • 正面连续钻过拱形门 • 手膝着地爬 • 手脚着地爬 • 爬越垫子
4~5岁	• 正面钻过长长的隧道 • 侧面钻过拱形门 • 手膝着地爬 • 手脚着地爬 • 爬越一定高度的障碍物 • 匍匐爬
5~6岁	• 正面钻过长长的隧道 • 侧面连续钻过拱形门 • 手脚着地爬 • 爬越一定高度的障碍物 • 匍匐爬

(4) 幼儿钻与爬活动的指导要点

①为幼儿提供的钻、爬器材要安全,并注意幼儿运动中的安全

为幼儿提供的钻、爬运动器材要安全,要光滑、避免有棱角,要有一定的稳

定性，且不宜过重，避免幼儿钻、爬时碰倒或碰倒时伤及同伴。

在幼儿进行钻、爬的过程中，也要经常提醒幼儿尽量低头、弯腰，不触碰运动器材。同时，注意提醒幼儿与同伴之间保持适当的前后距离，学会自我保护。

②依据幼儿的年龄特点与发展需要，选择适宜的钻、爬内容，提出适宜的动作要求，逐步提高幼儿钻与爬的能力

教师应在深入学习和了解幼儿钻与爬动作发展特点、钻与爬动作的基本要领以及幼儿钻与爬动作发展目标的基础上，依据本班幼儿钻与爬动作发展的实际状况与发展需要，循序渐进地为幼儿选择适宜的钻与爬的动作内容，由单一到综合，由易到难，鼓励幼儿进行钻与爬动作的尝试和体验，不断提高钻与爬动作的要求，引导幼儿进行适当的动作练习，帮助幼儿改进动作质量，逐步提高幼儿钻与爬的能力。例如：为小班幼儿选择正面钻、手膝着地爬、手脚着地爬等较简单的活动；为中、大班幼儿选择侧面钻、匍匐爬等具有一定难度的活动。针对小班幼儿，重点指导幼儿掌握屈膝下蹲、低头弯腰、紧缩身体的动作要领，使幼儿能平稳并成功地完成正面钻的动作，获得成功感；针对中、大班幼儿，重点指导幼儿在侧面钻时如何移动身体重心，在匍匐爬时肘部与膝盖如何交替用力、躯干和头部如何摆放等，引导幼儿不断学习和掌握提高动作协调性和灵敏性的方法。

③钻与爬动作的讲解和示范要正确

教师要掌握幼儿阶段钻与爬动作的基本要领。在向幼儿讲解正面钻、侧面钻、匍匐爬等动作要领时，语言要清晰、准确、抓住重点，同时，动作的示范要正确。

④钻与爬练习的方法和内容要多样化

带领幼儿进行钻与爬练习的方法、形式和内容要多样化：可以通过钻的游戏、爬的游戏以及借助多种运动器械来引导幼儿进行钻与爬的练习；可以安排小组、集体的钻与爬的活动或游戏，也可以鼓励幼儿进行个人自主的钻与爬游戏、练习或探索活动。室内是开展钻与爬的很好场所，可以充分利用地板、地毯、垫子、桌子、椅子等物，进行多种钻与爬的活动。在幼儿钻与爬的练习中，要充分调动幼儿参与活动的积极性和主动性，通过开展丰富多样的钻与爬的活动，激发幼儿的运动兴趣，丰富幼儿的运动体验，避免进行简单重复或枯燥的钻与爬的练习。

⑤将钻与爬的活动与幼儿身体素质的发展有机结合起来

不同形式和内容的钻与爬，对身体锻炼的价值各有所长。在引导幼儿学习和练习钻与爬动作的过程中，应有意识地将其与身体素质的发展结合起来，通过开展丰富多样的钻与爬的活动，提高幼儿钻与爬的能力，同时有效地促进幼儿身体素质的发展。例如：可以通过正面钻的活动，发展幼儿的平衡能力、柔韧性，增强腿部肌肉力量和耐力；可以通过侧面钻的活动，发展幼儿动作的协调性和灵敏性；可以通过爬越一定高度障碍物的活动，发展幼儿的力量和上下肢动作的协调性；可以通过匍匐爬的活动，发展幼儿的力量、耐力以及动作的协调性、灵敏性；等等。

6. 攀登与悬垂

攀登是实用性较强的身体活动技能。悬垂动作虽然在日常生活中很少用到，但在遇到某些危急情况时，也许就是自救或逃生的重要技能。此外，攀登与悬垂还是锻炼身体和提高身体素质的重要手段。

攀登是指双手和双脚在攀登设备上做交替移动、完成攀上和爬下任务的一种运动方式，主要是指身体在斜向或纵向上进行位移的一种动作技能，如上下楼梯、上下斜坡、攀登台阶、攀登梯子、攀登攀登架、攀越障碍物等。幼儿参与攀登活动，不仅能锻炼四肢的肌肉，促进身体两侧肌肉与大脑两半球的协调发展，有效地增强肌肉组织的力量和耐力，提高手部的抓握能力，增强空间意识和本体感觉，发展平衡能力、协调性和灵敏性，还能培养幼儿勇敢、顽强、坚持、沉着的良好心理品质，增强自信心，克服恐高的心理障碍。

小班幼儿能使用并手、并脚的方式在简单、较低的攀登设备上做攀上、爬下的活动，能保持身体的平衡，动作具有一定的协调性，但手握横杠的动作有的还不够正确，攀登时肌肉较紧张，动作不够灵敏，攀到高处时心理较紧张。随着年龄的增长以及通过一定的攀登练习后，到了大班时，幼儿的攀登能力有了较大的提高，幼儿能较熟练地在攀登设备上攀上爬下，动作较协调、灵敏，并能在攀登设备上做移位、钻、爬、甚至悬垂等动作，控制身体的能力有了较大的发展，有的幼儿还能进行爬杆、爬绳、爬树、攀岩等难度较大的攀登活动。

悬垂也是一种基本的动作技能，但常常易被人们忽视。悬垂是指人体肩轴低于器械轴，并对握点（如手抓握横杠的点）产生拉力的一种动作。双手抓握单杠或平梯的横杠、将身体悬空吊起来的方式就是最常见的悬垂动作。悬垂活动是幼儿阶段很少开展的身体运动，但悬垂动作的学习与练习对于幼儿增强体质、安全地进行攀登等活动，以及提升在危急时刻的生存能力都具有重要的价值。开展适宜的悬垂活动，可以锻炼上肢及肩、背等部位的肌肉和韧带，提高手部的抓握能力，增强上肢关节的牢固性，促进身体两侧肌肉与大脑两半球的协调发展，并能有效地提高平衡能力、协调能力、力量和耐力等身体素质。

人类在婴儿时期就具有一定的抓握和悬垂能力，但由于此后与悬垂相关的活动与锻炼很少出现，平时上肢部位力量性的活动也较少，再加上悬垂活动对运动器械有特殊的要求，活动环境中较少见到适合于幼儿的悬垂器械，因此，大多数幼儿通常很少进行悬垂活动。随着年龄的增长，幼儿的体重也在不断增加。以上原因使得幼儿在自然成长过程中形成的悬垂能力较弱，发展进程十分缓慢，手部握力较差，悬于杠上的时间较短。通过适当的悬垂锻炼后，中、大班的幼儿能较快地提高悬垂能力，不仅悬垂时间增长较明显，力量和耐力有了一定的发展，而且有的幼儿还学会了在单杠下做侧身移动或在平梯下做位移前行等动作，动作的协调性和灵敏性有了较大的提高。

（1）幼儿攀登、悬垂的基本动作要领

①幼儿双手和双脚攀登的基本动作要领

两手分别握住攀登设备上方的横杠，两脚分别踩踏在攀登设备下方的横杠上，采用双手交替抓握横杠和双脚交替蹬踩横杠的方式做攀上和爬下的位移动作，位移时保持身体平稳。

• 抓握动作：大拇指与其他四指分开，用相对抓握的方式抓住横杠，这种抓握方法较牢固和安全。

• 并手并脚地攀登：两手先后都握住同一格的横杠，两脚也是先后都踏上同一格的横杠。往上攀登时是这样，从攀登设备上下来的时候也是这样。这种攀登方法较简单，属于初级水平，较适合于小班幼儿。

• 手脚交替攀登：两手和两脚都先后握住或踏上不同格的横杠，手脚的动作交替进行。这种攀登方法难度较大，水平较高，对身体协调性、灵敏性和平衡能力的要求较高，较适合于中、大班幼儿。

②幼儿悬垂的基本动作要领

两手同时正握单杠或平梯的横杠,身体自然下垂,脚离地,处于平稳的悬吊状态,并保持一段时间;放手下来时,要轻轻落地,最好有屈膝缓冲动作,保持身体平稳。

幼儿处于悬垂状态时,身体可以做前后方向的自然摆动动作。能力较强的幼儿,也可以在悬垂的过程中做一定的移位(如前行等)动作。

(2) 幼儿攀登、悬垂动作发展的主要目标

①双手和双脚攀登时,能掌握两手抓握横杠的正确方法,攀上、爬下时能保持身体平稳,动作协调,并能注意活动时的安全。

②能学会攀登多种适合于幼儿的攀登设备,如攀登架、攀登网绳、儿童攀岩墙等,并能注意活动时的安全。

③能用双手抓杠做一定时间的悬吊动作,持续时间不断延长,下杠时能保持身体平稳。

(3) 幼儿各年龄段攀登、悬垂动作的主要内容

幼儿攀登、悬垂动作的形式和内容丰富多样,应根据不同年龄段幼儿的身心特点和发展需要,选择不同的动作内容,有目的、循序渐进地提高幼儿攀登和悬垂的能力。

不同年龄段幼儿攀登、悬垂动作的主要内容如表1-7所示。

表1-7 不同年龄段幼儿攀登与悬垂动作的主要内容

年龄段	攀登、悬垂动作的主要内容
3~4岁	• 上下楼梯、上下台阶 • 上下小山坡 • 攀登肋木、攀登较矮的攀登架 • 双手抓住单杠或平梯的横杠做短时间的悬垂动作
4~5岁	• 攀登肋木、攀登攀登架、攀爬网绳 • 攀登较矮的儿童攀岩墙 • 攀爬梯子、攀爬倾斜的大垫子 • 登山 • 双手抓住单杠(或平梯的横杠、吊环)做一定时间的悬垂动作

续表

年龄段	攀登、悬垂动作的主要内容
4~5岁	• 在悬垂的过程中做前后轻微的摆体动作 • 在悬垂的过程中做一定的移位动作
5~6岁	• 攀登肋木、攀登攀登架、攀爬网绳 • 攀登儿童攀岩墙 • 攀爬梯子、攀爬倾斜的大垫子 • 攀登较矮滑梯的斜坡 • 攀登悬垂的绳子、爬杆、爬树 • 登山 • 双手抓住单杠（或平梯的横杠、吊环）做一定时间的悬垂动作 • 在悬垂的过程中做前后轻微的摆体动作 • 在悬垂的过程中做一定的移位、前行动作

（4）幼儿攀登、悬垂活动的指导要点

①为幼儿提供安全、适宜的攀登设备和悬垂器材，在幼儿攀登、悬垂活动中加强动作与安全指导，做好安全保护

应当依据幼儿的年龄特点，为幼儿提供安全、适宜的攀登设备、悬垂器材和运动环境，这是保证幼儿安全运动的重要条件。

攀登设备和悬垂器材的高度应符合幼儿的身高与心理特点，小班选择的器械应适当矮一些，太高的器材会使幼儿产生害怕、胆怯的心理。抓握处的横杠粗细要适合于幼儿手掌的大小，以便于幼儿进行抓握和运动。随着幼儿年龄的增加，攀登设备和悬垂器材也应该有所调整，适当增加高度和难度，以激发幼儿运动的兴趣，不断提高幼儿攀登、悬垂的能力。

在攀登设备和悬垂器材的下方，应铺设软性材料，如沙土地、草地、软垫等，以保证幼儿运动时的安全。

在幼儿进行攀登、悬垂活动的过程中，教师应对幼儿进行相关动作的指导，向幼儿提出必要的安全要求，如指导幼儿怎样抓握横杠才安全，从攀登架或悬垂杠上怎样下来才安全，让幼儿上下攀登架时学会有秩序地玩，学会等待，不抢、不推挤等，逐步提高幼儿自我保护的能力。

进行攀登与悬垂活动时，幼儿的心理压力通常较大，教师要给予幼儿及时的

鼓励，并注意关照和保护幼儿，确保幼儿运动时的安全。

这里需要特别强调的是，不宜组织幼儿进行攀登与悬垂的比赛活动或比赛游戏，以免幼儿因求胜心切而忽视运动时的安全。

②依据幼儿的年龄特点与发展需要，选择适宜的攀登、悬垂的内容，提出适宜的动作要求，逐步提高幼儿攀登、悬垂的能力

教师应在深入学习和了解幼儿攀登与悬垂动作发展特点、攀登与悬垂动作的基本要领以及幼儿攀登与悬垂动作发展目标的基础上，依据本班幼儿攀登、悬垂动作发展的实际状况与发展需要，循序渐进地为幼儿选择适宜的运动设备、器材以及适宜的动作内容，由低到高，由易到难，鼓励幼儿进行多种攀登、悬垂动作的尝试和体验，丰富幼儿的运动体验，不断提高攀登、悬垂动作的要求，帮助幼儿改进动作质量，逐步提高幼儿攀登、悬垂的能力。例如：为小班幼儿选择较简单的上下台阶、上下小山坡等活动，以及较矮的攀登架和单杠等器材，鼓励幼儿进行尝试和探索；为中、大班幼儿选择有一定高度和挑战的攀登架、网绳、儿童攀岩墙、较高的单杠或平梯等，激发幼儿探索的欲望。针对小班幼儿，重点指导幼儿手部抓握横杠、从攀登设备上安全平稳下来的动作要领，使幼儿初步体验悬垂，增强幼儿的自信心；针对中、大班幼儿，重点指导幼儿如何在攀登设备上灵活地进行移动，如何在悬垂的过程中进行移位，等等。

③攀登、悬垂的讲解和示范要正确

教师要掌握幼儿阶段攀登、悬垂动作的基本要领。在向幼儿讲解攀登、悬垂动作的要点和难点时，语言要清晰、明了，抓住重点，同时，动作的示范要正确。

④尊重个体差异，加强个别指导

应注意观察和关注幼儿参与攀登、悬垂时的心理状态和动作特点，有些幼儿比较胆小或有恐高心理，也有的幼儿缺乏自信心，因此，对于不想参与攀登或悬垂活动的幼儿，应给予尊重，不要勉强。此外，在提供设备和器材时，也应该考虑到幼儿的个体差异，尽可能为幼儿提供不同难度、不同水平的运动器材，鼓励幼儿自由选择、自主练习，同时加强个别指导，不断增强幼儿攀登、悬垂的自信心，促使幼儿在自己的水平上不断得到提高和发展。

⑤将攀登、悬垂的活动与幼儿身体素质的发展有机结合起来

不同形式和内容的攀登与悬垂,对身体锻炼的价值具有一定的差异。在引导幼儿学习和练习攀登与悬垂动作的过程中,应有意识地将其与身体素质的发展结合起来,通过开展丰富多样的攀登、悬垂活动,逐步提高幼儿攀登、悬垂的能力,同时有效地促进幼儿身体素质的发展。例如:可以通过上下台阶、上下小山坡、登山等活动,发展幼儿的平衡能力、协调性、力量和耐力;可以通过攀登各种攀登设备,锻炼幼儿四肢和躯干部位的肌肉力量,发展平衡能力和协调性;可以通过在攀登设备上做钻、爬、移位等动作,发展幼儿的灵敏性、协调性和平衡能力;可以通过攀爬倾斜的大垫子、攀登较矮的滑梯斜坡,发展幼儿的手部的握力、上肢与躯干的力量与耐力、灵敏性和协调性;可以通过简单的悬垂动作,发展幼儿上肢和躯干部位的力量和耐力;可以通过在悬垂的过程中进行移位或行进,发展幼儿的协调性、灵敏性、平衡能力以及力量和耐力;等等。

⑥做好攀登、悬垂活动前的准备活动和活动后的放松活动,把握好幼儿悬垂的运动量

攀登与悬垂活动主要是上肢部位的运动,因此,在带领幼儿进行攀登与悬垂活动前,一定要做好上肢部位关节(包括腕关节、肘关节、肩关节)和肌肉的准备活动,以提高幼儿机体的适应性,避免其在运动中受伤。同时,还应当注意,每次进行悬垂练习的次数不宜过多,时间不宜过长,应循序渐进,以免幼儿上肢部位和心脏的负荷过大。此外,在攀登和悬垂活动结束时,还应带领幼儿做上肢部位的放松和整理活动,消除肌肉疲劳。

第三节　幼儿园体育活动的计划与组织

一、幼儿园体育活动的计划

幼儿体育活动是幼儿园课程的重要组成部分,幼儿园体育活动计划是幼儿园体育工作的重要依据。

幼儿在园要生活与学习三年,为了幼儿的健康,幼儿园每天都要安排至少一小时的体育活动,此外,由于体育活动的内容与组织形式丰富多样,需要幼儿园做好体育活动的整体规划。一个考虑较全面、安排较适宜的体育活动计划,不仅

能保障幼儿园体育工作有条不紊地进行，而且是全面实现幼儿园体育活动目标的重要保证。

（一）全园幼儿体育活动工作计划

全园幼儿体育活动工作计划，是幼儿园健康领域教育计划中的重要组成部分，通常由负责保教工作的副园长与各年龄组组长共同商榷、制订，用以指导全园各年龄段的幼儿体育工作。

主要包括以下内容。

1. 确定本园所持的幼儿教育观、体育观和办园理念。例如，如何理解幼儿体育活动在幼儿园教育中的价值，如何理解《纲要》《指南》中的相关精神，等等。

2. 确定本园幼儿体育活动的总目标。依据《纲要》《指南》的有关精神与办园理念，在学习相关专业理论的基础上，结合本园幼儿发展的实际状况与需要，确定本园幼儿体育活动的总目标。

3. 确定本园各项幼儿体育活动安排的总体思路。例如，确定本园基本的幼儿体育活动组织形式，如上午、下午的户外体育活动怎样安排，幼儿体育教学活动怎样安排，是否开展区域体育活动、室内体育活动、幼儿运动会，等等。又如，如何根据当地的地理与社会资源、季节特点或园所的传统，开展有特色的幼儿体育活动，如民族民间传统的幼儿体育活动、远足活动、游泳活动、冰雪活动，等等。

4. 确定本园相关部门（如卫生保健部门、后勤部门）人员的工作职责。例如，确定保健医在幼儿体育活动中承担的责任与工作要求，确定幼儿运动器械的安全管理要求，等等。

5. 确定本园幼儿体育教研活动的工作重点与内容。例如，幼儿体育活动方面业务学习的重点，观摩活动、教研活动的具体安排与要求，等等。

6. 其他工作。例如，如何做好家园沟通与共育，怎样对待和处理幼儿在体育活动中出现的安全事故，等等。

（二）各年龄段幼儿体育活动工作计划

在全园幼儿体育活动工作计划的基础上，以年龄段为基本单位，各年龄班的教师共同讨论、商议并确定本年龄段幼儿的体育活动工作计划。主要包括以下内容。

1. 确定各年龄段幼儿体育活动的目标

首先,要对全园幼儿体育活动工作计划中的本园幼儿体育活动总目标有一个较全面、深入的认识和理解,然后,结合本年龄段幼儿的年龄特点以及幼儿体质发展的实际状况,确定本年龄段幼儿体育活动的目标。

依据幼儿园体育活动的总目标,结合幼儿的年龄特点,我们拟订了小班、中班和大班各年龄段幼儿体育活动的阶段性目标(如表1-8、表1-9、表1-10所示),供教师在教育实践中参考。

表1-8 小班幼儿体育活动参考目标

层面	小班幼儿体育活动参考目标
身体和动作方面	（1）初步学会一些基本动作,能使用和操作简单的运动器械,具有初步的平衡能力、协调性、灵敏性、力量和耐力 例如: • 在提醒下能自然站直、自然行走;能两臂自然摆动地跑 • 能沿地面直线或在较低矮的平衡木上走一段距离;能做短时间的单脚站立;能围绕自己的身体做自转圈动作,转圈后不摔倒 • 能一个跟着一个走和跑,并与他人保持一定的距离;绕障碍跑时身体能灵活转动;分散跑时能避开他人的碰撞;能快跑15米左右;能行走1千米左右;能慢跑(或慢跑与走交替)100米左右 • 能身体平稳、协调地双脚连续向前跳;能纵跳触物;能单脚连续向前跳(参考距离为2米左右);从较低矮的地方往下跳时能保持身体平稳,不摔倒 • 能单手或双手将沙包向前方投掷(沙包重量约150克,单手投掷的参考距离为2米左右),投掷方向基本适宜;能做近距离的掷准动作,如投沙包或小球入筐 • 能较平稳地从障碍物(如拱形门、大塑料圈)下钻过;能手膝着地协调地爬;能较协调地翻越低障碍物;能在较低矮的攀登架上安全地爬上爬下;能较协调地做侧身连续翻滚的动作 • 能搬运自己的小椅子或小凳子;能双手抓杠做悬垂动作(参考时间为10秒左右) • 能尝试多种运动器械的简单玩法,如滚球、传球、向上抛球、走小高跷、骑小车等 （2）能独自、安全地滑滑梯;在帮助下能按照安全要求荡秋千、

续表

层面	小班幼儿体育活动参考目标
身体和动作方面	坐转椅等 （3）能根据教师发出的简单口令或信号做相应的身体动作；能随音乐和儿歌做模仿动作、模仿操等 （4）能在较冷、较热的户外环境中持续活动一段时间
运动习惯和运动能力方面	（1）对运动器械感兴趣，喜欢玩体育游戏 （2）在指导和提醒下，知道外出进行运动时要穿适宜的服装，如运动鞋等 （3）在指导和提醒下，能按照安全要求做运动
其他方面	（1）在运动中体验到快乐，情绪愉悦 （2）喜欢与同伴、老师一起玩体育游戏 （3）在运动中表现出一定的自信和勇敢等品质 （4）学会轮流和等待 （5）能理解和记住教师提出的游戏方法和活动要求

表1-9 中班幼儿体育活动参考目标

层面	中班幼儿体育活动参考目标
身体和动作方面	（1）基本学会各种基本动作，能使用和操作多种运动器械，具有一定的平衡能力、协调性、灵敏性、力量和耐力 例如： • 在提醒下能保持正确的站立、行走和跑步姿势 • 能在较窄的低矮平衡木上平稳地走一段距离；能单脚站立一定的时间；能较平稳地做自转圈以及与他人一起拉手转圈 • 能与他人玩追逐、躲闪跑的游戏；能快跑20米左右；能连续行走1.5千米左右；能慢跑（或慢跑与走交替）200米左右 • 纵跳触物的高度不断提高，动作较协调；能做单、双脚交替跳的动作；能做立定跳远的动作，落地时能保持平稳；能助跑跨跳过一定距离，或助跑跨跳过一定高度的物体；能单脚连续向前跳一段距离（参考距离为5米左右） • 单手或双手能较有力地将沙包向前投掷（沙包重量约150克，单手投掷的参考距离为4米左右），投掷方向基本稳定；能做近距离的掷准动作，如沙包击物、投球入筐、套圈等

续表

层面	中班幼儿体育活动参考目标
身体和动作方面	• 能侧身钻过低矮障碍物；能做匍匐爬、手脚爬等多种爬行动作；能安全地在攀登设备上爬上爬下；能较灵活地翻越有一定高度的障碍物；做连续侧身翻滚时，能较好地控制身体的行进方向 • 能较轻松地独自搬运小型运动器材；能与他人合作搬运体积较大的运动器材，如垫子、大纸盒等；双手抓杠悬垂吊起的时间逐渐延长（参考时间为15秒左右） • 能主动探索多种运动器械，并能玩出多种花样，如跳羊角球、推独轮小车、攀登爬网、探索球、绳、圈、沙包、钻筒等的多种玩法 (2) 能安全地玩各种大、中、小型运动器械，如滑梯、秋千、荡船、转椅、蹦蹦床、攀登架、单杠、木棒、绳等 (3) 能尝试玩民族民间传统幼儿体育游戏，如踢毽子、跳房子等 (4) 能较熟练地根据各种口令或信号做出相应的身体动作；能做简单的队列动作和队形变换；能随音乐的节奏或口令做徒手操和轻器械操，动作基本到位，有一定的空间感和节奏感 (5) 能在较冷、较热的户外环境中持续活动半小时左右，抵御寒冷和酷暑的能力逐渐增强，抵抗疾病的能力逐渐提高
运动习惯和运动能力方面	(1) 喜欢并积极参加多种体育活动，有自己喜欢的运动项目，如骑小车、跳羊角球、助跑跨栏、拍球、踢球、荡秋千、攀爬攀登架等 (2) 不用提醒，在外出进行运动时能穿适宜的服装，如运动鞋等 (3) 能按照安全要求做运动，并能主动躲避危险
其他方面	(1) 在运动中情绪愉快、高涨 (2) 在运动中表现出一定的自信和勇敢；遇到困难或挫折时，能努力去克服，具有一定的坚持性 (3) 能遵守活动的要求和规则；能与同伴合作游戏；具有初步的团队意识和公平竞争意识

表1-10 大班幼儿体育活动参考目标

层面	大班幼儿体育活动参考目标
身体和动作方面	(1) 各种基本动作逐渐成熟，能较熟练地使用和操作多种运动器械，具有一定的平衡能力、协调性、灵敏性、力量和耐力 例如：

续表

层面	大班幼儿体育活动参考目标
身体和动作方面	• 能经常保持正确的站立、行走和跑步姿势 • 能在斜坡、荡桥和有一定间隔的物体上较平稳地行走；能在较高或较窄的平衡木上平稳地行走；能单脚站立较长的时间；能闭目行走一小段距离，方向基本正确 • 玩追逐跑、躲闪跑的游戏时能较灵活地躲闪；能快跑25米左右；能连续行走1.5千米以上；能慢跑（或慢跑与走交替）300米左右 • 纵跳触物的高度不断提高，协调性较好；助跑跨跳的高度或距离不断增加，动作较连贯；单、双脚交替跳时动作较灵敏；立定跳远时摆臂动作较协调，蹬地动作较有力，跳远距离不断增长；能单脚连续向前跳较长的距离（参考距离为8米左右） • 能单手或双手较有力地将沙包向前投掷较远的距离（沙包重量约150克，单手投掷的参考距离为5米左右），投掷方向较稳定，出手角度基本适宜，单手投掷的转体动作较协调；能击中一定距离远处的目标，掷准能力不断提高 • 能较协调、较灵敏地做匍匐爬行的动作；能安全地攀登较高的攀登设备，动作较协调、灵敏 • 独自搬运物体的能力不断增强；能与他人合作搬运有一定重量的物体；双手抓杠悬空吊起时间逐渐延长（参考时间为20秒左右） • 能主动探索多种运动器械，并能玩出多种花样，如攀爬攀岩墙、攀登爬网、走荡桥、玩平梯，探索球类、木梯、轮胎等的多种玩法 （2）能安全地玩各种大、中、小型运动器械，如滑梯、秋千、荡船、转椅、蹦蹦床、攀登设备、单杠、羊角球、绳、棒等 （3）能玩多种民族民间传统幼儿体育游戏，如踢毽子、跳房子、跳绳、跳竹竿、滚铁环、抽陀螺等 （4）能较熟练、较正确地做一些队形变换；能随音乐的节奏或口令做有一定难度的徒手体操和轻器械操，动作较正确、协调，有一定的空间感和节奏感 （5）能在较冷、较热的户外环境中持续活动半小时以上，抵御寒冷和酷暑的能力不断增强，抵抗疾病的能力不断提高
运动习惯和运动能力方面	（1）能主动参加多种体育活动；有自己喜欢或较擅长的运动项目，如跳羊角球、助跑跨跳、拍球、踢球、荡秋千、攀登爬网、跳绳、滚铁环等

续表

层面	大班幼儿体育活动参考目标
运动习惯和运动能力方面	（2）逐步养成锻炼身体的习惯 （3）在外出进行运动时能穿适宜的服装，如运动鞋、运动服等；运动中觉得热时知道要减少衣服；出汗时知道擦汗 （4）运动时能注意安全，躲避危险，同时也能注意不给他人造成危险
其他方面	（1）在运动中情绪愉快、高涨 （2）在运动中表现出较强的自信和勇敢；遇到困难或挫折时，能努力去克服，具有一定的坚持性 （3）能遵守活动的要求和规则；表现出较好的合作意识和能力；具有一定的集体意识、责任感和公平竞争意识

2. 确定本年龄段幼儿体育活动的组织方案

结合园所的实际状况，以及以前在幼儿体育活动组织上积累的经验，全方位地考虑通过哪些途径、方式和方法来实现本年龄段幼儿体育活动的目标。例如：本年龄段的户外体育活动怎样安排，提供哪些主要的运动器械；本年龄段的晨间锻炼或早操活动怎样组织，包括哪些活动内容；幼儿体育教学活动怎样安排，班级间怎样协调；是否安排本年龄段的区域体育活动，若安排，怎样组织与分工合作；是否安排远足活动，若安排，计划去哪里，怎样组织与分工合作；等等。

在制订各年龄段体育活动工作计划的过程中，园所领导需要特别注意的是：三个年龄段幼儿体育活动的计划之间要有一定的关联性，尤其是各年龄段幼儿体育活动的目标之间要相互衔接、逐渐递进，只有这样，才能使幼儿在幼儿园生活的三年里获得不断的提高与发展，也才能真正落实幼儿园体育活动的总目标。

（三）班级幼儿体育活动工作计划

各班教师根据本年龄段幼儿体育活动的计划，结合本班实际，制订本班幼儿体育活动计划。主要包括学期计划、月计划、周计划和日计划。

1. 学期计划、月计划

各班依据本年龄段幼儿体育活动工作计划，结合本班幼儿实际发展水平、需要，以及本班教研工作的重点，确定上学期与下学期幼儿体育活动的目标、各项体育活动安排的总体思路，以及体育工作的重点内容。

在学期计划的基础上,制订出各月幼儿体育活动工作计划。在月计划中,要明确各月幼儿体育活动的目标,并围绕目标确定幼儿体育活动的内容与活动方式,如户外体育活动、晨间锻炼或早操、体育教学活动、区域体育活动、远足等活动的计划与安排。在制订月计划时,应考虑月与月之间的关联性和逐步递进,以便完成本学期幼儿体育活动的目标与任务。

2. 周计划与日计划

周计划是依据每个月的月计划,对本周中每天的各项幼儿体育活动做具体的计划与安排,包括户外体育活动、体育游戏、晨间锻炼或早操、体育教学活动、区域体育活动等活动的目标、内容、要求和具体时间。

周计划与周计划之间要有一定的关联性和逐步递进。

周计划中,应综合考虑每周五天中幼儿各种体育活动的合理搭配、相互衔接与相互补充。同时,还应考虑幼儿体育教学活动的安排,每周应安排一次幼儿体育教学活动。

日计划是对周计划的进一步具体化。在制订日计划的时候,应尽可能考虑上午、下午幼儿体育活动在内容和器材上的区别,并将体育游戏、体育教学活动与分散、自由的体育活动结合起来安排,这样,既能保证幼儿每天体育锻炼具有一定的目的性,又能满足幼儿个体活动与发展的需要。

学期计划、月计划、周计划要点参见表1-11。周计划、日计划举例参见表1-12、表1-13。

表1-11 班级幼儿体育活动工作计划主要内容与要点

项目	主要内容与要点
学期计划	依据本年龄段幼儿体育活动工作计划制订,主要包括: • 本班幼儿体育活动的目标 • 各项体育活动安排的总体思路 • 上学期与下学期的体育工作重点
月计划	依据学期计划制订,主要包括每月的幼儿体育活动目标、活动内容与活动方式,包括户外体育活动、晨间锻炼或早操、体育教学活动、区域体育活动等活动的计划与安排 应注意月计划与月计划之间的关联性和逐步递进

续表

项目	主要内容与要点
周计划	依据月计划制订，主要包括每周各类幼儿体育活动的具体安排，包括每天的户外体育活动、晨间锻炼或早操、体育教学活动等活动的具体目标、内容、要求、时间安排，以及所需要准备的运动器械和相关资源 应注意：周与周之间、一周内各天之间的关联性和逐步递进；每周中应为幼儿提供丰富多样的运动器械；每周应安排一次幼儿体育教学活动

表1-12 周计划举例（以中班为例）

星期	上午	下午
周一	10：00—10：40 （1）间操 内容：响铃操 要求：队列基本整齐、动作有节奏、基本到位 （2）运动器械的活动 内容：自由玩跳跳袋、塑料圈、球、飞盘等 要求：运动中注意安全，学会自我保护；与同伴友好合作	15：30—16：10 运动器械的活动 内容：自由玩联合运动器械、秋千等 要求：遵守游戏的安全要求，学会自我保护
周二	10：00—10：40 （1）间操：响铃操 （2）运动器械的活动 内容：自由玩跳跳袋、塑料圈、球、飞盘等	15：30—16：10 （1）体育游戏 名称：切西瓜 目标：练习绕圈快跑，发展动作的协调性、灵敏性和平衡能力 （2）运动器械的活动 内容：自由玩联合运动器械、秋千等
周三	10：00—10：40 （1）间操：响铃操 （2）运动器械的活动 内容：自由玩联合运动器械、攀登设备等	15：30—16：10 运动器械的活动 内容：自由玩梅花桩、沙袋、悬垂设备、各种儿童车、羊角球、钻爬隧道等

续表

星期	上午	下午
周四	10：00—10：40 (1) 间操：响铃操 (2) 体育教学活动：小马过河	15：30—16：10 运动器械的活动 内容：自由玩梅花桩、沙袋、悬垂设备、各种儿童车、羊角球、钻爬隧道等
周五	10：00—10：45 (1) 间操：响铃操 (2) 年龄班区域体育活动 内容：平衡区、跳跃区、钻爬区、投掷区、小车区、球区等	15：30—16：00 运动器械的活动 内容：自由玩联合器械、攀登设备等
体育教学活动方案	活动名称：小马过河 活动目标： 1. 学习和练习助跑跨跳，锻炼腿部肌肉力量，提高动作的协调性和灵敏性。 2. 能遵守游戏规则，与同伴友好合作。 活动准备：（略） 活动过程：（略） 活动建议：（略）	

表 1-13　日计划举例（以大班为例）

形式	时间安排	活动内容与要求
晨间锻炼	7：45—8：20	(1) 自选运动器械 准备：球、沙包、投掷架、平衡木、双人大鞋等 要求：自主探索，友好合作 (2) 早操 内容：武术操 要求：精神饱满，动作准确，尽可能做到位
户外体育活动	10：20—10：50	自选运动器械 准备：联合运动器械、秋千、攀登设备等 要求：运动中注意安全

续表

形式	时间安排	活动内容与要求
户外体育活动	15：30—16：15	（1）体育游戏：学做解放军 目标：练习匍匐爬动作，提高动作的协调性和灵敏性 准备：垫子、自制网架等 （2）自选运动器械 准备：羊角球、跳绳、毽子、皮筋、铁环、陀螺、各种小车等 要求：安全使用运动器械，在注意自我保护的同时，注意不给他人造成危险

二、幼儿园体育活动的组织原则

为了使幼儿园体育活动开展得更加有效和科学，结合幼儿园体育活动的特性以及幼儿的年龄特点，幼儿园在组织幼儿进行体育活动时，应遵循以下两个基本原则。

（一）身体全面发展的原则

促进幼儿生长发育和机能协调发展，增强幼儿体质，是幼儿体育活动的主要目标，也是幼儿生长发育和健康成长的需要，这就要求我们必须贯彻身体全面发展的原则。

身体全面发展的原则是指在幼儿体育活动中，应该使幼儿身体各部位、各器官、各系统的机能得到适当的锻炼，发展幼儿的各种基本动作，全面提高幼儿的身体素质，最终促使幼儿的身体得到全面、协调的发展。

人体是在大脑皮层统一支配、调节下的有机整体，人体的各部位、各器官、各系统的机能与各种身体素质（如平衡能力、协调性、灵敏性、力量、耐力）之间是相互联系、相互影响的。幼儿阶段是身体形态、结构、机能以及身体素质和基本动作（如走、跑、跳跃、投掷、钻、爬、攀登、悬垂等）发展的基础阶段和重要阶段，重视幼儿身体的全面锻炼，有助于促使幼儿机体全面、协调发展，从而增强幼儿的体质。

因此，在组织和安排幼儿体育活动时，应注意考虑幼儿身体各部位的锻炼，上、下肢活动要有机结合，幼儿的基本动作要全面提高，幼儿的基本身体素质要综合培养。

（二）运动的适宜与适量性原则

体育活动的种类和项目很多，但并非都适合于幼儿。即使有些体育活动适合于幼儿，但由于幼儿在生理和心理发展上都很不成熟，有自己的年龄特点，因而在组织幼儿体育活动时，一定要考虑幼儿运动量的适宜性，只有这样，才能既不伤害幼儿，又能有利于幼儿的健康成长。

运动的适宜与适量性原则是指在幼儿体育活动中，首先要保证体育活动的种类和项目要适合于幼儿，其次，应保证幼儿在运动中承受适宜的生理负荷与心理负荷。

1. 不适合于幼儿的体育活动不要进行

依据幼儿的年龄特点，幼儿阶段应避免进行专门性的力量练习和无氧耐力活动，如负重练习、举重、拉拉力器、拔河、掰手腕、长跑等，这些运动有可能会导致幼儿机体的损伤。

2. 幼儿体育活动中的运动量要适宜

运动量，也称活动量，是指运动过程中人体所承受的生理负荷量。运动量的大小，直接影响幼儿身体的发育与发展，也影响幼儿体育锻炼的效果。合理、科学地安排和调整幼儿的运动量，是保证幼儿体育活动有效性、科学性最为关键和重要的方面。

（1）幼儿的运动量应由较小到较大，再到较小

幼儿运动量的安排由较小到较大，再到较小，这是由人体生理机能活动变化的规律及幼儿的年龄特点决定的。

在安排幼儿体育活动时，首先要做好充分的热身活动（即身体的准备活动），如活动头部，伸展上肢，做适当的转体、腹背运动和下蹲等动作，使身体上肢、下肢等部位的肌肉、肌腱、韧带和关节得到适当的锻炼，使血液循环逐渐加快，这样既能避免幼儿身体受伤，又有利于机体较快地适应运动的需要。

待幼儿运动一段时间后，幼儿机体的活动能力有了一定的提高，便能逐渐适应运动量较大的活动。跑步、跳跃等较激烈的身体动作通常应安排在这时进行。

随后，随着幼儿逐渐疲劳，幼儿机体的活动能力便会呈现下降的趋势，这时

就应安排运动量较小的活动。在结束幼儿运动前，教师应带领幼儿一起做身体的放松活动，尤其是在跑、跳活动之后一定要充分地做身体放松活动，如做上肢、下肢慢速摆动的动作以及深呼吸等调节呼吸的身体动作。

（2）幼儿的运动量不宜过大

幼儿心率较快，呼吸频率较快，心脏的发育不够完善，不适宜进行过于激烈、运动量过大的身体运动。通常情况下，当幼儿的动作质量逐渐下降或跌跌撞撞，心跳频率过快或上气不接下气的时候，就表明幼儿的运动量过大了，这时，应及时调整幼儿的活动内容，使其运动量逐渐减小。

（3）在一次体育活动中，应避免幼儿身体某一部位的生理负荷过重

在安排幼儿体育活动时，应注意不要让幼儿过分或过度练习某一动作，以避免身体某一部位的负荷过重。例如，在一次体育活动中若安排了跑的活动，就尽量不再安排跳跃的活动，以免幼儿下肢负荷过重。又如，在一次体育活动中，若安排了投掷活动，一定要注意幼儿的投掷练习次数不宜过多，以避免肩关节的负荷过重。

3. 幼儿运动中的心理负荷要适宜

在身体运动的过程中，人体不仅要承受一定的生理负荷，而且在心理上也有一定的负担，因为运动中会伴随人的认知、情绪、意志等方面的心理过程。因此，在组织幼儿进行体育活动时，还需要考虑运动中幼儿心理方面的负荷。

在幼儿体育活动的过程中，影响幼儿心理负荷的因素是多方面的，主要包括心理活动的强度和时间（如注意力的强度及持续时间、记忆的质量与广度、意志的努力状况、情绪状况等）、动作与活动内容的难易程度、教师的教态与教育方法、环境与材料的难度等方面。

幼儿体育活动的目的主要是锻炼身体，这时，幼儿的心理负荷就不宜过大或过多，要适宜，但这并不意味着不需要考虑身体运动对幼儿心理发展的价值。一方面，教师仍然应该充分发挥和利用身体运动对幼儿心理发展的价值，另一方面，教师在此过程中，也要注意幼儿的年龄特点和个体差异，不宜使幼儿的心理负荷过大。例如，小班幼儿学习和练习走平衡木或攀爬攀登设备时，需要一定的勇气，也需要一定的平衡能力。如果幼儿是初学，或比较胆怯，通常会因紧张而承受较大的心理负荷。为此，教师需特别关注他们，一方面适当地降低难度，注

意个体差异，另一方面要给予幼儿更多的帮助和支持。若幼儿还是不敢进行尝试或练习的话，不可强求幼儿，可以以后慢慢寻找机会再鼓励幼儿进行尝试。又如，年龄较小的幼儿注意力不易集中，认知水平有限，这就要求教师在组织幼儿进行体育活动时，要求幼儿有意注意的时间不宜过长，需要幼儿理解和记忆的内容也不宜过难或过多，以免影响体育活动的顺利进行。

除了以上两个基本原则外，在组织幼儿进行体育活动时还应遵循循序渐进、从实际出发、区别对待等原则，这些原则是幼儿教育中应遵循的普遍原则，此处不再赘述。

三、幼儿园体育活动的安全与卫生

保障幼儿的健康和安全是幼儿教育工作者的重要责任和义务。为了保障幼儿运动中的安全与卫生，也为了满足幼儿运动的需要，促进幼儿的健康发展，幼儿园及教师应做好以下几个方面的安全与卫生管理工作。

（一）为幼儿提供安全、卫生的运动环境

1. 为幼儿提供的运动场地要开阔、平坦、有弹性、安全。

2. 为幼儿提供的运动设施和器材应牢固、安全、卫生，并适合于幼儿的年龄特点。

3. 应有专人负责运动场所和运动器械的安全检查工作，发现问题及时维修和处理。

4. 出现雾霾天、大风天、雨雪天时，不要带幼儿外出活动。

5. 尽可能为幼儿提供安全、卫生的室内体育活动场所，如儿童小礼堂、音体活动室、较宽敞的大厅或走廊等。

（二）在幼儿运动之前，做好各项安全检查和防护工作

1. 运动前，应对运动场所和要使用的运动器械进行安全检查。

2. 保健医应确定哪些幼儿不适合参加体育活动。凡是不适合参加运动的幼儿，一定不能让其参加运动。

3. 让幼儿穿上便于运动的衣服和鞋子。衣服的大小要适宜，不要穿带绳、带的衣服，也不要佩戴纪念章、别针等饰物，口袋内不能放尖锐的小物品。鞋子要合脚、轻便、有一定的弹性，最好是运动鞋，不要穿皮鞋、凉鞋参加运动。

4. 冬季要注意保暖，幼儿外出运动时可戴手套和帽子。

（三）在幼儿运动的过程中，注意保护幼儿，并随时对幼儿进行安全指导和教育

1. 运动开始时，应清晰、明确地向幼儿提出运动的安全要求和规则，如运动器械的玩法与安全要求，运动中的注意事项等。

2. 帮助幼儿建立起良好的运动常规，随时注意提醒幼儿遵守活动规则，注意活动安全，例如，活动时要有秩序，保持一定的距离，不要相互推挤，要注意运动器材使用中的安全等。

3. 注意在较危险的运动器械（如较高的滑梯、攀登设备、秋千、荡船、平衡木等）旁保护幼儿。

4. 避免让幼儿面朝太阳站立，或迎风站立。

5. 关注和照顾好个别幼儿，如肥胖儿、体弱儿、经常出现安全问题的幼儿、动作能力较差的幼儿等。

6. 保健医应经常随班观察和监控幼儿在运动中的运动量。当发现幼儿的运动量过大时，应及时提醒带班教师，并随时做好应对紧急状况的准备。

（四）在幼儿运动之后，做好幼儿身体状况的监控

幼儿运动之后，本班教师和幼儿园的保健医应注意观察和监控幼儿的身体反应和状况，若发现问题或异常，应及时处理。

第二章　幼儿体育游戏

游戏是幼儿的基本活动，也是幼儿最喜欢的活动。我国著名的儿童教育家陈鹤琴先生认为："游戏是儿童的生命。"幼儿体育游戏既是幼儿体育活动的重要内容，也是幼儿体育活动的一种重要组织形式。

第一节　幼儿体育游戏概述

一、幼儿体育游戏的含义与价值

（一）幼儿体育游戏的含义

幼儿体育游戏是依据一定的幼儿体育活动目标设计、以大肌肉动作练习为主要活动内容、以游戏为基本形式的一种身体活动。它一般由角色、情节、玩法和规则构成。幼儿体育游戏也称活动性游戏或运动游戏。

幼儿体育游戏是幼儿园体育活动的重要内容。幼儿在参与体育游戏的过程中，可以学习和练习各种基本动作，使基本身体素质得到一定的锻炼，并获得丰富的运动体验。

同时，幼儿体育游戏也是幼儿园体育活动的一种组织形式，即通过游戏的方式，有目的地促使幼儿在运动中获得体能、认知、个性、情绪情感以及社会性等方面的发展，实现幼儿园体育活动的目标。因此，幼儿体育游戏也是一种幼儿体育教学活动。（参见第五章）

（二）幼儿体育游戏的价值

幼儿体育游戏通常是以练习一种或两种以上身体动作（如跑、跳跃、钻爬、投掷等）、发展相关的身体素质为主要目标，通过多次游戏过程，幼儿的身体动作得到练习，与之相关的身体机能和身体素质也得到锻炼和提高。

幼儿喜欢游戏，游戏能给幼儿带来无尽的快乐。幼儿在体育游戏过程中情绪愉悦、兴奋激动，变得活泼开朗，行为积极主动。良好的情绪体验和感受能增强幼儿的自信心和效能感，有益于心理健康。

体育游戏是一种社会化的活动。一方面，体育游戏中蕴含着一些规则和要求，这些规则和要求是保证游戏顺利进行的必要条件，因而，幼儿在参与体育游戏的过程中也在学习控制自己的情绪与行为，学习遵守游戏规则；另一方面，许多游戏中包含着同伴间相互配合与合作的过程，这有利于幼儿学习与同伴友好相处，逐渐建立起一定的团队意识。

幼儿体育游戏中还包括了学习和练习新的动作技能以及进行角色扮演、完成游戏任务等过程，需要幼儿进行观察、记忆、模仿、想象及思维等，有助于促进幼儿认知能力和学习能力的发展。

二、幼儿体育游戏的类型和年龄特点

（一）幼儿体育游戏的类型

幼儿体育游戏的分类方法有多种，从不同的角度进行划分。常见的分类方式有以下几种。

- 以活动中的动作内容来划分，可以将体育游戏分为走的游戏、跑的游戏、跳跃游戏、投掷游戏、钻的游戏、爬的游戏、攀登游戏、悬垂游戏等。
- 以发展和提高某项身体素质来划分，可以将体育游戏分为平衡类游戏、协调类游戏、灵敏类游戏等。
- 按照游戏来源分类，可以将体育游戏划分为一般体育游戏（如吹泡泡、小刺猬背果子、狡猾的狐狸、切西瓜）和民族、民间体育游戏（如丢手绢、马兰花、编花篮、老鹰捉小鸡、跳房子、跳皮筋）等。
- 按照参与人群属性分类，可以将体育游戏分为幼儿园体育游戏（在幼儿园开展的，以教师、幼儿以及幼儿同伴为主体进行的体育游戏），亲子体育游戏（以父母为代表的家长或抚养人与幼儿共同进行的体育游戏，可以在幼儿园进行，也可以在家中进行）。

本书以人体的基本活动能力作为基本的划分依据，同时综合考虑其他分类要素和幼儿园组织体育活动的习惯，将体育游戏相对划分为：基本体能游戏，循环体能游戏，民族、民间体育游戏和亲子游戏。尽管在分类方式上有所交叉，但是，这种分类方式较便于教师查阅和使用。同时，我们在收集整理的过程中尽量做到不重复、不交叉。

1. 基本体能游戏

基本体能游戏是指幼儿以学习和练习某一两个基本动作而开展的体育游戏，这些动作练习和相应游戏有很多，如快速跑（小孩小孩真爱玩、踩影子）、双脚连续向前跳（小兔采蘑菇、快乐的小袋鼠）、四散追逐跑（老狼老狼几点了、吃毛桃）、助跑跨跳（过小河）、正面钻（火车钻山洞）、单手肩上掷远（打灰狼、解放军炸碉堡）、双手悬垂（体操运动员、大脚奥特曼）等。

2. 循环体能游戏

循环性体能游戏是指充分利用幼儿园的场地资源以及丰富多样、功能性强的运动器材，通过有目的、有计划的组合搭建，引导幼儿在有一定的情境、相对固定的路线中，综合练习多种动作，发展身体素质。循环性体能游戏是一种综合性身体锻炼，它以运动器材和游戏材料为中介，通过设计好的动作和路线，促进幼儿体能的综合、协调发展。

3. 民族、民间体育游戏

我国是一个有着悠久的历史与文化、众多民族汇集、地域辽阔的国家，在不同民族、不同地域中，蕴藏着大量的民族体育活动与游戏，比如朝鲜族的荡秋千，云南彝族和白族的跳竹竿、蒙古族的摔跤等。还有广泛流传于民间的传统体育游戏，如放风筝、踢毽子、跳房子、抽陀螺、滚铁环等。这些游戏具有趣味性、丰富性、灵活性、竞争性以及材料易得性等诸多特点，深受广大儿童乃至成人的喜爱，成为丰富幼儿体育活动内容以及生活的重要来源。

4. 亲子体育游戏

亲子体育游戏是以激发幼儿运动兴趣、增进亲子感情为目的，以游戏的方式来促进家长与幼儿共同进行体能锻炼的活动形式。它是家长与幼儿一起参与运动、共同体验快乐的过程，不仅是家长与幼儿交往的重要形式，还丰富了幼儿体育活动的内容。为了增进家园共育，有些幼儿园还会定期组织开展以亲子体育游戏为主题的亲子运动会，或者在幼儿园运动会中增加亲子体育游戏项目。

（二）幼儿体育游戏的年龄特点

由于不同年龄段幼儿的身心特点与发展水平不同，不同年龄班幼儿的体育游戏也各有其不同的特点。

1. 小班幼儿体育游戏特点

小班幼儿处于生长发育的初期，走、跑、跳跃、投掷、攀登、钻、爬、悬垂等基本动作还处于初学阶段，很多生活所需要的动作还没有掌握，平衡能力、控制能力较差，动作缺乏协调性和灵敏性，体力较弱。模仿能力和想象力逐渐增强，但注意力不够集中，理解能力和记忆力有限。规则意识、集体观念和相互配合的能力还较弱。

因此，小班体育游戏的动作内容较少，一般一个游戏以一两个动作练习为主，动作难度也较小，主要以动作体验为主；游戏内容具有一定的故事性，角色较少，情节简单，易于模仿；游戏规则少而简单，通常不带有限制性。

2. 中班幼儿体育游戏特点

中班幼儿已初步掌握了各种基本动作，平衡能力有所提高，动作的灵敏性和协调性逐渐增强，力量和耐力有了一定的发展，体力有所增强；动作的学习能力有了较大的提高，有信心完成一定难度的动作，表现出一定的尝试和探索欲望。幼儿的认知能力和社会性有了进一步发展，空间方位知觉、理解能力、注意力、记忆力等方面均有了较明显的提高，能较好地辨别方向，理解游戏要求，记住游戏任务。控制自己的行为，遵守游戏规则，与同伴友好合作。

因此，中班体育游戏的动作构成更加丰富、多样。例如跳跃动作可以涉及双脚连续跳、单脚连续跳、单双脚交替跳、立定跳远、助跑跨跳等。游戏的题材和内容明显增多，角色种类增多，角色关系和情节逐渐复杂起来；游戏规则有所增多，限制性逐渐增强，同时也出现分组合作游戏和竞赛性游戏。

3. 大班幼儿体育游戏特点

大班幼儿动作更加熟练，能较自如地运用已掌握的各种基本动作，平衡能力、协调性、灵敏性以及力量、耐力等身体素质有了较大的提高，学习新动作的能力明显提高。同时，幼儿的知识经验也更加丰富，观察、分析、理解能力以及创造性思维有了明显提高，行为的自我控制能力不断加强，较喜欢有一定探索性、挑战性和胜负结果的游戏。

因此，大班体育游戏的动作难度可进一步提高，游戏的内容可多样化，除了基本动作练习外，还可以通过设置一定的障碍物或利用丰富多样的运动器械来进行。游戏中的情节与角色之间的关系可以更复杂，角色变化也可复杂多变；活动方式变化更多样，游戏的规则更复杂，限制性更强；合作性、竞赛性以及自由分组、自主探索的游戏也不断增多。

三、幼儿体育游戏的组织要点

（一）体育游戏的选择

体育游戏是幼儿园体育活动的重要内容，在选择和使用体育游戏时，应该考虑以下几个方面的要素。

1. 依据体能锻炼的目标

每一种体育游戏都以学习与练习一两种基本动作、提高某些身体素质为目标，具有很强的指向性。教师应依据体能锻炼的目标来选择游戏。

2. 依据年龄特点和发展水平

由于各年龄段幼儿在体能、认知能力和社会性等方面都有较大的差别，所选择的游戏应符合幼儿的年龄特点。如前所述，小、中、大班幼儿体育游戏具有鲜明的特征，即使是同类型的动作，在难度、强度、动作要求以及规则性等方面也不同。例如：同样是"跳"的游戏，小班通常是以双脚连续向前跳、纵跳触物为主要练习内容，角色、情节较简单；而中大班游戏可增添单脚连续向前跳、单双脚交替跳、助跑跨跳等有一定难度的动作，角色、情节也较复杂。

需要注意的是，即使是同一年龄段的幼儿，发展也存在一定的个体差异，游戏的设计和选择还需要考虑幼儿的具体发展状况。

3. 依据体育活动的不同阶段

在幼儿一日生活中，有多个进行体育活动的时间段，可依据不同的组织阶段或时间段来选择体育游戏。例如，在晨间锻炼或早操活动时，可以为幼儿选择活动量较小的体育游戏；在一次体育教学活动中，也可以选择一些活动量较小的体育游戏作为热身活动的一部分。又如，在户外体育活动时，可以在开展分散自由体育活动前，选择一个幼儿较熟悉、较喜欢的体育游戏，既能激发幼儿的运动兴趣，又可以起到复习巩固已学的动作技能，不断提高幼儿动作水平和身体素质的目的。此外，在体育教学活动中，也可以根据各年龄段幼儿体育活动的目标，有计划、有目的地选择一些体育游戏，以教学活动的方式组织幼儿进行体育游戏。

4. 考虑季节特点和本园实际

安排和选择体育游戏时,还要考虑季节特点,例如:在户外气温较冷的冬季,应选择活动量稍大的体育游戏;在户外气温较高的夏季,则应选择活动量稍小些的体育游戏。

此外,还要考虑幼儿园现有的场地条件、运动器械等方面的要素,因地制宜地选择体育游戏。

（二）体育游戏的组织要点

体育游戏是幼儿园体育活动的重要内容和重要组织形式,在组织过程中,应深刻理解游戏的目标和教育意义,熟悉游戏的内容,把握游戏的重点和难点,调动幼儿参与游戏的积极性,使幼儿在游戏的过程中充分练习相关动作,感受游戏带来的愉悦。此外,还需考虑以下几个方面。

1. 注重游戏情境的创设

幼儿具有爱听故事、爱模仿、爱探索、爱挑战、追求新异刺激的特点,因此,应围绕游戏目标和主题,创设生动有趣的故事情境,鼓励幼儿扮演他们喜欢、熟悉的角色,使他们积极参与到游戏活动之中。还应充分利用幼儿园的场地特点以及现有的运动器械与游戏材料,使体育游戏融入环境中,也使环境变得生动和丰富起来。

2. 注意满足不同能力水平幼儿的活动需要

幼儿的能力发展具有较大的个体差异,游戏的设计、运动器材的选择、活动场地的布置以及游戏的组织过程,都要考虑到幼儿动作发展水平的差异性,尽可能为幼儿提供不同难度水平的运动器材和游戏环境,以满足不同能力水平幼儿动作练习的需要,使幼儿获得自信和成功感,并不断取得进步。例如,在纵跳触物的游戏中,为幼儿提供高度不同的响铃;在助跑跳跃游戏中,为幼儿提供不同宽度、不同高度的"小河"或障碍物;在攀登、翻越游戏中,为幼儿提供不同高度、不同难易程度的攀登设备;在投掷游戏中,为幼儿提供不同投掷距离的目标或不同高度的投掷架等。

3. 注意示范和讲解中的差别化

教师在体育游戏的不同阶段,或是面对不同特征的体育游戏时,示范和讲解的侧重点也应有所差异。例如:在向幼儿介绍新的体育游戏时,应重点示范游戏动作和讲解游戏规则；在组织幼儿玩以前学习过的体育游戏时，示范讲解的重点应放在幼儿容易出现的问题上，同时，应对幼儿动作要领的掌握提出进一步的要求；对于竞赛性的体育游戏，应重点强调游戏的规则，讲解时应精练、清楚、明确。此外，教师在讲解中还要充分考虑幼儿的年龄特征与接受能力，如对小班幼儿，多采用角色语言、情境化的语气进行讲解，这有助于年幼儿童更好地理解动作要求，顺利完成游戏任务；而对中、大班幼儿，讲解的语言则要形象、简练。

4. 把握好游戏过程的活动量

幼儿在参与体育游戏时比较投入。在开展奔跑类、跳跃类、以及民间类的游戏（如舞龙灯、舞狮、跑旱船等）等活动量相对较大的游戏时，一定要关注幼儿身体和动作上的变化，游戏次数、游戏时间等应根据幼儿的活动状况进行灵活调整，注意动静交替，把握好适宜的活动量，避免幼儿的身体过于疲劳。

第二节　小班体育游戏

一、基本体能游戏

游戏1　粘糖人

游戏目标

练习听指令做动作，发展快速反应能力以及身体的平衡能力。

游戏准备

宽敞平坦的户外操场。

游戏玩法

幼儿与一名好朋友手拉手，四散在场地中间站好。

教师与幼儿一起说儿歌："粘，粘，粘糖人，糖人、糖人粘哪里？"当教师说出"粘胳膊"时，幼儿松开手，将两人的胳膊紧紧地靠在一起，教师巡视检查幼儿动作是否正确。教师可以依次说"粘手掌""粘头顶""粘屁股"等不同的身体部位。幼儿根据指令做出相应的动作。游戏可反复进行两三次。

游戏规则

1. 幼儿要在教师说出粘的部位后,才可以做动作。

2. 幼儿要根据教师发出的指令进行相应身体部位的触靠。

3. 触靠在一起的部位要在教师或指定幼儿检查正确后才可以分开。

游戏建议

幼儿熟悉游戏后,可根据幼儿能力逐渐增加好朋友的组合人数,如3人、4人等,以提高游戏的趣味性和难度。

(北京市丰台区芳群第二幼儿园　张蕾)

游戏2　开火车

游戏目标

练习一个跟着一个走,发展身体的控制能力。

游戏准备

圆形火车头图片一张或铁路路徽头饰一个。

游戏玩法

教师当火车头(手持图片或戴头饰),站在队伍前面。幼儿当车厢,站成一路纵队。

游戏开始,大家一起说儿歌:"嗨!嗨!我们的火车就要开,我们的火车就要开。开到哪里去?开到××去。"教师发出汽笛声"呜——"表示火车开了。幼儿两臂屈肘前后摆动,模仿车轮滚动,一个跟着一个往前走,边走边发出"咔嚓咔嚓"的声音。一会儿,教师说:"××站到了!"幼儿齐发出"哧——"的声音并停下,表示到站停车。如此反复两三次,最后教师说:"××站到了!"大家拍手跳跃欢呼:"××到了!××到了!"游戏结束。

游戏规则

幼儿排成一路纵队,必须一个跟着一个走,不能走偏或者间距过大。

游戏建议

1. 当火车头的人要掌握好火车行驶的速度,停车次数不宜太多。

2. 幼儿熟悉玩法后可分成几组,让各组排头的幼儿当火车头,组成若干列火车。

3. 熟悉玩法后，可请两名幼儿双臂举起相握，当成山洞，幼儿一个跟着一个钻过山洞。

4. 教师还可提供各种材料模拟火车，以变化游戏方式，提高幼儿游戏的兴趣。例如：用两根竹竿、塑料绳或皮筋等围在幼儿队列的左右两侧，幼儿用手扶着竹竿或绳子，表示组成一列火车；也可将大纸箱剪去箱底和箱盖，幼儿站在箱内，两手握住箱的两侧（在箱上挖个小洞，或装个把手），一个纸箱代表一节车厢，幼儿一个跟着一个，组成一列火车。

游戏 3　吹泡泡

游戏目标

练习一个跟着一个走成圆形队，发展身体控制能力，培养集体意识。

游戏准备

场地上画一个直径 15 米左右的大圆圈。

游戏玩法

教师与幼儿手拉手沿着大圆圈站好。

游戏开始，大家沿圆圈按逆时针方向一个跟着一个走成圆形队，边走边说儿歌："吹泡泡，吹泡泡，吹成一个大泡泡。"重复说几遍后，教师说"泡泡飞高了"，幼儿两臂上举（也可踮起脚后跟）；教师说"泡泡飞低了"，幼儿原地蹲下。重复数次。教师又说"泡泡破了"，幼儿发出"啪！"的声音，同时四散跑开。教师说："吹泡泡了！"大家又回到圆圈上站好，游戏重新开始。

游戏规则

1. 幼儿必须手拉手沿着圆圈走。

2. 必须根据信号做出相应的动作。

游戏建议

1. 游戏前需要让幼儿熟悉不同信号对应的动作。

2. 教师要规定四散跑的范围，不能跑得太远。

游戏 4　过小桥

游戏目标

练习在窄道上走步，发展平衡能力。

游戏准备

1. 小萝卜卡片或模型若干（数目是幼儿人数的两倍），沙盘两个，小篮两只。

2. 在场地上画出长 5 米、宽 25 厘米的平行线当小桥。

场地布置如下图。

游戏玩法

幼儿分成两队，分别成一路纵队站在起点线后。

游戏开始，教师说："现在我们去给萝卜浇水，路上要走过一座小桥，过桥时大踏步向前走，眼睛向前看。"接着各队幼儿一个接一个走过小桥去浇水，再从小桥两侧走回来。第二次游戏时，大家再依次走过小桥，去给萝卜锄草。最后教师说："现在萝卜长大了，小朋友去拔萝卜吧！"幼儿第三次走过小桥，每人拔一个萝卜回来放在小篮里。

游戏规则

必须在小桥中间走，不得踩线。

游戏建议

1. 提醒幼儿走小桥时要抬头挺胸。

2. 也可改为走过小桥去种花、钓鱼等其他内容。

游戏 5 老猫睡觉醒不了

游戏目标

练习轻轻走和灵活跑的动作,发展平衡能力和动作的灵敏性。

游戏准备

平坦的场地。

游戏玩法

教师扮老猫,蹲在场地中央。幼儿扮小猫,围着老猫蹲下。

游戏开始,老猫装睡着了。小猫一起轻声说儿歌:"老猫睡觉醒不了,小猫偷偷往外瞧,小猫小猫爱游戏,轻轻走(跑)到外边去。"说完儿歌,小猫轻轻走到场地周围藏起来。老猫听到小猫走开后,睁开眼睛说:"老猫睡醒四面瞧,我的孩子不见了。"同时站起来四面张望,寻找小猫,嘴里叫"喵——喵"。小猫听到老猫的叫声,一边"喵喵喵"地叫着,一边赶快跑回到老猫身边。

游戏规则

说完儿歌后,才能做相应的动作。

游戏建议

1. 要指定幼儿活动的范围,以防走得过远。
2. 提醒幼儿跑回时不要拥挤,避免相互碰撞。
3. 幼儿熟悉玩法后,可让幼儿扮老猫。

游戏 6 大风和树叶

游戏目标

练习走、跑交替和听信号做动作,提高快速反应能力以及身体的控制能力。

游戏准备

平坦的场地。

游戏玩法

幼儿扮小树叶,四散蹲在场地上,教师扮大风。

游戏开始,教师说:"起风了!"接着张开两臂轻轻地绕着幼儿走,这时幼儿就站起来。教师又说:"大风来了!"同时两臂张得更大,并发出"呼呼呼"的刮风声,幼儿轻轻地跑步。教师又说:"风小了!"并渐渐放下两臂,幼儿慢慢地走。这样重复几次以后,教师说:"风停了!"幼儿蹲下。

游戏规则

幼儿必须按教师发出的信号做相应动作。

游戏建议

要注意掌握幼儿跑、走的距离和速度,不要相互碰撞。初练时要走多于跑,熟练后方可适当增加跑的练习。

游戏7 红绿灯

游戏目标

练习走、跑交替和听信号做动作,提高快速反应能力和动作的灵敏性。

游戏准备

用硬纸制作的红、绿圆形卡片(当红绿灯),交通警帽子一顶。

游戏玩法

幼儿扮司机,沿着场地周围站好。教师头戴交通警帽子,手持红绿灯站在场地中间。

游戏开始,大家一起说儿歌:"大马路,宽又宽,警察叔叔站中央,红灯亮了停一停,绿灯亮了向前行。"说完后幼儿两手模仿扶方向盘开车的动作,口中发出"嘀——嘀嘀"的声音,沿着场地周围跑步前进,边跑边注意看教师手中红绿灯的变换。教师举起红灯说:"红灯!"幼儿必须慢慢地停止跑步,教师举起绿灯说:"绿灯!"幼儿要继续向前跑。游戏可反复进行。

游戏规则

必须按照信号做相应的动作。

游戏建议

1. 幼儿跑的速度不宜快,停止时脚步逐渐放慢停下。

2. 幼儿熟悉玩法后,可改换信号物(如用小旗)。

游戏8 小孩小孩真爱玩

游戏目标

练习听信号向指定方向跑,发展动作的灵敏性和协调性。

游戏准备

开阔、平坦的活动场地,场地周围有一些固定的设备,如滑梯、大树、攀登架等。

游戏玩法

教师带幼儿四散站在场地中间,依次指认活动场地周围的滑梯、大树、攀登架等固定物体。

教师与幼儿一起,边说儿歌边有节奏地拍手:"小孩小孩真爱玩,摸摸这儿,摸摸那儿,摸摸××(可随机说滑梯、大树、攀登架等)跑回来。"当教师说完最后一句后,幼儿快速跑向教师说的物体,触摸后按原路返回。

游戏可反复进行。

游戏规则

1. 幼儿听教师说完儿歌最后一句后,才可以出发。
2. 幼儿要听清儿歌内容,根据儿歌要求触摸相应物体。

游戏建议

1. 幼儿触摸的物品可根据本园实际进行调整。
2. 教师根据幼儿的实际能力,调整每次跑动的距离。
3. 教师发出的返回指令可以有所不同,如:快快跑回来、慢慢跑回来、快快跳回来、悄悄走回来等,保证快速运动和舒缓运动相结合。
4. 提示幼儿在活动中注意相互避让,不要与同伴发生碰撞。

游戏 9 找找小动物

游戏目标

练习听信号向指定方向跑,提高快速反应能力和动作的灵敏性、协调性。

游戏准备

将小猫、小鸡、小鸭等图片挂在场地四周,代表小动物的家。

游戏玩法

幼儿四散站在场地中间。

游戏开始,教师说:"轻轻走,轻轻跑,我的小猫喵喵喵。"幼儿边学小猫叫边向小猫家跑去。然后,换另一动物作为模仿对象,游戏可反复进行。

游戏规则

幼儿必须按照教师发出的指令,向相应的小动物家里跑。

游戏建议

游戏中的各种动物角色和儿歌内容,教师可以自选自编,如"爱吃小虫爱吃米,我的小鸡叽叽叽""黄黄嘴巴大脚丫,我的小鸭呷呷呷""捉害虫的小专家,小小青蛙呱呱呱"等。

游戏10 下雨啦

游戏目标

练习在指定范围内四散跑以及按照要求跑到指定位置,提高动作的协调性和灵敏性。

游戏准备

自制红、黄、蓝、绿四色圆形花伞,分散摆放并围拢出一块宽阔安全的场地;红、黄、蓝、绿四色胸卡;下雨和踏步的音响效果录音、播放器。

游戏玩法

幼儿选择自己喜欢的颜色的胸卡贴在胸前,四散站在场地中。游戏开始,教师播放音乐。当音乐为踏步声时,幼儿在场地内自由行走或模仿教师做各种动作;当音乐变为下雨声时,幼儿四散跑,寻找和自己胸卡颜色一样的花伞,跑过去拿起伞在下面避雨休息。游戏可反复进行。

游戏建议

1. 选择较大的场地,给幼儿提供足够奔跑的空间。

2. 几次游戏后,教师可以引导幼儿更换不同颜色的胸卡,或重新摆放雨伞的位置。

3. 初次游戏时,尽量提供与幼儿人数相同或多于幼儿人数的伞,避免幼儿争抢。随着幼儿对游戏的熟悉程度增加、动作能力增强,可以逐渐减少雨伞的数量,提高游戏兴趣。

(北京市东城区分司厅幼儿园 丁宁)

游戏 11　踩影子

游戏目标

练习四散跑、躲闪跑，提高动作的灵敏性和协调性。

游戏准备

在平坦的场地上，画一个直径 15 米左右的圆。

游戏玩法

幼儿两两一组，一个幼儿当踩影子的人，另一个幼儿在场地上的圆圈内跑着躲避，不让对方踩到自己的影子，如果被踩到，则互换角色。

游戏规则

必须在圆圈内跑动。

游戏建议

待幼儿熟悉此游戏后，可以请一名幼儿去踩所有幼儿的影子，被踩着影子的幼儿都变成踩影子的人。

游戏 12　大皮球

游戏目标

练习双脚原地向上跳，提高动作的协调性、灵敏性和平衡能力。

游戏准备

场地上画一个大圆圈。

游戏玩法

幼儿站在大圆圈上。

游戏开始，教师带领幼儿，沿着圆圈边走边说儿歌："走走走，跟着老师走。走走走，跟着朋友走。走走走，走成一个大皮球。"说完后，面向圆心站好。教师在中间做拍球人，边拍边与幼儿一起说儿歌："大皮球，真正好。拍一拍，跳一跳。拍得轻，跳得低。拍得重，跳得高。拍拍拍，跳跳跳。"在说"跳一跳""跳得低""跳得高""跳跳跳"四句时，幼儿边说儿歌边有节奏地双脚原地向上跳起。教师说："皮球漏气了！"幼儿蹲下（或向圆心走去）。教师又说："皮球气足了！"幼儿起立（或回到圈上站好）。

游戏规则

幼儿要按教师拍球节奏，双脚原地向上跳起。

游戏建议

可变化游戏方式，如教师说"皮球滚走了"，幼儿四散跑开；教师说"皮球拣到了"，幼儿则回到圈上站好。

游戏 13 放鞭炮

游戏目标

练习双脚原地向上跳，锻炼腿部肌肉力量，提高动作的协调性，发展平衡能力。

游戏准备

小竹竿一根，顶端系一短绳，绳下挂一个用红纸卷成的大鞭炮。

游戏玩法

幼儿站在大圆圈上，教师站在圈中央。

游戏开始，教师手持系有鞭炮的小竹竿，在幼儿头的上方来回晃动。当鞭炮停在谁的头上方时，谁才能用手去触鞭炮，做点鞭炮的样子，口中发出"嗤"的声音，其他幼儿也随即都发出"嗤"声，并蹲下（表示引子点着，等待炮响）。然后教师发出"砰"或"砰砰"声，全体幼儿双脚向上跳起，并发出"啪"或"啪啪"声。也可加上拍手动作。

游戏规则

教师发出"砰"的声音后，幼儿才能双脚向上跳起。

游戏建议

在教师点鞭炮的过程中，幼儿可以围绕圆圈慢走。

游戏 14 小白兔跳呀跳

游戏目标

练习双脚连续向前跳，锻炼腿部肌肉力量，发展上、下肢协调配合的能力以及平衡能力。

游戏准备

小椅子若干（数目与幼儿人数相等），放在场地周围当作小白兔的家。

游戏玩法

幼儿扮小白兔，坐在小椅子上。教师扮兔妈妈，站在场地中间。

游戏开始，兔妈妈说："今天天气多好啊，小白兔到外面来做游戏吧！"小白兔起立走到场地上。兔妈妈说儿歌："小白兔，耳朵长，蹦蹦跳跳晒太阳。"小白兔随儿歌节奏在场地上四散练习双脚向前连续跳。兔妈妈说："小白兔，咱们该回家休息了。"小白兔自由地走或跳回自己的小椅子上坐好。

游戏规则

幼儿要随着儿歌的节奏双脚向前行进跳。

游戏建议

1. 每次连续向前跳的次数不宜过多。

2. 幼儿熟悉玩法后，也可在地上画一条横线，或放一根绳表示小河，让幼儿跳过。

游戏 15　跳跳猫

游戏目标

练习双脚连续向前跳，锻炼腿部肌肉力量，提高平衡能力和动作的协调性。

游戏准备

1. 小老鼠卡片若干（数目与幼儿人数相等），小筐若干，欢快的音乐及播放器。

2. 在场地上设置起点线（跳跳猫的家）和终点线（麦田），间距6米左右。将小老鼠卡片和小筐分散放在场地终点线处。

游戏玩法

幼儿扮演跳跳猫，排成一横排，站在起点。教师说："麦田里有小老鼠偷吃粮食，我们跳跳猫要赶走小老鼠。"然后，教师带领幼儿一起说儿歌："跳跳猫，跳跳跳，赶走小老鼠，开心又热闹。"说完儿歌，教师带领幼儿双脚向前跳，跳几步后，可稍作休息，再说儿歌做动作。如此反复，直到到达终点线。这时每人捡起一张小老鼠卡片，将卡片放回小筐中。教师带领幼儿听音乐学小猫高兴地捋着胡子走回家，游戏可以重新开始。

游戏规则

双脚行进跳的过程中要求两脚同时起跳，同时落地。

游戏建议

1. 此游戏要尽量在软地面上进行。

2. 根据本班幼儿实际水平确定起点到终点的距离，调整每次向前跳的距离。

3. 在每次间歇时，提示幼儿适当放松。

4. 可以将儿歌中的"跳跳跳"改为"走走走"，带领幼儿做活动后的放松与休息。

（原中国人民解放军总后勤部六一幼儿园　高云红）

游戏16　小飞机飞上天

游戏目标

学习和练习肩上挥臂掷远动作，锻炼上肢的肌肉力量，提高动作的协调性。

游戏准备

自制纸飞机每人一架，平坦的场地。

游戏玩法

教师带幼儿来到户外宽阔场地，四散开。幼儿挥臂甩腕，将纸飞机投出。

游戏规则

手持纸飞机尽量往远处投，不能往别的幼儿身上投。

游戏建议

1. 游戏开始前，可以让幼儿手持纸飞机，模仿飞机起飞或者降落动作，增强趣味性。

2. 在远处画几条不同距离的线，鼓励幼儿投过线，投得越远越好。

3. 注意指导幼儿的投掷角度和投掷动作。

（原中国人民解放军总后勤部六一幼儿园　王茜、曹梅）

游戏17　母鸡和小鸡

游戏目标

练习正面钻的动作，提高平衡能力和动作的协调性、灵敏性。

游戏准备

长橡皮筋两条。场地布置如下图。

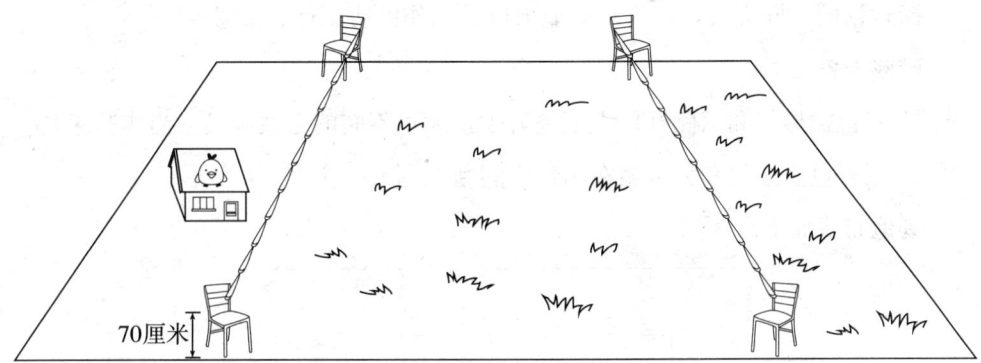

游戏玩法

教师扮鸡妈妈,幼儿扮小鸡,四散地蹲在家里作睡觉状。

游戏开始,鸡妈妈"咕咕咕"叫,并对小鸡说:"天亮了,妈妈要带大家到草地上去捉小虫。"小鸡睁眼站起来,"叽叽叽"地叫着,跟着鸡妈妈陆续钻出鸡窝门,来到草地上捉虫吃,一会儿鸡妈妈又钻过篱笆,发出"咕咕咕"的叫声,并说"这里小虫可多呢!"小鸡随着叫声来到篱笆周围自由地钻来钻去捉虫吃,边吃边说儿歌:"小鸡小鸡叽叽叽,吃吃小虫多欢喜。"最后鸡妈妈说:"天黑了,大家快回家吧!"这时,小鸡"叽叽叽"地叫着,跟鸡妈妈由草地钻回家里。

游戏规则

钻时不得碰到橡皮筋。

游戏建议

1. 扮小鸡的幼儿双手交叉握拳,再伸出两根食指,做"尖尖的小嘴"状,模仿小鸡。

2. 如场地较大,可多设几条橡皮筋当篱笆。

3. 教师不便示范时,可请幼儿做示范。

游戏 18　田鼠运输队

游戏目标

探索钻的不同方式，提高平衡能力以及动作的协调性、灵敏性。

游戏准备

1. 彩色拱形门和两侧开口大纸箱若干，大小不同的毛绒玩具（当作坚果）。

2. 用彩色拱形门和大纸箱在场地内间断地围成一个大"U"形。

场地布置如下图。

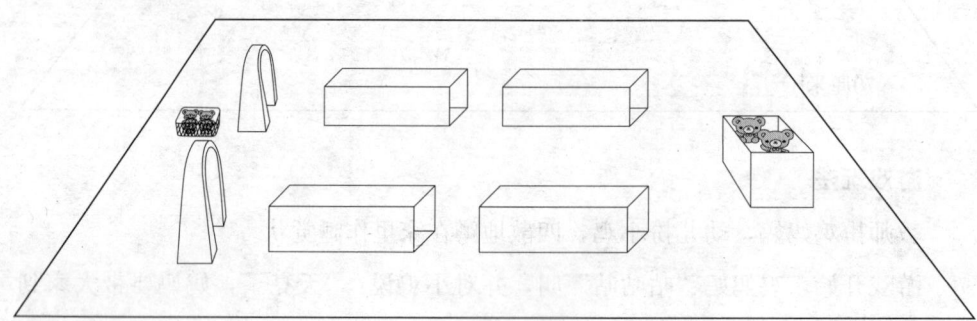

游戏玩法

幼儿扮演小田鼠，教师扮演田鼠妈妈。小田鼠要跟随妈妈一起运输坚果到家里。游戏开始，每只小田鼠抱好一个坚果，用自己的方式尝试和探索如何钻过山洞，把坚果运回家里，然后从纸箱两侧走回起点继续运输，直到所有坚果都运完，游戏结束。

游戏规则

每只小田鼠每次只能取一个坚果。

游戏建议

1. 钻的距离可根据幼儿具体情况进行调整。

2. 前一名幼儿钻过山洞放下玩具后，后面幼儿才能开始行动。

（北京市东城区分司厅幼儿园　赵文兴）

游戏 19　猫捉老鼠

游戏目标

练习翻越和爬的动作，提高动作的灵敏性和协调性。

游戏准备

桌子间隔一定距离摆放在场地上；玩具老鼠若干，散放在桌子另一端；有老鼠叫声的音乐，播放器。

游戏玩法

教师扮演猫妈妈，带领扮演小猫的幼儿在场地内四处走动，听到有老鼠叫声的音乐后，小猫们以攀爬的方式翻过桌子，跑向场地一端，抓住一只老鼠跑回起点处放下，继续刚才的游戏。直到地上的老鼠都被捉住后，游戏结束。

游戏规则

1. 需要从桌子一侧翻越到另一侧。

2. 每次只能取一只老鼠玩具。

游戏建议

1. 为了避免幼儿踩碰受伤，在一名幼儿爬过桌子后，下一名幼儿才能攀爬。

2. 可以在桌子的一侧放垫子，确保幼儿安全。

（北京市东城区分司厅幼儿园　苑立洁）

二、循环体能游戏

游戏 1　小白兔采蘑菇

游戏目标

练习双脚连续向前跳和在有一定弹性的物体上行走的动作，发展动作的协调性、灵敏性，提高平衡能力、力量和耐力素质。

游戏准备

1. 材料准备：泡沫垫 7 张，轮胎 6~8 个，小呼啦圈 12~15 个，木条 6 根；海洋球若干，篮子 2 个，箭头标识若干。

2. 场地准备：布置"O"形循环区，即泡沫垫→海洋球（蘑菇）→轮胎→小呼啦圈→筐子→木条。

场地布置如下图。

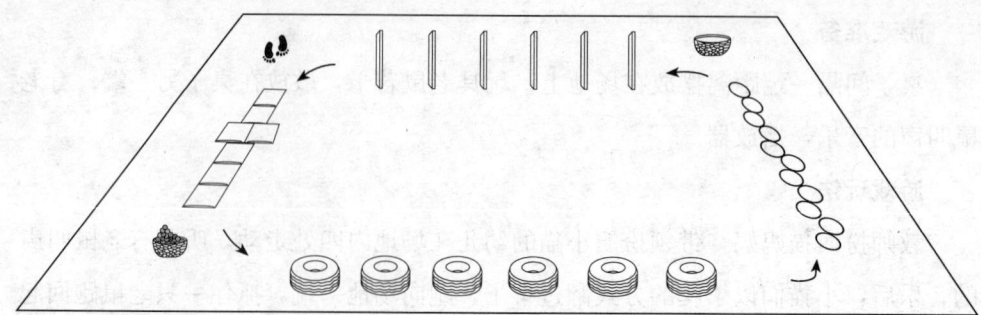

游戏玩法

教师带领幼儿一个接着一个从泡沫垫上双脚跳过去，拿一个蘑菇，踩上轮胎，在轮胎上行走，跳过呼啦圈，把蘑菇放进筐子里，最后双脚连续跳过木条，进行循环游戏。

游戏规则

1. 前一名幼儿跳过第三块泡沫垫以后，后一名幼儿才能出发，鱼贯进行，后面的幼儿不能超过前面的幼儿。

2. 幼儿须按照箭头指示的方向依次完成各项活动。

3. 提醒幼儿不得相互推挤，注意安全。

游戏建议

1. 为减少幼儿等待，可将幼儿分为两组，分别从泡沫垫和呼啦圈处出发，引导幼儿按照箭头指示的方向顺序游戏。

2. 教师可根据幼儿的完成情况，适当调整游戏材料，以降低或提高游戏的难度，如调整轮胎或木条之间的间距。

（四川省绵阳市机关幼儿园　丁静娴）

游戏 2　贪吃的蛇

游戏目标

练习跳跃、钻、在物体上行走等动作，发展动作的协调性、灵敏性，提高平衡能力。

游戏准备

1. 材料准备：呼啦圈 6~8 个，拱形门 3 个，小号平衡凳 2 个，平衡木板 3 块，轮胎 6 个，2 折软垫 3 个，隧道玩具 1 个，箭头标识若干。

2. 场地准备：布置"O"形循环区，即呼啦圈→拱形门（山洞）→平衡组合（独木桥）→轮胎→软垫（草地）→隧道玩具。

场地布置如下图。

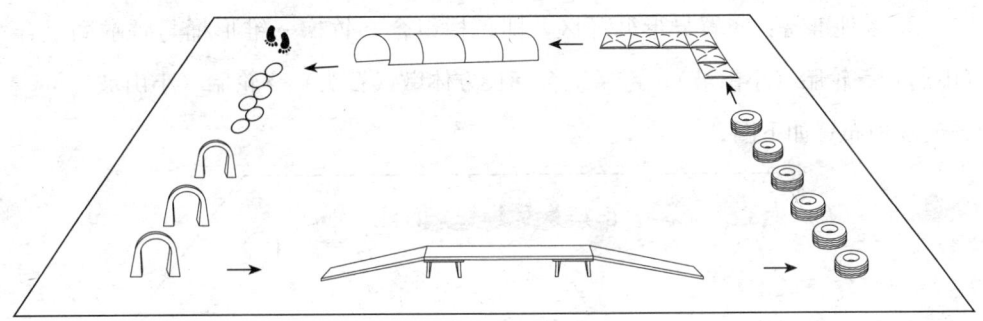

游戏玩法

幼儿扮演贪吃蛇，教师带领幼儿通过一个个关卡：跳过呼啦圈，钻过山洞，走过独木桥，踩过轮胎，手膝着地爬过草地，最后钻爬过隧道。可以重复游戏两三次。

游戏规则

1. 前一名幼儿跳到第三个呼啦圈里以后，后一名幼儿才能出发，鱼贯进行，后面的幼儿不能超过前面的幼儿。

2. 幼儿须按照箭头指示的方向依次完成各项活动。

3. 提醒幼儿不得相互推挤，注意安全。

游戏建议

1. 为减少幼儿等待，可将幼儿分为两组，分别从呼啦圈和轮胎处出发，引导幼儿按照箭头指示的方向顺序游戏。

2. 教师可根据幼儿的完成情况，适当调整游戏材料摆放方式，以降低或提高游戏的难度，如调整轮胎之间的距离，或增加轮胎的高度等。

（四川省绵阳市机关幼儿园　丁静娴）

游戏3　小田鼠学本领

游戏目标

练习攀爬、翻越、跨走、钻等多种动作，发展基本的身体素质。

游戏准备

1. 材料准备：跨栏组合3组，竹梯2个，锥形桶与呼啦圈组合3个，大轮胎11个，长方体墩若干，箭头标识若干。

2. 场地准备：布置异形循环区，即跨栏组合→竹梯→锥形桶与呼啦圈组合（山洞）→轮胎（小山坡）；跨栏组合→长方体墩（石头）→轮胎（小山坡）。

场地布置如下图。

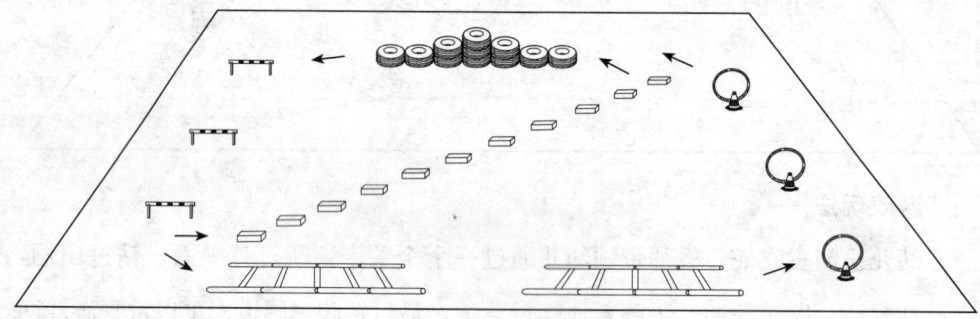

游戏玩法

幼儿扮演小田鼠，教师扮演田鼠妈妈。田鼠妈妈带领小田鼠分别完成不同路线的循环游戏。

路线一：跨过栏杆，双脚连续跳过一格一格的竹梯，正面钻过山洞，手脚着地爬过轮胎垒的小山坡。

路线二：跨过栏杆，踩石头过河，手脚着地爬过轮胎垒的小山坡。

游戏规则

1. 前一名幼儿跳过第二组跨栏以后，后一名幼儿才能出发，后面的幼儿不能超过前面的幼儿。

2. 幼儿须按照箭头指示的方向依次完成各项活动。

3. 提醒幼儿不得相互推挤，注意安全。

游戏建议

1. 幼儿第一次接触异形循环游戏时，需要多次熟悉较为复杂的游戏路线。每条路线，教师必须带领幼儿至少完整游戏两次，才可让幼儿独立游戏。

2. 教师可根据幼儿的完成情况，适当调整游戏材料的摆放方式，以降低或提高游戏的难度，如调整长方体墩之间的间距等。

（四川省绵阳市机关幼儿园　丁静娴）

游戏 4 草地游乐园

游戏目标

练习钻、爬、翻滚、跨、跑等动作，发展动作的协调性、灵敏性，提高平衡能力。

游戏准备

1. 材料准备：彩虹伞 1 个，梅花桩 5~7 个，荷叶垫 6~8 个，3 折软垫 1 张，锥形桶 4 个，拱形门 4~6 个，隧道玩具 2 个，箭头标识若干。

2. 场地准备：布置"日"字形循环区，营造游乐园情境，即彩虹伞→梅花桩→荷叶垫→软垫（草地）→锥形桶→拱形门（山洞）；彩虹伞→梅花桩→荷叶垫→隧道→拱形门（山洞）。

场地布置如下图。

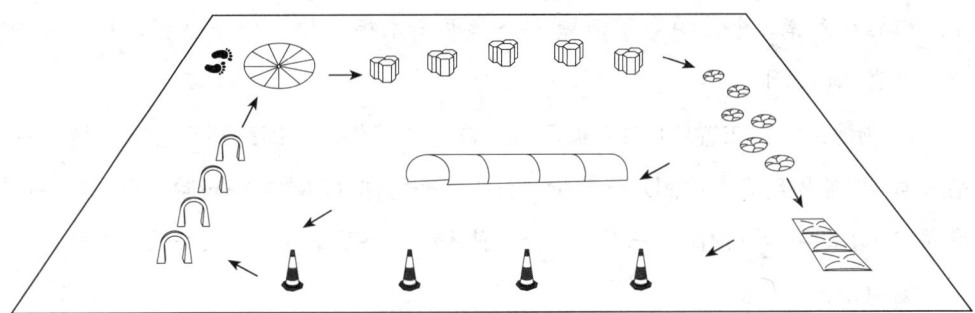

游戏玩法

教师带领幼儿分别完成不同路线的游戏。

路线一：侧身翻滚过彩虹伞，走过梅花桩，跨过荷叶垫，手膝着地爬过草地，S 形跑绕过锥形桶，钻过山洞。

路线二：侧身翻滚过彩虹伞，走过梅花桩，跨过荷叶垫，手膝着地钻过隧道，最后钻过山洞。

游戏规则

1. 前一名幼儿侧身翻滚过彩虹伞以后，后一名幼儿才能出发，后面的幼儿不能超过前面的幼儿，鱼贯进行游戏。

2. 幼儿须按照箭头指示的方向依次完成各项活动。

3. 提醒幼儿不得相互推挤，注意安全。

游戏建议

"日"字形循环游戏路线对于小班幼儿来说较为复杂，每条路线需要教师带领幼儿完成至少两次，才可让幼儿独立游戏。

（四川省绵阳市机关幼儿园　丁静娴）

游戏5　小猴子去旅行

游戏目标

练习跨走、钻、爬、翻越、走平衡等动作，提高平衡能力以及动作的协调性、灵敏性。

游戏准备

1. 材料准备：跨栏组合4组，锥形桶与呼啦圈组合2组，轮胎8个，竹梯1个，小号平衡凳2个，中号平衡凳1个，平衡木板4块，软垫2张，拱形板3个，箭头标识若干。

2. 场地准备：布置"U"形循环区，营造游戏情境，即跨栏组合（大树）→锥形桶与呼啦圈组合（山洞）→轮胎（石头）→竹梯（河沟）→轮胎（石头）→锥形桶与呼啦圈组合（山洞）→平衡组合（独木桥）→草地（拱形板和软垫组合）。

场地布置如下图。

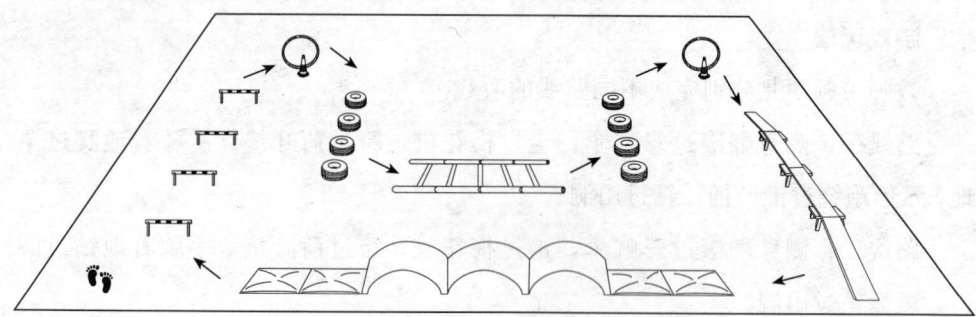

游戏玩法

幼儿扮演小猴子，教师扮演猴妈妈。游戏开始，妈妈带领小猴子跨过大树，正面钻过山洞，踩石头，跨过河沟，又踩石头，再钻过山洞，走过独木桥，最后手膝着地爬过有起伏坡度的草地。

游戏规则

1. 前一名幼儿跨过第二组栏杆以后，后一名幼儿才能出发，鱼贯进行，后面的幼儿不能超过前面的幼儿。

2. 幼儿须按照箭头指示的方向依次完成各项活动。

3. 提醒幼儿不得相互推挤，注意安全。

游戏建议

1. 为避免等待，可将幼儿分为两组，分别从跨栏组合和平衡组合处出发，引导幼儿按照箭头指示的方向进行游戏。

2. 教师可根据幼儿的完成情况，适当调整游戏材料的设置，以降低或提高游戏的难度，如调整轮胎之间的间距或跨栏的高度等。

（四川省绵阳市机关幼儿园　丁静娴）

三、民族、民间体育游戏

游戏1　拉大锯

游戏目标

锻炼前庭器官的机能，发展动作的协调性，提高与同伴合作游戏的能力。

游戏准备

平坦的场地。

游戏玩法

幼儿两两一组。两名幼儿面对面坐下，一边说儿歌一边手拉手前后摇动："拉大锯，扯大锯，姥姥家，唱大戏。接闺女，请女婿，小外孙子也要去。不让去，也要去，骑上小车赶上去。"

游戏规则

摇动时两人要协同朝一个方向，避免方向相反。

游戏建议

1. 提醒幼儿注意均衡用力，避免突然发力，导致手臂受伤。

2. 根据幼儿对游戏的熟悉情况，调整说儿歌和前后摇动的节奏。

游戏2　马兰花

游戏目标

练习手拉手走圆圈的动作，发展动作的协调性、灵敏性，提高与同伴合作游戏的能力。

游戏准备

宽敞平坦的户外活动场地。

游戏玩法

全体幼儿手拉手围成一个圆圈，一边顺时针方向走动一边说儿歌："马兰花，马兰花，风吹雨打都不怕，勤劳的人们在说话，请你马上就开花，就——开——花。"当说完最后一个字时，幼儿停下并齐声问："开几瓣花？"教师回答："开两瓣花。"幼儿听到后，要快速做出反应，两名幼儿手拉手围成一个小圆圈。教师检查幼儿人数是否与教师的要求相符。若不符即为失败，应站在场外停止游戏一次。

待幼儿熟悉游戏要求后，教师可以回答："三瓣花。"则每三名幼儿手拉手围成一个小圆圈，以此类推。游戏可进行三五次结束。

游戏规则

1. 当教师说完"两瓣花"时，幼儿才可根据数量去寻找伙伴。
2. 幼儿手拉手围圆圈走时，双手不能松开。

游戏建议

1. 教师可根据幼儿能力变换围小圈的人数。
2. 待幼儿熟悉游戏的玩法后，还可以改为逆时针方向进行圆圈走。

（北京市丰台区芳群第二幼儿园　肖文静）

游戏3　小老鼠上灯台

游戏目标

练习由一定高度往下跳，提高动作的协调性和平衡能力。

游戏准备

椅子（或有一定高度的积木）摆成一个大圆；猫头饰一个，小老鼠头饰若干；平坦的场地。

游戏玩法

幼儿蹲在椅子（或积木）上，一名教师扮猫，一名教师与幼儿一起扮演老鼠，边说儿歌边做出相应动作："小老鼠，上灯台，偷油吃，下不来，喵喵喵，猫来了，叽里咕噜滚下来。"当说到"喵喵喵，猫来了"时，猫边说儿歌边走出来，而小老鼠说完"叽里咕噜滚下来"后，就从椅子上跳下来，不动。猫一边"喵喵喵"叫，一边在四周边走边看，发现哪只小老鼠动了，就把这只小老鼠抓出来，抓住几只后，游戏重新开始。

游戏规则

1. 说完儿歌最后一句"叽里咕噜滚下来"后，老鼠才能轻轻地跳下。
2. 被抓住的老鼠应回到座位，等待下一轮游戏。

游戏建议

幼儿熟悉玩法后，可由幼儿来扮演猫。

四、亲子体育游戏

游戏1　荡秋千

游戏目标

体验摆荡的身体感觉，感知身体的平衡，锻炼前庭器官的机能。

游戏准备

适当大小的浴巾或床单，床单的四个角分别拴上适当长度的绳子；长棍一根。

游戏玩法

玩法一：两名家长面对面站好，抓紧浴巾或床单四角的绳子，幼儿躺在浴巾或床单中间，双手抓住床单或浴巾的两边。家长合作向左、向右、向前、向后将幼儿悠起来，好像荡秋千。

玩法二：将浴巾或床单四角的绳子固定在棍子上，两名家长面对面站好，将棍子放在肩膀上，幼儿站在浴巾或是床单中间，双手抓住棍子站好，前后晃动身体好像荡秋千，家长可给予适当的帮助。

游戏规则

摆荡的幅度不能过大，保证安全。

游戏建议

1. 浴巾或床单的大小以幼儿能够躺在里面为宜。
2. 绳子的长短可根据幼儿的身高调整。

（原中国人民解放军总后勤部六一幼儿园　陈怡）

游戏 2 快乐的小袋鼠

游戏目标

1. 练习双脚连续向前跳，锻炼腿部力量，提高动作的协调性，发展平衡能力。
2. 提高两人合作做动作的协调性。

游戏准备

在场地上画两条相距 5 米的平行线；装满水果、蔬菜图片的小筐。

游戏玩法

爸爸妈妈和幼儿一起扮演小袋鼠一家，在起始线后站好。小袋鼠面向爸爸，双手抱紧爸爸脖子，双腿夹紧爸爸腰部。游戏开始前，袋鼠妈妈要告诉小袋鼠这次出去的任务是什么（如取 1 个水果回来，取 2 棵蔬菜回来等），然后在起点处等待小袋鼠和爸爸回来。

游戏开始，袋鼠爸爸抱着小袋鼠，双脚连续从起点跳到终点，放下小袋鼠，小袋鼠根据妈妈的指令从终点处的小筐中挑选相应数量的水果或蔬菜，然后和爸爸一起从终点双脚连续跳着回到起点处，将水果或蔬菜送给妈妈。

袋鼠妈妈再发令，开始新一轮游戏。

游戏规则

1. 每次只能挑选一种水果或蔬菜。
2. 必须双脚连续向前跳。

游戏建议

1. 跳的距离可根据幼儿和爸爸的具体情况进行调整。
2. 爸爸可适当托着幼儿臀部以降低难度。
3. 游戏熟练后，小袋鼠取水果或蔬菜的数量可增加，数量顺序可打乱，小袋鼠要认真倾听妈妈的指令。

（原中国人民解放军总后勤部六一幼儿园　张学红）

游戏3 小鸡出壳

游戏目标

练习钻的动作,发展动作的协调性和灵敏性。

游戏准备

将若干张废报纸剪成鸡蛋形状,要剪得尽量大,分散放在场地上。

游戏玩法

幼儿与家长站在场地一端,妈妈发口令"预备——开始",爸爸和幼儿一起跑到场地另一端,分别捡起一个鸡蛋,从中间撕开一个洞,然后从撕开的裂缝中钻出来,并发出"叽叽叽"的声音,代表一只小鸡出壳了。幼儿与爸爸再继续找其他鸡蛋,最后比比看谁孵出的小鸡数量最多(即谁钻过的鸡蛋最多)。

游戏规则

1. 每次只能捡一张报纸,并从洞中钻出来。
2. 要是将报纸撕破,这个鸡蛋就不能计入总数。

游戏建议

1. 在游戏前,可以适当开展一些撕纸活动,帮助幼儿积累撕纸经验。
2. 可以尝试用不同质地的纸进行游戏。

(原中国人民解放军总后勤部六一幼儿园 张学红)

游戏4 抢阵地

游戏目标

练习手膝着地爬的动作,提高四肢动作的协调性和灵敏性。

游戏准备

在游戏场地铺好垫子,游戏示意图如下。

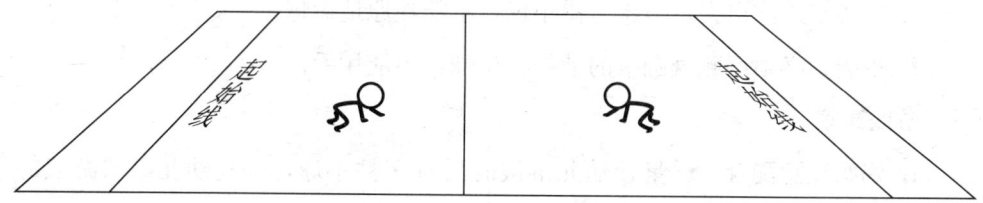

游戏玩法

幼儿和家长分别在场地两端起始线的外侧，用"石头剪刀布"的方式决定胜负，胜者往前手膝爬2步。再玩"石头剪刀布"，胜者再往前爬2步。反复进行，先爬到中间线的一方为胜。胜者可要求负者奖励自己一个拥抱或亲亲。

游戏规则

1. 开始游戏时，两人必须趴在两端起始线的外侧。
2. 必须手膝着地爬行。

游戏建议

家长往前爬时，可适当小步爬，给幼儿胜利的机会。

（北京市朝阳区劲松第一幼儿园　王珊珊）

游戏5　小刺猬背球

游戏目标

练习侧身翻滚和投的动作，发展动作的协调性和平衡能力。

游戏准备

粘球衣、软球（当作水果）若干、水果筐1个、地垫。

游戏玩法

妈妈扮演刺猬妈妈，爸爸扮演刺猬爸爸，幼儿扮演小刺猬。刺猬一家一起说儿歌："小小刺猬本领大，左翻右翻都不怕，小小果子撒满地，小刺猬快来背回家。"妈妈边跑边往地上撒果子，小刺猬则在地上翻滚粘果子，然后爬到刺猬爸爸的背上，刺猬爸爸背着小刺猬爬向远处的水果筐，再把小果子投入其中。游戏反复进行。

游戏规则

1. 妈妈必须跑出去，边跑边撒小球，不能在原地撒球。
2. 小刺猬必须用侧身翻滚的动作去粘球，不能用手。

游戏建议

1. 妈妈注意配合，尽量让幼儿翻滚时后背多粘小球，提高幼儿参与游戏的积极性。

2. 可以根据实际情况调整幼儿投小球的距离，逐步增加投掷的难度。

（原中国人民解放军总后勤部六一幼儿园　怀向群）

第三节　中班体育游戏

一、基本体能游戏

游戏1　我们都是木头人

游戏目标

练习单脚站立，发展身体的平衡能力。

游戏准备

宽敞平坦的户外场地。

游戏玩法

游戏开始，全体幼儿一边四散走一边拍手说儿歌："我们都是木头人，一不许说话，二不许笑，三不许露出大门牙，还有最后一分钟，看谁的意志最坚定，最——坚——定。"说完后，幼儿要快速在原地做出单脚站立的动作，即一条腿当主力腿，另一条腿屈腿抬起依附在主力腿旁。教师在木头人之间巡视观察。谁的两只脚同时落地了，谁就被淘汰，停止游戏一次。教师巡视两三分钟后再次开始游戏。

游戏可反复进行三四次。

游戏规则

1. 当说完儿歌最后一个字时，木头人才能做单脚站立的动作。
2. 幼儿单脚站立时，不能碰触其他幼儿，也不能依靠外力保持平衡。
3. 木头人的两只脚同时落地了，即为失败，将停止游戏一次。
4. 幼儿熟悉游戏后，发出指令和检查的人可由幼儿充当。

游戏建议

每进行一次游戏，教师要提示幼儿变换单脚站立的主力腿。

（北京市丰台区芳群第二幼儿园　郭慧芬）

游戏 2　迷迷转

游戏目标

练习原地转圈的动作，锻炼前庭器官的机能，发展平衡能力。

游戏准备

平坦的场地。

游戏玩法

幼儿两臂侧平举，在原地旋转，边转边说儿歌："迷迷转，迷迷转，大风吹来，快快站。"当说到"站"字时，幼儿马上停止旋转。每回最多转 3 圈，以防幼儿头晕跌倒。

游戏规则

儿歌说完后，立即停止旋转。

游戏建议

1. 幼儿之间需要保持安全距离，避免相撞。

2. 游戏尽量在草地或者塑胶、垫子等有弹性的场地进行。

3. 随着幼儿对游戏的熟悉程度增加，可以适当增加旋转的速度以及圈数，但是不能太多。

游戏 3　听鼓声走

游戏目标

练习听信号变速走，提高快速反应能力，发展动作的灵敏性。

游戏准备

小鼓一个，平坦的场地。

游戏玩法

幼儿站成一路纵队。游戏开始，教师击鼓面中心时，幼儿一个跟着一个沿着场地周围走；当教师击鼓边时，幼儿在场内四散走；当教师重重击鼓两下时，幼儿回到原处，迅速按顺序站成一路纵队。游戏可以重复两三次。

游戏规则

根据鼓点的节奏变化行走的速度。

游戏建议

1. 根据幼儿的能力水平,变换敲鼓的节奏。
2. 可以在场地四周放置小玩具,让幼儿按节奏走,并取回玩具。

游戏 4 小飞机上蓝天

游戏目标

练习听信号跑,发展动作的灵敏性,提高快速反应能力和平衡能力。

游戏准备

宽敞的场地。

游戏玩法

幼儿扮演小飞机,两臂侧平举,轻轻地跑到圆圈中间。游戏开始,幼儿听到教师发出的"起飞"信号后开始四散跑。起飞时,幼儿踮脚跑;当听到"暴风雨"信号时幼儿半蹲跑;当听到"龙卷风"信号时,幼儿原地转圈;当听到"降落"信号时,幼儿俯身慢跑,直至停止。游戏可以反复进行。

游戏规则

必须根据信号做出相应的动作。

游戏建议

1. 提醒幼儿四散跑时,注意安全,不要互相碰撞。
2. 可以在场地内放置一些障碍物,让幼儿四散跑时注意躲避。

(北京市东城区分司厅幼儿园 杨迪)

游戏 5 吃毛桃

游戏目标

练习沿圆圈追逐跑,提高反应能力和动作的灵敏性。

游戏准备

宽敞平坦的户外操场。

游戏玩法

游戏开始前,请一名幼儿扮演小猴子,站在圆圈外等候。其他幼儿当石头,蹲在圆圈线上。

游戏开始，小猴子绕着圆圈走，一边说儿歌一边做动作："我吃呀、吃呀、吃毛桃（边走，边做吃桃子的动作），吃得我心里怪难受（用手做揉肚子的动作），我跑一跑（做跑步动作），我跳一跳（做单脚跳跃动作），我找个地方坐一坐。"当说到"坐一坐"后，小猴子停下脚步，轻轻地靠坐在离自己最近的石头的后背上。被坐的石头与小猴子展开如下对话。

石　头："你干什么来啦？"

小猴子："我来吃毛桃了。"

石　头："你怎么不在家里吃啊？"

小猴子："我家里有大灰狼。"

石　头："我拿砍刀送你回家吧。"

说完后，小猴子迅速起身围着圆圈跑。被坐的石头站起来赶快追赶，小猴子跑完一整圈后，在被坐石头的位置上蹲下，游戏继续进行。如果小猴子被石头抓住，两人即互换角色再次进行游戏。

游戏规则

1. 当说完"我找个地方坐一坐"后，小猴子才能停下脚步，轻轻地靠坐在离自己最近的石头上。

2. 石头说完"我拿砍刀送你回家吧"，小猴子才可以跑。

3. 小猴子和石头只能在圆圈外围绕圆圈跑动，否则就算犯规。

4. 小猴子要跑到被坐石头的位置才能停止跑动。

游戏建议

1. 可鼓励幼儿根据儿歌内容自编不同动作，满足幼儿的表演欲望。

2. 为避免扮石头的幼儿等待，可请其边拍手边一起说儿歌。

3. 可根据幼儿能力水平增加游戏难度，如请两名幼儿扮演小猴子，同时进行游戏。

（北京市丰台区芳群第二幼儿园　贾丽娜）

游戏6　揪尾巴

游戏目标

练习横向移动的动作，发展动作的协调性与灵敏性。

游戏准备

布（纸）带若干条，平坦的场地。

游戏玩法

将纸带的三分之一塞进裤腰里，其余部分拖在外面当尾巴。两个幼儿相距 0.5 米远面对面站立，数完"一、二、三"，两人同时开始左右移动，互相揪对方的尾巴，但不得推拉。先揪下对方的尾巴为胜。

游戏规则

1. 揪尾巴时只能左右移动，不能前后跑动。
2. 只能揪对方的尾巴，不能推拉对方。

游戏建议

待幼儿熟练后，可以在指定区域内，四散跑动中相互揪尾巴。

游戏 7　捕小鱼

游戏目标

练习在一定范围内四散躲闪跑，发展动作的灵敏性和协调性。

游戏准备

小竹竿一根，顶端接一个用竹圈做成的渔网。场地上画一个大圆圈当作池塘。

游戏玩法

教师扮捕鱼人，手持渔网站在池塘边，幼儿扮小鱼四散在池塘里走。

游戏开始，幼儿边模仿小鱼游边说儿歌："小鱼小鱼游游游，摇摇尾巴点点头，向上游，向下游，游来游去多自由。"说完后，教师说："捕鱼了！"并进入池塘用渔网去捕鱼。小鱼在池塘里四散跑着躲闪，被捕着的或跑出池塘的小鱼应离开池塘，站到岸边。等捕到五六条小鱼后，游戏暂停，大家一起数数捕到几条小鱼，游戏重新开始。

游戏规则

被捕着的或跑出池塘的小鱼应离开池塘站到岸边。

游戏建议

1. 竹竿不要太长，渔网要大些，要注意安全。

2. 玩法可以变化，如当幼儿将要被捉到时可以蹲下，表示游到深水，逃走了；也可改用手持竹圈在池塘里捞鱼。

游戏8　狡猾的狐狸

游戏目标

练习在一定范围内四散追逐跑，发展反应速度、躲闪能力和快速跑的能力。

游戏准备

在场地上指定跑的范围。

游戏玩法

幼儿站成一个大圆圈。

游戏开始，幼儿都闭上眼睛背着手，教师在圈外沿逆时针方向走一圈，并用手指点触任一幼儿的手，以示意请他扮"狡猾的狐狸"。然后请大家睁开眼睛。幼儿齐声连续问三次："狡猾的狐狸在哪里？"之后，狐狸迅速地跑到圈中央，举起手说："我在这里！"然后，狐狸开始追捉，其余幼儿四散跑开。被捉住的幼儿站在场外，捉到两三个幼儿后，教师说："站圆圈。"大家又站成一个大圆圈，游戏重新开始。

游戏规则

1. 点狐狸时，幼儿必须闭上眼睛。

2. 被狐狸拍到或跑出指定范围的幼儿都算被捉住。

游戏建议

1. 如果狐狸在第三次问话结束前暴露了自己，或长时间捉不到幼儿，应换另一个幼儿扮狐狸。

2. 可增加扮狐狸的幼儿人数。

游戏9　插红旗

游戏目标

练习快跑、往返跑，增强腿部力量，发展动作的协调性和灵敏性。

游戏准备

小红旗若干面（数目与幼儿人数相等）；小桶四个，桶内装沙当作山岗。

场地布置如下图。

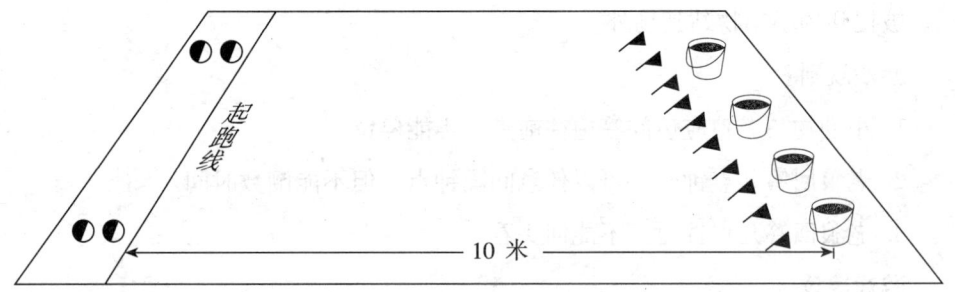

游戏玩法

幼儿分成人数相等的两队（或四队），成纵队站在起跑线后。

游戏开始，教师说："把红旗插上'山岗'！"各队第一个幼儿迅速向前快跑，拿起一面小红旗插在山岗上，然后跑回原处，拍第二个幼儿的手，第二个幼儿再跑去插红旗。依次进行，最后以先插完红旗的队为胜。

游戏规则

1. 每个幼儿每次只能插一面红旗。

2. 接力的幼儿，必须被拍到手后才能跑出。

游戏建议

也可让幼儿分组排成横队，同时向前快跑，看谁先将红旗插上山岗。

游戏 10 老狼老狼几点了

游戏目标

练习快跑，提高快速反应能力，发展动作的灵敏性。

游戏准备

老狼头饰一个，场地一端画一条起始线。

游戏玩法

幼儿扮小动物，四散站在起始线后。教师戴上头饰扮老狼，背对幼儿站在幼儿前面几米远的地方。

游戏开始，小动物和老狼一同往前走。小动物边走边问："老狼、老狼几点了？"老狼回答："×点了。"小动物又问："老狼、老狼几点了？"老狼回答："×点了。"小动物每问一句，就要大胆地走近老狼，这样边问边走，直到老狼回答

"天黑了"时，小动物赶快转身往回跑，老狼转身追捉小动物，但不能越过起始线。被捉到的小动物站到场外。

游戏规则

1. 小动物与老狼应边问答边往前走，不能停留。

2. 老狼回答几点钟时，可以任意间隔钟点，但不能倒数时间。

3. 老狼回答几点钟时，不能回头看。

游戏建议

游戏开始时，由教师扮老狼；幼儿熟悉玩法后，可让幼儿扮老狼。

游戏11 超级飞侠

游戏目标

练习持物跑的动作，锻炼上肢力量，提高动作的协调性，发展平衡能力以及快跑能力。

游戏准备

安全的场地；装了一定水量的水瓶（数目与幼儿人数相等），大水桶四个；动画片《超级飞侠》主题曲音乐及播放器。

游戏玩法

幼儿扮演小飞侠，分为四组，站在起跑线上。游戏开始，小飞侠接到总部电话通知，要去对面小山村救火。排第一的小飞侠拿好自己的一瓶水快速跑到对面，把水倒到大桶里后，返回队里请求支援，拍第二名小飞侠的手。后者接到信息后，出发去救火。依次进行，直到最后一名小飞侠将水瓶中的水倒入大水桶，游戏结束。

游戏规则

前一名幼儿跑回后拍到后一名幼儿，后一名幼儿才能出发。

游戏建议

1. 瓶中的水量应适当，根据幼儿能力而定。

2. 在熟悉玩法后可进行记时运水比赛，运送同样多的水，看看哪一组最快完成任务。

（北京市东城区分司厅幼儿园 梅绍华）

游戏 12　捕蝴蝶

游戏目标

练习原地纵跳触物，提高弹跳能力，发展动作的灵敏性和协调性。

游戏准备

用纸或布做一只蝴蝶，悬挂在小竹竿的一端。

游戏玩法

幼儿站成一个大圆圈，教师站在圈中央。

游戏开始，教师手持竹竿顺圆圈走，蝴蝶从幼儿头上方飞过，飞到谁的头上方，谁就原地双脚向上跳起，用手触蝴蝶。重复多次。

游戏规则

捕蝴蝶时必须原地双脚向上跳起，用手触及。

游戏建议

1. 蝴蝶飞的高度，离幼儿高举的手15～20厘米，也可以根据幼儿的实际水平，灵活调整高度。

2. 可在幼儿园户外的一角，拉一根绳（或橡皮筋），系上各种花蝴蝶、小铃、乒乓球等，供幼儿户外活动时练习纵跳触物。

游戏 13　粉刷匠

游戏目标

练习纵跳触物动作，提高弹跳能力，发展动作的协调性。

游戏准备

1. 不同形状的手掌印章若干、各种颜色的颜料、油漆桶，音乐和播放器。

2. 浅色硬卡纸若干张当房顶，高低不同地垂吊在离地面一定高度处。

游戏玩法

幼儿扮演粉刷匠，站在场地一端，听到音乐响起后，幼儿选择自己喜欢的手掌印章戴好，在油漆桶内蘸颜色，走到房顶处向上跳，把手掌印章上的颜色都印到浅色卡纸上。重复向上跳，直到颜料用完，游戏结束。

游戏建议

1. 房顶悬挂的高度可根据幼儿实际情况进行调整。

2. 教师将房顶分散垂吊，避免幼儿跳起来的时候相互拥挤。

（北京市东城区分司厅幼儿园　刘佳欣）

游戏 14　小铃响叮当

游戏目标

练习助跑纵跳触物动作，提高弹跳能力，发展动作的灵敏性和协调性。

游戏准备

在架高的竹竿上悬挂小铃（数目为幼儿人数的一半）。

场地布置如下图。

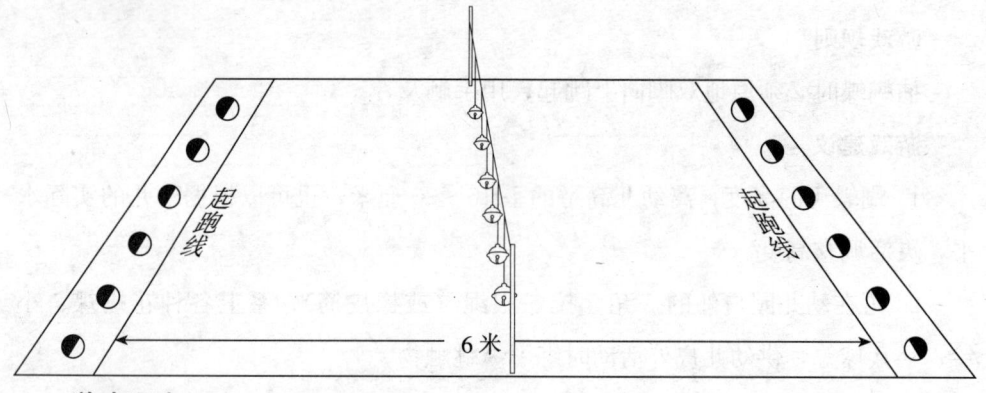

游戏玩法

幼儿分成人数相等的两组，面对面站在起跑线后。

游戏开始，教师发出口令，第一组幼儿跑到小铃下，双脚向上跳起，用手触摸小铃（可连续跳摸数次），再跑回起跑线。然后，另一组幼儿用同样方法进行。

游戏规则

幼儿必须在助跑后，双脚向上跳起触物。

游戏建议

如幼儿高矮相差悬殊，可以将铃挂成不同的高度。

游戏 15　快乐的小松鼠

游戏目标

练习双脚连续跳的动作，发展动作的协调性和灵敏性，提高快速反应能力。

游戏准备

平坦的场地。

游戏玩法

教师扮演狐狸。幼儿分为两部分,一部分幼儿扮作大树,一部分幼儿扮作小松鼠,小松鼠比大树多几名。大树听从教师指令,随着风力的大小摆动身体。小松鼠边说儿歌边自由地双脚连续跳:"风儿吹,树儿摇,小松鼠,跳跳跳,这棵树,那棵树,跳来跳去真快乐。"当教师说出"狐狸来了"时,小松鼠要找到一棵大树躲起来。狐狸走了,小松鼠快乐游戏。游戏可重复两三次。没有找到大树的小松鼠,要停止游戏一次。

游戏规则

1. 小松鼠要听到教师说出口令"狐狸来了",才能找大树躲避。
2. 小松鼠要用跳的动作,不能跑。
3. 一只小松鼠只能找一棵大树。

游戏建议

1. 游戏几次以后,可以改变玩法,如规定两名或三名幼儿找一棵大树。
2. 可以两三个小朋友搭成大树,让小松鼠来躲避。

(北京市昌平区工业幼儿园 李迎春)

游戏16 小袋鼠送信

游戏目标

练习助跑跨跳动作,发展动作的灵敏性和协调性。

游戏准备

信封(每人1个),松紧带3根,铃铛若干,椅子2把,纸盒2个。
场地布置如下图。

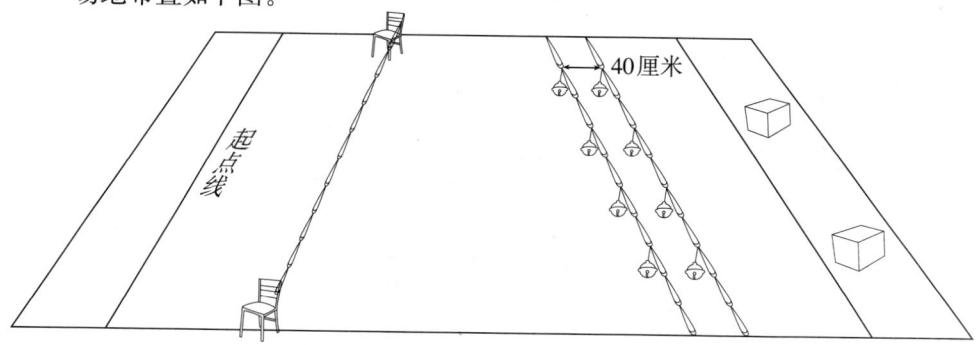

游戏玩法

教师扮演袋鼠妈妈，幼儿扮演小袋鼠。游戏开始，袋鼠妈妈带领小袋鼠去送信。小袋鼠先跨跳过小沟（拴在椅子腿上的松紧带），再跨跳过小河（拴好铃铛、间隔40厘米的两条松紧带），把信投入信箱（纸盒）中，然后从场地两侧走回起点。如果跨跳时碰响了松紧带上的铃铛，则要返回起点重新送信。信封送完，游戏结束。

游戏规则

1. 必须用助跑跨跳的动作过小河（松紧带）。
2. 如果过河时碰响了铃铛，需要返回起点重新游戏。

游戏建议

1. 拴在椅子腿上的松紧带不宜太高，以10厘米左右为宜。初学跨跳时，可在地上画线。随着幼儿能力的提升，可以适当提升松紧带的高度。
2. 待幼儿熟练游戏后，可以将小河变宽，以增加游戏的难度。

（北京市东城区分司厅幼儿园　刘颖）

游戏17　快乐的饲养员

游戏目标

练习肩上挥臂投掷动作，锻炼上肢肌肉力量，提高动作的协调性和准确性。

游戏准备

1. 平坦的场地；沙包若干（当面包），筐子2个；音乐及播放器，信，奖励贴。
2. 距离投掷线1.5米、1.8米、2米处分别画一个大圆，圆心分别放熊爸爸、熊妈妈、熊宝宝标志。

场地布置如下图。

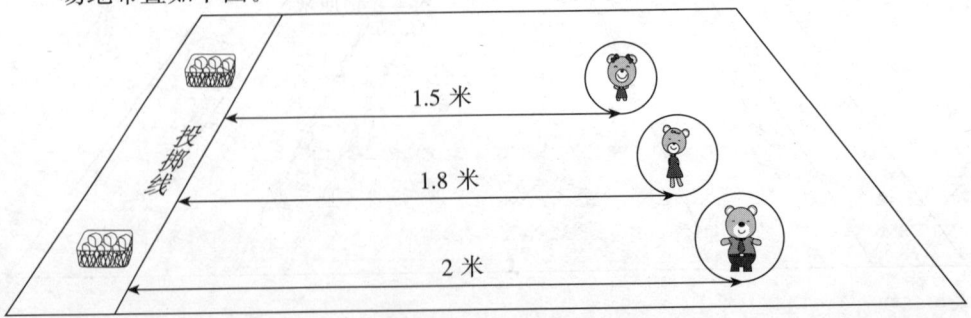

游戏玩法

教师扮演饲养员,讲述"小熊饿肚子"的情节,引出游戏:"我收到一封小熊写给小饲养员们的信,小熊说它们饿了很久了,希望小饲养员们帮帮它们,给它们送些好吃的面包。咱们都来当小饲养员,一起拿着面包去喂喂小熊吧。"

幼儿拿着面包,在投掷线后站好,开始说儿歌:"面包手中拿,眼睛向前看,举起小手投,快把熊喂饱。"说完儿歌后,幼儿分别将面包投给熊爸爸(远)、熊妈妈(中)和熊宝宝(近)。投喂面包多的小饲养员可获得奖励贴。游戏可以反复多次进行。

游戏规则

说完儿歌后才可以投喂,投喂时要站在投掷线后。

游戏建议

请幼儿根据自己的意愿和能力,选择远近不同的熊为目标进行投掷。

(北京东城区分司厅幼儿园 田琨琨)

游戏18 火车钻山洞

游戏目标

练习正面钻和手臂上举的动作,发展动作的灵敏性,提高上肢肌肉耐力以及与同伴合作游戏的能力。

游戏准备

场地上放六个标志,每两个标志代表一个山洞,分别为一号洞、二号洞、三号洞。每两个洞之间距离为10米左右。

场地布置如下图。

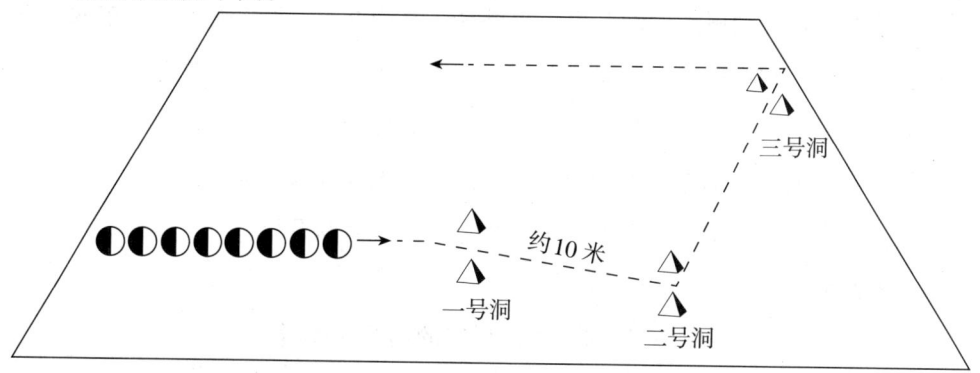

游戏玩法

幼儿扮作火车，成一路纵队站立。教师扮作路警，站在队伍旁边。

游戏开始，教师说："火车开了！"幼儿一个跟着一个边走边说儿歌："火车火车呜呜响，咔嚓咔嚓上山岗，钻山洞，过大桥，运粮运货忙又忙。"当火车开到一号洞口时，教师说："钻山洞了！"这时排头的两个幼儿，在一号洞处举起两手相搭成一号山洞，其余的幼儿依次钻过一号洞。待排尾幼儿钻过洞后，扮作一号洞的两个幼儿跟着排在队尾，队伍继续向二号洞走去。依次用同样的方法过二号洞和三号洞。最后教师说："到站了！"幼儿发出"哧——"的声音（模仿汽笛声）停下，游戏重新开始。

游戏规则

钻山洞时不能碰到山洞。

游戏建议

幼儿熟悉游戏玩法后，可分组进行，也可不在地上画山洞的位置，随意搭山洞，还可连续搭山洞。

游戏 19 老鼠笼

游戏目标

练习钻与手臂上举的动作，发展动作的灵敏性，锻炼上臂与背部肌肉，提高与同伴合作游戏的能力。

游戏玩法

三分之二的幼儿用手拉成一个大圆圈扮作老鼠笼，其余幼儿站在大圆圈外扮作老鼠。

游戏开始，扮老鼠笼的幼儿手拉手举高，并说儿歌："老鼠老鼠坏东西，偷吃粮食偷吃米，我们搭个老鼠笼，咔嚓一声捉住你。"同时，扮老鼠的幼儿在鼠笼四周钻进钻出。当说到"咔嚓一声"时，扮老鼠笼的幼儿立即蹲下并将手放低。被拦在大圆圈内的老鼠即为被捉住，需站在大圆圈上扮老鼠笼。游戏继续进行，直至将老鼠全部捉住，再调换部分角色，游戏重新开始。

游戏规则

1. 只有说到"咔嚓一声"时，扮老鼠笼的幼儿才能蹲下。

2. 老鼠要不停地在鼠笼四周钻进钻出，不要总是站在大圆圈外边。

游戏建议

初学游戏时，扮老鼠的幼儿可以少些，熟悉玩法后，可以增至半数幼儿扮老鼠。

游戏 20　河里小鱼游

游戏目标

练习正面钻的动作，发展动作的灵敏性和协调性，提高与同伴合作游戏的能力。

游戏玩法

三分之二或四分之三的幼儿两两间隔约半米站成大圆圈，扮渔网，其余幼儿扮小鱼，站在大圆圈内。

游戏开始，小鱼在圈内自由地游来游去，扮渔网的幼儿手拉手按逆时针方向沿圈边走边问："小鱼小鱼哪里游？"小鱼回答："小鱼小鱼河里游。"又问："小鱼小鱼你想出来吗？"小鱼回答："想出去玩一会儿。"扮渔网的幼儿停下说："你想出来不容易。"小鱼说："我们一定要出去！"说完"去"字，小鱼立刻从渔网的空隙往外钻，扮渔网的幼儿赶紧拉着手上下摆动挡住小鱼，小鱼再找别的空隙，设法钻出，钻出渔网的幼儿站在场外。大约三分之一的小鱼钻出渔网后，游戏暂停。部分小鱼和渔网角色互换。游戏重新开始。

游戏规则

1. 小鱼钻渔网时不能动手硬拉或硬撞。
2. 扮渔网的幼儿不得松开手，要上下摆动，也不能推拉小鱼。

游戏建议

幼儿拉手成圆圈时，不能太紧或太松，以便于上下摆动为准。

游戏 21　熊猫搬家

游戏目标

练习连续正面钻的动作，锻炼腰背肌肉，发展动作的灵敏性、协调性和柔韧性。

游戏准备

高约 60 厘米的拱形门 4 个（当作山洞），自制竹叶若干（数目与幼儿人数相等）。

场地布置如下图。

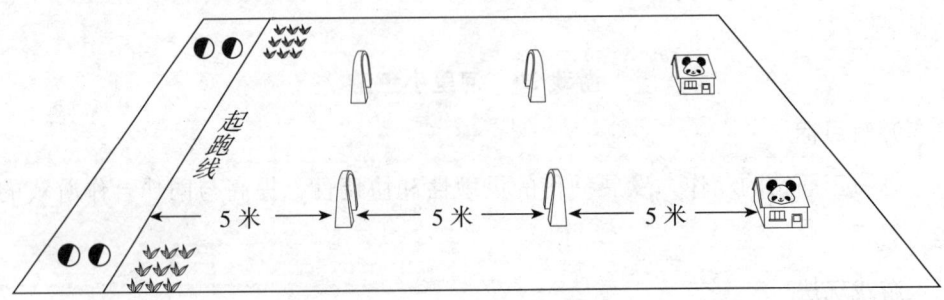

游戏玩法

幼儿扮熊猫，分成人数相等的两队，站在起跑线后。教师发出信号后，每队第一个幼儿拿起一把竹叶向前跑出，正面钻过两个山洞，将竹叶放在新家中，从场地两侧跑回。当前一个幼儿正面钻过第一个山洞时，后一个幼儿才能拿起竹叶接着向前跑。如此鱼贯进行，直至最后一个幼儿跑回为止。先搬完家的队为胜。游戏可反复进行。

游戏规则

1. 钻时不能碰山洞，如碰倒了应扶好后再跑。
2. 每只熊猫每次只能拿一把竹叶。

游戏建议

1. 初学游戏时，每队可以只放一个拱形门。熟悉玩法后可多放几个。
2. 可将拱形门放在幼儿园场地的一角，供幼儿户外活动时自由地钻。

游戏 22　大脚奥特曼

游戏目标

练习悬垂动作，锻炼上肢与躯干部位的肌肉，发展力量、耐力以及身体的控制能力。

游戏准备

吊环架一组，粘球若干（当作子弹）；将若干张怪兽造型的粘球板悬挂在吊环对面。

游戏玩法

教师扮指挥官，幼儿扮奥特曼，分为两组站在吊环架下方。听到指挥官口令后，一组幼儿（悬垂组）向上纵跳抓住吊环，另一组幼儿拿子弹放到其两脚之间并协助其夹紧。悬垂组幼儿用力抬脚将粘球贴到粘球板上，粘住则表示击中怪兽。所有的子弹都用完后，两组互换角色继续游戏，最后看哪组击中的怪兽多。

游戏规则

悬垂组幼儿必须用双脚夹球将球粘到粘球板上。

游戏建议

1. 活动前做好热身，悬垂时间不宜过长，避免受伤。
2. 随着幼儿臂力增加，粘球的数量可以由少变多。
3. 在游戏进行多次之后，可以让幼儿尝试双脚夹球甩球击打怪兽。

（北京市东城区分司厅幼儿园　郑玥）

二、循环体能游戏

游戏 1　钻爬乐

游戏目标

练习手膝爬和手脚爬的动作，锻炼腰背部力量，发展上下肢动作的协调性和灵敏性。

游戏准备

1. 材料准备：迷彩网 2 张，三折软垫 4 张（置于迷彩网下），长方体墩 6～8 个。
2. 场地准备：布置"O"形循环区，即迷彩网和软垫组合→长方体墩→迷彩网和软垫组合→长方体墩。

场地布置如下图。

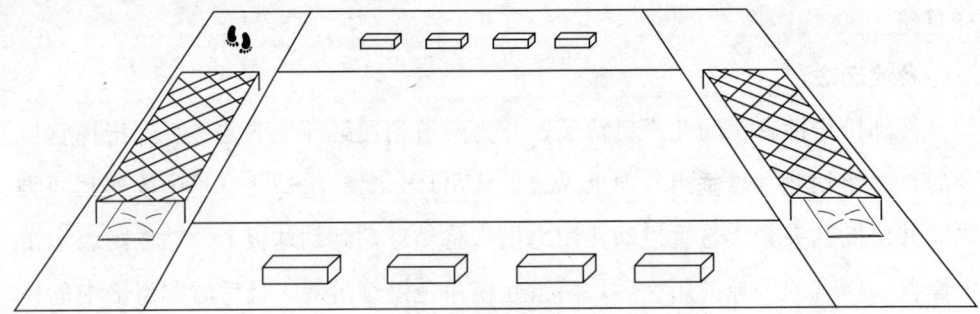

游戏玩法

幼儿成一路纵队进行游戏。先手膝着地从迷彩网下通过,手脚着地爬过长方体墩;再手膝着地爬过迷彩网,最后手脚着地爬过长方体墩。循环游戏。

游戏规则

1. 前一名幼儿爬过迷彩网后,后一名幼儿才能出发,鱼贯进行,后面的幼儿不能超越前面的幼儿。

2. 爬过长方体墩时,必须从其上方通过,不能碰到。

3. 不相互推挤,避免碰撞,注意安全。

游戏建议

1. 该游戏是专门针对手膝着地爬和手脚着地爬这两个动作练习而设计的,教师可借助游戏中材料对幼儿动作的暗示作用,加入其他动作练习。

2. 如果幼儿人数较多,可以分成两组,分别从两个迷彩网处开始游戏。

3. 完成两三次循环后,可让幼儿反方向进行游戏。

(四川省绵阳市机关幼儿园　丁静娴)

游戏 2　勇敢的小松鼠

游戏目标

练习钻、爬、攀登、跨跳等动作,发展力量、协调性和平衡能力等综合体能。

游戏准备

1. 材料准备:长方体墩 4～6 个,小、中、大平衡凳各 1 个,平衡木板 3 块,大轮胎 3 个,竹梯 2 个,小轮胎若干,两折软垫 5 个,锥形桶与呼啦圈组合 3 组,箭头标识若干。

2. 场地准备：布置"8"字形循环区，营造森林游戏情境，即长方体墩（石头）→平衡组合（独木桥）→竹梯→轮胎（山坡）→软垫（草地）→锥形桶与呼啦圈组合（山洞）；长方体墩（石头）→平衡组合（独木桥）→竹梯→跨栏（倒下的大树）→软垫（草地）→锥形桶与呼啦圈组合（山洞）。

场地布置如下图。

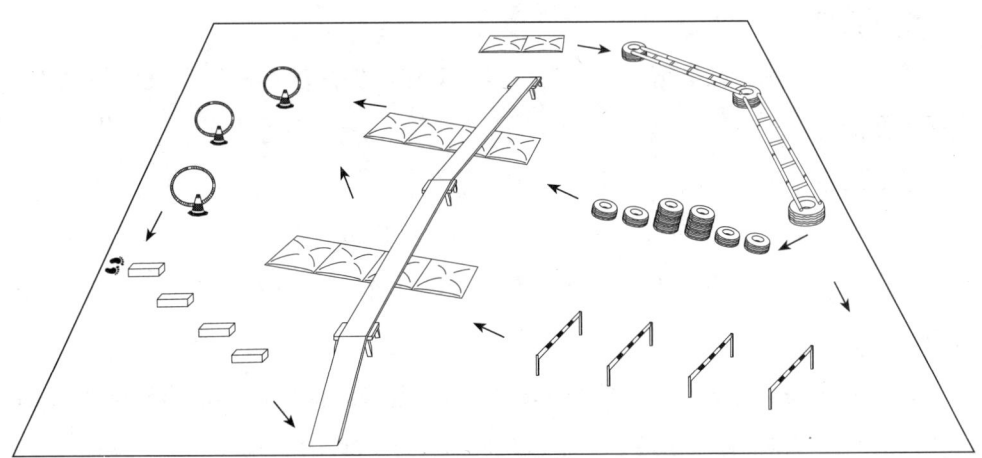

游戏玩法

教师扮演松鼠妈妈，带领幼儿完成不同路线的游戏一两次。

路线一：踩石头过河，走独木桥，手脚着地爬竹梯，走上山坡，手膝着地爬过草地，侧钻山洞。

路线二：踩石头过河，走独木桥，手脚着地爬竹梯，跨过倒下的大树，手膝着地爬过草地，侧钻过山洞。

游戏规则

1. 过不同的障碍物时，需采取事先要求的姿势，如果姿势不对，需重新过。

2. 幼儿须按照箭头指示的方向依次完成各项活动。

3. 不相互推挤，避免碰撞，注意安全。

游戏建议

1. 为避免等待，可将幼儿分为两组，尝试不同路线，然后换组。

2. 该"8"字形循环游戏，路线较为复杂，教师需提醒幼儿根据箭头指示的方向前行。

3. 教师可根据幼儿的完成情况，适时提升或降低游戏难度，如调整跨栏的高度、轮胎叠放的个数以及长方体墩的间距等。

（四川省绵阳市机关幼儿园　丁静娴）

游戏3　蚂蚁搬家

游戏目标

练习钻、跨跳、在平衡木上行走等多种动作，提高动作的协调性和灵敏性，发展平衡能力。

游戏准备

1. 材料准备：锥形桶与呼啦圈组合3组，拱形板3个，大轮胎3个，竹梯2个，跨栏组合2组，小、中、大号平衡木凳各1个，平衡木板5块，箭头标识若干。

2. 场地准备：布置"日"字形循环区，营造游戏情境，即锥形桶与呼啦圈组合（山洞）→拱形板（山坡）→轮胎与竹梯组合（河沟）→跨栏组合（栅栏）→平衡组合（独木桥）；锥形桶与呼啦圈组合（山洞）→拱形板（山坡）→平衡组合（独木桥）。

场地布置如下图。

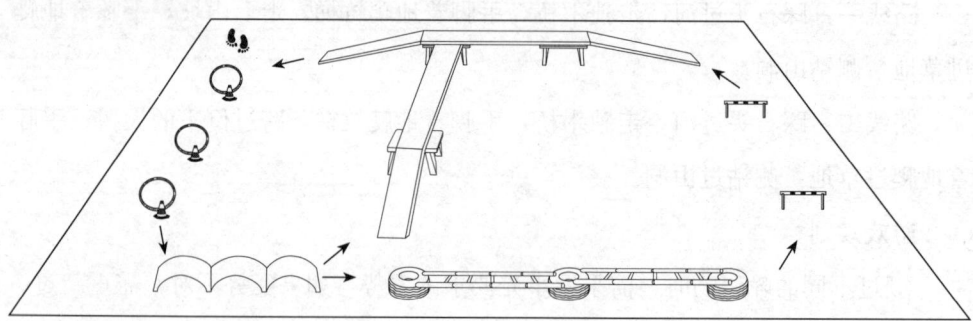

游戏玩法

幼儿成一路纵队，自主选择游戏路线，一个跟着一个游戏。

路线一：侧面钻过呼啦圈，爬过山坡，走过竹梯，跨过栅栏，最后过独木桥。

路线二：侧面钻过呼啦圈，爬过山坡，过独木桥。

游戏规则

1. 幼儿须按照箭头指示的方向依次完成各项活动。

2. 不相互推挤，避免碰撞，注意安全。

游戏建议

1. 该"日"字形循环游戏的路线较为复杂，教师应多提醒幼儿注意观察地上的箭头。

2. 教师可根据幼儿的完成情况，适时提升或降低游戏难度，如调整跨栏和轮胎的高度、呼啦圈的大小等。

（四川省绵阳市机关幼儿园　丁静娴）

游戏 4　欢乐游戏汇

游戏目标

1. 练习投掷、爬、侧面钻、在有一定高度的物体上行走等多种动作，提高动作的协调性、灵敏性和平衡能力。

2. 独立完成多次游戏，感受循环游戏的快乐。

游戏准备

1. 材料准备：锥形桶4个，两折软垫2张，拱形板2个，沙包若干，篮、筐各2个，锥形桶与呼啦圈组合4组，大轮胎3个，竹梯2个，小轮胎若干，小、中号平衡凳各2个，平衡木板5块，拱形门4个，荷叶垫6～8个，箭头标识若干。

2. 场地准备：布置"H"形循环区，营造游戏情境，即锥形桶（树桩）→软垫（草地）→拱形板（山坡）→沙包→锥形桶与呼啦圈组合（山洞）→竹梯与大轮胎组合（河沟）→小轮胎（石头）→平衡组合（小桥）→沙包→拱形门（山洞）→荷叶垫。

场地布置如下图。

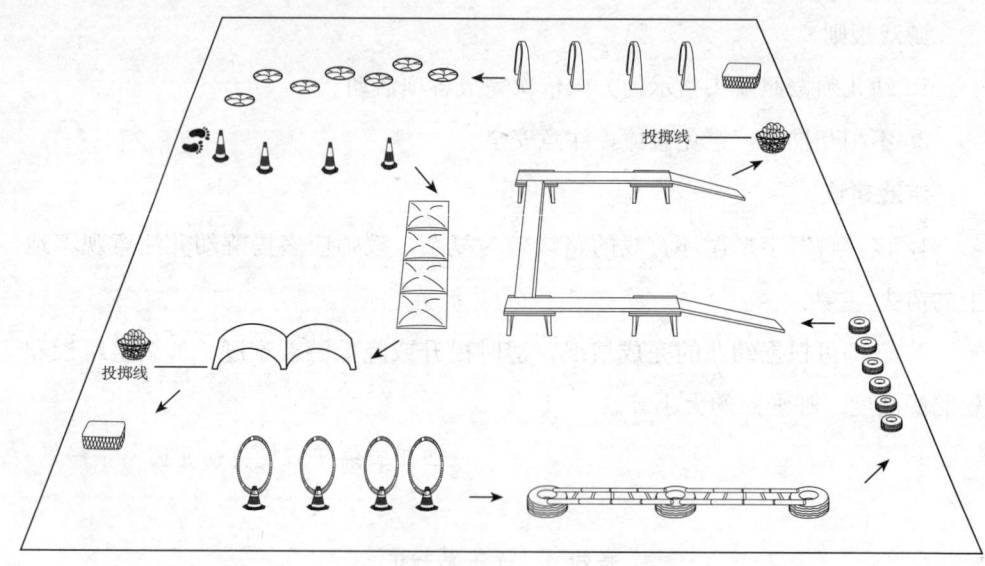

游戏玩法

幼儿成一路纵队，一个跟着一个游戏。先S形绕过树桩，手脚着地爬过草地和山坡，站在投掷线处单手投掷沙包进筐，侧面钻过山洞，走过河沟，踩着石头过河，过独木桥，再投沙包，侧面钻山洞，双脚连续跳荷叶。循环游戏。

游戏规则

1. 前一名幼儿爬上草地时，后一名幼儿才能出发，后面的幼儿不能超越前面的幼儿。

2. 幼儿须按照箭头指示的方向依次完成各项活动。

3. 不相互推挤，注意安全。

游戏建议

1. 该H形循环游戏的路线较为复杂，教师应提醒幼儿观察地上的箭头。

2. 为避免等待，可将幼儿分为两组，分别从锥形桶和小轮胎处开始游戏。

3. 在投沙包时，无论是否投进，每个幼儿只能投一次，避免造成停滞不前和拥堵的情况；在每个投沙包处需设一条投掷线，距离小筐1.5~2米。

4. 教师可根据幼儿游戏的情况，适当调整游戏材料的提供，以降低或提高游戏的难度，如调整荷叶垫的间距、呼啦圈的大小、轮胎叠加的个数等。

（四川省绵阳市机关幼儿园　丁静娴）

游戏 5 丛林游戏

游戏目标

练习助跑跨跳、侧面钻、匍匐爬、投掷等多种动作,发展动作的协调性、灵敏性、平衡能力、力量、耐力等基本身体素质。

游戏准备

1. 材料准备：迷彩网 1 张,窄木板 5 块,跳箱 4 个,拱形门 4 个,大轮胎 6 个,竹梯 2 个,平衡木板 2 块,篮、筐各 1 个,沙包若干,箭头标识若干。

2. 场地准备：布置"目"字形循环区,营造游戏情境,即迷彩网（沼泽地）→窄木板（小河）→沙包→跳箱（陷阱）→拱形门（山洞）；迷彩网（沼泽地）→窄木板（小河）→平衡木板与大轮胎组合（独木桥）→拱形门（山洞）；迷彩网（沼泽地）→窄木板（小河）→竹梯与大轮胎组合（河沟）→拱形门（山洞）。

场地布置如下图。

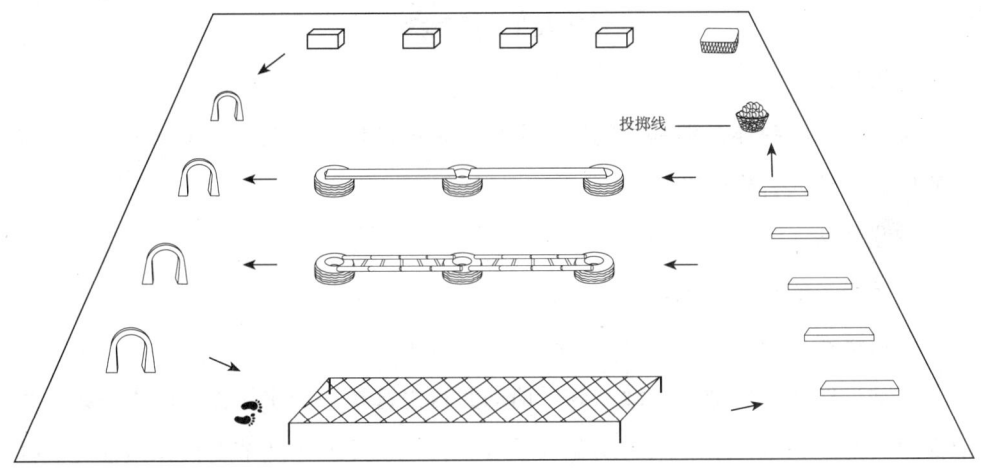

游戏玩法

幼儿成一路纵队,自主选择游戏路线,一个跟着一个游戏。

路线一：匍匐爬过沼泽地,助跑跨跳过小河,扔石头,双脚跳过陷阱,侧钻山洞。

路线二：匍匐爬过沼泽地,助跑跨跳跳过小河,走独木桥,侧钻山洞。

路线三：匍匐爬过沼泽地,助跑跨跳过小河,手膝着地爬过河沟,侧钻山洞。

游戏规则

1. 幼儿须选择不同路线，按照箭头指示的方向依次完成各项活动。

2. 不相互推挤，避免碰撞，注意安全。

游戏建议

1. 该"目"字形循环游戏的路线较为复杂，教师应提醒幼儿观察地上的箭头。

2. 为避免等待，可将幼儿分组，选择不同的路线行进，然后换组。

3. 在投沙包时，无论是否投进，每个幼儿只能投一次，避免造成停滞不前和拥堵的情况；在投沙包处需设一条投掷线，距离小筐1.5～2米。

（四川省绵阳市机关幼儿园　丁静娴）

三、民族、民间体育游戏

游戏1　摇啊摇

游戏目标

练习双臂和身体其他部位的协调动作，发展动作的协调性、平衡能力、力量素质以及与他人合作的能力。

游戏准备

宽敞平坦的户外场地。

游戏玩法

教师带幼儿在场地上四散站好，请幼儿自由选择一个小伙伴，两人一组，面对面双腿盘坐在地面上。两名幼儿双手对握，边说儿歌边随节奏做拉拽摇晃的摇船动作："摇呀摇，摇呀摇，摇到外婆桥。外婆桥上摔一跤，买条鱼来烧。烧得头不熟来尾巴焦，一跳跳到龙王庙。龙王庙，有老爷，老爷见了哈哈笑，哈——哈——笑！"

当说到"龙王庙，有老爷，老爷见了哈哈笑，哈——哈——笑"一句时，幼儿按节奏相互拍手，游戏结束。可反复进行两三次。

游戏规则

1. 幼儿要边说儿歌边随节奏做拉拽摇晃动作。

2. 摇船过程中两名幼儿的双手不能松开。

游戏建议

1. 也可以两名幼儿背对背、向后勾手臂相互拉拽进行游戏。

2. 幼儿相互拉拽时，注意力量适度，保持身体平稳，避免摔倒及受伤。

3. 游戏重复两三次后，可提醒幼儿寻找新的伙伴游戏。

（北京市丰台区芳群第二幼儿园　高名华）

游戏 2　翻饼（炒黄豆）

游戏目标

练习手臂翻转与身体转动的动作，发展动作的协调性以及与同伴协同配合的能力。

游戏准备

平坦的场地。

游戏玩法

两个幼儿相对站立，手拉手，左右摇动，同时说儿歌："翻饼、烙饼、油炸馅饼。"或说："炒、炒、炒黄豆，炒好黄豆翻跟头。"说完立即高举一手，两人的头向里钻，同时转体180°（转体时要钻过举起的手，变成两人背对背站立，手拉手）。如下图。

游戏规则

1. 说完儿歌后才能钻。

2. 转体时要钻过举起的手，相背时两手要高低交换。

游戏建议

1. 游戏前，需要熟悉转体的动作。

2. 儿歌内容可根据当地风俗自选自编。

游戏3　丢手绢

游戏目标

练习绕圈快速跑，提高快速反应能力，发展动作的灵敏性和协调性。

游戏准备

平坦的场地、手绢一条。

游戏玩法

幼儿围成圆圈蹲下，一名幼儿拿手绢围着圆圈，边走边和大家一起唱："丢、丢、丢手绢，轻轻地放在小朋友的后边，大家不要告诉他，快点快点抓住他，快点快点抓住他！"行进中，幼儿悄悄将手绢丢于一人背后。如果此人发现应立即捡起手绢追逐丢手绢者。若追上，丢者需重丢；若追不上或丢者转一圈后，被丢者仍未发现手绢丢在自己身后，则罚被丢者站在圈中唱一支歌或表演一个节目。然后，轮换角色重新游戏。

游戏规则

1. 圆圈上的幼儿不能一直盯着拿手绢的幼儿。
2. 丢手绢者跑一圈后到被丢者处快速蹲下。
3. 被丢者必须向着丢手绢者跑的方向追，不能反方向追。

游戏建议

根据幼儿的实际水平，灵活调整幼儿围的圆圈的大小。

游戏4　老鹰捉小鸡

游戏目标

练习快速左右移动跑、躲闪跑等动作，发展灵敏性、协调性、平衡能力、力量、耐力等身体素质以及团队合作的能力。

游戏准备

平坦的场地。

游戏玩法

一名幼儿扮演老鹰，教师扮演鸡妈妈，其余幼儿当小鸡。小鸡们一个接一个抓住前面人的衣服连接在母鸡后面，母鸡需要挡住老鹰，不让其抓到身后的小鸡，而老鹰要通过跑动等办法抓住母鸡身后的小鸡。如果小鸡被老鹰捉到，就退出比赛，看老鹰能捉到几只小鸡。

游戏规则

1. 扮演小鸡的幼儿必须紧紧抓住前面幼儿的衣服，不能断开，如断开则代表被老鹰抓走。

2. 小鸡只要被老鹰碰到，就代表被抓；老鹰不能推、拉、撞小鸡。

游戏建议

1. 可以让被抓的小鸡与老鹰互换角色。

2. 也可以由教师扮演老鹰，幼儿扮演鸡妈妈。

游戏 5　猜拳跨跳

游戏目标

练习单腿跨跳动作，锻炼下肢爆发力，发展跳跃能力和动作的协调性。

游戏准备

在场地上画一条起跳线，再画一条距起跳线 10 米的终点线。

游戏玩法

两人一组，游戏开始，用"石头剪刀布"裁定输赢，赢的人向前跨跳一步，然后继续"石头剪刀布"，以此类推，最先到达终点者获胜。

游戏规则

1. 赢者只能跨跳一步。

2. 赢者跳后双脚不得向前移动。

游戏建议

起跳线与终点线的距离可根据幼儿实际水平调整。

四、亲子体育游戏

游戏 1　小小搬运工

游戏目标

练习头顶物体走或协同搬运物品，提高平衡能力、协调性以及协同运动的能力。

游戏准备

家里的大毛巾或枕巾，皮球、图书及家里的各种小物件。

游戏玩法

玩法一：爸爸当裁判，妈妈和幼儿各拿一本图书。游戏开始时，妈妈和幼儿双臂侧平举，将书放在头顶上，从一个房间运到另一个房间，比一比谁能头顶图书走到终点而头顶的书不掉下来。三人可轮换角色进行游戏。

玩法二：将一块大毛巾平铺展开，中间放上一个皮球。家长和幼儿双手分别拿起毛巾的两边，尽量让毛巾平铺，哨声响起的时候，家长和幼儿共同将皮球从一个房间运到另一个房间。

游戏规则

1. 用身体部位搬运物品时，不能用手扶着物品行走。

2. 如果搬运的物品在行走过程中掉下来，要捡起物品，放好后继续向前行走。

3. 待幼儿熟悉玩法后，可设置饮料瓶等障碍，练习绕障碍行走。

游戏建议

1. 检查室内场地及设施情况，避免在游戏过程中碰到危险物品。

2. 可以选择用身体的不同部位和姿势进行搬运，如：双臂前平举，把书放在伸直的手臂上，从房间的一边运到另外一边；手膝着地，把书放在背上运到终点；等等。

3. 可以更换搬运工具，如把毛巾换成纸板、塑料板等进行游戏。

4. 可以选择不同的物品进行游戏，如沙包、布偶玩具、小靠枕等。

5. 当幼儿掌握游戏方法后，可以用计时法提高游戏的挑战性，激励幼儿加快搬运的速度。

（原中央军委机关事务管理总局六一幼儿园　刘亚荣）

游戏 2　兔子和狼

游戏目标

练习蒙眼转圈和双脚连续跳，增强前庭功能，发展平衡能力和动作的协调性、灵敏性。

游戏准备

眼罩一个。游戏示意图如下。

游戏玩法

爸爸、妈妈、爷爷、奶奶和幼儿一起参与游戏。一人扮演老狼,其余人扮演小兔。

游戏开始,老狼和兔子一起说儿歌:"小兔子,蹦蹦跳,跳到树林吃青草。风儿吹,树叶响,两只耳朵竖好了。哎呀呀,狼来了,快快逃,快快跑。"当说到"风儿吹,树叶响"时,老狼戴上眼罩原地旋转三圈,摘下眼罩后,双脚跳着抓小兔。小兔双脚跳躲避老狼抓捕。若小兔成功藏到家里,则小兔获胜;若小兔被老狼抓住,则互换角色,重新游戏。

游戏规则

1. 说完儿歌后,老狼才能去抓小兔。
2. 小兔和老狼必须用双脚跳的动作进行追逐。

游戏建议

1. 当说到"风儿吹,树叶响"时,老狼原地旋转的圈数可以改变。
2. 提醒小兔在游戏中避免相互碰撞。

(北京市朝阳区劲松第一幼儿园　王珊珊)

游戏 3　抛接西瓜

游戏目标

练习相互抛接球的动作,控制抛接的方向,发展动作的协调性和灵敏性。

游戏准备

皮球一个(当作西瓜)。游戏示意图如下。

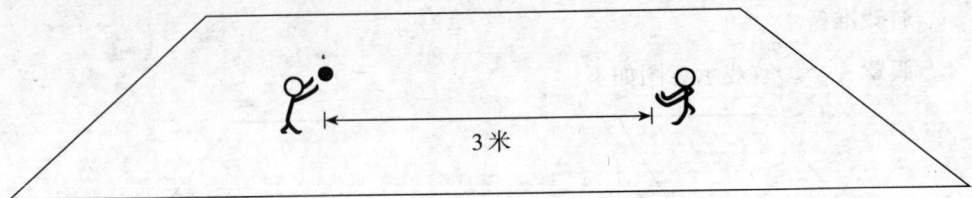

游戏玩法

幼儿和家长面对面站立,距离 3 米左右,其中一人双手持西瓜于胸前,两腿稍微弯曲,将西瓜抛给对方,对方要调整位置,尽量接住抛过来的西瓜,然后再将西瓜抛回去。另外一名没有参与抛球的家长帮助计数,比一比谁接住的次数多。

游戏规则

游戏时,必须按协商好的方法抛接球,如胸前双手抛接球,胸前单手抛、双手接等。

游戏建议

抛接球的距离可根据幼儿抛接球的能力调整。

(北京市朝阳区劲松第一幼儿园　王珊珊)

游戏 4　开坦克

游戏目标

练习手膝爬,提高动作的协调性、灵敏性及协同运动的能力。

游戏准备

废旧报纸或纸箱制作的坦克一辆。

游戏示意图如下。

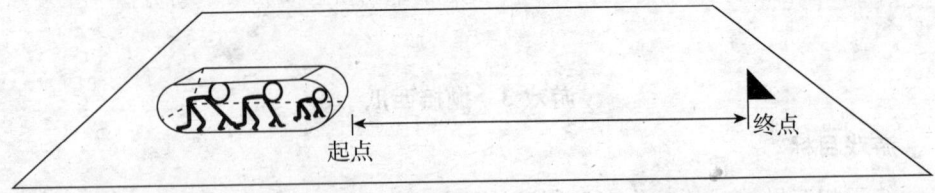

游戏玩法

幼儿和爸爸、妈妈钻进坦克,幼儿在最前面,爸爸妈妈在后面。三个人手膝着地向前爬行,最终爬到终点。

游戏规则

必须在坦克里手膝着地向前爬行。

游戏建议

游戏中,可根据幼儿的反应能力和速度来调整坦克行进的速度。

(北京市朝阳区劲松第一幼儿园　王珊珊)

第四节　大班体育游戏

一、基本体能游戏

游戏 1　熊和石头人

游戏目标

练习听信号快走,提高快速反应能力,发展动作的灵敏性与协调性。

游戏准备

熊头饰一个。场地两端各画一条线,分别为起点线和终点线,相距 15 米左右。

游戏玩法

请一个幼儿戴上头饰扮熊,站在终点线处背向大家,其余幼儿四散站在起点线后。

游戏开始,教师发出信号后,幼儿往前快走,熊站在原地不动,但可以随时回头看。看见熊回头时,幼儿必须立即停住不动,保持原来的姿势,装作石头人。如果熊发现谁动了,就喊出他的名字,该幼儿要站到场外。有时熊也可以走到幼儿面前,看一看,闻一闻,如发现还在动的或发出声音的幼儿,则说出他的名字,被点名者站到场外。以最先到达终点线的幼儿为胜,胜者扮熊。

游戏规则

1. 只能快走,不能跑。

2. 熊回头时,其他幼儿必须立即停住不动,保持一个姿势。

游戏建议

1. 教师应提醒熊不要只观察一个幼儿,而要观察所有的幼儿。

2. 熊每次回头的时间不要太长,防止幼儿因长时间保持一种姿势而疲劳。

3. 幼儿熟悉游戏玩法后,可要求石头人在熊回头时,做出各种姿势。还可以让石头人趁熊没有回头时,去拍被捉到场外幼儿的手,表示救出,但如果在救人时被熊发现,也要作为输者站到场外。

游戏2 太空漫步

游戏目标

练习听指令做出相反动作,提高反应速度,发展动作的灵敏性和协调性。

游戏准备

松紧带,记分牌。

游戏玩法

幼儿扮演宇航员,自由分为两大组。组内每两名宇航员为一小组,并排站好,并用松紧带将内侧挨着的两条腿绑在一起,在起始线上做好准备。

游戏开始,教师下达口令,当听到口令为"向前走三步"时,所有宇航员共同后退三步;当听到口令为"后退两步"时,宇航员共同向前两步,以此类推。宇航员的动作与教师的口令相反,做对得一分,做错不计分,最后统计得分最高的小组获胜。宇航员重新分组,再次游戏。

游戏规则

听到口令后幼儿需要快速做出相反的动作。

游戏建议

1. 场地中间可以增加障碍物,以增加游戏难度。

2. 随着幼儿对游戏规则熟悉程度的增加,可以将小组人数增加,如三人四足、四人五足等。

3. 走的动作可以改为慢跑或者跳跃等。

(北京市东城区分司厅幼儿园 董沐菡)

游戏3 石头、剪刀、布

游戏目标

练习跨大步走,提高快速反应的能力,发展动作的协调性、灵敏性和下肢爆发力。

游戏准备

开阔的场地，场地上画有供幼儿跨步比赛的起点线和终点线。

游戏玩法

四名幼儿分成甲、乙两组。每组两名幼儿中，一人负责跨步，另一人负责进行"石头、剪刀、布"游戏。后者两人面对面站立，边跳边念："石头、剪刀、布！"原地跳两下，落地时，成不同的姿势：两脚并拢为石头，两脚前后开立为剪刀，两脚左右开立为布。剪刀胜布，布胜石头，石头胜剪刀。胜的一方负责跨步的幼儿从起点线开始跨步若干（步数可以在游戏前自行规定）。反复进行，先跨到终点者（如场地小，可再返回到起点线）为胜。此游戏也可由两个幼儿玩。

游戏规则

1. 必须用脚进行"石头、剪刀、布"的游戏。
2. 说完"布"后，必须同时出动作。

游戏建议

跨步动作也可以改为单腿跳或者双脚跳。

游戏 4 小杂技演员

游戏目标

练习头顶小沙袋直线走，发展动作的协调性，提高平衡能力。

游戏准备

小沙袋若干个；设置两条起点线，并画 2 条长 6 米、宽 15 厘米的窄道。

游戏玩法

幼儿分成人数相等的两队。每队再分成甲、乙两组，分别面对面站在起点线后。

游戏开始，教师说："小朋友，今天我们扮杂技演员，头顶小沙袋在窄道中间向前走，走时身体要直，眼睛向前看，看谁走得好。"教师发出信号后，两队甲组的排头幼儿，头顶小沙袋在窄道上向前走去，走到对面把小沙袋交给乙组的排头幼儿，然后排在乙组的队尾，乙组排头幼儿头顶沙包再走向甲组。如此依次迎面接力，直至走完。以走得稳走得快的队为胜。

游戏规则

1. 在窄道中间走时不得踩线，踩线者要退到踩线处再往前走。

2. 走时不能用手扶头顶的小沙袋，如沙袋掉下，要立即捡起放在头顶上，再向前走。

3. 接力的幼儿要接过小沙袋顶在头上，才可开始走。

游戏建议

1. 也可手持放有乒乓球的小匙走或用乒乓球拍托球走。

2. 可在幼儿园场地的一角画两条窄平行线，让幼儿在户外活动时自由练习。

游戏5　切西瓜

游戏目标

练习沿圆圈跑，提高反应速度及快速跑的能力，发展动作的灵敏性和协调性。

游戏准备

场地上画一个大圆圈。

游戏玩法

幼儿手拉手站在大圆圈上扮作西瓜，请一个幼儿当切西瓜的人。

游戏开始，幼儿一起说儿歌："切、切、切西瓜，我把西瓜一切俩！"切西瓜的人从任意两个幼儿拉手处开始，随儿歌的节奏用右手依次做切的动作。动作随儿歌结束。结束动作落在哪两个幼儿的拉手处，这两个幼儿立即沿圈外各自向相反方向跑一圈，先回到原处的幼儿为胜，如两人同时到达，则用猜拳方法决定胜负。胜者与切西瓜的人互换角色，游戏重新开始。

游戏规则

1. 切的动作随儿歌结束后，被切的两名幼儿才能开始跑动。

2. 两名幼儿必须向相反方向跑一圈。

游戏建议

提醒跑的幼儿迎面相遇时，不要相互碰撞。

游戏6　占圈

游戏目标

练习四散跑,提高反应速度以及快速跑的能力,发展动作的灵敏性和协调性。

游戏准备

平坦的场地,场地四周画若干圆圈(数目少于幼儿人数的一半)。

游戏玩法

幼儿四散站在场地中间。

游戏开始,幼儿在场内四散慢跑。教师说:"占圈,占圈,看谁先占到圈。"幼儿听到最后一个"圈"字后立即去占圈,每一个小圈只能站两个幼儿,没有占到圈的幼儿为失败。

游戏规则

听到最后一个"圈"字后才能去占圈。

游戏建议

可根据本园场地及幼儿人数的情况改变圈数或每圈所站的人数,但必须有剩余的幼儿。

游戏7　奔跑吧,宝贝

游戏目标

练习接力跑,发展快速跑的能力以及动作的灵敏性、协调性。

游戏准备

开阔的场地,自制"龙珠"(自制的报纸球,数目与幼儿人数相当),写有幼儿名字的名卡。

游戏玩法

幼儿背后贴上写有自己名字的名卡,分成红队和蓝队两组,分别成一路纵队站在场地两端相距10米的线后,进行游戏。

游戏开始,每队的第一名幼儿出发,跑向终点(即对方的起点处)取龙珠,取好龙珠返回起点,拍下一名幼儿的手,下一名幼儿再出发。在跑去取龙珠的过程中,两名幼儿相遇时可以相互撕下对方的名卡,被撕下名卡的幼儿失去取龙珠的机会。最后获得龙珠多的组获胜。

游戏规则

相互撕名卡的幼儿只能是跑去取龙珠的幼儿，其他在起点处的幼儿原地不动。

游戏建议

1. 可以试玩一次，让幼儿体会游戏规则以及撕名卡的技巧。
2. 名卡尽量做得大一些，方便幼儿撕下。

（北京市东城区分司厅幼儿园　王丽娇）

游戏 8　人枪虎

游戏目标

练习追逐跑，提高快速反应能力，发展动作的灵敏性与协调性。

游戏准备

在平坦的场地上设置两条安全线。场地布置如下图。

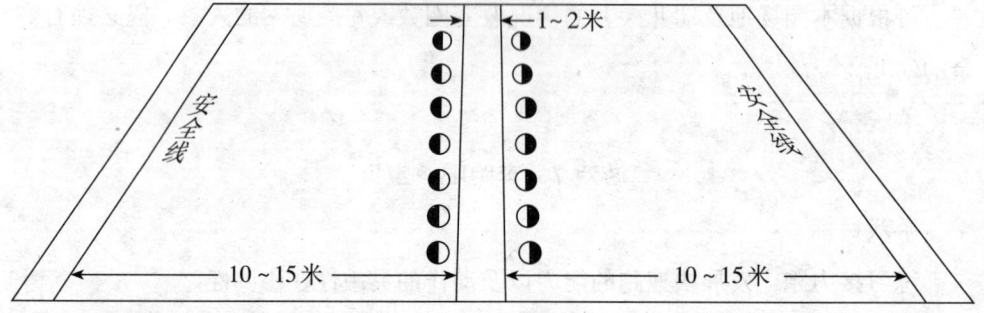

游戏玩法

幼儿分成人数相等的两队，面对面站在场地中央相距1～2米的两条平行线后，两队各请一名幼儿当队长，队长站在队伍中央。

游戏开始，队长与队员共同小声商议本队要什么动作（两臂屈肘前交叉为人；双手在胸前做射击动作为枪；两臂屈肘，两手上举于头的两旁，五指张开为虎。人可拿枪，枪可击虎，虎可吃人）。然后教师发出信号："一、二、三！"两队立刻同时说出自己商定的角色，并以动作表示。胜队立即追捕负队的幼儿，被捕住的幼儿加入胜队。负队跑过安全线后，胜队不可再捕。如两队动作相同，需重新再出动作，游戏反复进行，结束时以人多的队为胜。

游戏规则

1. 每队的动作需要统一，不能出现队内动作不一致的情况。
2. 在教师发出信号后，两队才能说出动作名称，并做出动作。

游戏建议

1. 幼儿需先熟悉人、枪、虎的表示动作及其胜负关系再进行游戏。
2. 幼儿之间的间隔要大些，追捉时要避免碰撞。
3. 跑的距离和平行线间的距离，可根据幼儿实际水平调整。

游戏 9 磁和铁

游戏目标

练习躲闪跑，发展动作的灵敏性、协调性以及躲闪能力。

游戏准备

平坦的场地，场地布置如下图。

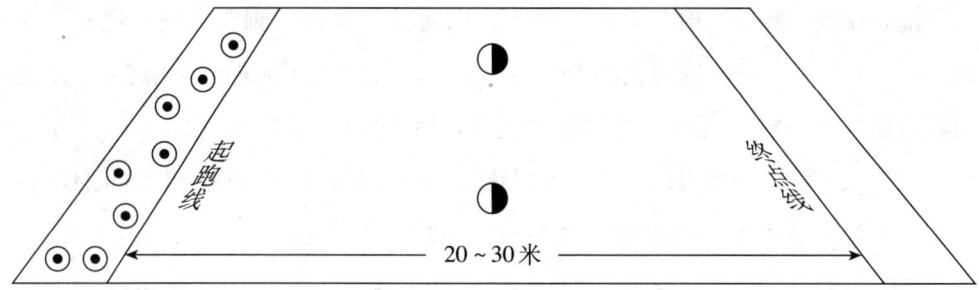

游戏玩法

请两个幼儿当磁铁，站在场地中间，其他幼儿当铁块，在起跑线后四散站立。

游戏开始，教师发出信号后，铁块迅速向场地另一端快跑，同时磁铁在两线之间吸（捕捉）铁块，被吸住（拍、碰、摸到）的铁块要站住不动，没有被吸住的铁块跑到终点线为胜。游戏重新开始时，另请其他幼儿当磁铁。

游戏规则

1. 铁块听到信号后必须迅速跑出，不得站在原地不动。
2. 铁块只要被磁铁拍、碰、摸到或跑出场外，都算被吸住。

游戏建议

1. 认识磁铁以后再进行此游戏。

2. 也可不要起跑线和终点线，幼儿在场内四散跑，磁铁四处追捉，被吸住的幼儿站到场外，但要注意跑的时间不要太长。

游戏 10　脚尖脚跟跳

游戏目标

练习单腿跳动作，锻炼下肢力量，发展动作的协调性和灵敏性，提高平衡能力。

游戏准备

平坦的场地。

游戏玩法

3～5个幼儿围成一圈，依次报数，记住自己的号数。幼儿一起边说"脚尖脚跟跳跳"边做相应的动作。说到"脚尖"时，右脚跳一下，同时左脚向后、脚尖点地；说到"脚跟"时，右脚跳一下，同时左脚向前、脚跟点地；说到"跳跳"时，右脚跳一下，同时左脚脚尖在点地后，向左斜前方踢出。接着一号幼儿自跳自说："一号一号请×号！"（跳法同前，换左脚）。

第二遍，幼儿一起边说"脚尖脚跟跳跳"一边跳，接着被叫号的幼儿自跳自说"×号×号请×号！"说出要请的号数。如此不断反复。

游戏规则

1. 必须边说儿歌边做动作，动作与儿歌匹配。

2. 接号的幼儿需要迅速反应，不能停顿时间过长。

游戏建议

1. 游戏开始前，教师可以带领幼儿一起边说儿歌边跳，达到热身和熟悉玩法的目的。

2. 还可以进行比赛，看谁做的动作又快又对。

游戏 11　山沟里的狼

游戏目标

练习助跑跨跳动作，锻炼腿部力量，发展动作的灵敏性和协调性，提高平衡能力。

游戏准备

平坦的场地当牧场，宽于 50 厘米的平行线当小沟，纸箱当山羊家。

场地布置如下图。

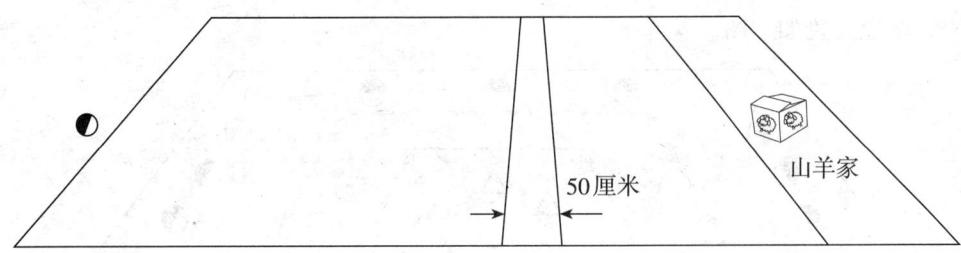

游戏玩法

请一个幼儿扮狼，站在场外，其他幼儿当小羊，四散站在家里。教师当羊妈妈。

游戏开始，羊妈妈带领小羊助跑跨跳过小沟到牧场上四散吃草。羊妈妈说："狼来了！"狼即跑进牧场追捉小羊，同时，小羊迅速跨跳过小沟跑回家。被捉到的小羊退出场外。待小羊都回家后游戏结束。调换其他幼儿扮狼，游戏重新开始。

游戏规则

1. 小羊必须助跑跨跳过小沟，如跨不过小沟或被狼拍到都算被捉到。
2. 狼只能捉在牧场上的小羊。

游戏建议

1. 可以根据幼儿的实际水平，设置宽窄不同的小沟。
2. 狼可以只在小沟区域活动，拦截过小沟的羊。

游戏 12　超级飞侠救援队

游戏目标

练习助跑跨跳动作，锻炼下肢力量，发展动作的灵敏性和协调性，提高躲闪能力。

游戏准备

1. 5~10 名幼儿佩戴胸贴分别扮演动画片《超级飞侠》的四个角色（乐

迪、多多、酷飞、小爱）；2名幼儿手戴熊掌造型的手套扮演疯狂怪兽；各种图形的泡沫积木若干（当作食物）；动画片《超级飞侠》主题曲音乐及播放器。

2. 用两根皮筋撑起一个回字形场景（内外两根皮筋间距为2米；皮筋高度为75厘米）。

场地布置如下图。

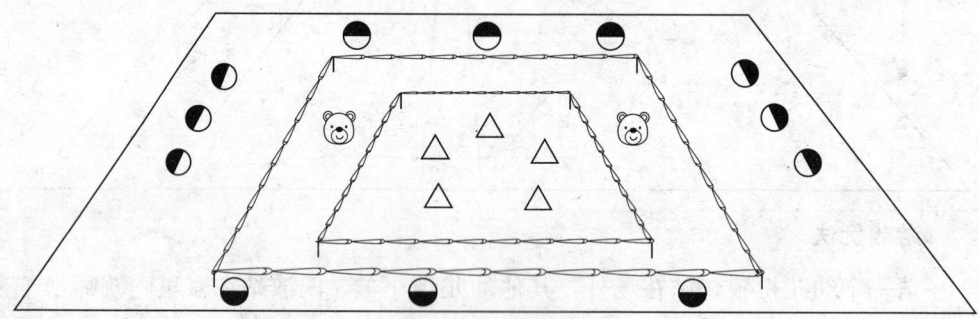

游戏玩法

幼儿扮演超级小飞侠，佩戴胸贴进入游戏场地，在回字形皮筋外围站好。游戏开始，小飞侠们从四个不同方向努力跨跃过第一道障碍（皮筋），躲闪开疯狂怪兽，跨跃过第二道障碍（皮筋），寻找到食物后，返身跨跃内外两道障碍，成功完成一次运送食物的任务。被怪兽拍打到的小飞侠退至场外。小飞侠们将食物全部取出算胜利，互相击掌欢呼，以示庆祝。另选怪兽，游戏重新开始。

游戏规则

1. 怪兽只能在两道皮筋之间的区域活动。
2. 怪兽不能推、拉、撞小飞侠。

游戏建议

1. 游戏过程中，教师观察幼儿跨跃通过两道皮筋的情况，可以重点指导幼儿学会跨跃的方法，使幼儿获得成功的体验。
2. 根据幼儿的实际水平，疯狂怪兽的角色可增多或减少，两条皮筋的间距与高度也可以灵活调整。

（北京市东城区分司厅幼儿园　任咏泽）

游戏 13 打狐狸

游戏目标

练习单手肩上挥臂投掷动作,锻炼上肢力量,发展动作的协调性、准确性、灵敏性以及空间判断能力。

游戏准备

小沙包若干个(数目是幼儿人数的两倍)。

场地布置如下图。

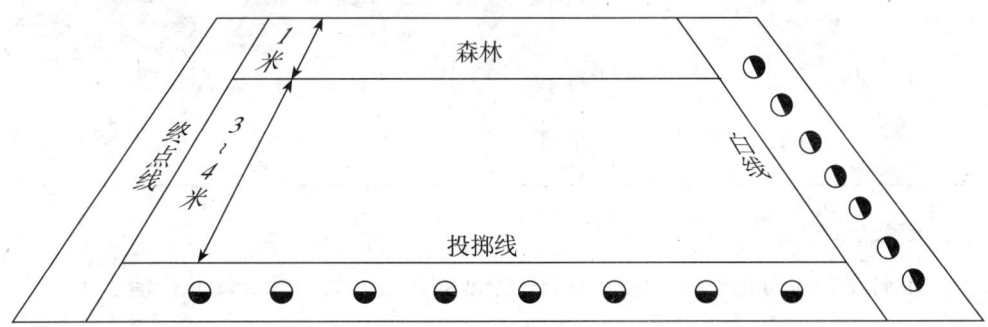

游戏玩法

幼儿分成人数相等的两队,甲队幼儿扮狐狸,成一列纵队站在场地一端的白线后;乙队幼儿扮猎人,成一排横队站在投掷线后。每名猎人手持两三个沙包。

游戏开始,教师发出信号后,狐狸要一个接着一个在森林中跑,猎人必须在投掷线后,将小沙包用肩上挥臂的方法投击狐狸,被击中的狐狸站到场外。狐狸跑过终点线后,不得再投。待全部狐狸跑完后,计算被击中的狐狸数。两队交换场地及角色,游戏重新开始。以击中狐狸多的队为胜。

游戏规则

1. 狐狸穿越森林时,必须在指定的范围内跑动。

2. 猎人只能在投掷线以内投掷。

游戏建议

投掷的距离可根据幼儿投掷的能力确定。

游戏 14 赶跑大灰狼

游戏目标

练习肩上挥臂投掷移动目标和躲闪动作,锻炼上肢力量,提高空间判断能力和投掷的准确性，发展动作的协调性、灵敏性。

游戏准备

废纸球每人1个，音乐及播放器，大灰狼头饰10个。

场地布置如下图。

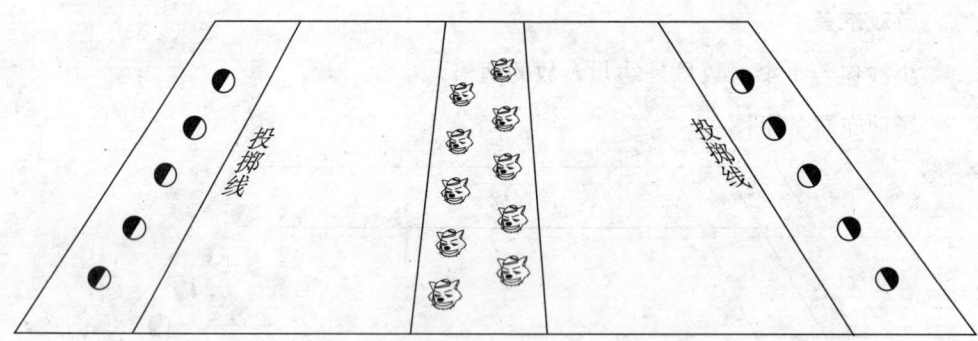

游戏玩法

十名左右的幼儿头戴大灰狼头饰，扮演大灰狼，另一部分幼儿扮演小羊。小羊在场地两端的投掷线后准备好，每人手拿一个报纸球，大灰狼站在场地中央。游戏开始后，小羊们手拿报纸球向场地中央的大灰狼投去，大灰狼在指定范围内来回跑动躲避纸球。一定时间范围内，没有被打中的大灰狼胜利；如果大灰狼全部被打中，小羊获胜。

游戏规则

大灰狼只能在规定范围内跑动躲避纸球，小羊也只能在投掷线后投掷。

游戏建议

1. 开始游戏时，可将投掷距离设置得短一些，待幼儿投掷的准确性提高后，再增加投掷距离。

2. 场地两端的小羊可以捡起对面小羊投过来的纸球。

3. 大灰狼的人数不要过多，以免造成幼儿在场地内磕碰的现象。

（北京市东城区分司厅幼儿园　吴爽）

游戏15　云梯取宝物

游戏目标

练习攀登一定高度的攀岩墙，锻炼手臂和腿部力量，发展上、下肢的协调配合能力。

游戏准备

攀岩墙一面，当作云梯；粘球衣每人一件，当作探险衣；宝物贴纸若干，防护垫子一排，铃铛一个。

场地布置如下图。

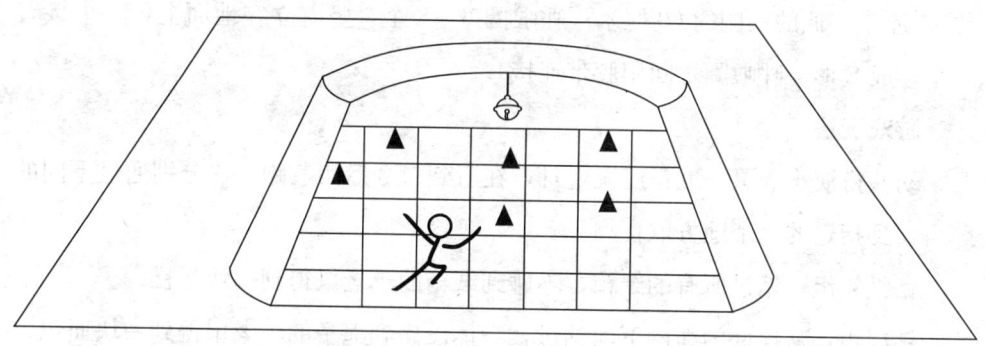

游戏玩法

幼儿扮演探险员，教师扮演探险队长。探险员身穿探险衣来到现场，从云梯底部开始朝有宝物的方向攀爬，遇到宝物后将其取下，粘贴在探险衣上（每名队员取一个宝物）。然后沿原路退爬回到云梯底部，将宝物交给队长。后一名幼儿出发，继续取宝物。当取完云梯上的全部宝物后，最后一名探险队员爬至梯顶，击响铃铛，表示取宝成功，游戏结束。

游戏规则

每次攀爬只能取一个宝物。

游戏建议

1. 教师可以根据幼儿的攀爬能力和水平，将宝物粘贴到不同高度。
2. 在攀岩墙下放置垫子，起到防护作用。
3. 在保证安全的前提下，可以分组开展取宝比赛，看哪组取宝物多。

（北京市东城区分司厅幼儿园　任咏泽）

游戏 16　小老鼠过生日

游戏目标

探索多种钻的方法，锻炼腰背肌肉，发展灵敏性与平衡能力，增强探索意识。

游戏准备

1. 蛋糕玩具若干，面包玩具若干，糖果玩具若干。

2. 在场地上，并排布置三组障碍：大纸箱两个，在两侧或两端挖好洞，大小以幼儿能够钻过为宜；柱子四根，用绳在柱子间拉出一个方形绳网，高的一侧约70厘米，低的一侧约60厘米；呼啦圈6~8个，竖着立在地面上，一个接着一个连成S形（呼啦圈之间用胶带连接）。

游戏玩法

幼儿扮演小老鼠，准备庆祝生日，在听到口令后四散跑开，分别通过不同的障碍，到指定的三个地方取食物。

钻纸箱组：钻过所有的纸箱，不碰到纸箱的小老鼠得到一块蛋糕；

钻绳组：从拴好的绳网下面钻过，身体没碰到绳子的小老鼠得到一块面包；

呼啦圈组：钻过呼啦圈，身体任何部位不接触到呼啦圈的小老鼠得到一颗糖。

失败的小老鼠返回起点重新再游戏一次，取到食物后，回到家里与同伴分享，游戏结束。

游戏规则

1. 必须用钻的方式通过各种障碍物。

2. 钻的过程中不能触碰障碍物。

游戏建议

1. 提示幼儿可以选择多种钻的方法进行游戏。

2. 为增强幼儿完成游戏的信心，教师可以先让幼儿在场地上自由进行钻的练习。

3. 可以将幼儿分成三组，用接力的方式一个接一个地进行游戏，避免拥挤。

（北京市东城区分司厅幼儿园　刘佳欣）

游戏17　快乐的小鼹鼠

游戏目标

利用钻爬桶进行钻、爬、翻滚等动作练习，锻炼腰背肌肉，发展动作的协调性与灵敏性。

活动准备

钻爬桶若干。

游戏玩法

玩法一：打洞

幼儿每人一个钻爬桶，模仿小鼹鼠打洞，在起点线后站好。游戏开始，幼儿将钻爬桶竖着摆放在地上，从钻爬桶的一端钻到另一端。再将钻爬桶拿起竖着摆放在前面，用同样的方法从钻爬桶的一端钻到另一端，先到终点的幼儿为胜。

玩法二：滚筒

幼儿每人一个钻爬桶。游戏开始，幼儿将钻爬桶横放在自己前面，然后钻进去，将手脚伸出桶外。幼儿带动钻爬桶滚动，先到终点的为胜。

玩法三：快快躲起来

幼儿利用钻爬桶进行钻爬练习。当听到危险的警报声后，幼儿赶快躲在桶里不动，看哪个幼儿反应最快。

玩法四：舞龙游戏

两个幼儿合作举起一个钻爬桶，并将钻爬桶首尾相接变成一条龙，在龙头的带领下变换路线走，玩舞龙游戏。

游戏规则

必须按照要求做相应的动作。

游戏建议

1. 教师提醒幼儿在游戏中注意安全，保护好自己的手和脚。
2. 提醒幼儿在钻爬时关注周围，避免与其他幼儿碰撞。

（原中国人民解放军总后勤部六一幼儿园　张素华、赵萍）

游戏18　蚕宝宝变身

游戏目标

练习弓身爬、侧身翻滚等动作，锻炼腰背肌肉，发展动作的灵敏性和协调性。

游戏准备

可缩口的大布袋、皮筋、拱形门、垫子。

游戏玩法

幼儿扮演蚕宝宝,穿上大布袋(将头露在布袋外面)趴在起始线处。游戏开始,蚕宝宝们出发,要爬着过篱笆(皮筋)、钻过山洞(拱形门),爬到终点线后在垫子上侧身翻滚,然后缩成一团,脱下布袋,伸伸懒腰,表示变成飞蛾,游戏结束。

游戏规则

必须穿上大布袋趴在地上爬行。

游戏建议

1. 布袋要把身体都包住(注意不要让绳子勒着脖子),让幼儿感受、模仿蚕弓身爬的动作。

2. 根据幼儿的运动情况和能力,决定爬行的长度。

3. 让幼儿知道明确的路线,以避免游戏中互相碰撞。

(北京市东城区分司厅幼儿园 张婉婷)

游戏19 金箱银箱争夺赛

游戏目标

练习悬垂动作,锻炼上肢肌肉和腰腹力量,发展动作灵敏性、协调性以及身体的控制能力。

游戏准备

悬垂架,幼儿护具,粘球,撕拉扣(围系在幼儿腿上),体操垫,用纸箱制作并装饰好的金宝箱和银宝箱。

游戏玩法

幼儿分为两队。每队每次分别派出一人进行比赛。教师协助幼儿抓好悬垂架后,到一旁进行保护。

两名幼儿腿上粘满粘球,间隔一定距离,面对面抓住悬垂器械。两人同时努力用脚蹭掉对方腿上的粘球,蹭掉一个则得一分。每人一次游戏机会,全体幼儿都进行游戏后,统计出两队的总分数。分数高的队伍获胜,获得金宝箱。分数少的队伍获得银宝箱。

游戏规则

必须用脚蹭掉对方腿上的球,不能用脚蹬或者踹。

游戏建议

1. 玩此游戏前,幼儿要有悬垂游戏经验,能完成短时间悬垂动作。

2. 根据幼儿能力,可灵活调整悬垂时间和幼儿腿上粘球的个数。

3. 金宝箱和银宝箱的大小要分明,以激发幼儿游戏的积极性。

4. 选择身高、体重、上肢力量、耐力都基本相当的两名幼儿同组比赛。

(北京市东城区分司厅幼儿园　李雪)

二、循环体能游戏

游戏1　丛林大挑战

游戏目标

练习侧面钻、爬行、跳跃、投掷、踢球、在一定物体上行走、绕障碍走等多种动作,发展协调性、灵敏性、力量、平衡能力等身体素质。

游戏准备

1. 材料准备:两折软垫6张,拱形门2个,塑料圈10~14个,足球及球筐各1个,足球门1个,轮胎6~9个,平衡木1根,篮球及球筐各1个,投篮筐1个,锥形桶9个,竹梯1个,小、中、大号平衡凳各1个,平衡木板2块,箭头标识若干。

2. 场地准备:布置"H"形循环区,即软垫(草地)→拱形门(山洞)→塑料圈→足球及球门→轮胎→平衡木→塑料圈→篮球及篮球筐→软垫(草地)→锥形桶(树桩)→竹梯→平衡凳→平衡木。

场地布置如下图。

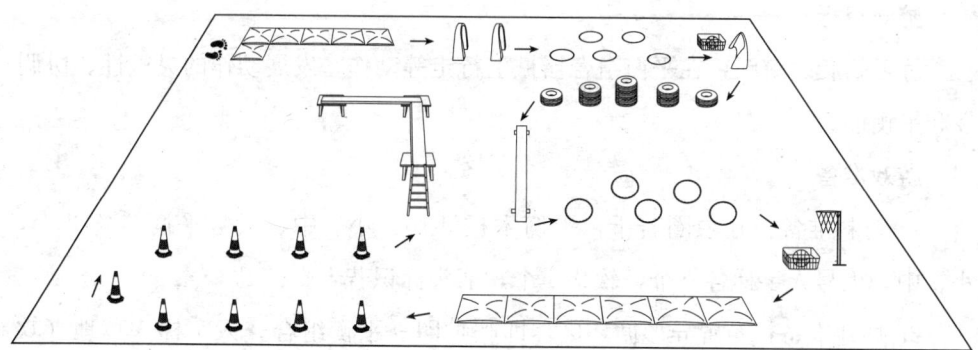

游戏玩法

幼儿站成一路纵队，一个接着一个游戏。爬过草地，侧面钻过山洞，跳过呼啦圈，踢球入门，走/跳过轮胎，走过平衡木，跳过呼啦圈，投篮，爬过草地，"S"形绕过锥形桶，上竹梯，过平衡木。

游戏规则

1. 前一名幼儿爬过垫子后，后一名幼儿才能出发，后面的幼儿不能超越前面的幼儿。

2. 幼儿须按照箭头指示的方向依次完成各项活动。

3. 不相互推挤，注意安全。

游戏建议

1. "H"形循环游戏的路线较为复杂，教师应提醒幼儿观察地上的箭头。

2. 为避免等待，可将幼儿分为两组，分别从两个软垫处出发，按箭头指示进行游戏。

3. 在投篮和踢球处，需设起始线，距离篮筐或球门2~3米远；在投篮或踢球时，无论是否进球，每个幼儿只能投或踢一次，避免造成停滞不前和拥堵的情况。

4. 教师可根据幼儿游戏的情况，适当调整游戏材料，以降低或提高游戏的难度，如调整轮胎叠加的个数、呼啦圈的间距等。

（四川省绵阳市机关幼儿园　丁静娴）

游戏2　上穿下行

游戏目标

练习攀爬、跳跃，在平衡组合器械上行走等动作，发展动作的灵敏性、协调性和平衡能力。

游戏准备

1. 材料准备：呼啦圈若干，平衡木板9块，小、中、大号平衡凳各2个，小、中、大号人字梯各1个，软垫4个，箭头标识若干。

2. 场地准备：布置异形循环区，即呼啦圈→平衡组合→人字梯→草地（软垫）。

场地布置如下图。

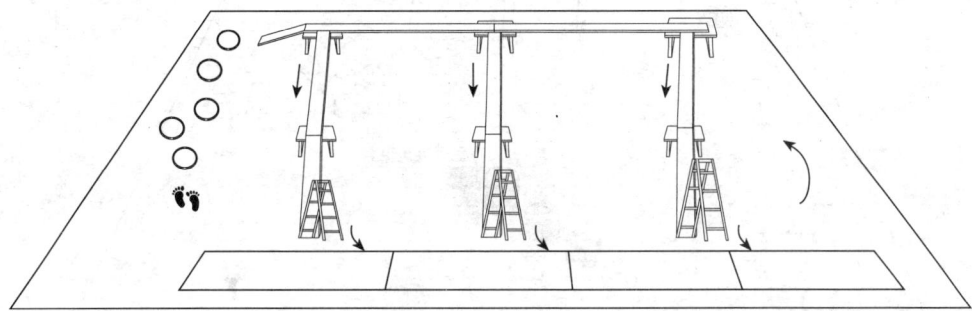

游戏玩法

幼儿成一路纵队一个接着一个游戏。先跳过呼啦圈，走上平衡木板，选择任意一条路线通过平衡组合，翻越人字梯，最后爬过草地。

游戏规则

1. 幼儿可尝试不同难度的路线，须按照箭头指示的方向依次完成各项活动。
2. 不相互推挤，避免碰撞，注意安全。

游戏建议

1. 异形循环游戏的路线较为复杂，教师应提醒幼儿观察地上的箭头。
2. 在进行该游戏前，幼儿已经较熟练地掌握翻越人字梯的方法。

（四川省绵阳市机关幼儿园　丁静娴）

游戏3　跳山羊大挑战

游戏目标

练习助跑跨跳、支撑跳山羊、在竹梯上行走等动作，锻炼下肢爆发力量，发展动作的灵敏性、协调性和平衡能力。

游戏准备

1. 材料准备：高低不同的跳箱各1个，圆形小滑车4个，拱形门3个，足球及球筐各1个，足球门1个，跨栏组合3组，大轮胎3个，竹梯2个，小轮胎若干，箭头标识若干。

2. 场地准备：布置异形循环区，即跳箱（山羊）→圆形小滑车→拱形门→足球→跨栏→竹梯与大轮胎组合；跳箱（山羊）→小轮胎→竹梯与大轮胎组合。

场地布置如下图。

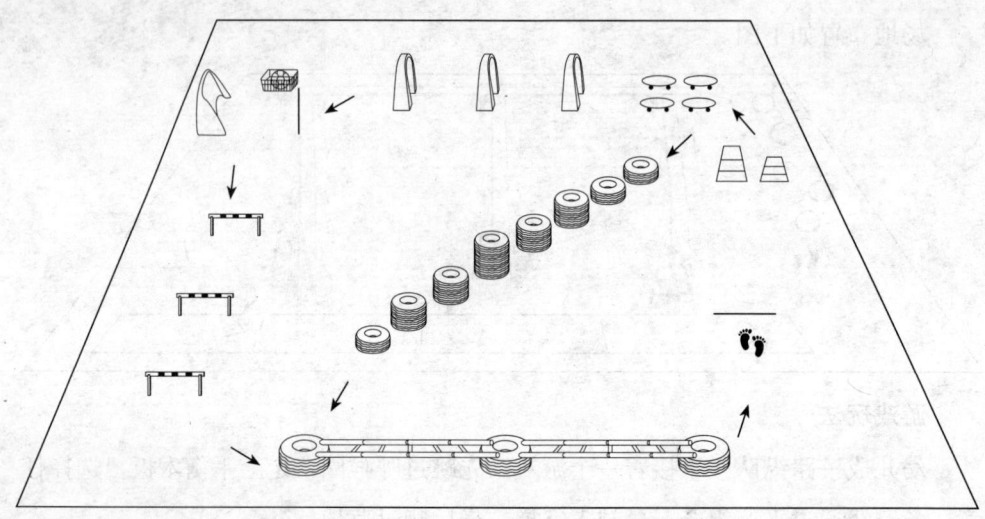

游戏玩法

幼儿分成两组,自主选择游戏的路线。

路线一:跳过山羊,趴在圆形小滑车上钻过山洞,踢球,跨跳,走过竹梯。

路线二:跳过山羊,通过轮胎,走过竹梯。

游戏规则

1. 幼儿可尝试不同难度的路线,须按照箭头指示的方向依次完成各项活动。

2. 跳山羊时,幼儿可根据自己的能力水平自由选择难度。

3. 不相互推挤,避免碰撞,注意安全。

游戏建议

1. 教师可根据幼儿游戏的情况,适当调整游戏材料的布置(如调整跨栏的高度),降低或提高游戏的难度。

2. 在跳山羊处,需设一条起跑线,距离跳箱 5 米远,供幼儿助跑;在踢球处也需设一条起始线,距离球门 2~3 米远。

(四川省绵阳市机关幼儿园 丁静娴)

游戏 4 开心游乐场

游戏目标

练习投掷、持物钻,在平衡器械上走等多种动作,发展协调性、灵敏性、力量、平衡能力等身体素质。

游戏准备

1. 材料准备：装满水的大可乐瓶若干，平衡木1根，椅子若干，篮球及球筐各1个，篮球架1个，长条凳2把，锥形桶4个，拱形门7个，小号人字梯1个，平衡木板1块，桌子2张，轮胎2个，竹梯1个，箭头标识若干。

2. 场地准备：布置"目"字形循环区，即平衡木（独木桥）→椅子（石头）→投篮→长条凳与拱形门组合→锥形桶→拱形门（山洞）；平衡木（独木桥）→椅子（石头）→竹梯与轮胎、桌子组合→拱形门（山洞）；平衡木（独木桥）→椅子（石头）→人字梯与平衡木板组合→拱形门（山洞）。

场地布置如下图。

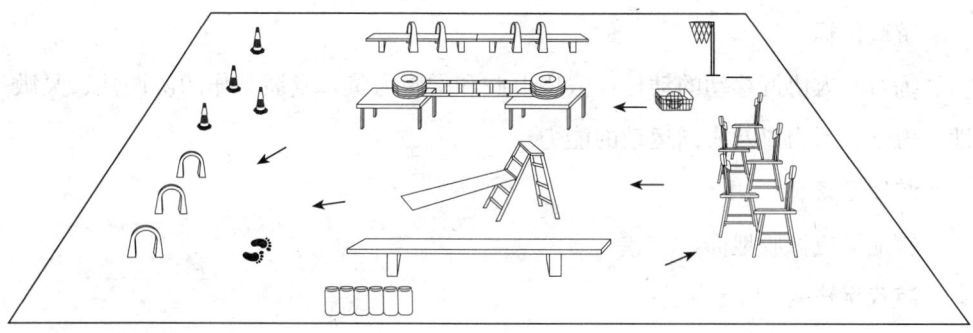

游戏玩法

幼儿分成三组，自主选择游戏路线。

路线一：提着可乐瓶过独木桥，然后将其放下，走过石头，投篮，爬过长条凳，S形绕过锥形桶，正面或侧面钻过山洞。

路线二：提着可乐瓶过独木桥，然后将其放下，走过石头，爬过竹梯，钻过山洞。

路线三：提着可乐瓶过独木桥，然后将其放下，走过石头，翻过人字梯，钻过山洞。

依次循环游戏。

游戏规则

1. 幼儿可尝试不同路线，须按照箭头指示的方向依次完成各项活动。

2. 幼儿每次最多只能提两个瓶子。

3. 不相互推挤，避免碰撞，注意安全。

游戏建议

1. 该"目"字形循环游戏的路线较为复杂，教师应多提醒幼儿注意观察地上的箭头。

2. 在投篮处，需设一条起始线，距离篮筐2～3米远；投篮时，无论是否进球，每个幼儿只能投一次，避免造成停滞不前和拥堵的情况。

（四川省绵阳市机关幼儿园　丁静娴）

三、民族、民间体育游戏

游戏1　划小船

游戏目标

练习双人协调移动的动作，锻炼上肢和腰腹力量，发展动作的协调性、灵敏性、力量、耐力以及协同运动的能力。

游戏准备

软地面或橡胶地面。

游戏玩法

幼儿两两一组，面对面坐在地上，两人同时双腿弯曲，一人双腿在里，另一人双腿在外。将双脚脚尖放到对方臀下，两人双手相互握好。

游戏开始，幼儿有节奏地说儿歌："小小船儿两头尖，我和伙伴去划船。划呀划，划呀划，看谁的小船划得欢。"幼儿边说儿歌边移动身体（双人交替抬臀移动，如前方幼儿抬臀时，后面的幼儿双脚向前伸，前方幼儿的臀部向后移动；后面的幼儿抬臀时，前方的幼儿屈膝向后收脚，后面的幼儿臀部向前移动）。

游戏规则

两名幼儿要按要求做动作，双手不得松开。

游戏建议

1. 此游戏可以在室内或楼道里进行。

2. 可以在地面上画间距为3米的起始线和终点线，将幼儿分成两队，进行"划小船"接力赛。

3. 说儿歌时可按节奏进行，便于幼儿协调一致地移动。

（北京市丰台区芳群第二幼儿园　杨慧子）

游戏 2　踩高跷

游戏目标

练习踩高跷走的动作，发展平衡能力和身体的控制能力。

游戏准备

平坦的场地，竹节或罐头筒两个（筒高 6~8 厘米，直径 8~10 厘米，在竹节或罐头筒两侧钻上小孔，从中穿一条绳子或布带）。

游戏示意图如下。

游戏玩法

幼儿双脚踩在竹节或罐头筒上，双手拎着绳子左右交替走。

游戏规则

双脚必须分别踩在竹节或罐头筒上。

游戏建议

1. 待幼儿熟悉游戏后，可以进行比赛，看谁走得又快又稳。
2. 也可以走上小土坡，走下小土坡，感受空间方位的变化。
3. 还可以跨过障碍物或绕障碍物走。

游戏 3　抬轿子

游戏目标

练习抬物协调走的动作，锻炼上肢和腰背力量，发展协调性、力量、耐力等身体素质。

游戏准备

平坦的场地。

游戏玩法

三人一组,两人当轿夫,一人当新娘。当轿夫的幼儿将右手握住自己的左手腕,再用左手握住对方的右手腕,蹲下。扮新娘的幼儿分别将两只脚跨入两轿夫的双手臂之间,两只手分别搭在轿夫的肩上,两个轿夫站起,开始往前协调行走,大家一起边走边说儿歌:"吱呀吱呀动,七咯七咯蓬。花轿抬新娘,噼里啪啦轰。"说完儿歌,新娘下轿。换角色重新进行。

游戏规则

轿夫必须按要求握紧手腕。

游戏建议

刚开始游戏时,最好先请个子小、体重轻的幼儿当新娘坐轿子,教师在一旁保护幼儿安全。

(北京市丰台区芳群第二幼儿园　李丽莎)

游戏4　踢毽子

游戏目标

练习单腿支撑动作,锻炼下肢力量及耐力,发展平衡能力、动作的协调性与灵敏性。

游戏准备

毽子,平坦场地。

游戏玩法

玩法一:

毽子系一根细绳(长约30～50厘米),手捏绳的一端,用右脚的内侧连续向前或向上踢;也可右脚内侧、左脚外侧交替踢,左右脚内侧交替踢。看谁一次连续不断踢得多。

玩法二:

一手托毽轻轻抛起,用右脚内侧连续踢毽子;也可右脚内侧、左脚外侧交替踢,左右脚内侧交替踢。看谁一次连续不断踢得多。

游戏规则

1. 不能用手去触碰毽子。

2. 毽子不能落地。

游戏建议

1. 两人可以对踢毽子。

2. 也可以多人围成一个圆圈，相互踢毽子。

游戏 5　骑大马

游戏目标

练习多人协同创意跑，发展动作的协调性、灵敏性及合作运动的能力。

游戏准备

平坦的场地、自制"马缰绳"（用布条制成）。

游戏示意图如下。

游戏玩法

两人一组。一人扮马，在前，腰部套一根自制马缰绳；一人扮骑手，在后，双手握紧马缰绳。

游戏开始，骑手作驾马状，与扮马者一起说儿歌，并同时做跑马步的动作："呱哒哒，呱哒哒，娃娃最爱骑大马。白鬃马，红鬃马，菊花青，五尺八。骑着大马追太阳，乐得太阳笑哈哈。"

游戏规则

前进时，马儿和骑手必须同时做跑马步前进，动作要协调一致。

游戏建议

动作熟练后可多组进行比赛。

（原中国人民解放军总后勤部六一幼儿园　赵萍）

游戏 6 跳房子

游戏目的

练习单脚跳、双脚跳等跳跃动作,锻炼下肢力量,发展动作的协调性、灵敏性以及耐力。

游戏准备

沙包、木串珠、瓦片等。

场地布置如下图。

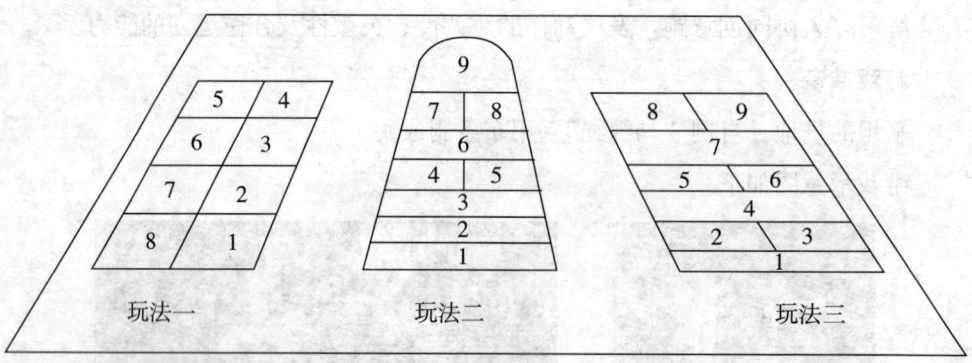

游戏玩法

玩法一:幼儿站在第一格线外,将小沙包(或木串珠、瓦片等物),丢进第一格,然后单脚跳起,按格子的顺序,逐格将沙包踢到最后一格,再踢出格外。然后幼儿拾起沙包,回到起点,将沙包丢进第二格,依次进行。跳房子时,脚和沙包压线或没有按顺序踢,均为失误,应轮换其他幼儿跳,以先跳完者为胜。

玩法二:幼儿站在第一格线外,将沙包丢进第一格,跨跳到第二格,单脚跳到第三格,双脚跨第四、五格(左脚踏第四格,右脚踏第五格),然后单脚跳第六格,再双脚跨第七、八格,单脚跳第九格,再依次返回,至第二格单脚站立,用右手拾起沙包,单脚跳第一格,然后跨出。将沙包丢进第二格,如此依次进行。脚和沙包压线或出格,均为失误,应轮换其他幼儿跳,以先跳完者为胜。

玩法三:同玩法二,跳至第八、九格,转体180°,再依次返回。

游戏规则

按顺序跳,脚不能踩线,沙包不能压线。

游戏建议

跳房子的玩法很多,可按当地的习惯玩法跳。

游戏 7　跳皮筋

游戏目标

练习双脚和单腿跳的动作，锻炼下肢肌肉，发展灵敏性、协调性、力量等身体素质。

游戏准备

皮筋、平坦的场地。

游戏玩法

两个幼儿将皮筋两头分别挂在脚踝、小腿或膝盖上（或系在椅子或树干上），跳者可边跳边唱："马兰花，马兰花，风吹雨打都不怕，勤劳的人在说话，请你马上就开花。"

幼儿右侧靠皮筋站立，轻轻挑起，用右脚踝跨住皮筋，脚尖点地两下，同时左脚自然跳动两下，接着右脚跨过皮筋收回。第二遍时，皮筋升高一级跳，直到跳完最高一级。

游戏规则

必须按照要求踩住或勾住皮筋。如跳时犯规或够不到皮筋，则轮换其他幼儿跳。

游戏建议

跳皮筋的儿歌和跳法都很多，各地不一样，可以选择最简单的跳法教给幼儿。

游戏 8　跳绳

游戏目的

练习双腿跳、单腿跳、甩绳等动作，锻炼上、下肢肌肉，发展动作的灵敏性、协调性，发展平衡、力量、耐力等身体素质。

游戏准备

长绳和短绳若干根。

游戏玩法

1. 跳短绳

（1）双脚跳：两手分别捏住绳的两端，手摇绳由背后向上绕起，经头绕至前下方，待绳快落地时，双脚蹬地跳起，将绳从脚下绕过，双脚轻轻落地。也可一只脚跳起先落地，另一只脚随之落地（蹬车式）。可原地跳，也可行进跳。

（2）单脚跳：跳法与双脚跳相同，但始终是一只脚跳起和落地，另一只脚悬空。

（3）绕花跳：跳法同（1）（2），但两臂在胸前交叉绕绳。可两臂交叉摇绳连续跳；也可交叉摇一下绳，跳一下，然后两臂分开摇绳，跳一下。不断反复。

（4）带人跳：一人摇绳跳，另一人站在摇绳人身前跳。

2. 跳长绳

（1）定位跳：两个幼儿为摇绳者，分别捏住长绳的两端，跳者站在绳的中间，长绳摇动后，随着绳子有节奏地跳。可一人跳，也可几人在中间一起跳。熟悉玩法后，还可边跳边丢捡小沙包等物。

（2）跑动跳：待绳摇动后，跑进绳中跳，然后跑出。可规定跳几下后再跑出，间隔几下再跳，不断反复。参加跳绳的幼儿可排成一路纵队，一个接一个依次跳绳。失误者应与摇绳者互换位置。

游戏建议

幼儿学会跳绳以后，多给予机会练习，并可以在运动会上开展表演赛或跳长绳比赛。

游戏 9 跳竹竿

游戏目标

练习单腿跳、双脚跳、敲竹竿等动作，锻炼上肢和下肢力量，发展动作的灵敏性、协调性及节奏感。

游戏准备

平坦的场地，长 1 米左右的竹竿多根。

游戏玩法

两名幼儿手拿竹竿面对面蹲下，用竹竿同时分合敲击（开开合合），其他幼儿在旁边看准竹竿的分合跳进或跳出。

游戏规则

1. 必须用跳的方式进行游戏。

2. 根据敲击的节奏，跳进跳出。

游戏建议

1. 根据幼儿的实际水平，调整开合的速度和节奏，开始玩游戏时可以慢点。
2. 可以两人合作一起手拉手跳竹竿。

游戏 10　编花篮

游戏目标

练习协同单腿跳的动作，锻炼下肢肌肉，发展平衡能力、协调性、力量、耐力等身体素质，提高协同运动的能力。

游戏准备

平坦的场地。

游戏玩法

幼儿三四人围成一圈，每人伸出右脚，互相钩叠。由一人宣布"预备——走"后，幼儿用左脚沿顺时针方向单脚跳，边跳边说儿歌："编，编，编花篮，花篮里面有小孩，小孩的名字叫花篮……"

游戏规则

1. 右脚相钩时，必须紧密配合，一个挨一个地钩住小腿。
2. 跳动应同时进行，跳动中如果谁的小腿松开，脚落地，就被淘汰。

游戏建议

1. 跳动时可先慢跳，然后逐渐加快。
2. 左右脚可轮换进行。
3. 动作熟练以后，可加拍手或唱歌。

游戏 11　抽陀螺

游戏目标

练习借助绳子抽动陀螺，锻炼上肢力量，发展手眼协调能力和动作的灵敏性。

游戏准备

平坦的场地，每人一条绳子，一个陀螺。

游戏玩法

先将绳子在陀螺上绕几下,将陀螺放在较平的场地上,然后用力把鞭绳拉开,让陀螺底部着地旋转。用绳子抽打陀螺顶端的上沿,使其不停地旋转。谁的陀螺转的时间最长,即为胜利者。

游戏规则

陀螺转起来才算成功。

游戏建议

1. 可以在陀螺面上画点或者图案,看谁的陀螺旋转起来线条最好看。

2. 也可以进行陀螺撞击比赛,看谁的陀螺撞击后,还能继续旋转。

3. 还可以画一个直径 1 米左右的圆圈,看谁的陀螺不出圈。

游戏 12　滚铁环

游戏目标

练习借助铁钩推动铁环的动作,提高操控物体的能力,发展动作的协调性和灵敏性。

游戏准备

空旷的场地、铁环、铁钩。

游戏玩法

人手一个铁环。滚铁环时,幼儿一手握铁钩(或木棍),轻轻套住铁环,稍用力推,铁环向前滚动,人随后跟着。铁环始终不倒,可一直玩下去。

游戏规则

1. 铁环滚动过程中手不能碰到铁环。

2. 铁环不能和人分离,若分离则必须从分离处重新开始。

游戏建议

1. 提醒幼儿推铁环要达到一定的速度并保持平衡,铁环才不会倒和偏离赛道。

2. 可以将幼儿分组,进行滚铁环接力赛,哪一组跑得快则为胜。

3. 也可以进行滚铁环走直线或者绕障碍物比赛,看谁走得快又稳。

游戏 13　手推车

游戏目标

练习支撑动作，发展上肢力量和动作的协调性，提高与同伴合作游戏的能力。

游戏准备

平坦的场地。

游戏玩法

三人一组。用猜拳决胜负，胜者先趴下做车，其余两人分别把胜者的小腿抬起，夹在身体的一侧做推车人，推车人不能过分用力，做车人要双手撑地走。

游戏规则

做车人必须双手撑地向前爬行。

游戏建议

1. 可以分组进行比赛，看哪组一次推的小车走得最远。
2. 可以分组比赛，设定推车距离，看哪组小车最先到达终点。

四、亲子体育游戏

游戏 1　老虎、兔子、窝

游戏目标

练习快速跑，提高快速反应能力，发展动作的灵敏性和协调性。

游戏准备

分别画有老虎、兔子和兔子窝的图片 3 张，场地中画好 3 个圈。

游戏玩法

爸爸妈妈和幼儿共同参与游戏。游戏前，先将 3 张图片折起来。游戏开始，爸爸、妈妈和幼儿每人随意拿起一张纸，分别站在 1 个圆圈里。3 人同时将图片打开，拿到老虎图片的人扮老虎，拿到兔子图片的人扮兔子，拿到兔子窝图片的人原地不动，并举手高喊"兔子窝"。之后，老虎迅速跑去抓兔子，兔子则立即向兔子窝的方向跑，跑进兔子窝则兔子赢，兔子被抓住则老虎赢。游戏可重复进行。

游戏规则

拿到兔子窝图片的人需要高喊出来后，老虎才能去追兔子。

游戏建议

替换其他相关联的事物进行游戏,如"小鸡、虫子、洞"。

(北京市朝阳区劲松第一幼儿园 王珊珊)

游戏 2 大公鸡

游戏目标

练习单脚连续跳,锻炼下肢力量,发展动作的协调性、耐力以及合作能力。

游戏准备

平坦的场地。

游戏示意图如下。

游戏玩法

幼儿和爸爸妈妈排成一路纵队,幼儿站在第一个,爸爸妈妈分别排在幼儿身后。每人都将一手搭在前一个人肩上,一边说儿歌"大公鸡,早早起,向太阳,喔喔啼。单脚跳一跳,看谁跳得远,看谁最神气!"一边单脚连续向前跳。

游戏规则

必须单腿站立,一个搭着一个,不能断开。

游戏建议

1. 游戏前,幼儿已初步掌握单脚连续跳动作,待动作较稳定和连续后再开展游戏。

2. 游戏中,鼓励幼儿边做动作边说儿歌,发展动作的节奏感。

(北京市朝阳区劲松第一幼儿园 王珊珊)

游戏 3 接力拍球

游戏目标

练习原地拍球动作,锻炼上肢力量,发展动作的协调性以及对球的控制能力。

游戏准备

皮球5个,筐2个。

游戏示意图如下。

游戏玩法

幼儿与爸爸、妈妈、爷爷、奶奶站成一横排,每人间距1米左右。两端各放置1个筐,其中一个筐装5个皮球。从装球的一端开始,横排传球,人固定不动,依次以拍球的方式接力传球。最后一人将传来的球放在筐中。5个球全部传完,游戏结束。

游戏规则

人必须在原地接球后将球拍地弹起,传给下一位。

游戏建议

1. 拍球时可根据幼儿已有经验,单手拍球或双手交替拍球。人的姿势、队形、接力次数等都应根据幼儿拍球能力和注意力而定。

2. 接力传球中,球若离开,需将球捡回继续游戏。

(北京市朝阳区劲松第一幼儿园　王珊珊)

游戏4　搭高楼

游戏目标

练习移动运球,提高手对球的控制能力,发展动作的灵敏性和协调性。

游戏准备

篮球1个,泡沫积木6块。

游戏玩法

幼儿和爸爸、妈妈一起参与游戏,面向一方站在运球线后。游戏开始,幼儿向前单手运球,运到指定的终点放下,从筐中取出一块积木放在地上。积木放好后，继续运球返回到起点传给爸爸或妈妈，再由爸爸或妈妈依次进行单手运球游戏，最终将6块积木搭建成功，游戏结束。若比赛过程中运球失误，可以拾回球继续进行游戏。

游戏规则

1. 要求单手运球，可以换手。

2. 如运球失误，需捡回球继续。

3. 必须把6块积木搭建成功。

游戏建议

1. 注意运球的力度，把球控制在身边。

2. 注意交接球的准确性。

（北京市朝阳区劲松第一幼儿园　王珊珊）

游戏5　推推乐

游戏目标

练习支撑动作，提高快速反应能力，发展动作的灵敏性、协调性以及平衡能力。

游戏准备

平坦的场地。

游戏玩法

幼儿和家长面对面站立。

游戏开始，两人相对单脚站立或朝同一方向横向跳跃，同时，两臂前平举做互相推掌或躲闪动作，迫使对方失去平衡。失去平衡一方为失败。

游戏规则

只能推对方的手掌。

游戏建议

游戏时注意安全，不可以推对方头部。

（北京市朝阳区劲松第一幼儿园　王珊珊）

游戏6　小袋鼠传球

游戏目标

练习双脚夹球行进跳，发展腿部的控制能力、动作的协调性和灵敏性，提高平衡能力以及力量和耐力素质。

游戏准备

软球若干、瑜伽垫、筐、袋鼠头饰。

游戏示意图如下。

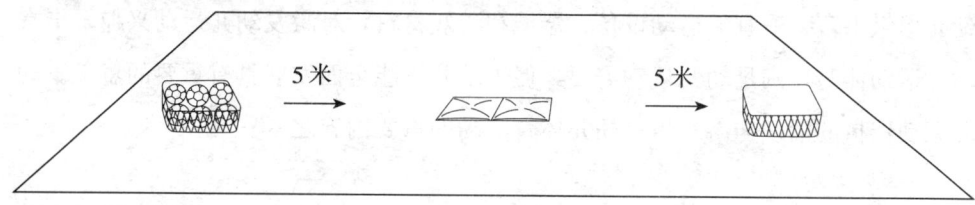

游戏玩法

幼儿扮演小袋鼠，家长扮演袋鼠爸爸并戴好头饰，坐在瑜伽垫上。游戏开始，小袋鼠先从小筐内取球夹入双脚中间，夹球向前行进跳到袋鼠爸爸的面前。小袋鼠坐在瑜伽垫上，双脚将球举起，坐在瑜伽垫上的袋鼠爸爸举起双脚，用双脚接住小袋鼠传过来的软球。袋鼠爸爸双脚夹球行进跳至终点，并用双脚夹球跳起后将球投入小筐内。依此方法将起点处小球全部移入终点小筐内，游戏结束。

游戏规则

1. 每次只夹一个球。
2. 夹球行进跳时软球不能掉。
3. 传接球时只能使用双脚，不能用手协助。

游戏建议

1. 参与者可轮换位置反复进行游戏。
2. 可以根据实际情况调整双脚夹球行进跳的距离。
3. 在游戏过程中要注意安全。

（原中国人民解放军总后勤部六一幼儿园　冯斌）

第三章　幼儿运动器械活动与游戏

《幼儿园工作规程》(2016)明确指出:"幼儿园应当有与其规模相适应的户外活动场地,配备必要的游戏和体育活动设施""幼儿园应当因地制宜创造游戏条件,提供丰富、适宜的游戏材料,保证充足的游戏时间,开展多种游戏"。为幼儿提供丰富、适宜的运动设备、器械和游戏材料,对激发幼儿运动兴趣,丰富幼儿运动体验,满足幼儿运动需要,促进幼儿体能全面发展具有重要的意义。幼儿运动器械的活动与游戏也是幼儿体育活动的重要内容之一。

第一节　幼儿运动器械活动与游戏概述

一、幼儿运动器械活动与游戏的含义与价值

(一)幼儿运动器械活动与游戏的含义

幼儿运动器械活动与游戏是指利用运动器械的结构与功能特征而开展的、以促进幼儿相应动作和体能发展、丰富幼儿运动体验为目的的一种身体练习。

在幼儿园体育活动中,有一些活动是需要幼儿在教师创设的各种情境中,借助于运动器械和游戏材料来进行的;也有一些活动,其本身就是由运动器械和游戏材料自身的特点引发的。可以说,运动器械的活动与游戏是幼儿体育活动中不可或缺的重要部分。

(二)幼儿运动器械活动与游戏的价值

幼儿运动器械的种类丰富多样,每一种运动器械在结构、动作方式和锻炼功能等方面都有其独特的价值。为幼儿提供丰富、适宜的运动器械,能很好地激发幼儿的运动兴趣。同时,利用运动器械的特征和功能开展适宜的身体练习和锻炼,可以使幼儿学习和练习相应的身体动作,促进幼儿动作技能的发展以及相关身体素质的提高。而且,幼儿在参与多种运动器械活动与游戏的过程中,能获得丰富的运动体验,这为幼儿逐渐形成自己的运动兴趣提供了条件,也为满足幼

的运动需要提供了保障，幼儿由此能体验到更多的愉悦感、能力感，并获得身心的满足。

幼儿选择并运用运动器械进行活动与游戏的过程，也是与同伴接触、相互交往的过程，这对幼儿学习等待、轮流、有秩序地活动，以及与同伴一起合作、探索、分享和交流等都具有积极的作用，有助于促进幼儿社会性的良好发展。

幼儿的运动器械和游戏材料丰富多样，幼儿在自主活动与游戏的过程中，可以围绕具体的运动器械与游戏材料进行充分的感知、操作、探索和体验，有助于发展幼儿的想象力、创造力以及主动学习能力。

二、幼儿运动器械的分类

幼儿运动器械的分类有多种维度，例如：按照大小和移动性来划分，可以分为大中型固定性的器械、中小型移动性的器械、小型的手持运动器械；按照运动器械的功能特点来划分，可以分为钻爬类器械、攀登类器械、平衡类器械等；按照来源分，可以分为日常体育器材、民族民间类体育器材；等等。

本书依据运动器械的移动性，对运动器械做如下划分。

（一）固定性运动器械

主要包括各种固定于幼儿园户外活动场地的运动设备。由于这类运动器械是按照一定的功能设计的，因此，玩法相对固定，发展功能也相对聚焦。按其发展功能，可以分为摆动类、滑行类、旋转类、平衡类、弹跳类、钻爬类、攀登类、悬垂类等多种类型。

1. 摆动类器械

包括摇摆类器械和颠簸类器械。摇摆类器械指悬挂于空中，使身体做前后或左右方向摆动的体育设备，如秋千、荡船等；颠簸类器械指使身体做上下方向颠簸运动的体育设备，如摇马、跷跷板等。

2. 滑行类器械

指用于使身体顺着物体斜面由高处往下做滑行运动的体育设备，如各类滑梯、滑索等。

3. 旋转类器械

指用于使身体围绕一个中心轴做旋转运动的体育设备，如转椅、转马等。

4. 平衡类器械

指用于做身体平衡练习的体育设备，如平衡木、梅花桩、荡桥等。

5. 弹跳类器械

指用于做弹跳动作练习的体育设备，如蹦蹦床、充气小城堡等。

6. 钻爬类器械

指用于做钻或爬的动作练习的体育设备，如各种材质的通道、塑料小球池等。

7. 攀登类器械

指用双手和双脚做攀登或攀爬动作练习的体育设备，如攀登架、攀登网、攀岩墙等。

8. 悬垂类器械

指用于做悬垂动作练习的体育设备，如单杠、平梯、悬垂架等。

（二）移动性运动器械

相对于固定性运动器械，移动性运动器械除了其基本功能以外，还可以根据使用情境和需要进行多种组合，因而玩法更加灵活，功能和价值更加多样、丰富。常见的移动性运动器械有拱形门、平衡板、梯子、垫子、各类儿童小车（如脚踏车、摇摇车、手推小车）等。

（三）手持类轻器械

主要包括各类儿童球、圈、沙包、纸棒以及各种自制的体育活动游戏材料。这类器械或器材比较轻便、小巧，便于幼儿手持，可以根据活动需要进行多种组合，玩法多样，功能丰富，通常可运用到幼儿的各类体育活动中，如体育游戏、基本体操等。

三、幼儿运动器械活动与游戏的年龄特点

（一）小班幼儿运动器械活动与游戏的特点

小班幼儿活泼好动，好奇心较强，已具有初步的模仿能力，喜欢直接动手摆弄和操作运动器材，较热衷于进行熟悉的运动，尤其喜欢滑滑梯、荡秋千、玩转椅、骑小车、玩球等活动。虽然幼儿已初步掌握了走、跑、爬、攀登等基本动作，但动作的水平不高，平衡能力、动作的协调性与灵敏性还较差，力量不足，

缺乏耐力，其他的基本动作尚未发展起来。

由于小班幼儿生活和运动经验不足，安全意识薄弱，自我保护能力较差，独立活动的能力也较差，并缺乏同伴交往的经验和能力，因此，他们通常只能在成人的协助和关照下，操作一些熟悉的运动器械，进行一些简单的运动，并需要成人的引导和指导。

小班幼儿具有一定的自我意识，他们喜欢自己拥有和同伴一样的器材，玩着同样的游戏，做着相同的动作，这样他们可以相互模仿，充分运动，并从中获得愉悦感和自主感。

（二）中班幼儿运动器械活动与游戏的特点

中班幼儿活泼好动，乐于探索，随着运动机会的增多，认知经验和运动经验逐渐丰富起来，已逐步学会了各种基本动作，动作能力和身体素质有了一定的提高，因此，利用运动器械进行活动与游戏的能力有了较大的发展。他们不仅能理解运动器械的基本特征，掌握器械的基本玩法，而且能大胆想象，创造性地使用运动器材进行操作、组合和探索，使动作方式和游戏内容不断丰富。例如：不满足于只有一两种功能的器械，开始喜欢玩组合型的运动器械；滑滑梯时喜欢尝试做出各种不同的姿势和动作；能利用圈、球等运动器材创造出多种游戏方法；等等。

中班幼儿已具备一定的同伴合作经验，同伴交往技能有所提高，并十分乐意与同伴一起进行运动器械的探索和游戏，从而使同伴合作性的运动游戏逐渐丰富起来。

（三）大班幼儿运动器械活动与游戏的特点

大班幼儿具有较强的求知欲，喜欢探究、创新和挑战，活动能力和运动经验更加丰富。随着年龄的增长以及体育活动经验的积累，他们已较熟练地掌握了各种基本动作，动作技能和身体素质有了较大的发展，可以掌握动作要求难度较高的器械（如铁环、陀螺、跳绳等）的操作方法，尤其喜欢玩那些具有探索性、挑战性的大型组合运动器械。

大班幼儿合作能力较强，已经能较好地运用运动器械完成需要同伴共同协作的运动游戏。同时，由于学习新动作技能的能力逐渐增强，他们在初步掌握各种基本动作的基础上，喜欢尝试和体验更加复杂的动作技能和团队合作游戏，如跳长绳、跳皮筋、躲沙包游戏、小足球游戏、小篮球游戏等。

四、幼儿运动器械活动与游戏的组织要点

（一）充分研究运动器械的特点与功能

不同的器械，由于结构与特性不同，在玩法与功能上也存在较大的差异。每种器械到底有多少种可能的玩法？操作的难点在哪里？掌握玩法的关键是什么？能锻炼哪些部位和哪些动作？能发展哪些身体素质？应提出哪些安全与卫生的要求？这些都需要教师仔细研究、深入探讨。这是开展运动器械活动、引导幼儿操作和进行游戏活动的前提。教师只有自己将每种运动器械研究透了，甚至玩个遍，才能真正成为幼儿的玩伴，为幼儿提供适宜、具体的指导。

（二）提供的运动器械要符合幼儿的年龄特点

教师应从不同年龄段幼儿的特点与发展需要出发，结合本园现有的条件和设备拥有状况，为不同年龄段的幼儿提供适宜的运动器械和游戏材料，给予幼儿自由选择、自主探索和游戏的机会。

对小班幼儿，应引导他们玩小滑梯、摇马、秋千等固定的运动器械，他们不适宜玩大型、组合式的运动器械。为小班幼儿提供中小型的可移动运动器械和游戏材料时，应考虑那些简单的、具有较强操作性的材料，如小车、球、方向盘等。小车很具有吸引力，能激起幼儿骑小车的愿望，很多幼儿都具有骑小车的经验和能力；球落地就会滚动，滚出去就必须追回来，这样的器材能吸引幼儿去操作和摆弄；装饰新颖的方向盘，让幼儿一看就会产生开汽车跑来跑去的愿望。这些运动器械和游戏材料，幼儿一拿到就有浓厚的活动兴趣和操作意愿。此外，应考虑到小班幼儿游戏的特点，他们喜欢做相同的动作，相互模仿和学习，因此，提供的运动器械和游戏材料要数量充足。

中班幼儿运动的探索性和合作性逐渐增强，可以为他们提供具有较强可变性、玩法多样的运动器械和游戏材料，激发幼儿尝试、探索多种动作方式和游戏玩法的兴趣，如探索小圈、轮胎、绳、沙包、木梯等的多种玩法。大中型组合式的运动器械也比较适合中班幼儿玩，他们喜欢变换不同的运动内容。同时，他们也逐渐喜欢与同伴一起游戏，可以为他们提供适宜的运动器械，引导他们玩需要合作才能完成的玩法，或提出合作性的任务，让他们通过分工、合作，共同完成，以此来丰富运动内容，满足幼儿的需要。

大班幼儿更喜欢玩具有一定探索性、挑战性的运动器械，可以为他们提供具

有一定难度的运动器械，鼓励他们进行尝试和探索，或是提出富有挑战性的活动任务；也可以为他们提供多种运动器械，鼓励他们将这些运动器械有机地组合起来玩，探索出多种游戏方法。大中型组合式的运动器械也特别适合大班幼儿玩。

总而言之，不同年龄阶段的幼儿，喜欢的运动器械、能够操控并充分游戏的运动器械有所不同，指导的重点也不同，因此，应结合幼儿各年龄段的特点与发展目标来提供适宜的运动器械和游戏材料，充分利用运动器械和游戏材料自身的特征与价值，来引导幼儿进行有意义、有效的运动。

（三）注重运动器械和活动的安全性

安全性是选择运动器械时需要重点考虑的因素。大中型固定的运动设备、组合式的运动器械，必须定期检查，检查内容主要包括有无螺丝松懈，有无接口松动，有无损坏，是否出现毛刺和豁口等，发现问题应及时处理。中小型可移动的运动器械、手头使用的轻器械以及游戏材料，要既方便使用又安全，边角应光滑，例如，需用棒舞动时，就选用海绵棒、纸棒等轻便安全的材料。在幼儿使用运动器械和游戏材料进行活动前，应事先向幼儿提出安全运动和游戏的要求，并在具有一定危险性的运动器械旁边加以关注和保护，及时提醒和帮助幼儿，确保运动中的安全。

（四）考虑幼儿能力水平的差异

幼儿的动作发展具有明显的个体差异，教师在为幼儿提供同一类型的运动器械和游戏材料进行活动时，应尽可能考虑难易程度上的层次性，便于幼儿根据自己的能力水平进行选择。例如，提供的平衡板应该有高低和宽窄上的不同，提供的投掷篮筐或靶心目标应该有高低和大小上的不同，提供的攀登设备也应该有高低以及难易程度上的不同等。

（五）注重运动器械的合理搭配

将运动器械和游戏材料进行合理搭配，不仅能提高幼儿的活动兴趣，还可以丰富动作和游戏的内容，从而达到多项锻炼的目的。例如，可以将拱形门与垫子搭配起来使用，拱形门可以用来钻，垫子可以用来进行爬或侧身翻滚，二者搭配使用，可以使游戏内容多样，并能增加活动量。又如，幼儿玩小推车时，如果只是单纯地来来回回推空车，一段时间以后，会感觉比较枯燥，这时如果能及时提供球、布包等游戏材料，引导幼儿来搬运"西瓜"或"粮食"，他们便会继续保持运动和游戏的热情，乐此不疲。

（六）鼓励幼儿自主探索运动器械的多种玩法

很多运动器械和游戏材料都有多种玩法，教师应鼓励幼儿一物多玩，进行个人、同伴间及小组合作的自主探索。这样做，一方面能够充分发挥器械和材料的锻炼价值，综合性地发展幼儿的动作和体能；另一方面，也能满足幼儿探索与发展的需求，创造性地进行运动和游戏。球、轮胎、圈、绳、纸棍、木梯等都具有多种操作的可能性，富有变化，是吸引幼儿探究、进行一物多玩的好器材。例如，仅轮胎就可以有多种玩法：可以用来滚动，边滚动、边跟着轮胎跑，还可以滚轮胎绕障碍；可以将轮胎排列起来，在上面行走或从中间钻爬过去；可以一个人坐在轮胎的中心，另一人拉着轮胎走；可以把几个轮胎推成小高山，然后翻越"轮胎山"；等等。如果为幼儿同时提供多种运动器械和游戏材料，那么，幼儿利用器材进行自主探索和创造的空间则更加广阔，运动和游戏的内容将会更加丰富有趣。

在不断进行自主探索和创造的运动与游戏中，幼儿可以充分熟悉运动器械的特征，发展各种动作技能，提高多种身体素质，感受和体验运动带来的无穷变化和乐趣，同时，想象力、创造力及社会交往能力也都能获得极大的发展。

第二节　固定性运动器械

一、多功能组合滑梯

（一）主要发展价值

1. 发展走、爬、钻等多种动作技能，提高动作的协调性、灵敏性和手眼协调能力，促进前庭功能的发展。

2. 学会轮流、排队游戏，有遵守规则的意识。

（二）安全管理与要求

1. 每次游戏前，教师要确保滑梯干净清洁，没有安全隐患。

2. 教师引导幼儿排队玩滑梯，不推不挤；坐稳后再往下滑。

3. 幼儿游戏时，教师要站在滑梯底部和攀登部位，观察幼儿游戏情况，关注幼儿的运动方向，保护幼儿安全。

（三）参考玩法

1. 幼儿自主游戏，有序滑下滑梯；或借助滑梯和周边的攀登架、钻筒等组合物，爬上爬下，玩追逐游戏。（图3-1-2）

2. 玩盘旋的滑梯时，可在滑梯两侧粘上小毛球。幼儿在下滑过程中调控速度，边滑边摘取小毛球。

3. 在滑梯底部做好安全防护，幼儿双手握紧滑梯两侧的扶手，脚蹬滑梯向上攀爬。

图3-1-1

图3-1-2

（四）活动建议

1. 鼓励家长利用节假日带幼儿去附近小区或公园里的滑梯处玩，锻炼幼儿独立玩滑梯的能力。

2. 当幼儿尝试新的玩法时，教师或家长可根据情况进行指导、鼓励。

（照片提供：北京市石景山区实验幼儿园、北京市延庆区第四幼儿园）

二、隧道爬网

（一）主要发展价值

1. 发展爬和钻的动作技能，提高四肢和背部的肌肉力量，发展身体的协调性和灵敏性。

2. 促进上、下肢动作协调，提高身体控制能力和耐力水平。

3. 逐步养成坚持、勇敢、自信的个性品质。

（二）安全管理与要求

1. 每次游戏前，检查隧道爬网的网绳是否结实，有无破损，确保器械安全。

2. 提示幼儿避免拥挤，控制游戏速度，关注脚下，不要踩空。

3. 教师在幼儿游戏的过程中注意站位，最好站在隧道爬网两端的出入口旁，必要时，在隧道爬网中间的下方也可安排一名教师跟随幼儿指导，观察了解幼儿的游戏情况，保证幼儿的安全。

（三）参考玩法

1. 从入口处一层一层地蹬着绳梯进入隧道爬网，手要抓牢绳索的打结处。可以采用正面钻或侧面钻的方式，低头、弯腰，双脚灵活地交替行进。（图3-2-1）

图3-2-1

2. 可坐在隧道爬网上倒退爬（图3-2-2），或用匍匐爬等方式通过。

3. 使用较长的隧道爬网时，幼儿可以从其两端同时进入，双方碰面时相互

图 3-2-2

击掌，然后快速转身返回入口，看谁动作快。

4. 添加辅助材料，引导幼儿在隧道爬网内爬行。如在隧道爬网上方悬挂小铃铛，玩"冲过封锁线"的游戏，引导幼儿通过时把身体放低，不触碰小铃铛等。

（四）活动建议

1. 对于能力较弱的幼儿，鼓励其坚持完成全程，帮助幼儿体验成功。

2. 请幼儿讨论游戏规则及安全提示等内容，并画出来，张贴在隧道爬网的出入口处，如粘贴"入口"或"出口"标志，提示幼儿有序游戏等。

（北京市昌平区工业幼儿园　曹继荣、刘丽坤）

三、管道

（一）主要发展价值

1. 发展爬和钻的运动技能，提高四肢及背部的肌肉力量，发展身体协调性和灵敏性。

2. 练习平衡走，提高身体协调性和平衡能力。

（二）安全管理与要求

1. 每次游戏前，教师要确保管道内干爽清洁，没有尖锐物等安全隐患。

2. 提示幼儿注意游戏速度，幼儿之间保持一定间距，避免在管道中出现拥挤、碰撞等情况。

3. 幼儿在管道内游戏时，教师要分别站在管道两端，观察幼儿的游戏情况。

4. 幼儿在管道上游戏时，教师要固定好管道，并分别站于管道两边，保护幼儿的安全。

（三）参考玩法

1. 添加适宜的游戏材料，引导幼儿在管道内进行弯腰跑、手膝着地爬、手脚着地爬、钻的游戏。例如：在管道内壁上粘贴一些树叶的图案，玩游戏"毛毛虫找食物"，引导幼儿边钻爬边摘树叶；在管道内设置软硬不同的障碍物，如硬纸板做的钟乳石、悬挂的蜘蛛玩偶等，玩游戏"小矮人挖金矿"，引导幼儿通过时身体不碰到障碍物；等等。（图3-3-1）

2. 使用较长、较宽的管道，幼儿从管道两头同时钻进管道，碰面时互相错身，然后从管道的另一头钻出，看谁的动作又快又稳。

3. 使用较窄的管道，幼儿跨坐在管道上方，从管道的一头出发，用最快的速度挪移到另一头。

4. 提供不同高度的材料，做好保护措施，幼儿进行翻越管道的游戏。

5. 尝试站在管道上方，进行平衡走的游戏。（图3-3-2）

图3-3-1

图3-3-2

（四）活动建议

当幼儿出现畏难情绪时，教师可进行动作示范和语言讲解，或者带领幼儿一起游戏，鼓励幼儿大胆挑战并获得成功，体验成就感。

（北京市昌平区工业幼儿园　马旭）

四、秋千

（一）主要发展价值

1. 发展平衡能力，提高主动调节身体重心的能力。
2. 锻炼腰部及腿部肌肉力量，发展身体的协调性和灵敏性。
3. 提高自我保护的意识和能力。

（二）安全管理与要求

1. 游戏前，教师要确保秋千表面干爽清洁，无尖锐物，绳索结实稳固，把手无损坏。
2. 提示幼儿不能用太大力气摇摆，防止摔伤，双手要紧握把手。
3. 引导幼儿游戏时观察周围环境，避免碰撞小伙伴；学会轮流和等待，不争不抢。
4. 教师在秋千旁边观察幼儿游戏情况，了解幼儿游戏水平，确保幼儿的安全。

（三）参考玩法

1. 坐在秋千上，利用上体的力量前后摆动，让秋千逐渐荡起来。
2. 站在秋千上，通过下肢的屈伸和身体摆动，让秋千逐渐荡起来。
3. 两名幼儿相互配合，一个人推，一个人坐（站）在秋千上面。（图3-4-1）
4. 两名幼儿背靠背坐在秋千上，互相协调让秋千荡起来。（图3-4-2）

图3-4-1

图3-4-2

5. 一名幼儿坐在秋千上，紧握两边的绳索，上体后仰并保持一定时间，教师手扶幼儿旋转几圈后放手，让秋千旋转回来。

（四）活动建议

当幼儿在游戏中遇到困难时，教师通过动作示范和语言讲解鼓励幼儿大胆尝试，使其体验成功的喜悦。

（北京市昌平区工业幼儿园　刘丽坤）

五、转马

（一）主要发展价值

1. 体会转动的感觉，发展身体的控制能力以及平衡能力，发展空间知觉、方位知觉，促进前庭机能的发展。

2. 练习推动转马的动作，提高上肢力量和身体的协调性。

3. 提高合作游戏能力以及自我保护的意识和能力。

（二）安全管理与要求

1. 游戏前，教师需检查转马有无损坏、是否稳固，周围环境有无安全隐患。

2. 提示幼儿注意游戏规则：（1）转马停稳后才可以上去或下来；（2）上下转马时双手要握紧把手；（3）推转马时速度不能过快，要注意保护自己。

3. 提示幼儿：感到头晕、恶心或不舒服的时候要说出来，减慢转马的速度或者适当休息。

4. 幼儿游戏时，教师要在旁边全方位地观察，关注幼儿游戏情况，保护幼儿安全。

（三）参考玩法

1. 骑在"小马"身上进行旋转。（图3-5-2）

2. 推着"小马"跑。

3. 可以几名幼儿共同游戏，一名幼儿推，其他幼儿坐，轮流推。

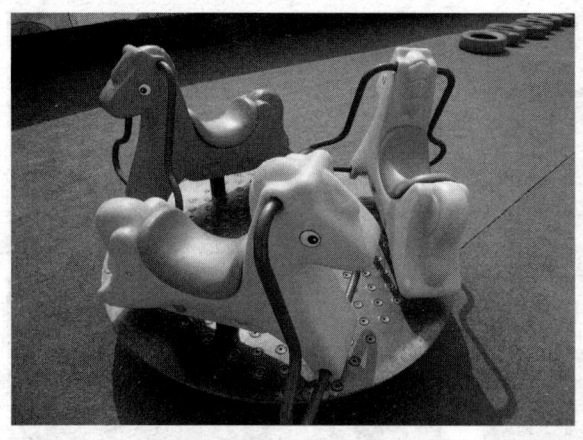 

图 3-5-1　　　　　　　　　　　图 3-5-2

（四）活动建议

对推转马的幼儿要进行特别的关照和安全指导。

（北京市延庆区第四幼儿园　李静伟）

六、摇马

（一）主要发展价值

1. 发展平衡能力，提高身体协调性。

2. 发展上肢力量，提高身体控制能力。

3. 丰富感知体验，增强前庭器官的机能。

（二）安全管理与要求

1. 提示幼儿前后摇摆的幅度不要过大，以免造成摇马翻倒。

2. 提示幼儿找空地游戏，与其他摇马保持距离。

（三）参考玩法

1. 幼儿双手扶好摇马的扶手，身体前后摇动，使摇马自然摆动。（图 3-6-2）

2. 两人各坐在自己的摇马上，同步摇动，想象着马儿要跑到哪里去。

图 3-6-1

图 3-6-2

(四) 活动建议

当户外天气不适合运动时,可以将摇马放置在室内,供幼儿自主游戏。

(北京市东城区分司厅幼儿园　丁宁)

七、攀爬架、攀登网、攀岩石

(一) 主要发展价值

1. 增强四肢肌肉力量,提高身体控制能力和耐力水平。

2. 感受与同伴共同游戏的快乐,养成敢于挑战、不怕困难的意志品质。

(二) 安全管理与要求

1. 定期检查和维护,确保攀登设备联结处和绳网牢固、安全。

2. 关注幼儿向上爬的情况,及时给予保护。

3. 提示幼儿手脚配合,眼睛要看好自己要扶或踩的地方。

4. 提示幼儿在攀登过程中注意身边的同伴,保持安全距离。

(三) 参考玩法

1. 手握紧绳索,脚踩在绳索联结处,手脚交替向上攀登。(图 3-7-2)

2. 手抓紧上方的攀岩石或攀岩孔,脚踩住下方的攀岩石或攀岩孔,向上发力,手脚交替向上攀登。(图 3-7-3)

图 3-7-1

图 3-7-2

图 3-7-3

3. 教师也可引入游戏情境，在攀爬设施的最高处设置毛绒玩具、铃铛等材料，让幼儿攀到最顶端时，体验成功的快乐。

（四）活动建议

1. 引导幼儿根据自己的能力，选择适合自己的材料进行游戏。
2. 鼓励幼儿勇于挑战，获得胜任感，增强自信。
3. 教师在活动指导中注意不过分强调速度，要保证幼儿安全。

（北京市昌平区工业幼儿园　刘丽坤

北京市东城区分司厅幼儿园　李雪）

八、梅花桩、平衡木

（一）主要发展价值

1. 练习平衡走，发展腿部肌肉力量，提高身体动作的协调性和平衡能力。
2. 练习绕桩走，提高身体的控制能力和灵敏性。

（二）安全管理与要求

1. 梅花桩、平衡木的设置区域应离开公共路面一段距离，给幼儿留出充足的活动空间。
2. 幼儿游戏前，教师要检查器械及场地安全，确保器械稳固，周边没有杂物。
3. 提示幼儿在游戏过程中注意速度，保持与同伴的安全距离，选好起点，朝同一个方向有序游戏。
4. 幼儿游戏时教师站在旁边，观察幼儿游戏情况。

（三）参考玩法

1. 自主尝试，探索走梅花桩、平衡木的方法。（图3-8-1）
2. 添加适宜的游戏材料，在梅花桩、平衡木上练习走、蹲等动作。例如：在上方悬挂水果图片，引导幼儿边走边摘"水果"；在附近的地面摆放小鱼图片（上有圆环或磁铁），幼儿拿"鱼竿"钓"鱼"；手持"水桶"模仿少林弟子练功夫；等等。（图3-8-2）
3. 在梅花桩、平衡木上做不同姿势的站立，如单、双脚交替站立，比一比谁站得稳、谁站得久等。
4. 绕着梅花桩走，看谁不碰到梅花桩，走得又快又安全。

5. 在平衡木上设置障碍（如纸砖），练习跨障碍平衡走。（图 3-8-3）

图 3-8-1　　　　　　　　图 3-8-2　　　　　　　　图 3-8-3

（四）活动建议

1. 对平衡能力稍弱的幼儿，教师可适当提供帮助，使其保持身体平衡，体验成功感。

2. 当幼儿产生畏难情绪、不愿挑战时，教师给予动作示范、语言鼓励，或者给予一定协助，让幼儿获得胜任感，增强自信。

（北京市昌平区工业幼儿园　王秋红）

九、滑索

（一）主要发展价值

1. 锻炼抓握的能力，提高上肢肌肉力量，发展身体协调性、平衡性和耐力。

2. 勇于尝试探索，挑战有难度的游戏。

（二）安全管理与要求

1. 游戏前教师检查器械的安全，确认滑索牢固，索道下方无异物。

2. 游戏初期，可在索道下方铺放软垫，确保力量不足的幼儿掉下来时的安全。

3. 游戏前，一名教师站在起点，把滑索拉到适宜幼儿抓握出发的位置。

4. 提示幼儿滑到终点后从两边返回，注意躲避正在玩滑索的幼儿。

5. 游戏中，教师随时观察滑索周边，及时清理索道下方的物品，提醒幼儿不在滑索下方穿行，旁边观看的幼儿应该站在距离滑索1.5米之外。

（三）参考玩法

1. 双手握紧手柄，双臂伸直，双腿弯曲向前滑出。滑到终点时自然站立，站稳后松手。

2. 双手握紧手柄，在下滑的过程中屈膝，提高身体平衡和控制力，以便顺利着陆。（图3-9-2）

图3-9-1　　　　　　　　　　　　　　　　图3-9-2

3. 双手握紧手柄，在下滑的过程中，两腿和两脚模仿蹬自行车的动作。

（四）活动建议

1. 教师根据幼儿的游戏情况，指导幼儿掌握动作要领，提示幼儿选择长度和高度适宜的滑索。

2. 在幼儿出现畏难情绪时，教师进行动作示范和语言讲解，并在旁边做好保护，鼓励幼儿尝试滑索项目，体验成功。

(北京市昌平区工业幼儿园　赵月)

十、悬垂架

（一）主要发展价值

1. 掌握原地悬垂和悬垂移动技能，提高上肢肌肉力量，发展身体的协调性。

2. 增强腰部和腹部力量，提高耐力和身体控制能力。

（二）安全管理与要求

1. 活动前检查悬垂架是否稳固、安全，确保地上无杂物，准备垫子供幼儿休息使用。

2. 提供不同高度、宽度的悬垂架，使幼儿能够挑战不同难度。

3. 教师明确分工，分别在原地悬垂区和悬垂移动区观察幼儿游戏情况，提供适宜帮助。

4. 教师根据幼儿的能力水平给予适当指导，不要求幼儿进行长时间悬垂，帮助幼儿根据自己的实际情况选择悬垂的时间，避免造成伤害。

（三）参考玩法

1. 游戏初期，幼儿可以进行自然垂吊，双手握杠，教师帮助数数，鼓励幼儿坚持，并以小贴画作为奖励。

2. 添加适宜的游戏辅助材料，幼儿尝试双手不交替和双手交替行进走。如，在悬垂架上悬挂香蕉、桃等图片，请幼儿扮演小猴子，在行进中摘"水果"，或练习单臂握杠，等等。（图3-10-1）

3. 组织幼儿比赛，看看谁能垂吊坚持时间长、谁能悬垂行进走得远等。

4. 提供不同高度的材料，如垫子、轮胎等，供幼儿在悬垂的过程中用脚踩着休息、调整，或者当成障碍物，幼儿收腿过障碍。（图3-10-2）

图3-10-1

图3-10-2

（四）活动建议

1. 教师应根据幼儿的年龄特点及幼儿的个体能力水平开展活动。

2. 对于有畏难情绪的幼儿，教师要讲解和鼓励，帮助幼儿体验成功。

（北京市昌平区工业幼儿园　刘岩）

十一、吊球

（一）主要发展价值

1. 提高上肢肌肉力量，发展身体协调性和控制能力。
2. 尝试在吊球上进行悬吊，提高身体平衡能力。
3. 练习躲闪吊球，提高身体的反应能力和灵敏性。

（二）安全管理与要求

1. 活动前教师要检查器械，确保吊绳结实、完好无损，地面没有杂物。
2. 提示幼儿在吊球上悬吊或捶打吊球时，注意周围障碍物，保证自己和他人的安全。
3. 幼儿游戏时，教师要站在旁边，保护幼儿安全，并提示其他幼儿躲避、绕行。

（三）参考玩法

1. 幼儿双手握紧吊绳，身体向上用力，双腿快速夹紧吊球，在吊球上体验摇荡的感觉。（图3-11-1）
2. 将吊球当作目标，进行拳击游戏，在捶打中发展上肢肌肉力量和手眼协调能力。
3. 两名或多名幼儿共同游戏，如："我坐你推"，一名幼儿坐在吊球上，一名幼儿来推；"躲一躲"，一名幼儿在吊球上荡来荡去，两名幼儿进行躲闪，如有人被吊球碰到，则交换角色继续游戏。（图3-11-2）

图3-11-1　　　　　　　　　　　图3-11-2

4. 添加辅助材料，引导幼儿进行挑战性游戏。如，在吊球前后两侧悬挂铃铛，幼儿坐在吊球上荡起来后用脚或者手去击打小铃铛，击中一次计1分，累计算出积分。也可以两名幼儿进行竞赛，积分多者为胜方。

（四）活动建议

教师鼓励幼儿根据自己的水平进行不同的游戏尝试，鼓励幼儿提高荡的高度，延长荡的时间，以此提高身体控制能力和平衡能力。

（北京市昌平区工业幼儿园　刘丽坤）

第三节　移动性运动器械

一、花样泡沫垫

（一）主要发展价值

1. 探索运动器械的多种玩法。
2. 发展腿部肌肉力量，提高动作的协调性。

（二）安全管理与要求

1. 教师在选择场地时注意地面不要过于光滑，避免滑倒。
2. 教师要提示幼儿关注周围情况，与同伴保持安全距离，避免碰撞。

（三）参考玩法

玩法一：青蛙跳（3~4岁）

目标

发展双脚连续跳的能力，增强下肢肌肉的力量和身体协调性。

玩法

1. 幼儿将泡沫垫随意摆放在地面上当荷叶，扮演小青蛙进行跳远练习。（图3-12-2）

2. 可将泡沫垫摆成一列，掷色子，掷出几点，就向前跳几步。（图3-12-3、图3-12-4）

3. 可将泡沫垫拼成跳舞毯，引导幼儿学小青蛙跳舞，做向不同方向的跳跃练习。

幼儿园健康教育资源 体育活动

图 3-12-1

图 3-12-2

图 3-12-3

图 3-12-4

规则

1. 双脚在垫上进行跳跃。

2. 掷两个色子,一个色子决定方向,一个色子决定跳几步。按照掷出的结果跳。

指导建议

1. 每次为幼儿提供的泡沫垫可以多一些,以满足幼儿随意摆放与自主游戏的需要。

2. 请幼儿参与搬运和收拾泡沫垫的活动。

(北京市昌平区工业幼儿园　王健)

玩法二:穿越图形阵(3~5岁)

目标

能平稳地通过图形阵,发展平衡能力和身体控制能力。

玩法

将挖出不同形状的大泡沫垫连接平放,幼儿从一端出发,脚踩挖空的图形部分,通过泡沫垫,到达另一端。(图 3-12-5)

规则

保持身体平衡,不踩到图形边缘。

图 3-12-5

指导建议

提示幼儿可以踮脚通过图形阵。

(北京市昌平区工业幼儿园 王秋红)

玩法三：乌龟爬（3～5岁）

目标

练习手膝着地向前爬，发展身体协调能力和灵敏性。

玩法

将窄泡沫垫连接起来，幼儿手膝着地，从垫子一端爬到另一端，看谁爬得又快又稳。（图3-12-6）

图3-12-6

规则

手膝着地向前爬，不能从泡沫垫上掉下来。

指导建议

1. 可根据幼儿的能力灵活调节泡沫垫的长度。

2. 可在泡沫垫上增加小的障碍物，增加游戏难度，提高幼儿游戏兴趣。

(北京市昌平区工业幼儿园 王秋红)

玩法四：快乐翻滚（3～5岁）

目标

练习沿直线侧身滚，发展身体的灵活性、协调性。

玩法

将泡沫垫连接，幼儿平躺在垫子上，双臂平行向上举，从垫子一端开始，侧身翻滚到另一端。（图 3-12-7）

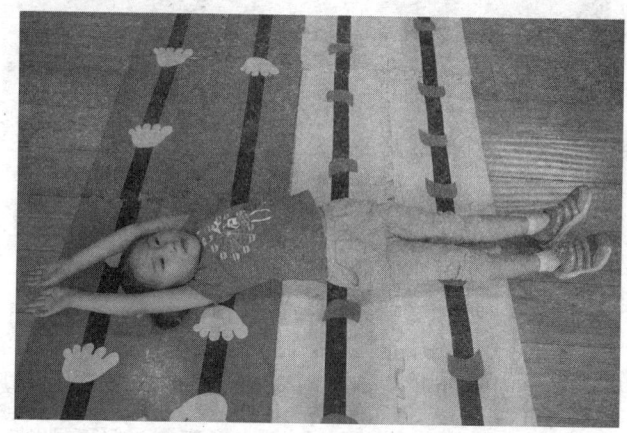

图 3-12-7

规则

沿直线侧身翻滚，不偏离垫子。

指导建议

1. 指导幼儿的动作：双臂平行向上举，身体和腿绷直用力。
2. 教师提醒幼儿注意面部安全，防止翻滚过程中面部着地。

（北京市昌平区工业幼儿园　王秋红）

玩法五：助跑跨跳（4~6岁）

目标

练习助跑跨跳，发展身体动作的协调性、灵敏性。

玩法

将泡沫垫连接平放在地上，幼儿从一侧出发，通过助跑，跨跳过泡沫垫，到达另一侧。（图 3-12-8）

规则

跨跳过泡沫垫，不能踩到垫子。

指导建议

1. 提示幼儿跨跳时后腿要用力蹬直，前腿用力抬高。

图 3-12-8

2. 将泡沫板立起来引导幼儿跨跳，增强游戏难度，激发幼儿勇于挑战。

（北京市昌平区工业幼儿园　王秋红）

玩法六：蜻蜓点水（4~6 岁）

目标

用脚尖、脚跟平稳地走过泡沫垫，发展平衡能力，增强腿部肌肉力量。

玩法

将贴有脚尖、脚跟标志的窄泡沫垫连接起来，幼儿根据标志提示用脚尖或脚跟走过，到达终点。（图 3-12-9）

图 3-12-9

规则

幼儿只能用脚尖或脚跟行走,脚的其他部位不能碰到泡沫垫,如果碰到则需返回起点重新游戏。

指导建议

提示幼儿游戏时可以将双臂侧平举,以保持身体平衡。

(北京市昌平区工业幼儿园 王秋红)

玩法七:小动物找食物(3~6岁)

目标

练习手脚支撑的动作,发展手臂肌肉力量和耐力。

玩法

用绿色大泡沫垫作山坡,上面散放桃子图片;用蓝色大泡沫垫作小河,上面散放小鱼图片。幼儿扮演小猴、小猫等动物,站在山坡和小河两侧的圆点上,用双手向前够,到山坡和小河里捡"食物"。每次捡一个,放到身后的小盒子里。捡完自己眼前的可以换到其他圆点处,继续游戏。所有的"食物"捡完后,再继续种桃子、撒鱼,游戏可反复进行。(图3-12-10)

图3-12-10

规则

保持身体平衡,只能手脚着地,膝盖不能碰到地面。

指导建议

指导幼儿捡"食物"时保持身体平衡。

(北京市昌平区工业幼儿园 王秋红)

二、拱形门

（一）主要发展价值

1. 增强腿部和腰背部的肌肉力量，发展灵活性、柔韧性、平衡能力等身体素质。
2. 掌握正面钻和侧面钻的基本动作。
3. 能够有控制地移动身体重心。

（二）安全管理与要求

1. 教师组织游戏时，要关注天气是否有风。如遇刮风天气，要注意增加拱形门的稳定性或替换成桌子。
2. 提醒幼儿：（1）钻的时候一定要弯腰、低头、屈膝，避免碰头；（2）遵守游戏规则，沿着一个方向进行游戏。

（三）参考玩法

玩法一：猫捉老鼠（3～4岁）

目标

1. 学习正面钻的基本动作，增强腿部肌肉力量。
2. 发展平衡能力和灵敏性。

玩法

将拱形门摆放在地上，在距拱形门一定距离处散放沙包当作老鼠，全体幼儿扮演猫，有序钻过拱形门，捉到"老鼠"（取一个沙包）后跑回。（图3-13-1）

图3-13-1

规则

钻的时候头不能碰到拱形门。

指导建议

教师提示幼儿钻的时候弯腰、低头、屈膝。

(北京市昌平区工业幼儿园　赵亚娟、王秋红)

玩法二：火车钻山洞（3~6岁）

目标

学习正面连续钻，增强腿部肌肉力量和耐力。

玩法

将拱形门有间隔地连续摆放，幼儿从第一个拱形门钻进，从最后一个拱形门钻出。（图3-13-2）

图3-13-2

规则

1. 前一名幼儿钻过第二个拱形门的时候，后一名幼儿出发。

2. 钻的时候头和身体不可以碰到拱形门。

指导建议

1. 教师提示幼儿钻的时候弯腰、低头、屈膝。

2. 根据幼儿的年龄段提供数量和高矮不同的拱形门。一般来说，小班使用的拱形门高度为70厘米，中班的为60厘米，大班的为50厘米。在游戏中，教师可根据幼儿的实际水平，灵活调整。

(原中国人民解放军总后勤部六一幼儿园　张桂华)

玩法三：穿越隧道（4～6岁）

目标

练习钻、爬、蹲走等动作，发展四肢肌肉的力量和背肌力。

玩法

以蹲走、手膝爬或匍匐爬的方式钻过隧道。

指导建议

1. 提醒幼儿通过隧道时，注意与前面的幼儿保持一定距离，避免身体碰撞。
2. 利用园所现有材料（如平衡木、圈、软垫等）进行合理组合，要注意器械安全。（图3-13-3、图3-13-4）

图3-13-3

图3-13-4

（国家安全监管总局幼儿园　黎芳、吴素洁

照片提供：国家安全监管总局幼儿园、北京市昌平区工业幼儿园）

三、单元砖

(一) 主要发展价值

1. 增强腿部肌肉力量，发展弹跳能力及身体的灵敏性、协调性、平衡能力。
2. 探索器材的多种玩法，体验探索与游戏的乐趣。

(二) 安全管理与要求

1. 为幼儿提供宽阔平坦的场地。
2. 指导幼儿在跳跃的过程中不要拥挤，轻轻跳过去。

(三) 参考玩法

玩法一：小兔跳跳（3~5岁）

目标

掌握单、双脚连续跳的动作，增强腿部肌肉力量，提高耐力素质。

玩法

1. 将单元砖围合成不同的形状（如长条形、圆形、方形等），放在地上，幼儿学小兔子跳进跳出。
2. 根据幼儿的游戏水平，将单元砖摆成高矮不同、形状不同的障碍物，放在地上，幼儿学小兔子连续跳过障碍。（图3-14-2）

规则

跳跃的过程中不能调整单元砖的位置。

图3-14-1

图 3-14-2

指导建议

1. 指导幼儿起跳时上下肢协调，落地轻稳。
2. 可以根据天气情况，调整到室内进行游戏。

（北京市昌平区工业幼儿园　杨立荣、张杰）

玩法二：过小桥（3～6岁）

目标

能够平稳地走过有一定间隔距离或者宽度的物体，发展平衡能力。

玩法

将单元砖一个挨着一个摆放，或者有间隔地摆放，也可与单元板组合，搭成"小桥"，幼儿从上面走过。（图3-14-3、图3-14-4）

图 3-14-3

图 3-14-4

规则

如果掉下"小桥",需要重新走一次。

指导建议

1. 提示幼儿集中注意力,看清脚下再走。

2. 可在桥上增设障碍,提高游戏难度,满足幼儿的不同需求。

(北京市昌平区工业幼儿园 张杰)

四、大陀螺

(一) 主要发展价值

1. 发展前庭觉,提高平衡能力。

2. 发展体位感和灵敏素质。

(二) 安全管理与要求

1. 选择宽敞平整的场地进行游戏。

2. 教师提示幼儿:坐在陀螺里游戏时,需双手抓紧陀螺边缘,稳住身体,注意控制摇晃幅度,避免陀螺扣翻。

(三) 参考玩法

玩法一:陀螺转转转(3~6岁)

目标

发展前庭觉,提高平衡能力。

玩法

1. 幼儿坐在大陀螺里，教师轻轻摇晃陀螺，待幼儿适应后可加快摇晃的速度和幅度。

2. 幼儿坐在大陀螺里，控制身体，让陀螺转动起来。

3. 幼儿躺在大陀螺里，教师用力转动陀螺，让陀螺随着惯性自己转动，幼儿保持平衡。（图 3-15-2）

图 3-15-1

图 3-15-2

规则

等大陀螺停稳后方可进入或出来。

指导建议

1. 指导幼儿掌握动作要点：身体顺着要旋转的方向移动重心。

2. 提示幼儿手要抓紧陀螺边缘。

（北京市昌平区工业幼儿园　赵月）

玩法二：双人转陀螺（5～6岁）

目标

1. 尝试两个人合作旋转陀螺，提高平衡能力。
2. 养成合作意识，发展协同能力。

玩法

两名幼儿面对面坐在大陀螺里，教师适当摇晃陀螺，或幼儿合作让陀螺转动。（图3-15-3）

图3-15-3

规则

必须两个人一起旋转。如果陀螺侧翻或有人摔出，则需重新开始。

指导建议

提示两人朝同一个方向用力。

（北京市昌平区工业幼儿园　张杰）

玩法三：跑过小山坡（5~6岁）

目标

提高身体协调性和平衡能力。

玩法

幼儿分成两队，分别站在起跑线后面，当听到"开始"口令后，每队第一名幼儿冲出起跑线，依次从"小山"（扣过来的陀螺）上跑过去，取到旗子后跑回来拍本队第二名幼儿的手，下一名幼儿再出发。每人取一面旗子，先完成的队获胜。（图3-15-4）

图3-15-4

规则

必须从大陀螺上跑过去，掉下来的小朋友需回到起跑线重新开始。

指导建议

1. 提示幼儿踩在陀螺尖上跑过去。
2. 陀螺的数量可根据幼儿的能力和注意力而灵活调整。

（北京市昌平区工业幼儿园　张杰）

玩法四：金鸡独立（5~6岁）

目标

能够单脚站立在一定高度的物体上，发展身体的平衡能力。

玩法

1. 将大陀螺扣过来，幼儿单脚站在大陀螺的尖上。（图3-15-5）
2. 将大陀螺口朝上放置，一名幼儿单脚站立在中间，另两名幼儿合作让大陀螺保持平衡。（图3-15-6）

规则

单脚站立。如果另一只脚落地，则游戏结束。

图 3-15-5

图 3-15-6

指导建议

1. 指导幼儿掌握动作要点：身体重心移至支撑腿，支撑腿可稍倾斜以维持身体平衡。

2. 可帮助幼儿记录单脚站立的时长，增强幼儿的信心。

（北京市昌平区工业幼儿园　赵月）

五、独轮车

（一）主要发展价值

发展上肢肌肉力量及对物体的操控能力，提高全身动作的协调性。

（二）安全管理与要求

1. 教师在选择场地时注意地面要平整，并有相应的指示标志。

2. 教师要提示幼儿关注周围情况，避免推车时撞到别的小朋友。

3. 提示幼儿游戏时要与同伴保持安全距离。

（三）参考玩法

玩法一：独轮车小能手（4~6岁）

目标

锻炼上肢肌肉力量，发展手部动作及对物体的操纵与控制能力。

玩法

将独轮车沿道路一直向前推，绕过终点的红旗后，原路返回。

规则

直线向前推车,保持车身平稳。

指导建议

1. 指导幼儿掌握动作要点:双臂用力握住车手柄,身体中正,使车子保持平稳。

2. 推车路上要注意与同伴保持安全车距。

3. 幼儿掌握推车方法后,可在道路中间增设障碍,幼儿绕障碍推车,提高游戏难度。(图 3-16-2)

图 3-16-1

图 3-16-2

(北京市昌平区工业幼儿园　何维)

玩法二：超市送货员（5～6岁）

目标

能控制独轮车，在车载重时不向两边倒，发展平衡及控制能力。

玩法

1. 指定两块场地分别当作仓库和超市，为幼儿提供3斤、4斤、5斤沙袋各5个（当作米和面），各种饮料瓶、牛奶箱（有一定重量），独轮车4辆，宽、窄跷跷板各1个，售货员和运输员胸牌各4个。在仓库和超市前分别站两名幼儿当管理员和售货员。另有四名幼儿当运输员，从仓库向超市运送物品。（图3-16-3）

图3-16-3

2. 在运输的路上设置不同宽窄的平衡木障碍，幼儿根据自己的能力，选择不同重量的物品装在独轮车上，并选择从不同的平衡木上推过独轮车，将货物运送到超市。

规则

按照地上画的路线将货物送到超市。

指导建议

1. 指导幼儿运送货物时要保持独轮车的平衡。
2. 提醒幼儿在送货的路上注意与同伴保持安全车距。

（北京市昌平区工业幼儿园　王秋红）

六、双人协力车

（一）主要发展价值

1. 提高对车的操纵与控制能力，发展空间知觉和判断能力。
2. 发展合作意识、协同能力。

（二）安全管理与要求

1. 提供宽阔平整的场地。
2. 游戏前检查协力车有无损坏或松动，确保器械安全。
3. 教师观察幼儿的游戏情况，可适当给予技术指导，帮助幼儿熟练掌握协力车的玩法。
4. 提示幼儿注意：（1）双手扶稳，控制车的速度和方向，避免与他人相撞；（2）不得相互打闹和超速骑行。

（三）参考玩法

玩法一：协力车小能手（4～6岁）

目标

能够单人操纵协力车，提高身体协调性和灵活性。

玩法

幼儿每人一辆协力车，控制协力车前进、后退、绕过障碍物。（图3-17-2）

规则

不能撞到障碍物。撞上障碍物后，可以后退调整方向，然后继续前行。

图3-17-1

第三章 幼儿运动器械活动与游戏

图 3-17-2

指导建议

指导幼儿掌握动作要点：四肢和身体同时用力，控制好车的方向。

（北京市昌平区工业幼儿园　何维）

玩法二：协力冲冲冲（5~6岁）

目标

双人合作游戏，发展协作能力，提高身体协调性。

玩法

两名幼儿共用一辆协力车，按照指示要求（"向前行驶"或"倒车"）协同操作，使得车子前进或后退。（图3-17-3）

规则

按指示要求进行操作。

指导建议

指导幼儿掌握动作要点：两人手脚要同步、协调，通过一致用力使车动起来。

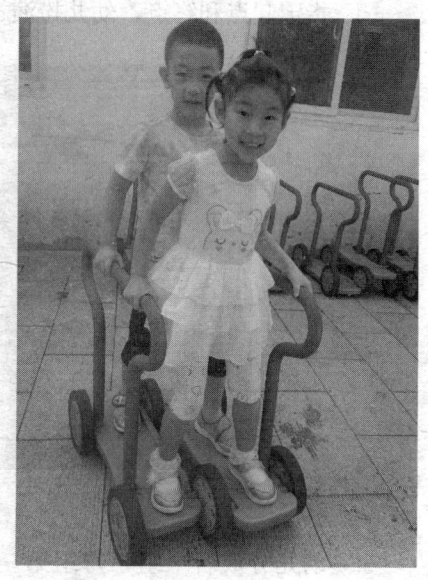

图 3-17-3

（北京市昌平区工业幼儿园　魏敏）

七、自制托马斯小车

（一）主要发展价值

1. 掌握持物移动的技能，提高生活能力和运动能力。
2. 探索运动器械的多种玩法。

（二）安全管理与要求

1. 游戏场地不能过于光滑。
2. 提示幼儿游戏时要与同伴保持安全距离，避免碰撞。

（三）材料说明

托马斯小车由常见的纸箱和不织布制成，外观形象，贴近幼儿生活，安全系数高，便于幼儿操控。

（四）参考玩法

玩法一：推小车（3~6岁）

目标

练习双手向前推的动作，发展上肢力量和动作的灵敏性、协调性。

玩法

1. 指定起点和终点，幼儿扮演司机，将小车从起点推向终点。（图3-18-1）

图3-18-1

2. 幼儿分成若干组，每组第一名幼儿将小车从起点推向终点，绕过终点后再原路返回，推回起点，下一名幼儿继续推小车。比一比哪组小车推得又快又稳。

规则

将小车沿指定的路线推。

指导建议

1. 对小班幼儿，可淡化比赛氛围，改为沿路线投放毛绒动物、水果模型等游戏材料，幼儿在推小车过程中随机停下"邀请动物上车"或"摘水果"，增添游戏情趣。

2. 对中大班幼儿，可沿路线设置障碍物（如小坡、小桥等），请幼儿扮演送货员，为解放军叔叔运送"货物"，逐步增加难度。

玩法二：拉小车（3～6岁）

目标

能够拉着小车向前走、跑，提高上下肢动作的协调性和灵敏性。

玩法

1. 在场地上摆放若干个筐，作为超市的仓库。幼儿扮演送货员，拉起小车，向指定方向走、跑，装上"货物"（可由沙包、球等代替）后到达仓库，将"货物"卸到指定的筐内。（图 3-18-2）

图 3-18-2

2. 幼儿分为若干组，每组前一名幼儿运回"货物"并"卸货"后，后一名幼儿出发。最后比一比哪组运的"货物"最多、速度最快。

规则

在游戏过程中，如果有"货物"从车上掉下，要捡回小车中。

指导建议

可根据幼儿能力，适当加入障碍物。

（北京市昌平区工业幼儿园　焦淼）

第四节　手持类轻器械

一、圈

（一）主要发展价值

1. 发展走、跑、跳、钻等多方面的运动能力。
2. 发展身体动作的协调性、灵活性。
3. 探索器材的多种玩法。

（二）安全管理与要求

1. 选择宽敞的场地，跳跃时选择软地面。
2. 提示幼儿在游戏过程中避免拥挤。

（三）参考玩法

玩法一：跳圈圈（3～6岁）

目标

练习双脚跳、单脚跳或左右行进跳，增强腿部力量，发展肌肉耐力和协调性。

玩法

1. 将圈摆放成单列、双列或围合成环形，幼儿从起点开始，向终点双脚跳、单脚跳、左右行进跳、单双脚开合跳。（图3-19-1）

2. 闯关游戏。将圈自由摆放成直线、曲线等游戏路线，幼儿站在起点，等色子落地后，看掷出的数是几，就向前跳几个圈。前一名幼儿跳到第七个圈以后，后一名幼儿开始参加游戏，色子掷出的数是几，就和前面的幼儿同时向前跳几个圈。（图3-19-2）

3. 小组闯关。用两种颜色的圈，摆出相同的游戏路线。幼儿分为两组，各选一种颜色的路线。每组各推选一名幼儿，轮流掷色子，掷到几，相应那组的幼儿就向前跳几个圈。

图 3-19-1

图 3-19-2

规则

跳跃时，双脚尽量不触碰圈。

指导建议

1. 指导幼儿掌握动作要点：单脚跳时，重心落在支撑腿上；双脚跳时，双脚并齐起跳，双脚同时落地；左右行进跳及单双脚开合跳时，注意及时转移身体重心。

2. 可以根据游戏需要，调整圈的摆放路线。

（北京市昌平区工业幼儿园　赵月、赵亚娟）

玩法二：占圈圈（3~6岁）

目标

能够听信号迅速反应，发展动作的灵敏性和协调性。

玩法

将圈围合成大圆，幼儿站在大圆外，音乐响起后围着大圆走，音乐停止时，迅速找一个圈，并站到圈内。（图 3-19-3）

规则

1. 圈的个数应比幼儿人数少1，一个圈里只能站一个人。

2. 音乐停时才能进圈。

图 3-19-3

指导建议

鼓励幼儿跟着音乐做自己喜欢的动作，并注意倾听音乐。

（北京市昌平区工业幼儿园　赵月、赵亚娟）

玩法三：钻圈圈（4~6 岁）

目标

练习侧面钻的动作，发展身体动作的灵敏性和协调性。

玩法

将圈立起来，间隔一定距离摆放。指定起点和终点。幼儿从起点出发，跑至圈处，侧面钻过，再跑到终点。

图 3-19-4

规则

侧面钻的时候，身体尽量不触碰圈。

指导建议

1. 圈的高度要适宜：圈的最高处最好在幼儿的胸部以下，以保证锻炼效果。

2. 指导幼儿掌握动作要点：侧面钻时，前腿先过圈，然后头和身体过圈，接着移动身体重心至前腿，后腿再跟着迈出圈。

（北京市昌平区工业幼儿园　赵月、赵亚娟）

二、球

（一）主要发展价值

1. 发展四肢肌肉、韧带的力量和关节的柔韧性。

2. 提高视觉运动能力及动作的灵敏性、协调性。

3. 感受与同伴一起游戏与探索的乐趣。

（二）安全管理与要求

1. 选择宽敞、平坦的场地进行球类游戏。

2. 教师提醒幼儿注意：（1）投球时，不要对着其他人的头部进行投掷；（2）投球、拍球时，避免手指戳到球；（3）当有人投球时，不能到对面去捡球。

3. 在游戏过程中，教师指导幼儿玩球的动作要领，让幼儿灵活躲避球，不踩踏球，以防摔倒。

（三）参考玩法

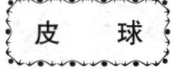

皮　球

玩法一：地老鼠（3~5岁）

目标

1. 练习滚球，增强手指、手掌、手臂等部位的肌肉力量，提高手腕关节的灵活性。

2. 发展双手动作的协调性、准确性和视动整合能力。

玩法

1. 可设置不同大小、宽窄的球门，幼儿单手滚球或双手滚球，让球从球门中滚过去。

2. 两名幼儿相隔一定距离面对面游戏，将球滚到对方手中。

3. 将球滚出，让球沿一定路线滚动，击中一定距离外的目标物（如画有灰太狼形象的瓶子等）。

4. 手持小圈，用圈套住球，让球沿指定路线滚动。此玩法可单人游戏，也可亲子、同伴合作游戏。（图3-20-1）

图3-20-1

规则

滚球时，球要贴地面滚动，不能离开地面。

指导建议

提示幼儿利用手臂、手腕前摆的力量，配合手指协调用力。

（北京市延庆区第四幼儿园　吕圆圆）

玩法二：小球空中飞（3~6岁）

目标

1. 练习抛接球，发展力量和协调能力，发展空间方位、感知觉能力和注意力。

2. 培养协同游戏的意识。

玩法

1. 幼儿自抛自接，看谁抛得高，接得准。

2. 幼儿合作抛接球，可以两个人面对面抛接球，也可以多个人站成圆圈轮

着抛接球。（图3-20-2）

图3-20-2

规则

接住球才算成功。如果幼儿没有接住球，需重新来一次。

指导建议

指导幼儿掌握被动接球的动作要点：两臂向前伸出，手指自然分开，手心向上，等球抛到胸前时两臂迅速屈肘收回将球抱住。

（北京市昌平区工业幼儿园　杨立荣、张杰）

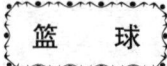

篮　球

玩法一：小球赛跑（5~6岁）

目标

1. 发展拍球能力，提高身体动作的灵活性。
2. 培养节奏知觉和反应能力。

玩法

幼儿围成一个大圈，人手一球，眼看教师。教师事先规定每种手势所代表的拍球动作。游戏开始后，幼儿随教师手势而变化拍球动作。当教师突然把举起的手放下时，幼儿要迅速抱球跑到圈外抢占一个在地面上画好的小圆圈（或摆好的小塑料圈）。如果没抢到，要拍球10下再回到原位。（图3-20-3）

图 3-20-3

规则

必须根据教师的手势做动作，做错了应停止一次游戏。

指导建议

1. 拍球动作的难度、次数、变化速度都应根据幼儿拍球能力和注意力灵活调整。

2. 大圈外的小圈数应少于幼儿数。

（北京市昌平区工业幼儿园　杨立荣、张杰）

玩法二：灌篮高手（5~6岁）

目标

1. 学习传球、投球动作。

2. 自主探索，体验玩球的快乐。

玩法

1. 两人一组，边走边互相传球。

2. 两人一组，边走边互相传球到篮筐处，然后投球进筐。（图 3-20-4）

指导建议

1. 教师提示幼儿相互传球时注意距离，双手放于胸前接球，不要朝对方头部传递。

图 3-20-4

2. 指导幼儿在运球过程中注意与同伴保持安全距离。

（北京市昌平区工业幼儿园　刘岩）

玩法三：投篮运动员（3~6岁）

目标

练习掷准动作，发展手眼协调能力，提高动作的协调性、灵敏性。

玩法

在离篮筐一定距离的地面处贴一条投掷线，幼儿站在线后投球入筐、入篮。（图3-20-5）

图 3-20-5

规则

在投掷线后投掷。

指导建议

1. 根据幼儿的能力设置不同距离的投掷线。

2. 可以选择废旧报纸或不同颜色的废纸做成纸球进行投篮游戏,并让幼儿参与制作纸球。

(北京市延庆区第四幼儿园　李华香)

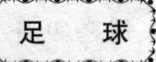

足　球

玩法一:小球钻山洞(5～6岁)

目标

锻炼脚部力量,提高对球运动方向的控制能力。

玩法

教师为幼儿提供不同大小的"山洞"(可将大纸箱前后挖空做成,或由拱形门盖布做成)。幼儿根据自己的意愿自由选择山洞,站在山洞一头的起始线后,一脚将球踢进山洞。也可在山洞前画距离不一的起始线,供幼儿选择。

规则

1. 幼儿必须站在起始线后踢,并一下将球踢进山洞。

2. 如果球在进洞之前跑偏了,需将球捡回重新踢。

指导建议

1. 教师指导幼儿选择与自己水平相当的山洞或起始线踢球。

2. 教师指导幼儿掌握动作要点:脚踝、脚面、小腿都要同时用力,将球踢远。

3. 幼儿熟练后,可将山洞替换成灰太狼、小怪兽等形象的标靶,供幼儿进一步练习,提高命中率。

玩法二：踢球入门（4～5岁）

目标

能将足球踢进球门中，发展视动整合能力。

玩法

将3个不同高低、宽窄的足球门，放在远近不同的地方，幼儿站在同一起始线上，将球用力踢进不同的门中。每名幼儿3个足球，看看幼儿能够踢进几个球门。（图3-20-6）

图3-20-6

规则

1. 幼儿必须站在起始线后踢球，每名幼儿只能踢3个球。
2. 踢球过程中不能用手接触球。

指导建议

1. 指导幼儿踢球的动作要规范正确，用主力脚踢球，注意用脚内侧踢球，脚、脚踝、小腿要同时用力，将球直线踢出。
2. 指导幼儿捡球时注意不要摔倒，不与同伴发生碰撞。

玩法三：踢球入洞（5～6岁）

目标

提高控球的准确度，增强腿部力量。

玩法

教师在终点处悬挂大小不同、高矮不一的圆洞（可由泡沫垫挖成中空制成，也可使用圈），幼儿站在指定的起点上用力将球踢起，将球踢进洞。

规则

1. 幼儿必须站在起始线上踢球，不能越线。

2. 每个幼儿可以有 3 次踢球机会，不能用手触球。

指导建议

1. 教师指导幼儿掌握正确的踢球动作，动作规范有力。

2. 教师注意提示幼儿掌握踢球的角度及力度，让幼儿逐渐学习控制球的方向及速度。

玩法四：绕障碍摘圈（5～6 岁）

目标

能够熟练地带球绕障碍跑及原地纵跳触物，提高身体的灵活性及弹跳力。

玩法

幼儿用脚带球过障碍，到达终点处，原地纵跳，摘下高处悬挂的一个塑料圈，套在右肩上，然后从场地两侧带球跑回起点。

规则

当球跑出场地时，幼儿只能用脚将球带回，不能用手将球抱回来。

指导建议

1. 教师引导幼儿重点注意在转弯处控球，尽量不让球跑出场地。

2. 障碍的数量及间隔距离要依据幼儿的实际水平设置，可逐渐增加难度。

玩法五：运球小搭档（5～6 岁）

目标

能与同伴合作，以行进间互相踢传球的方式运球，发展视动整合能力，体验合作踢球运球的乐趣。

玩法

幼儿两人一组，面对面间隔 1 米左右站好，两人互相踢传球，并同步朝同一个方向行进，在行进中踢传球。

规则

1. 必须用脚传球。球跑了要用脚把球带回，继续游戏。

2. 两名幼儿在传球过程中要保持间隔距离。教师可提前在地面画好线给幼儿参照。

指导建议

1. 幼儿能够熟练地独立踢球、控球后再尝试这种玩法，否则成功率较低。

2. 幼儿之间的距离以及行进的距离可以随幼儿的能力水平逐渐调整。

3. 指导幼儿踢球时注意根据两人的间距控制好踢球的力度，提高同伴之间配合的默契度。

玩法六：足球比赛（5~6岁）

目标

能够开展小组对抗式足球比赛，熟悉规则和技巧，提高全身的反应能力及灵活躲闪的能力。

玩法

幼儿分成人数相等的两组，由一名幼儿担任裁判员负责记录分数。在游戏时间内，每将球踢入对方球门一次得1分。游戏结束时，得分多的组获胜。（图3-20-7）

图 3-20-7

规则

1. 幼儿要在规定的场地范围内踢球。

2. 不能用手触球或是推搡对方小伙伴。

3. 在追逐过程中不要互相碰撞。

指导建议

1. 游戏初期，每组幼儿人数可以少一些，场地不宜太大，让幼儿获得成功感。

2. 教师注意指导幼儿练习用脚带球的技巧，逐渐学习控制球滚动的速度与方向。

3. 幼儿熟练后可以增加参与的人数，并扩大游戏场地。

（原中国人民解放军总后勤部六一幼儿园　赵萍
北京市昌平区工业幼儿园　杨立荣、张爱荣）

瑜伽球

玩法一：滚大球（3～5岁）

目标

练习向指定方向滚动大球，发展控制能力及身体的平衡能力。

玩法

三四名幼儿手持球，从四周迅速向中间滚动，直至球碰撞到一起。

指导建议

提示幼儿滚球时避让同伴，注意安全。

玩法二：小企鹅抱球（4～6岁）

目标

发展身体平衡能力。

玩法

1. 幼儿两只手抱住球，脚着地，身体在球上自由滚动。

2. 幼儿趴在球上，两脚离地，看谁趴得稳。

指导建议

教师关注幼儿游戏情况，指导幼儿及时调整身体重心。

玩法三：大球过桥（4~6岁）

目标

提高身体对运动器材的操控能力。

玩法

幼儿站立在地上，边行进边用两手滚动球，让球从平衡木上通过。

规则

如果球从平衡木上掉落，需捡起来继续游戏。

指导建议

教师关注幼儿的游戏情况，适时给予指导。

玩法四：大球摞高高（4~6岁）

目标

1. 发展身体对运动器材的操控能力。
2. 能够与同伴协同游戏。

玩法

三四名幼儿合作将球垒高。（图3-20-9）

指导建议

教师关注幼儿游戏情况，适时给予指导。

（北京市昌平区工业幼儿园　杨立荣）

图3-20-8

图 3-20-9

羊 角 球

玩法：跳跳乐（3~6岁）

目标

1. 掌握羊角球的操控方法，发展手、脚的协调能力和平衡能力。
2. 探究羊角球的多种玩法，体验探索与游戏的乐趣。

玩法

1. 幼儿双手抓住两个羊角，两腿夹住球，借助羊角球的弹性，轻轻地跳动。（图3-20-11）

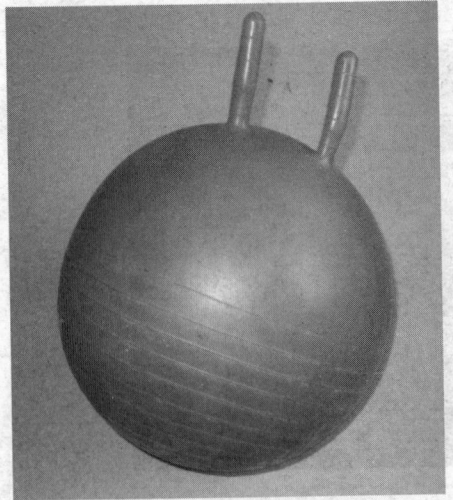

图 3-20-10

图 3-20-11

2. 幼儿用肚子趴在羊角球上，双脚蹬地向前向后进行推压游戏。

3. 将羊角球的羊角用绳子拴住并悬挂到一定高度，幼儿从地面跳起来触碰羊角球。

指导建议

1. 提醒幼儿游戏时注意避让同伴，避免碰撞。

2. 为调动幼儿积极性，可设置游戏情境，如悬挂水果图片或小动物玩偶，幼儿坐在球上弹跳起来进行触碰。

（北京市昌平区工业幼儿园　杨立荣）

玩法：花样颠球（3~6岁）

目标

发展幼儿手眼协调能力及手的控制能力。

玩法

1. 幼儿双手拿球盘，上下颠动小球，不让小球掉下来。

2. 幼儿双手转动球盘，不让小球掉下来。

3. 幼儿双手拿球盘，托球走一段距离，不让小球掉下来。（图3-20-12）

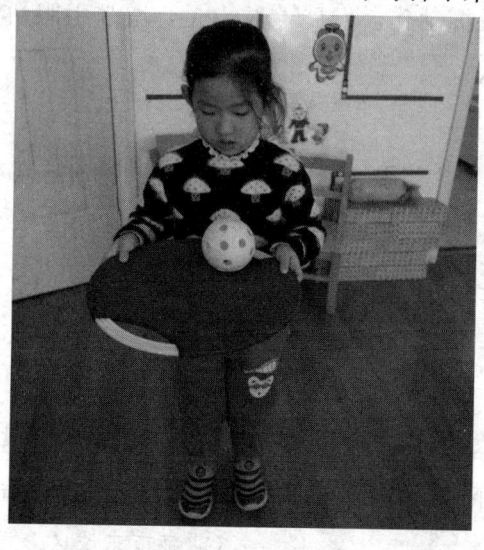

图3-20-12

规则

如果小球掉下来，则需回到起点重新游戏。

指导建议

1. 教师指导幼儿游戏时注意与同伴保持一定距离，避免相互影响。

2. 小班初期的幼儿可使用软球进行游戏，降低难度。

3. 如遇天气不好，可用于室内区域体育活动。

（北京市昌平区工业幼儿园　杨立荣）

三、粘板

（一）主要发展价值

增强手眼协调能力和动作的灵敏性。

（二）安全管理与要求

1. 保持场地宽敞整洁，没有容易让人绊倒的物品。

2. 提醒幼儿注意：不要将粘板当成飞盘掷出，因为粘板一面粗糙，容易划伤小朋友。

（三）参考玩法

玩法一：粘板小能手（3~6岁）

目标

练习单手肩上投掷动作，发展上肢力量，增强手眼协调能力和动作的灵敏性。

玩法

幼儿两人一组，一人投掷，努力将自己手中的粘包打到对方的粘板上；一人用粘板接，尽量接住对方投过来的粘包。（图3-21-2）

规则

两人轮流交替投和接，接住次数多的为胜。

指导建议

1. 指导幼儿在投掷时，投掷臂要举于肩上，眼睛看着投掷目标。

2. 可以用不织布制作出不同的投掷物，配合粘板进行活动。

（北京市东城区分司厅幼儿园　史少云）

第三章　幼儿运动器械活动与游戏

图3-21-1

图3-21-2

玩法二：小小守门员（5~6岁）

目标

练习投掷动作，发展手眼协调能力和动作的灵敏性。

玩法

幼儿两人一组，一名幼儿站在球门前当守门员，手拿粘板守门，防止另一名幼儿将粘包投到球门内。（图3-21-3）

规则

1. 两人轮流投掷，每人五次机会。
2. 用粘板接到粘包多的人获胜。

图 3-21-3

指导建议

1. 投掷时要有一定的距离，可画线提示。

2. 教师指导幼儿：用粘板接物时，眼睛要看准方向。

（北京市昌平区工业幼儿园　张爱荣）

四、沙包

（一）主要发展价值

1. 发展手部的控制能力，提高平衡能力和动作的协调性。

2. 探索沙包的多种玩法，在运动中体验快乐。

（二）安全管理与要求

提醒幼儿在游戏过程中避免与同伴发生碰撞。

（三）参考玩法

玩法一：炸碉堡（3～6岁）

目标

练习投掷沙包动作，发展手臂力量，提高身体协调性。

玩法

设置投掷线，在距投掷线一定距离处设置自制"碉堡"（可由纸箱做成）。幼儿站在投掷线处，将沙包向前掷出，看谁能成功"将碉堡炸掉"（即将沙包掷到纸箱中）。

规则

沙包要掷进纸箱内才算。

指导建议

1. 教师指导幼儿的投掷动作。

2. "碉堡"与投掷线之间的距离，小班建议为 2 米左右，中班建议为 4 米左右，大班建议为 5 米左右。可根据幼儿的水平灵活调整。

玩法二：母鸡下蛋（3～6 岁）

目标

练习双腿夹包连续行进跳，发展下肢力量和身体动作的协调性。

玩法

1. 幼儿扮母鸡，朝指定的方向双腿夹包连续行进跳，当听到"咯咯哒，下蛋啦"的口令后，幼儿双腿分开，把夹住的沙包放落到地上。（图 3-22-1）

图 3-22-1

2. 幼儿扮母鸡，按指定的路线双腿夹包连续行进跳，到达终点"鸡窝"时，双腿分开，把夹住的沙包放落到"鸡窝"里，然后跑回起点，反复游戏。游戏结束后，看谁下的"蛋"多。

3. 对中班后期和大班的幼儿，当人数较多时，可分成若干组，以小组接力的形式进行游戏。游戏结束后，看哪组下的"蛋"多。

规则

1. 当听到"咯咯哒，下蛋啦"的口令后，或到达终点时，才能松开双腿，将沙包放下。

2. 双脚跳的过程中，如果沙包掉落，需要赶快捡起，重新夹住，继续游戏。

指导建议

教师指导幼儿双腿夹紧沙包，跳的时候保持身体平衡。

玩法三：沙包悠悠乐（4～6岁）

目标

练习踢沙包的动作，发展身体动作的协调性和灵活性。

玩法

幼儿每人一个带绳子的沙包，用手拽住绳子一头，将沙包吊起，用脚去踢沙包。在规定时间内，踢到沙包次数多的获胜。（图3-22-2）

图3-22-2

规则

沙包要悬空踢到才算数。

指导建议

教师指导幼儿掌握动作要点：手要控制好沙包，尽量减少晃动，看准沙包晃动的轨迹后再踢。

（原中国人民解放军总后勤部六一幼儿园　张桂华
北京市昌平区工业幼儿园　魏敏）

五、飞盘

（一）主要发展价值

1. 发展手眼协调能力，增强腕力及身体的协调性。
2. 探索飞盘的不同玩法，感受一物多玩的乐趣。

（二）安全管理与要求

1. 检查游戏场地是否安全，幼儿的着装是否轻便。
2. 提示幼儿行走时要向前看，避免因只看飞盘而与同伴相撞。
3. 提示幼儿行进跳跃时注意避让同伴，避免碰撞。

（三）参考玩法

玩法一：前抛飞盘（3~6岁）

目标

练习往前抛飞盘的动作，提高上肢力量（尤其是腕力），发展身体协调性。

玩法

站在起点线上，将飞盘往前抛，看谁的飞盘抛得远。

规则

用手腕力量抛出飞盘。

指导建议

1. 鼓励幼儿尝试多种抛的方式，如肩上前抛、胸前甩腕前抛等。
2. 提示幼儿抛出飞盘后保持身体平衡。

玩法二：上抛飞盘（3~6岁）

目标

练习往上抛飞盘的动作，提高上肢力量（尤其是腕力），发展身体协调性。

玩法

四散站在场地内，将飞盘往上抛，看谁的飞盘抛得高。

规则

用手腕力量抛出飞盘。

指导建议

1. 鼓励幼儿尝试多种抛的方式，如单手一侧上抛、下蹲单手体侧上抛等。

2. 提示幼儿抛出飞盘后注意躲避落下的飞盘。

玩法三：自抛自接（4~6岁）

目标

发展手眼协调能力，能够对物体的运动轨迹做出判断，并迅速、准确地反应。

玩法

幼儿四散站在场地内，将飞盘上抛后，跑动接住落下的飞盘，看谁抛得高、接得稳。

规则

只能用手腕力量上抛飞盘。

指导建议

1. 鼓励幼儿尝试多种抛接的方式，例如：单手上抛，双手接；左手上抛，右手接；右手上抛，左手接；用网兜、纸箱等器材接飞盘；等等。

2. 提示幼儿抛出飞盘后注意力要集中，紧盯落下的飞盘。

玩法四：我抛你接（5~6岁）

目标

1. 发展手眼协调能力，能够对物体的运动轨迹做出判断，并迅速、准确地反应。

2. 体验同伴游戏的乐趣，提高协同游戏的能力。

玩法

幼儿两人一组，面对面站在场地内，保持一定距离。一名幼儿轻抛飞盘给对方，另一名幼儿跑动接住抛来的飞盘，然后互换角色，看谁接得稳。

指导建议

1. 指导幼儿将飞盘向对方抛出时，不能过快、过高，要注意把握力度和角度。

2. 幼儿之间的距离应适宜，可以根据幼儿的游戏水平灵活调整。

3. 提示幼儿抛出飞盘后要集中注意力，紧盯抛来的飞盘。

4. 也可以用网兜、纸箱等器材接住飞盘。

玩法五：拦截飞盘（5~6岁）

目标

1. 发展手眼协调能力，能够对物体的运动轨迹做出判断，并迅速、准确地反应。
2. 提高身体动作的灵活性。

玩法

幼儿三人一组。两名幼儿间隔一定距离站立，相互抛接飞盘。一名幼儿站在中间位置，拦截抛来的飞盘。如果拦截成功，则与抛的幼儿互换角色。

规则

拦截的幼儿只能在中线位置左右移动，不能靠近抛飞盘的幼儿。

指导建议

1. 幼儿之间的距离应适宜，可以根据幼儿的水平灵活调整。
2. 提示幼儿在飞盘抛出后要集中注意力，紧盯抛来的飞盘。

玩法六：飞盘进圈（5~6岁）

目标

练习飞盘掷准，发展手眼协调能力以及手对物体的操控能力。

玩法

在距起点一定距离处悬挂一排连接起来的呼啦圈。幼儿站在起点，比一比，看谁的飞盘能抛进挂起的呼啦圈。

规则

可以往任意一个呼啦圈里抛飞盘。

指导建议

呼啦圈高度及其与幼儿之间的距离，可以根据幼儿的水平灵活调整。

玩法七：顶飞盘（3~6岁）

目标

提高控制物体的能力，增强平衡能力和身体协调性。

玩法

将飞盘放在指定的身体部位上，行走时保持飞盘平稳，不掉下来。（图3-23-1）

图3-23-1

规则

如果飞盘途中掉落，需赶紧捡起，重新游戏。

指导建议

1. 提示幼儿可以张开手臂保持身体平衡。

2. 提醒幼儿游戏时与同伴保持安全距离。

玩法八：跳过飞盘（3~6岁）

目标

练习隔物双（单）脚连续跳，锻炼下肢力量，提高动作的协调性和平衡能力。

玩法

将多个飞盘两两间隔一定距离摆放，幼儿双脚或单脚连续跳过飞盘。（3-23-2）

规则

1. 要逐一跳过飞盘，不能漏跳。

2. 跳跃时不能踩到飞盘。

第三章 幼儿运动器械活动与游戏

图 3-23-2

指导建议

1. 提示幼儿跳过飞盘时要脚尖先着地，然后迅速向上腾跃，跳过下一个飞盘。

2. 飞盘摆放的间距可依幼儿能力进行调整。

3. 教师或家长可用废旧的海绵和彩色布为幼儿制作大小各异的飞盘。

（北京市昌平区工业幼儿园　魏敏）

六、儿童拉力器

（一）主要发展价值

1. 练习双手抓握、双臂开合动作，发展上肢力量。

2. 发展合作游戏的能力。

（二）安全管理与要求

提示幼儿游戏时双手抓握拉力器放在胸前，避免夹住手指或者头发。

（三）参考玩法

玩法一：单人游戏（3~6岁）

目标

练习双手抓握物体，发展上肢力量。

玩法

每名幼儿一个拉力器。将拉力器的一端固定在高处，幼儿手持拉力器的另一

219

端，做一开一合动作。

指导建议

1. 悬挂的拉力器应有高有矮，满足不同幼儿的需要。

2. 可以开展比赛游戏，看谁在规定的时间内开合拉力器的次数多。

<h3 style="text-align:center">玩法二：双人游戏（4~6岁）</h3>

目标

1. 练习双手抓握、双臂屈伸动作，发展上肢力量。

2. 能与同伴合作游戏。

玩法

1. 两名幼儿面对面站立，各持拉力器的一端，一开一合交替进行。（图3-24-1）

图3-24-1

2. 两名幼儿面对面站立，各持拉力器的一端。游戏开始后，双臂先分开的幼儿站立，不分开的幼儿蹲下。当球快到另一侧时，先站的幼儿蹲下，先蹲的幼儿一边站起一边分开双臂。动作交替轮换进行。

指导建议

可以做一些不同大小、长短的拉力器，供幼儿自主选择。

（北京市昌平区工业幼儿园　牛圆圆）

七、脚球

（一）主要发展价值

1. 发展腿部肌肉力量及身体的灵敏性和协调能力。
2. 探索脚球的多种玩法，体验探索与游戏的快乐。

（二）安全管理与要求

1. 选择宽敞、平整、地面较软的场地。
2. 提示幼儿游戏时与同伴保持安全距离。

（三）参考玩法

玩法一：单人游戏（4～6岁）

目标

发展腿部肌肉力量，提高身体的灵敏性和协调性。

玩法

幼儿一只脚套上圆环，让小球转动起来，另一只脚适时跳起让小球连续转动。（图3-25-1）

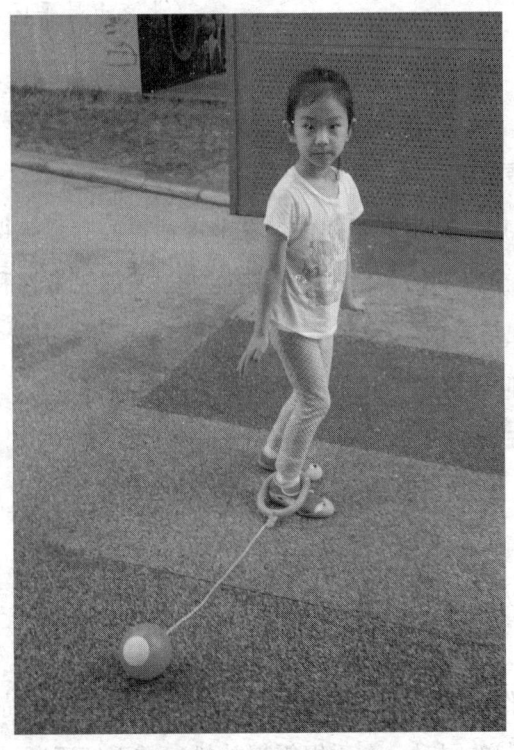

图3-25-1

指导建议

指导幼儿关注脚球转动的轨迹和速度，找准跳起的时机。

玩法二：双人游戏（5～6岁）

目标

1. 发展腿部肌肉力量、身体的灵敏性和协调能力。
2. 提高协同游戏的能力。

玩法

幼儿一只脚套上圆环，让小球转动起来，另一只脚适时跳起让小球连续转动。另一名幼儿双脚并齐从绳子上跳过。

规则

若幼儿跳跃时绊到脚球或绳子，则游戏重新开始。

指导建议

指导站立的幼儿关注脚球转动的轨迹和速度，找准跳起的时机。

（北京市昌平区工业幼儿园　赵月）

八、空竹

（一）主要发展价值

1. 使上下肢肌肉、韧带富有弹性，关节灵活，心肺系统得到锻炼。
2. 提高手眼、全身的协调能力和控制能力，发展灵敏性和反应能力。

（二）安全管理与要求

在抖空竹时和同伴保持一定的安全距离，避免碰撞。

（三）参考玩法

玩法一：我做你学（5～6岁）

目标

学习抖空竹的方法，掌握动作要领。

玩法

教师做分解动作，示范抖空竹的方法，幼儿学做：两手持杆，用空竹线将空竹从地面拎起；拎起的同时，左手绳缓慢放松，右手杆逐渐提高，并不停地上下抖动，使空竹在绳上以一定的速度转动。

指导建议

1. 在幼儿尝试的过程中，教师可巡回观察，个别指导。
2. 引导幼儿学会正确地收放空竹。

玩法二：空竹高手（5~6岁）

目标

1. 能够熟练地抖空竹，并在平衡木上行走。
2. 提高手眼、全身的协调能力、控制能力，发展灵敏性和反应能力。

玩法

幼儿在行进中抖空竹，走到平衡木前，平稳地走上平衡木，继续边抖空竹边行进走。（图3-26-2）

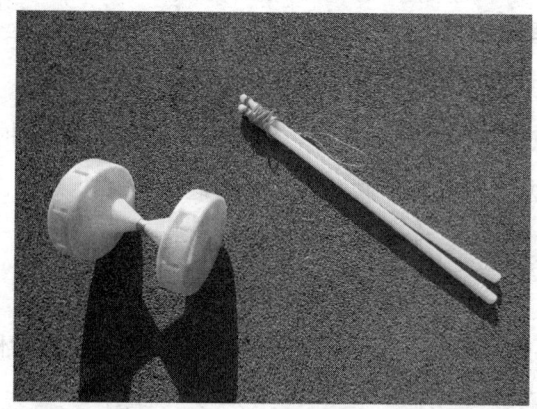

图3-26-1

图3-26-2

规则

前一名幼儿走到平衡木中点时，下一名幼儿再出发。

指导建议

提供多种不同难度的玩法，引导幼儿根据自己的游戏水平和意愿自主选择。例如：在平地上一边走一边抖空竹；在平地上一边抖空竹一边跨过障碍；在平衡木上添加单元砖，边抖空竹边跨过单元砖；等等。

（北京市昌平区工业幼儿园　张爱荣）

九、铁环

（一）主要发展价值

1. 提高手眼协调能力，提高对物体的控制能力。
2. 培养专注、坚持等良好的学习品质。

（二）安全管理与要求

1. 选择宽敞的游戏场地。
2. 指导幼儿按正确的方法滚铁环，注意安全，避免相互冲撞。

（三）参考玩法

玩法一：风火轮（4~6岁）

目标

学习滚铁环，提高手眼、上下肢的协调能力，发展身体动作的协调性。

玩法

滚铁环时，幼儿一手握铁钩，轻轻套住铁环，稍用力推，铁环向前滚动，人跟随其后。铁环不倒，就可以一直玩下去。（图3-27-2）

规则

按照规定的路线和方向滚铁环，避免互相冲撞。

指导建议

1. 指导幼儿掌握滚铁环的正确方法。
2. 观察幼儿的游戏状态，灵活把握运动量。
3. 鼓励幼儿坚持游戏，不半途而废。

（北京市昌平区工业幼儿园　张杰）

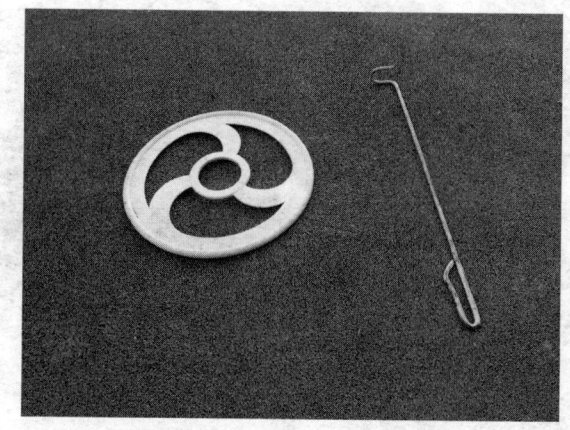

图 3-27-1

图 3-27-2

玩法二：滚铁环过障碍（5~6 岁）

目标

掌握滚铁环的动作要领，提高控制能力，发展灵敏素质和反应能力。

玩法

幼儿滚铁环从起始线出发，沿 S 形路线绕过障碍，绕过最后一个障碍物后掉头沿直线返回。（图 3-27-3）

规则

1. 依次绕过每个障碍，不漏绕。
2. 如果中途铁环倒下，需重新游戏。

图 3-27-3

指导建议

1. 与幼儿共同制定游戏规则，引导幼儿按规则游戏。

2. 游戏后，指导幼儿收放铁环。

（北京市昌平区工业幼儿园　张爱荣、张杰）

十、百变条

（一）主要发展价值

1. 增强上下肢肌肉力量，发展身体的协调性和灵敏性。

2. 发展想象力、逻辑思维能力。

（二）安全管理与要求

1. 活动时保持场地宽敞整洁，没有容易让人绊倒的物品。

2. 游戏中，提醒幼儿注意避免与同伴发生碰撞。

（三）参考玩法

玩法一：开火车（4~6岁）

目标

1. 练习协同跑，发展奔跑能力。

2. 增强协同意识和能力。

玩法

幼儿排成一路纵队，把百变条放到身体两侧，用双手扶紧，像开火车一样跑到终点。（图 3-28-2）

第三章　幼儿运动器械活动与游戏

图 3-28-1

图 3-28-2

规则

百变条不能松，跑的过程中幼儿之间不能断开。

指导建议

1. 提示幼儿跑时要协同一致，注意力集中，保持队形。
2. 启发幼儿想出不一样的"变成火车"的方法并尝试游戏，如将两条百变条交叉，两名幼儿一前一后等。

（北京市昌平区工业幼儿园　张杰）

玩法二：你抡我跳（5~6岁）

目标

提高幼儿协同游戏和有意注意的能力，发展灵敏素质。

玩法

两三名幼儿一起玩，一人蹲着左右摆动百变条，其他幼儿向上跳起，脚不踩到百变条。（图3-28-3）

规则

踩到百变条或被百变条碰到的幼儿停止游戏一次。

指导建议

提示幼儿分工、协商游戏玩法。

（北京市昌平区工业幼儿园　张杰、魏敏）

图 3-28-3

十一、花毽

（一）主要发展价值

1. 发展手眼协调能力、平衡能力及动作的协调性。
2. 体验踢花毽的乐趣，发展下肢肌肉力量。

（二）安全管理与要求

提醒幼儿在踢毽过程中，注意周围，不要踢到其他人。

（三）参考玩法

玩法一：绳子花毽（3~5岁）

目标

练习踢花毽的技能，体验踢花毽的乐趣。

玩法

在花毽上拴一根绳子，幼儿用手提着绳子，用脚去踢花毽。（图 3-29-1）

规则

用脚踢到花毽才算成功。

指导建议

1. 指导幼儿用脚内侧踢花毽，不用花毽打闹。
2. 当幼儿能较熟练地踢花毽后，可以将花毽上的绳子解掉，尝试自己抛、踢花毽。

图 3-29-1

玩法二：踢花毽小能手（5~6岁）

目标

掌握踢花毽的动作要领，锻炼腿部肌肉力量，发展身体动作的协调性。

玩法

幼儿自己抛、踢花毽。

规则

花毽落地后，可捡起继续游戏。

指导建议

1. 指导幼儿用脚内侧踢花毽，不用花毽打闹。

2. 鼓励幼儿想出更多的玩法，如抛起花毽后转身踢、双人踢花毽、多人踢花毽等。

（北京市昌平区工业幼儿园　牛圆圆）

十二、自制瓢虫梅花桩

（一）主要发展价值

1. 发展平衡能力，提高身体协调性、灵活性。

2. 探索器械的多种玩法，体验一物多玩的乐趣。

（二）安全管理与要求

1. 每次游戏前，教师要确保器械在地面上具有附着力，以免打滑。
2. 提示幼儿注意游戏速度，避免在游戏中出现拥挤等情况。
3. 幼儿踩在器械上时，教师要站在一旁注意保护。

（三）材料说明

瓢虫梅花桩由常见的露露罐、宽胶带、不织布制成。将露露罐用宽胶带捆绑好，之后用不织布包裹，并装饰成瓢虫外形。此玩具外形美观，深受幼儿喜爱，安全系数高，便于幼儿操作和收放。（图3-30-1）

图3-30-1

（四）参考玩法

玩法一：过小桥（3～5岁）

目标

练习在有一定高度和间隔的物体上行走，发展平衡能力和身体的协调性。

玩法

将瓢虫梅花桩按不同的间隔距离排放成几条相同的"小桥"，幼儿均分成几队，分别站在"桥头"，有序走过"小桥"。看哪队走得又快又稳。（图3-30-2）

指导建议

1. 提示幼儿双脚站稳，要踩在瓢虫梅花桩的中间部位。
2. 提示幼儿可以张开双臂保持平衡。

图 3-30-2

玩法二：会飞的小瓢虫（4~6 岁）

目标

初步练习单脚跨跳高 15 厘米左右的障碍物，发展弹跳力和单脚跨跳的能力。

玩法

将瓢虫梅花桩摆成一排，幼儿在规定范围内助跑跨跳，单脚起跳，跨过"小瓢虫"者成功。（图 3-30-3、图 3-30-4）

图 3-30-3　　　　　　　　　　图 3-30-4

规则

幼儿在跨跳时不能踩在"小瓢虫"身上。

指导建议

1. 建议幼儿助跑距离为四五步远。

2. 提示幼儿在游戏中，要单脚起跳和单脚落地。

（北京市昌平区工业幼儿园　焦淼）

十三、自制降落伞

（一）主要发展价值

1. 锻炼上肢力量，提高动作的协调性和灵敏性。

2. 体验运动游戏的快乐。

（二）安全管理与要求

1. 活动时要保持场地宽敞整洁，没有容易让人绊倒的物品。

2. 检查降落伞，确认打结处没有松动，小瓶密封。

3. 提示幼儿注意：不要将降落伞投掷到人多的地方。

（三）材料说明

降落伞由布、塑料瓶、线绳制作而成。将正方形的布四角系上等长的线绳，再将四条线绳系到塑料瓶上。为方便起见，可将塑料瓶套在轻软、结实的塑料袋里，再系线绳。（图3-31-1）

图3-31-1.

（四）参考玩法

玩法一：小伞兵（3~6岁）

目标

练习单手向上掷物，发展上肢力量和身体协调性。

玩法

幼儿扮演小伞兵，将降落伞向上抛出，让降落伞在空中打开缓缓降落，然后，尽可能去接住落下来的降落伞。（图3-31-2）

图3-31-2

指导建议

1. 选择宽敞、平坦的活动场地。
2. 指导幼儿在抛降落伞时，要将布和瓶子放在一起，以减少向上抛的阻力。
3. 提示幼儿与同伴保持安全距离。

玩法二：快乐降落（5～6岁）

目标

练习单手肩上掷准动作，发展上肢力量和手眼协调能力。

玩法

在场地中指定降落范围，幼儿将降落伞投出，使降落伞落到指定范围内。

规则

1. 每名幼儿两个降落伞，先后投两次。
2. 能够将降落伞投到指定范围内的幼儿成功。

指导建议

1. 选择宽敞、平坦的活动场地。
2. 指导幼儿掌握投降落伞时的动作：向前上方抛，眼睛要看好降落位置。

3. 降落伞上的瓶子可以替换成不同材质或者不同颜色的悬挂物，也可以使用不同大小的布制成伞面，让幼儿感知降落伞降落的快慢与悬挂物和伞面的关系。

（北京市昌平区工业幼儿园　魏敏
北京市东城区分司厅幼儿园　史少云）

十四、自制荷叶

（一）主要发展价值
发展腿部肌肉力量及动作的协调性。

（二）安全管理与要求
1. 教师在选择场地时注意地面不要过于光滑，避免滑倒。
2. 教师要提示幼儿关注周围情况，避免跳跃时与同伴发生碰撞。

（三）材料说明
荷叶由常见的不织布、海绵制成，颜色鲜艳，外形美观，安全系数高，便于幼儿使用。（图 3-32-1）

图 3-32-1

（四）参考玩法

玩法一：小青蛙跳荷叶（3～6岁）

目标

练习双脚向前跳的动作，提高弹跳力，发展灵敏素质。

玩法

1. 将荷叶散落放在地上，幼儿从一片荷叶双脚跳向另一片荷叶。(图 3-32-2)

图 3-32-2

2. 幼儿分小组进行跳荷叶比赛，先跳完的一组获胜。

规则

1. 跳跃时必须双脚同时起跳。

2. 必须跳落在荷叶上，否则成绩无效。

指导建议

1. 游戏前，幼儿先练习向荷叶上跳，再进行跳跃游戏。

2. 可以根据幼儿的实际发展水平，调整荷叶间的距离。

（北京市昌平区工业幼儿园　何维）

玩法二：蹦蹦跳跳（4~6岁）

目标

练习双脚开合跳，发展腿部肌肉力量及动作的协调性。

玩法

将荷叶单双间隔摆放，幼儿根据荷叶的摆放位置和数量进行跳跃游戏。

规则

1. 遇到一片荷叶时单脚跳，遇到两片荷叶时双脚分开跳。

2. 不能漏跳荷叶。

指导建议

1. 指导幼儿跳跃时要有向上跃的动作，单脚跳跃落地时要稳。
2. 可以根据幼儿的实际发展水平，调整荷叶间的距离。
3. 提示幼儿游戏时依次进行，保持安全距离。

（北京市昌平区工业幼儿园　焦淼）

十五、自制小高跷

（一）主要发展价值

1. 练习踩高跷的动作，发展腿部肌肉力量及动作协调性。
2. 能够灵活变换行走方向，提高身体的灵活性和控制能力。

（二）安全管理与要求

1. 选择平整且不过于光滑的场地，避免磕绊和滑倒。
2. 教师要提示幼儿关注自己站在高跷上的位置，避免踩空和崴脚。
3. 提示幼儿行走时要注意踩稳，不要一味追求速度快。

（三）材料说明

选择高矮不同、粗细不同、光滑的圆柱体木块，将布带固定在木块两侧。布带的长短可以根据幼儿的情况灵活调整。（图 3-33-1）

图 3-33-1

（四）参考玩法

玩法一：踩高跷（4~5 岁）

目标

发展踩高跷走的能力，增强身体平衡能力和上下肢的协调能力。

玩法

1. 幼儿自主选择高跷，在指定范围内随意走动。(图 3-33-2)

2. 教师喊口令或者拍击铃鼓，幼儿听声音走到指定地点。

规则

幼儿要踩在高跷上走，不能半途从高跷上掉下来。

指导建议

1. 为幼儿提供高矮不同的高跷，以满足不同发展水平幼儿的游戏需要。

2. 可以尝试让幼儿发出指令，增添游戏乐趣。

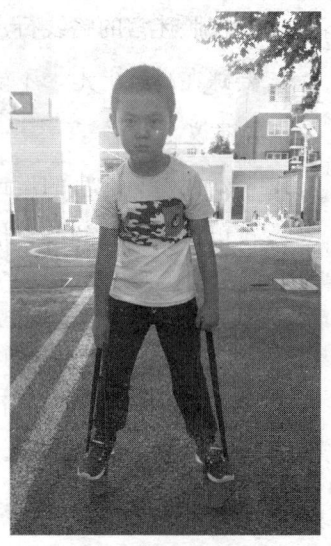

图 3-33-2

玩法二：走迷宫（5~6岁）

目标

提高身体的平衡能力和控制能力。

玩法

用废旧纸盒和彩棒等材料围出迷宫，幼儿踩着高跷在迷宫中穿行，到达终点。(图 3-33-3)

图 3-33-3

规则

1. 要按照迷宫的路线行走，不要触碰废旧纸盒和彩棒等材料。
2. 要踩在高跷上走，不能掉下来。

指导建议

1. 请幼儿参与迷宫的设计和摆放。
2. 可以根据幼儿的游戏情况来调整迷宫通道的宽度和线路的复杂程度。

（北京市昌平区工业幼儿园 赵月）

十六、玉米秆、高粱秆

（一）主要发展价值

练习跳、钻、投的动作，发展上肢和下肢力量，提高身体的协调性和灵敏性。

（二）安全管理与要求

1. 选择表面光滑的材料制成器械，避免扎手。
2. 游戏中，教师提示幼儿关注周围情况，避免碰撞。

（三）材料说明

选择比较直且光滑的玉米秆、高粱秆，两端用废旧布头进行包裹。（图3-34-1、图3-34-2）

图3-34-1

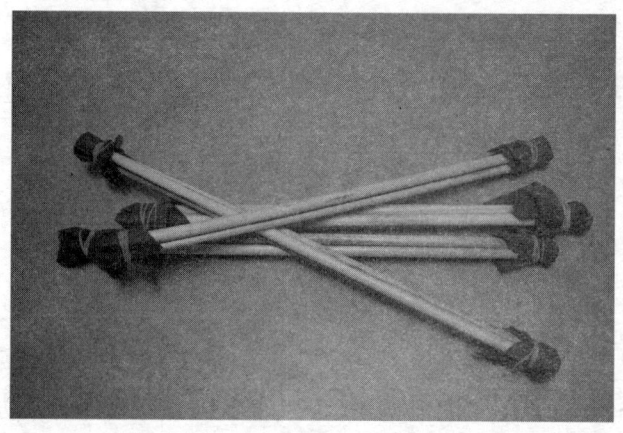

图 3-34-2

(四) 参考玩法

玩法一：钻隧道（3~4岁）

目标

练习正面钻，发展平衡能力，增强腿部肌肉力量。

玩法

将玉米秆四根一组绑在一起，多组摆放成"隧道"，幼儿站在起点处，低头弯腰，用正面钻的方法通过"隧道"。（图3-34-3）

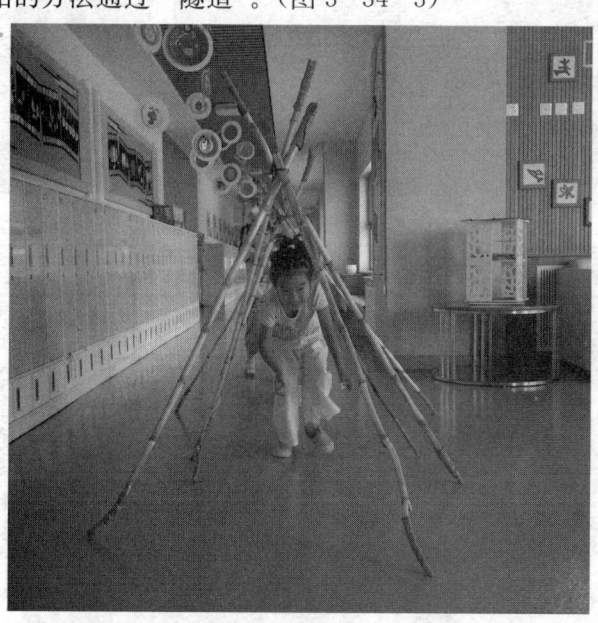

图 3-34-3

指导建议

为幼儿捆绑、摆放的玉米秆隧道可以高矮不同,以满足不同发展水平幼儿的游戏需要。

(北京市昌平区工业幼儿园 王秋红、牛圆圆)

玩法二:青蛙跳跳跳(3~5岁)

目标

练习双脚连续向前跳,增强腿部肌肉力量,发展平衡能力及协调性。

玩法

将玉米秆摆成房子造型、"之"字形的小路,或两两间隔10~15厘米摆成直路,指定起点和终点,幼儿双脚快速跳跃到达终点。也可进行比赛,速度快者获胜。(图3-34-4、图3-34-5、图3-34-6)

图3-34-4

图3-34-5

图3-34-6

规则

1. 幼儿双脚并齐连续向前跳。
2. 中途不停歇，不碰到玉米秆。

指导建议

根据幼儿能力，可灵活调节玉米秆摆放的宽度和长度。

（北京市昌平区工业幼儿园　王秋红、牛圆圆）

玩法三：快乐小投手（5～6岁）

目标

练习肩上挥臂投物，发展挥臂力量和协调能力。

玩法

将玉米秆做成标枪，高粱秆做成飞镖，幼儿手持标枪或飞镖投向目标物。看一看谁投得远、投得准。（图3-34-7、图3-34-8）

图3-34-7

图3-34-8

规则

1. 要站在起点线处投掷。

2. 所有幼儿都投完后，听指令捡标枪或飞镖。

指导建议

根据游戏内容，在前方悬挂目标物，增加游戏兴趣。

（北京市昌平区工业幼儿园　王秋红、牛圆圆）

十七、自制中幡

（一）主要发展价值

1. 练习托举的动作，发展上肢力量。

2. 练习托举行进走，发展平衡能力和协调性，体验成功的快乐。

3. 尝试用身体的不同部位顶举中幡，提高身体协调性和控制能力。

（二）安全管理与要求

1. 教师为幼儿选择材料时要注意材料的重量，避免因过重而对幼儿的身体造成伤害。

2. 选择宽敞的游戏场地，让幼儿有足够的运动空间。

3. 提示幼儿游戏时要与其他小朋友保持安全距离。

（三）材料说明

用PVC管作为支撑的幡杆，用绸子布做幡面。幡面可以由幼儿进行装饰。

（四）参考玩法

玩法：耍中幡（5~6岁）

目标

发展上肢力量，提高身体控制力和平衡能力。

玩法

幼儿自主游戏，尝试各种耍幡动作，可模仿杂技表演形式，用手、肘等部位顶住中幡自由玩耍。（图3-35-1）

规则

能保持平衡，长时间不倒者为胜。

图 3-35-1

指导建议

1. 可根据本班幼儿的实际发展水平，制成重量、高矮、大小不一的中幡，供幼儿自由选择。

2. 教师用数数计时的方式鼓励幼儿坚持。

（北京市昌平区工业幼儿园　张爱荣）

十八、自制盾牌

（一）主要发展价值

1. 发展上下肢肌肉力量和手的触压觉。

2. 发展手眼协调能力，增强上肢肌肉力量。

3. 体验合作游戏带来的乐趣。

（二）安全管理与要求

1. 游戏中使用的球不能太重。

2. 选择宽敞、平整的游戏场地。

（三）材料说明

盾牌由常见纸盒或纸板制成，上面绘有盾牌的图案。将奶箱提手固定在盾牌背面当作把手。可根据需要制作成大小不一、形状不同的盾牌。（图 3-36-1）

图 3-36-1

(四) 参考玩法

玩法一：你投我挡（5～6 岁）

目标

掌握单手挥臂投准的动作要领，发展手眼协调能力和身体的灵活性。

玩法

幼儿分两组站在网两边，一组投掷小球，一组手拿盾牌挡住小球。被小球打到的幼儿下场休息，在规定时间内没有被小球打到的幼儿获胜。（图 3-36-2）

图 3-36-2

规则

1. 投球的幼儿站在网前进行投掷。

2. 拿盾牌的幼儿不能距离网太远，要在小球的投掷范围内。

指导建议

可根据幼儿的实际发展水平设定投挡的距离和范围。

玩法二：小小士兵（5~6岁）

目标

掌握单手挥臂投准的动作要领，发展手眼协调能力和身体的灵活性。

玩法

幼儿分两组站在场地两边，每名幼儿手拿盾牌和小球，将小球投掷向对方，并用盾牌遮挡对方投过来的小球。最终没有被小球打到的幼儿获胜。（图3-36-3）

图3-36-3

规则

两组幼儿需间隔一定的距离，不能离得太近进行投掷。

指导建议

1. 可根据本班幼儿的实际发展水平设定投挡的距离和范围。

2. 可根据幼儿的游戏表现分别开展两人、三人、多人对打的游戏。

（北京市昌平区工业幼儿园　赵月）

十九、自制小动物笤帚

（一）主要发展价值

1. 增强腿部肌肉力量，发展肌肉耐力。
2. 提高身体协调性和平衡能力。

（二）安全管理与要求

选择有一些软度的地面。

（三）材料说明

在笤帚的把手部分套上用不织布制成的动物形象并固定。该器材造型可爱、安全系数高，便于清洁和收放以及幼儿使用。（图3-37-1）

图3-37-1

（四）参考玩法

玩法一：送小动物回家（4~6岁）

目标

练习双脚连续跳的动作，增强腿部肌肉力量，发展身体协调能力。

玩法

幼儿骑在小动物笤帚上，手握小动物笤帚的把手部分，双腿夹紧笤帚向前跳。（图3-37-2）

规则

1. 幼儿双腿夹紧笤帚，跳起时双腿不能分开。
2. 幼儿在游戏中要连续跳到终点。如果由跳变跑，要回到起点重新游戏。

图 3-37-2

指导建议

1. 可根据幼儿能力设置跳跃的距离。
2. 可根据幼儿能力适当加入障碍物,增加跳跃难度。

玩法二:赶小猪(3~6岁)

目标

增强上肢肌肉力量,活动手腕关节,发展目测能力以及判断能力。

玩法

两名幼儿各手持一个小动物笤帚。其中,一名幼儿用笤帚往球门内赶"小猪"(小球),另一名幼儿站在球门前,用小动物笤帚将"小猪"拦在球门外。(图3-37-3)

图 3-37-3

规则

拦"小猪"的幼儿站要在标线的范围之内。

指导建议

1. 引导幼儿要将笤帚头贴着"小猪"前进。
2. 可根据幼儿的游戏水平在场地中添加障碍物，增加游戏的挑战性。

（北京市昌平区工业幼儿园　牛圆圆）

第四章 幼儿基本体操

基本体操是幼儿园体育活动的重要内容之一，它是全面锻炼幼儿身体，促进幼儿机体协调发展的一种简便易行的身体活动。在早操活动或晨间锻炼、户外体育活动、幼儿运动会等活动中，基本体操都是重要的活动内容和呈现形式。

第一节 幼儿基本体操概述

一、幼儿基本体操的含义与价值

（一）幼儿基本体操的含义

幼儿基本体操是指在音乐或歌谣的伴奏下，按照一定的程序，将头、颈、上肢、躯干、下肢等身体主要部位的动作有机地结合起来，做出转、举、振、摆、屈、伸、绕、蹲、踢、跳跃等组合、协调的系列动作，以达到锻炼目的的身体练习。

（二）幼儿基本体操的价值

幼儿每天（尤其是在冬季）练习适宜的、由一组大肌肉群的协调动作组成的基本体操，可以使运动、呼吸、神经、免疫等系统的机能得到一定的锻炼，促进双侧肢体和身体素质的协调发展，有助于形成正确的身体姿势和优美的体态。可以说，幼儿做基本体操是增强体质的一种有效的锻炼方法，也是培养运动习惯的一个重要途径。同时，幼儿在进行基本体操的活动中，还可以增强对空间方位、动作节奏、音乐旋律的感受能力以及对优美动作的表现力，并逐渐形成良好的集体意识以及守纪律、听指挥的良好品质，这是促使幼儿社会化的重要过程。

二、幼儿基本体操的内容

幼儿基本体操包括基本队列与队形练习、幼儿操节活动两个部分。

（一）基本队列与队形练习

在幼儿园的一日生活中，为了使幼儿的生活和活动有秩序地进行，队列与队形练习占有一定的比例。在体育活动中，参与队列和队形练习更是幼儿必须具备的基本能力。

队列练习是指全体幼儿按照教师发出的口令，排成一定的队形或做出协调一致的动作。队形练习是在队列基础上做一定队形变化的练习。

1. 队列练习

（1）排队

幼儿排队的主要内容有：

- 排成一路纵队；
- 排成两路（或四路）纵队；
- 排成一列横队；
- 站成半圆形或圆形等。

（2）队列动作

幼儿队列动作的主要内容有：

- 原地队列动作：立正、稍息、向前看、两臂前平举向前看齐、手放下等；
- 行进间队列动作：原地踏步走、齐步走、跑步走、向左（右）转、向后转、左（右）转弯走、立定等。

2. 队形练习

幼儿队形练习的主要内容有：

- 一个跟着一个走成圆形；
- 由一路纵队走成两路纵队或四路纵队；
- 由一个圆形走成两个圆形；
- 并队走（如由四路纵队走成两路纵队，或由两路纵队走成一路纵队）等。

（二）幼儿操节活动

幼儿操节活动是幼儿基本体操的核心部分，是以幼儿的年龄特点、兴趣以及身体发展需要为基础编排起来的操节动作练习。

依据幼儿是否手持器械做操以及器械的作用，可以将幼儿操节活动分为徒手操、轻器械操和辅助器械操。

1. 徒手操

幼儿徒手操可分为模仿操、一般徒手操、韵律操、武术操、游戏操等。

模仿操是将日常生活中常见的各种活动、成人的劳动、自然界的各种现象、动物的动作和姿态、军事训练中的动作等提炼出来，编成生动形象、丰富有趣的操节动作，引导幼儿进行模仿练习。这类操易于理解、学习和记忆，动作难度不高，能激发幼儿参与活动的兴趣，深受小班幼儿喜欢。

一般徒手操通常要求排列成较整齐的队形，以较规范的动作程序和节拍编排而成，以正前、上、侧方向为主，双侧对称，其方位明确、节奏明快，具有一定的重复性，有时也包含某些模仿动作，侧重于发展幼儿正确的身体姿态。这类操较适合中、大班幼儿做。

韵律操由一般徒手操动作和简单的律动或舞蹈动作结合起来编排而成，其节奏明快、韵律感强、动作活泼，能充分表现出欢快愉悦的情绪以及协调优美的动作姿态。这类操较适合中、大班幼儿做。

武术操主要是根据武术的基本动作（如推、冲、踢、蹬等）编排而成的，其动作有力、快慢结合，能表现幼儿勇武有神的精神面貌。这类操深受大班幼儿的喜爱。

游戏操是用游戏动作编成的操（如踢毽操、皮筋操等），或是把游戏与体操动作结合起来进行。

2. 轻器械操

轻器械操是指幼儿手持轻器械进行的操节练习。常用的轻器械或材料有：小哑铃、小手铃、响筒、圈、球、筷子、花束、花穗、小红旗、纸棍、扇子、短绳等。这类幼儿操通常以手持的轻器械或材料来命名，如哑铃操、手铃操、响筒操、小圈操、大圈操、球操、筷子操、花束操、花穗操、小旗操、纸棍操、扇子操、绳操等。

幼儿轻器械操通常是在幼儿一般徒手操的基础上发展、变化而来，除了具有一般徒手操的基本动作要求外，还需要结合手持材料的特点做一些特殊的操节动作，如哑铃操、响筒操和筷子操可以做敲响的动作，球操可以做举球、抛球、拍球的动作，小旗操可以做上下挥动小旗的动作等。由于手持的材料可以自制而成，变化多样，因而幼儿轻器械操的内容和动作也丰富多样，极易激发幼儿学习和练习操节的热情，深受幼儿喜爱。

3. 辅助器械操

有一些材料也可以作为辅助物来协助幼儿进行操节活动,如小椅子、垫子、皮筋等,我们将利用这些辅助物进行的操节活动称为辅助器械操。常见的幼儿辅助器械操有椅子操、垫子操、皮筋操等。

三、不同年龄段幼儿操节活动的特点

由于幼儿在身心发展方面具有一定的年龄差异性,因此,在创编、选择和组织幼儿操节活动时,应充分考虑各年龄段幼儿的不同特点,以便通过有效的操节活动来促进幼儿身心的良好发展。

(一)小班幼儿操节活动的特点

小班幼儿的思维具体形象,喜欢模仿,具备了初步的理解能力和一定的记忆力,在成人的引导下,能做简单的模仿动作。为小班幼儿选择适宜的模仿操最为合适,模仿的角色和动作内容应活泼有趣,这样更能激发幼儿活动的兴趣。同时,由于小班幼儿的动作能力十分有限,做操时动作的协调性、准确性还较差,缺乏一定的空间感和节奏感,因此,操节动作内容较简单,重复较多,变化较少,每个动作完成的速度较慢,节数较少,活动量也较小。

(二)中班幼儿操节活动的特点

中班幼儿的理解能力、记忆力和动作能力有了一定的发展,空间感知能力和动作的节奏感不断提高,能完成具有一定难度的操节活动,如简单的轻器械操、韵律操等。中班幼儿做操时,动作较协调、较平稳,基本到位,空间方位和节奏感明显提高,操节的节数逐渐增多,活动量逐渐增大。

(三)大班幼儿操节活动的特点

大班幼儿的认知能力、动作能力、自我控制能力以及集体意识有了较大的发展,尤其是手腕的力量有所增强,能学习并掌握具有一定难度的操节活动,如较复杂的轻器械操(小旗操、筷子操、扇子操)、武术操等。大班幼儿操节活动的动作内容可以逐渐复杂、变化多样,动作难度可以逐渐加大,例如,可以加入摆、振、绕环、快速屈伸、变换跳跃和较多的手腕动作,操节数可以增加到6~8节,活动量逐渐增大。大班幼儿做操的主动性和积极性明显提高,做操时较有节奏感,动作质量有了较大的提高。

四、幼儿基本体操的组织要点

（一）重视调动幼儿做操的积极性和主动性

在组织幼儿学习与练习基本体操的过程中，应重视调动幼儿学习与练习的积极性和主动性。例如：对于小班幼儿，可以为他们创设一个有歌谣或儿歌相配的欢快、轻松的情境，引导幼儿根据歌谣或儿歌的内容，跟着老师一起做模仿动作，同时也鼓励幼儿自己做一些想象、创造的动作；对于中大班幼儿，可以与幼儿共同商议选择哪种轻器械来做操或做怎样的操，听取幼儿的想法。此外，无论是选用现成的操节内容，还是创编新操，都应该重视与幼儿之间的互动和交流，引导幼儿去理解和体验，观察幼儿的活动状况，尊重幼儿的能力和水平，并根据幼儿的想法和实际能力进行动作上的调整，以便使幼儿基本体操的操节内容更吸引幼儿和适合幼儿。

（二）教师的指导要到位

1. 重视情绪感染与带动作用

教师应以积极愉快的情绪和饱满的精神状态影响幼儿，起到带动作用，使幼儿在愉快的参与过程中得到身体的锻炼。

2. 口令清晰、示范到位

教师的口令要清晰，声音要洪亮，操节动作的示范要准确、有力、优美。同时，口令应根据动作幅度的大小和肌肉用力的程度有轻重、缓急、强弱、快慢之分。

3. 要有动作要求

在幼儿做体操时，教师应进行适当的动作指导，对于不同年龄幼儿的要求不尽相同。在小班，以引导幼儿进行一定的动作模仿、练习为宜；在中大班，尽量要求幼儿动作到位，尤其应特别重视对幼儿正确站姿和走步姿势的培养。

4. 要抓好重点和难点

对于中大班幼儿，操节动作的重点和难点要讲解清晰，如每节操的动作部位、路线和幅度要讲解清楚，逐渐要求部位准、路线对、幅度适当，最后要求姿势正确，动作有节奏。在做操过程中，还应注意培养和发展幼儿的观察力、体位感、节奏感以及时空感等，逐步提高幼儿做操的质量。

5. 注意呼吸与动作的正确配合

教师要清楚每一项练习中正确吸气和呼气的时机。一般是举臂、扩胸、展体时吸气，落臂、含胸、下蹲、体前屈时呼气。有时还可以让幼儿在做用力动作时，发出一定的声音，如扩胸时发出"嘿、嘿"声，模仿打气时发出"哧"声，模仿放鞭炮时发出"砰啪"声等，以声助力，既可以提高活动的趣味性，又避免用力时憋气。

6. 教学方法要多样化

幼儿操节活动的教学方法要多样化，可以巧妙地运用情境教学法来调动幼儿学习与活动的积极性，避免让幼儿被动地学操。

可以运用游戏来创设情境，吸引幼儿进行动作探索、练习和想象、创造。例如：为幼儿创设"小动物都来做游戏"的场景，引发幼儿模仿和探索小鸭走、小猫伸懒腰、小猴往远望、大象甩长鼻、小兔蹦蹦跳、小鸟飞呀飞等动作；设计与"小矮人"相关的游戏场景来帮助幼儿学习蹲走的动作；等等。

还可以运用问题来创设情境，使幼儿产生好奇心，调动他们参与活动的积极性。如，在与幼儿共同创编响筒操的过程中，可以向幼儿提出以下问题："两个响筒在上面、下面、前面可以怎样敲？""在做跳跃动作时，你们想让响筒怎样响起来？"等，随后让幼儿进行探索和体验，师幼共同讨论、决定选择哪些操节动作来锻炼身体。

（三）合理安排活动量

1. 整套操的活动量变化要有一定的节奏

幼儿操节活动的动作应由简单到复杂，活动量应由小逐渐增大。活动量较大的跳跃动作应放在操的后半部分，最后应安排适当的放松和整理动作。但总体而言，幼儿操节活动的活动量不宜过大。此外，操节动作的幅度也应由小逐渐增大，动作的速度不应过快（跳跃动作除外），以避免肌肉、肌腱、韧带等部位被拉伤。

2. 整体安排和灵活调整相结合

一般而言，每一学期，每个年龄段幼儿基本体操的内容是一样的，这样便于统一安排幼儿做操的活动时间和场地。但在保持幼儿基本体操整体风格不变的情况下，也可以根据季节的变换、每个班级幼儿体能发展的具体情况进行灵活调整，选择不同的操节活动以及操节活动后集体的体能锻炼内容。此外，在较寒冷的秋冬季，幼儿基本体操的活动量可以适当增大一些，以便让幼儿在户外活动时尽快暖和起来。

第二节　小班基本体操

一、队形和队列练习

毛毛虫吃苹果

目标

1. 能够根据指令做动作，一个跟着一个向前行进走。
2. 对走队列有兴趣，乐于参与集体活动。

准备

口哨、音乐、画有等距圆点（当毛毛虫的家）和大圆（当苹果园）的安全场地。

过程

1. 幼儿扮演毛毛虫，分为四路纵队在各自的家里站好（每名幼儿站在一个圆点上）。听到哨声后，所有幼儿集中精神，立正，向前看齐，准备出发。（图4-1-1）

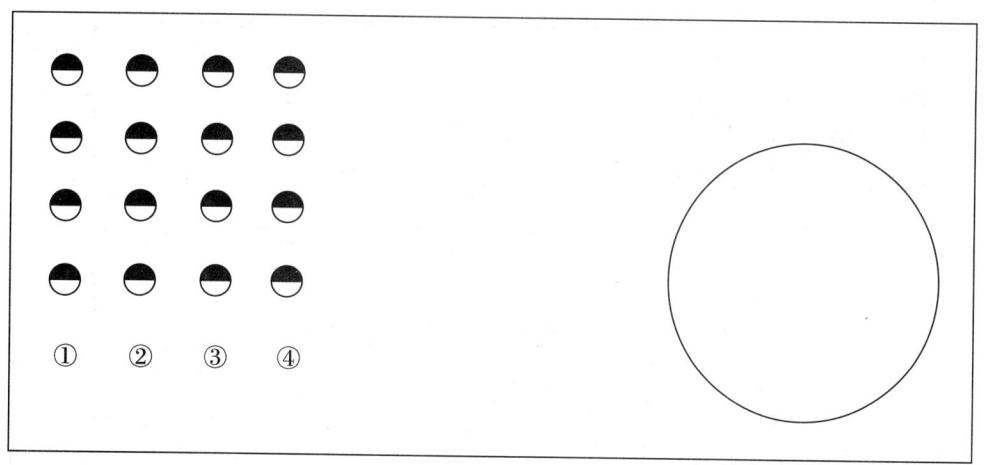

图 4-1-1

2. 音乐开始，教师带领幼儿向苹果园出发。四队幼儿在行进中并成一路纵队，再首尾相接成圆形队，在大圆上行进两圈表示吃苹果。（图4-1-2）

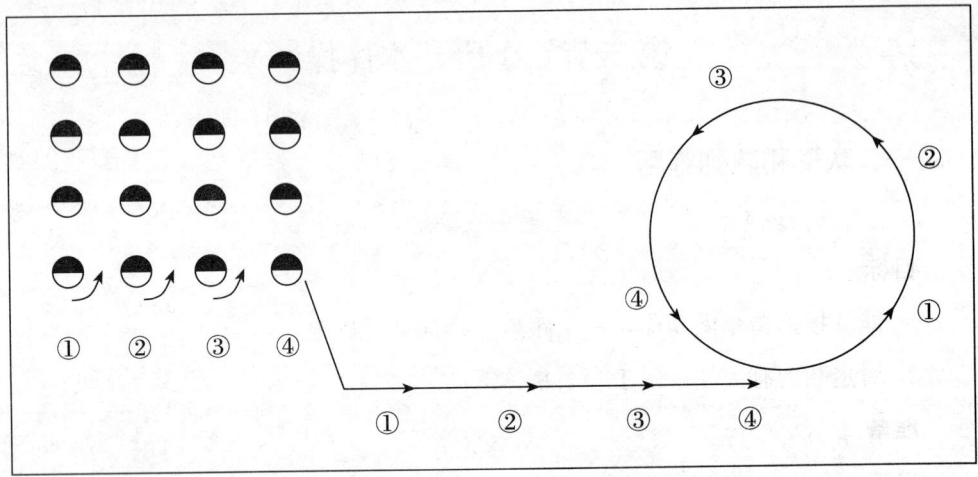

图 4-1-2

3. "毛毛虫吃饱了,真满足啊!现在我们散散步,准备回家吧!"教师边叙说游戏情境,边带领幼儿从圆形队变成一路纵队,在行进中分开,还原成四路纵队。然后四队并排齐步走,回到出发时站的圆点后,立正站好。(图4-1-3)

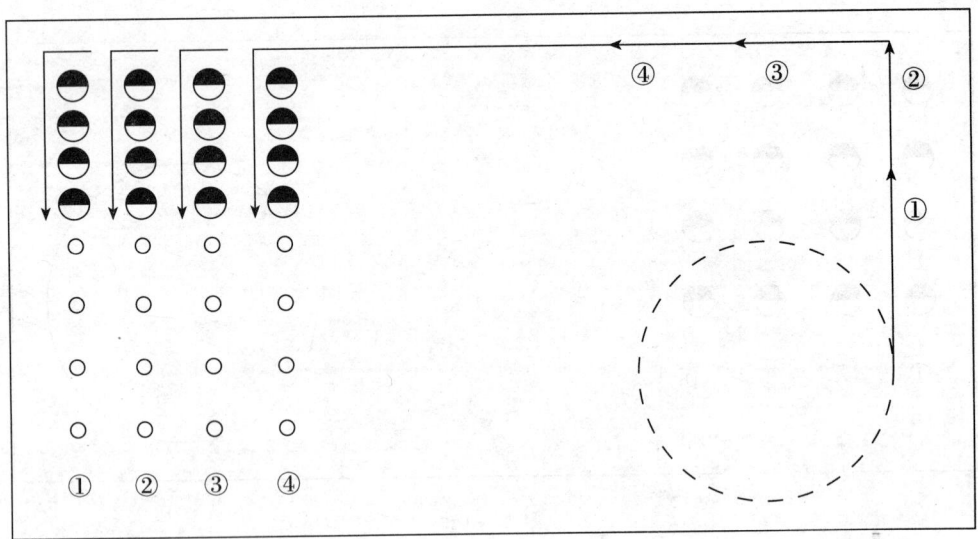

图 4-1-3

注:○代表地上的圆点,◐代表幼儿。

建议

1. 在小班初期,幼儿难以做到一个跟着一个不掉队地向前走,教师可以让幼儿抓住前面幼儿的衣服后摆,以免掉队。

2. 从一路纵队变回四路纵队时,需要教师带领,指定当队首的四名幼儿,并及时提醒、示意。

(北京市东城区分司厅幼儿园　郑玥)

二、模仿操

小班模仿操

预备姿势　自然站立。(图 4-2-1)

儿歌	动作说明
早上空气真正好,	两臂上举,向左右自然摆动。(图 4-2-2、图 4-2-3)
我们大家来做操。	两臂胸前屈肘,后振 3 次放下。(图 4-2-4)
伸伸臂,伸伸臂,	两臂侧平举,然后放下。再重复 1 次。(图 4-2-5)
弯弯腰,弯弯腰,	两手叉腰,上体前屈 2 次。(图 4-2-6)
踢踢腿,踢踢腿,	两手叉腰,左右腿各向前踢 1 次(图 4-2-7、图 4-2-8)
蹦蹦跳,蹦蹦跳,	两手叉腰,上跳 4 次。(图 4-2-9)
天天做操身体好。	原地踏步。(图 4-2-10)

图 4-2-1　　　图 4-2-2　　　图 4-2-3　　　图 4-2-4

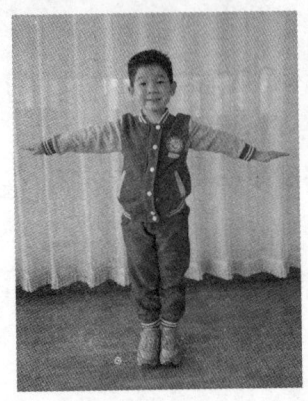  

图4-2-5　　　　　　　图4-2-6　　　　　　　图4-2-7

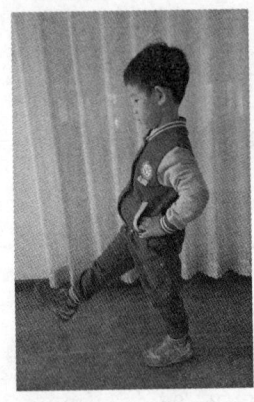  

图4-2-8　　　　　　　图4-2-9　　　　　　　图4-2-10

（照片提供：北京市昌平区工业幼儿园）

小动物真可爱

预备姿势　自然站立。（图4-3-1）

儿歌	动作说明
来来来，来来来，	两臂向左前上方伸出，上下摆动手腕2次，再向右前上方伸出，上下摆动手腕2次，表示招呼小朋友。（图4-3-2、图4-3-3）
小动物，真可爱。	两手叉腰，同时碎步自转1圈。（图4-3-4）
小花猫，喵喵喵，	两手放在嘴前（掌心向内），手指相对。两手各向两边拉2下，作理胡须状，上体同时向左右自然摆动，然后

	两臂放下。（图4-3-5）
伸伸懒腰喵喵喵。	两臂经腹前交叉，在体前绕环2圈。（图4-3-6）
小鸭子，嘎嘎嘎，摇摇摆摆嘎嘎嘎。	两腿自然开立、稍蹲，两臂于体侧外张，掌心向下，手指向外侧自然分开。学小鸭原地走7步，同时上体向左右自然摇摆，然后还原成预备姿势。（图4-3-7）
小小鸡，叽叽叽，	两手半握拳，伸出食指相拼在嘴前成小鸡尖嘴状。上体前倾，作啄虫状。（图4-3-8）
找到虫儿叽叽叽。	两手同前，作小鸡尖嘴状，上体前倾，碎步自转1圈。（图4-3-9）
小青蛙，呱呱呱，跳上跳下呱呱呱。	两脚稍分开，膝稍屈，两臂屈肘于肩侧，手心向前，上跳7次，然后还原成预备姿势。（图4-3-10）

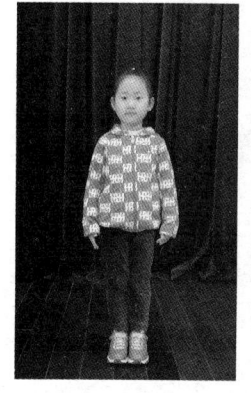   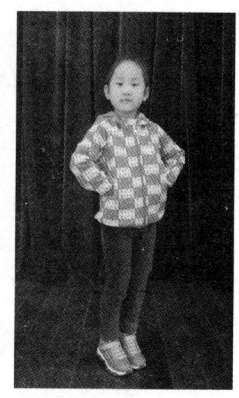

图4-3-1　　　　图4-3-2　　　　图4-3-3　　　　图4-3-4

 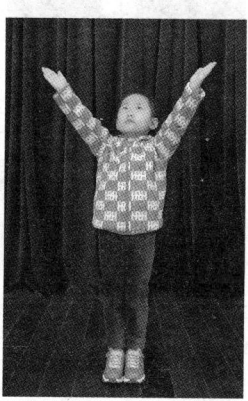 

图4-3-5　　　　图4-3-6　　　　图4-3-7

  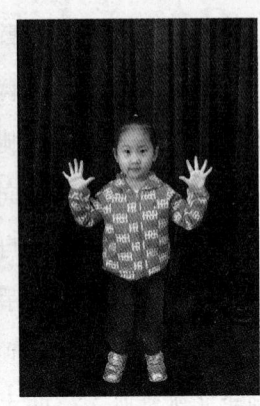

图 4-3-8　　　　　图 4-3-9　　　　　图 4-3-10

（照片提供：原中国人民解放军总后勤部六一幼儿园）

快乐的幼儿园

预备姿势　身体自然直立。（图 4-4-1）

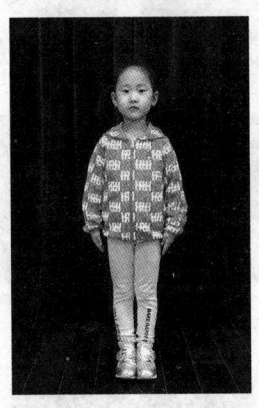

图 4-4-1

第一节　上肢运动（抱娃娃）（2×8 拍）

第一八拍：（图 4-4-2）

①两臂侧平举，同时左脚侧出一步。

②两臂经下屈肘，于胸前交叉，两手扶肩。

③还原成①的姿势。

④收回左脚，还原成预备姿势。

⑤～⑧动作同①～④，换右脚侧出、收回。

图 4-4-2

第二八拍：动作同第一八拍。

第二节　下蹲运动（荡秋千）（2×8 拍）

第一八拍：（图 4-4-3）

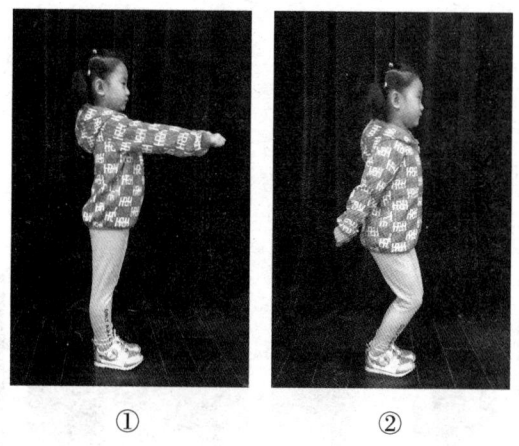

图 4-4-3

①两臂自然前摆至前平部位（手半握拳，拳心向下）。

②两腿屈膝半蹲，同时两臂自然向下后摆。

③还原成①的姿势。

④还原成预备姿势。

⑤～⑧动作同①～④。

第二八拍：动作同第一八拍。

第三节　扩胸运动（绕线）（2×8拍）

第一八拍：（图4-4-4）

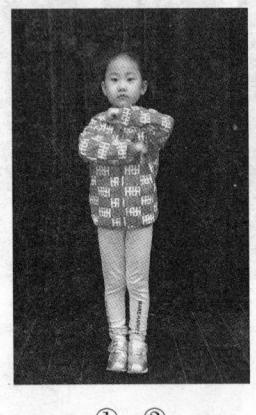

①～②　　　　③～④

图4-4-4

①～②两手握拳横叠在胸前（拳心向下），上下绕环作绕线状（任绕几下）。

③～④两臂胸前平屈，后振2次。

⑤～⑧动作同①～④。

第二八拍：动作同第一八拍，最后一拍还原成预备姿势。

第四节　体转运动（望远镜）（2×8拍）

第一八拍：（图4-4-5）

  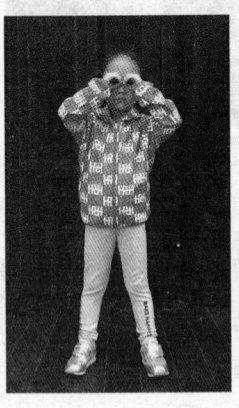 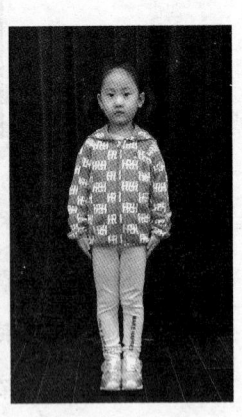

①　　　　②　　　　③　　　　④

图4-4-5

①两臂屈肘，两手握空拳、拳眼对准眼睛作用望远镜瞭望状，同时左脚侧出一步。

②上体向左转体 90°。

③还原成①的姿势。

④还原成预备姿势。

⑤～⑧动作同①～④，方向相反。

第二八拍：动作同第一八拍。

第五节 腹背运动（小鸭喝水）（2×8 拍）

第一八拍：（图 4-4-6）

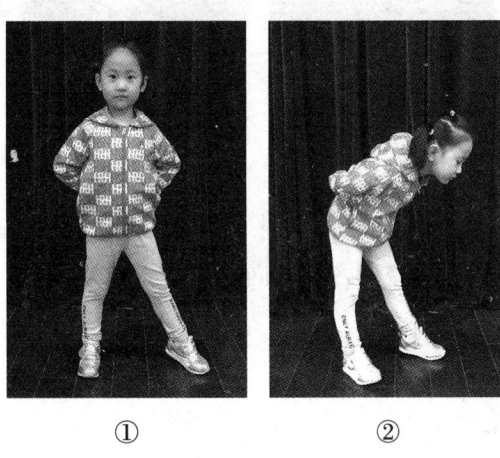

图 4-4-6

①手背贴后腰，挺胸，同时左脚侧出一步。

②上体前屈。

③头摇动模仿小鸭喝水状。

④收回左脚，还原成预备姿势。

⑤～⑧动作同①～④，换右脚侧出、收回。

第二八拍：动作同第一八拍。

第六节 跳跃运动（拍皮球）（2×8 拍）

第一八拍：（图 4-4-7）

①～②两腿弹性屈伸 2 次，同时右手叉腰，左手在左前拍球 2 下，眼看左手。

③～④两手叉腰，上跳 2 次。

⑤～⑧动作同①～④，换右手拍球。

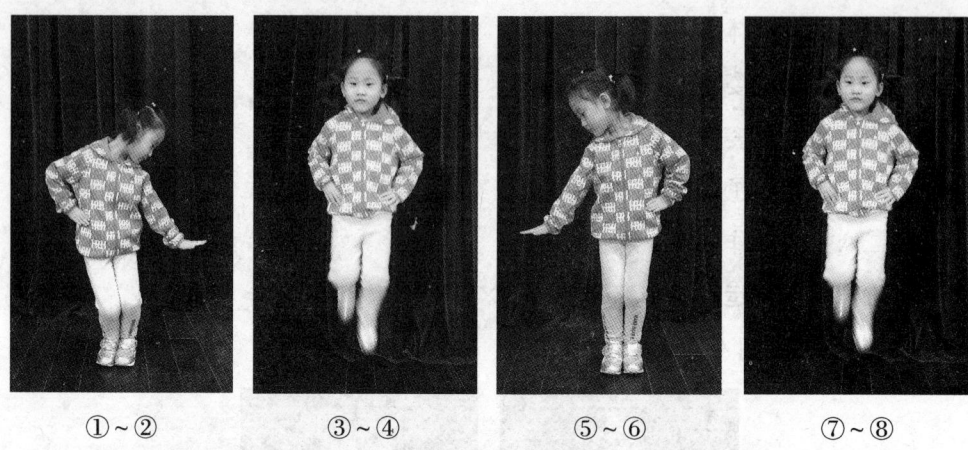

①～②　　　③～④　　　⑤～⑥　　　⑦～⑧

图 4-4-7

第二八拍：动作同第一八拍，最后一拍还原成预备姿势。

第七节　整理运动（1×8 拍）（图 4-4-8）

①两臂自然侧摆（手握空拳，拳心向下），同时起踵。

②两臂体前交叉，同时落踵。

③～④动作同①～②。

⑤～⑥动作同①～②。

⑦动作同①。

⑧还原成预备姿势。

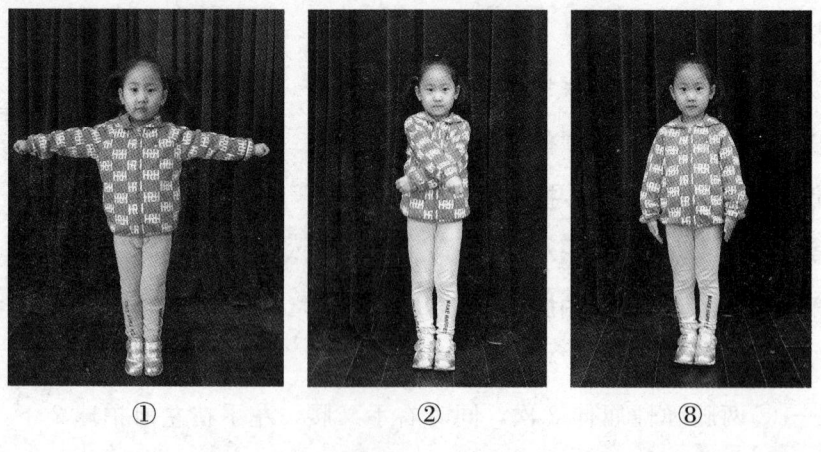

①　　　　　②　　　　　⑧

图 4-4-8

（照片提供：原中国人民解放军总后勤部六一幼儿园）

三、轻器械操

体 能 环 操

预备姿势 身体自然直立，两手持体能环放于体侧。（图 4-9-1）

图 4-9-1

第一节　上肢运动（2×8 拍）

第一八拍：（图 4-9-2）

①～④　　　　　⑤～⑧

图 4-9-2

①～④两臂前平举，摇体能环 2 次。

⑤～⑧两臂上举，摇体能环 2 次。

第二八拍：（图 4-9-3）

①～⑥两臂侧平举，摇体能环 3 次。

①~⑥　　　　　　⑦~⑧

图 4-9-3

⑦~⑧还原成预备姿势，摇体能环 1 次。

第二节　体侧运动（2×8 拍）

第一八拍：（图 4-9-4）

①~⑥　　　　　　⑦~⑧

图 4-9-4

①~⑥左脚侧出，脚跟点地，上体左侧屈。两手在肩侧摇体能环 3 次。

⑦~⑧还原成预备姿势。

第二八拍：

①~⑥动作同第一八拍①~⑥，方向相反。

⑦~⑧还原成预备姿势。

第三节　踢腿运动（2×8 拍）

第一八拍：（图 4-9-5）

①~④　　　　　　⑤~⑥　　　　　　⑦~⑧

图 4-9-5

①~④两臂侧平举，摇体能环 2 次。

⑤~⑥两臂前平举，摇体能环 1 次，同时左脚向前踢出。

⑦~⑧还原成预备姿势。

第二八拍：

①~④动作同第一八拍①~④。

⑤~⑥动作同第一八拍⑤~⑥，换踢右脚。

⑦~⑧还原成预备姿势。

第四节　腹背运动（2×8 拍）

第一八拍：（图 4-9-6）

①~④左脚向左侧迈出一步，同时两手侧平举，摇体能环 2 次。

①~④　　　　　　⑤~⑥　　　　　　⑦~⑧

图 4-9-6

⑤~⑥上体前倾，两手在体前摇体能环1次。

⑦~⑧还原成预备姿势。

第二八拍：

①~④动作同第一八拍①~④，换右脚侧出。

⑤~⑥动作同第一八拍⑤~⑥。

⑦~⑧还原成预备姿势。

第五节　跳跃运动（2×8拍）

第一八拍：（图4-9-7）

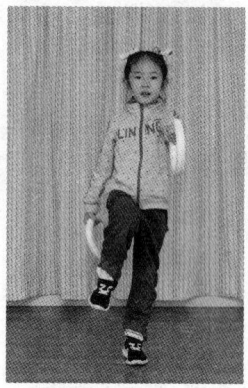

①~⑧

图4-9-7

①~⑧两手握环，原地踏步。

第二八拍：（图4-9-8）

①~⑦　　　　　　　　　⑧

图4-9-8

①~⑦向上跳起，同时两臂上举，摇体能环，做4次。

⑧还原成预备姿势。

第六节　整理运动（2×8拍）

第一八拍：（图4-9-9）

①~②

③~④

⑤~⑥

⑦~⑧

图4-9-9

①~⑧两手经胸前交叉打开，经头顶画圆再回到体侧，始终摇环。

第二八拍：动作同第一八拍，最后一拍还原成预备姿势。

（北京市东城区分司厅幼儿园　高卫红、李万莉）

第三节　中班基本体操

一、队形和队列练习

植物大战僵尸之储存能量

目标

1. 能够听指令或信号做基本队列练习。

2. 体验队列游戏的乐趣。

准备

1. 口哨、电子游戏《植物大战僵尸》插曲音乐及播放器。

2. 安全、宽敞的场地，一半划为安全区，一半划为地雷区，均画有等距圆点和标志线。

过程

1. 幼儿扮演《植物大战僵尸》中的植物，分成六路纵队站在安全区的圆点上。音乐响起，幼儿站在自己的圆点上原地踏步，准备为大战僵尸储存能量。（图 4-10-1）

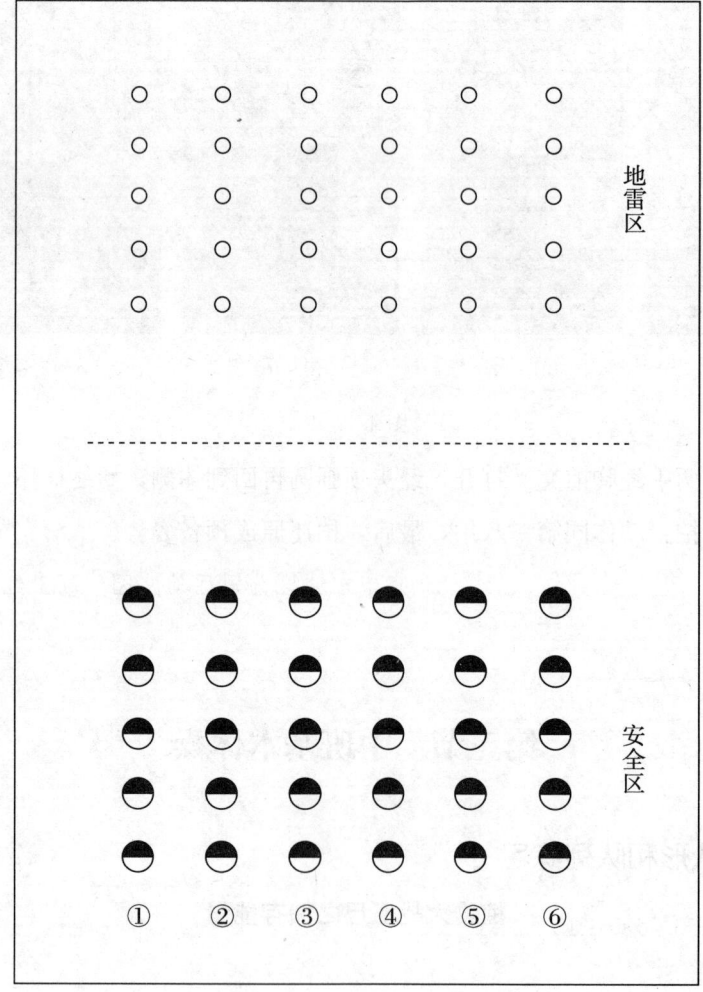

图 4-10-1

注：○代表地上的圆点，◐代表幼儿。

2. 听到口哨声后，各队以排头为基准踏步集合，准备出发。（图 4-10-2）

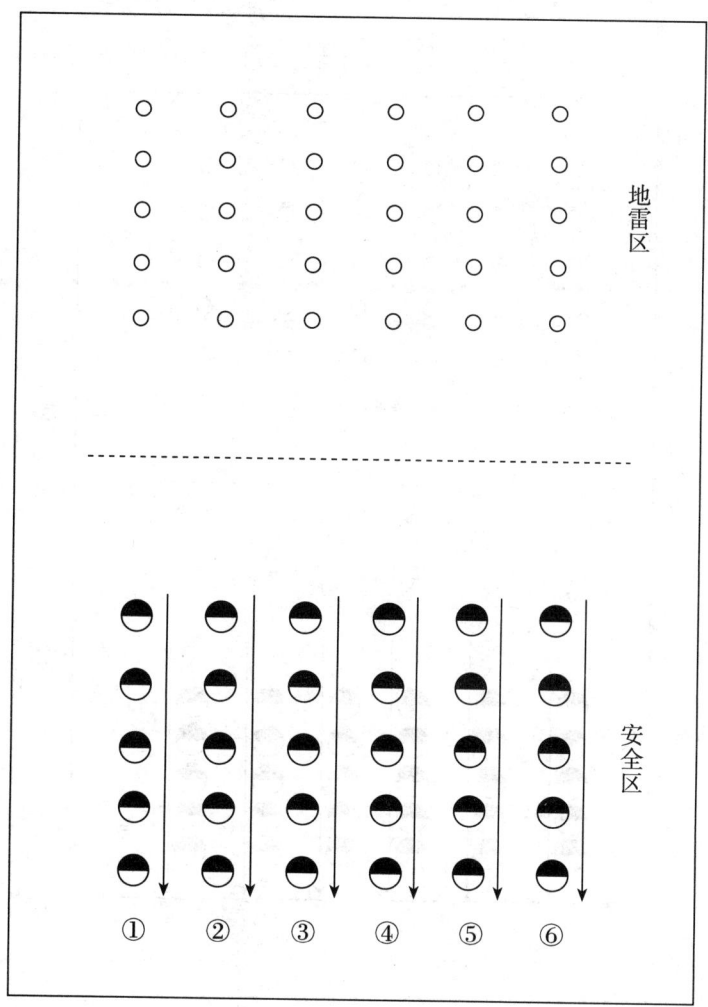

图 4-10-2

注：○代表地上的圆点，◐代表幼儿。

3. 再次听到口哨声后，六队幼儿分头走成两队（左边三队向左转弯走，首尾相接走成一队；右边三队向右转弯走，首尾相接走成另一队），沿着标志线齐步走，去地雷区寻找"能量豆"。（图 4-10-3）

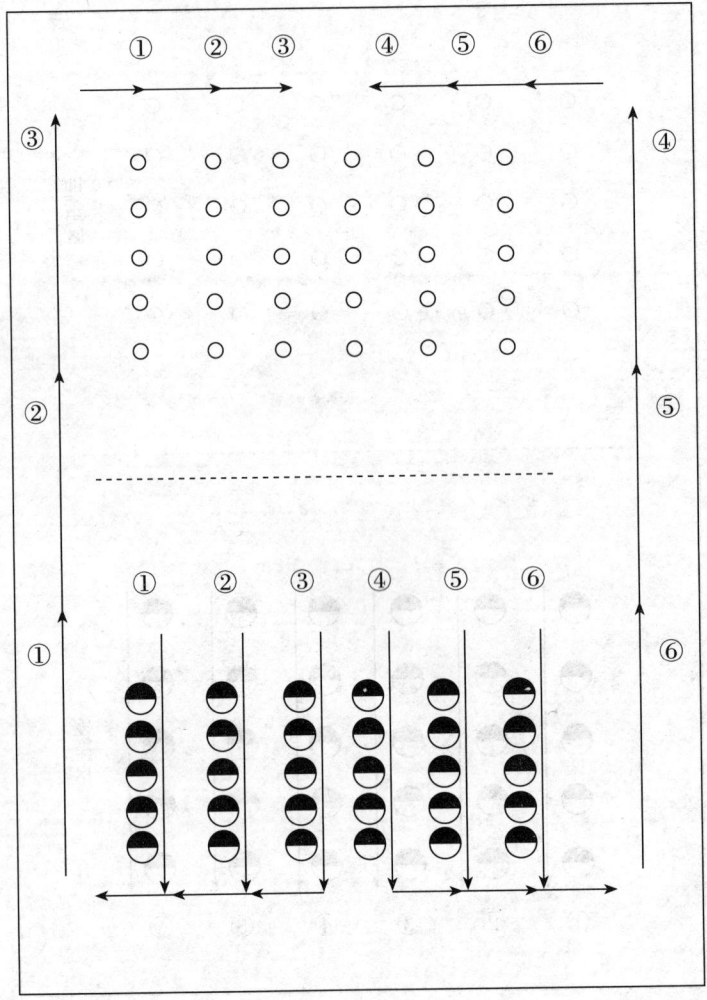

图 4-10-3

注：○代表地上的圆点，◐代表幼儿。

4. 到达地雷区后，观察确认没有危险，就可以去吃脚下的"能量豆"（听口哨声，两队还原为六队，齐步走，踩到圆点就算吃到一颗"能量豆"）。（图 4-10-4）

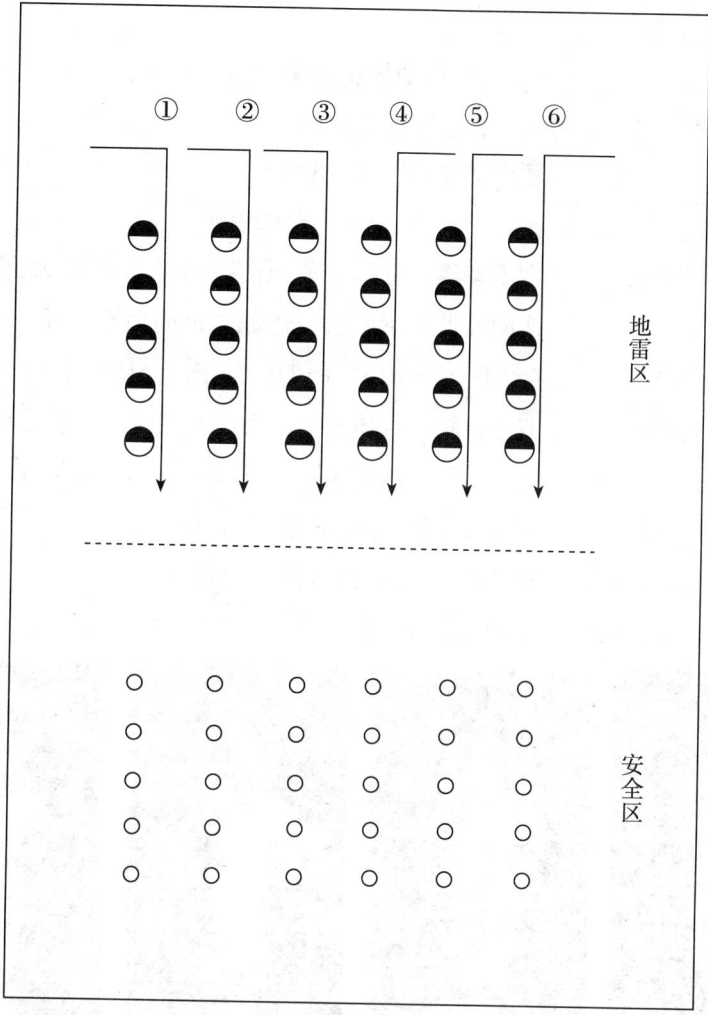

图 4-10-4

注：○代表地上的圆点，◐代表幼儿。

5. 所有的小植物吃完"能量豆"后，听口哨声，沿着标志线齐步走，回到安全区。齐步走时，注意保持横纵排面整齐；回到安全区后，每人脚踩一个圆点，在点上原地踏步。音乐停止时，立定站好，等待大战僵尸。

建议

1. 中班幼儿做立正、稍息等动作时的要求与小班相比有所提升，教师应在游戏过程中帮助幼儿明确动作要领。

2. 重点引导幼儿练习原地踏步和齐步走，指导幼儿尽量上下肢协调地走。

（北京市东城区分司厅幼儿园　梅绍华）

二、徒手操

小动物模仿操

预备姿势 身体自然直立,双手放在体侧。

第一节 头部运动(骄傲的公鸡)(2×8拍)

儿歌	动作说明
大公鸡,喔喔啼,	右手叉腰,左手立掌,屈臂举到头顶模仿大公鸡的鸡冠。头向前点1下,然后还原。再向后点1下,然后还原。(图4-11-1、图4-11-2、图4-11-3、图4-11-4)
每天清晨早早起。	双手叉腰,身体直立,头向左点1下,然后还原。再向右点1下,然后还原。(图4-11-5、图4-11-6、图4-11-7、图4-11-8)
小动物们比一比,	头逆时针绕一圈。(图4-11-9)
属我公鸡最美丽。	头顺时针绕一圈。(图4-11-10)

   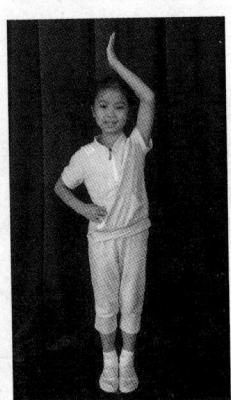

图4-11-1　　　　图4-11-2　　　　图4-11-3　　　　图4-11-4

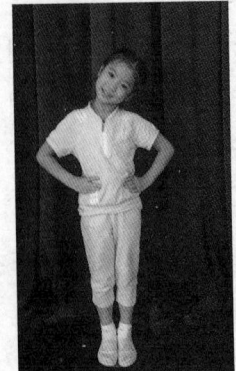  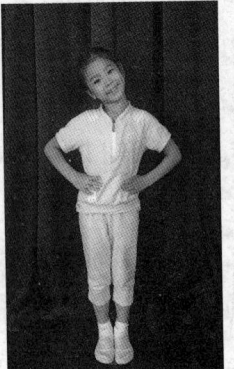 

图4-11-5　　　　图4-11-6　　　　图4-11-7　　　　图4-11-8

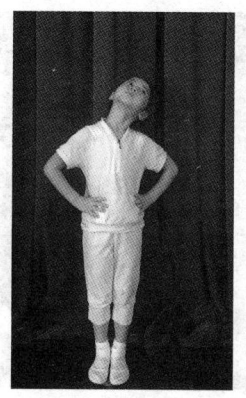 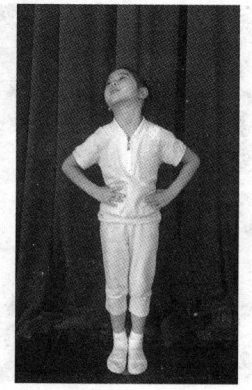

图 4-11-9　　　　图 4-11-10

第二节　体侧运动（小鸭爱洗澡）（2×8 拍）

儿歌	动作说明
小鸭子，摇摇摇，	两臂侧下举，五指张开压腕，掌心向下，模仿小鸭翅膀。左脚侧出，脚跟点地，上体左侧屈，同时向左点头，然后还原。反方向再做1次。（图4-11-11、图4-11-12、图4-11-13、图4-11-14）
走到河边洗个澡。	动作同上。
小鸭嘎嘎排好队，	两手并拢，掌根相叠，手心朝下，自然屈臂于胸前，同时屈膝。两手交替打开、合拢，模仿小鸭嘎嘎叫的样子，同时自然点头。做4次。（图4-11-15）
一个一个往下跳。	双脚并拢原地屈腿小跳1次，同时双臂向前伸直，低头埋进双臂之间，模仿小鸭跳到水里的动作。然后双臂由体前经身体两侧划到身体斜下方45°位置，压手腕，指尖向上翘起，模仿小鸭子的翅膀，同时将头抬起。重复小鸭跳水的动作1次后，还原为预备姿势。（图4-11-16、图4-11-17、图4-11-18、图4-11-19）

幼儿园健康教育资源 体育活动

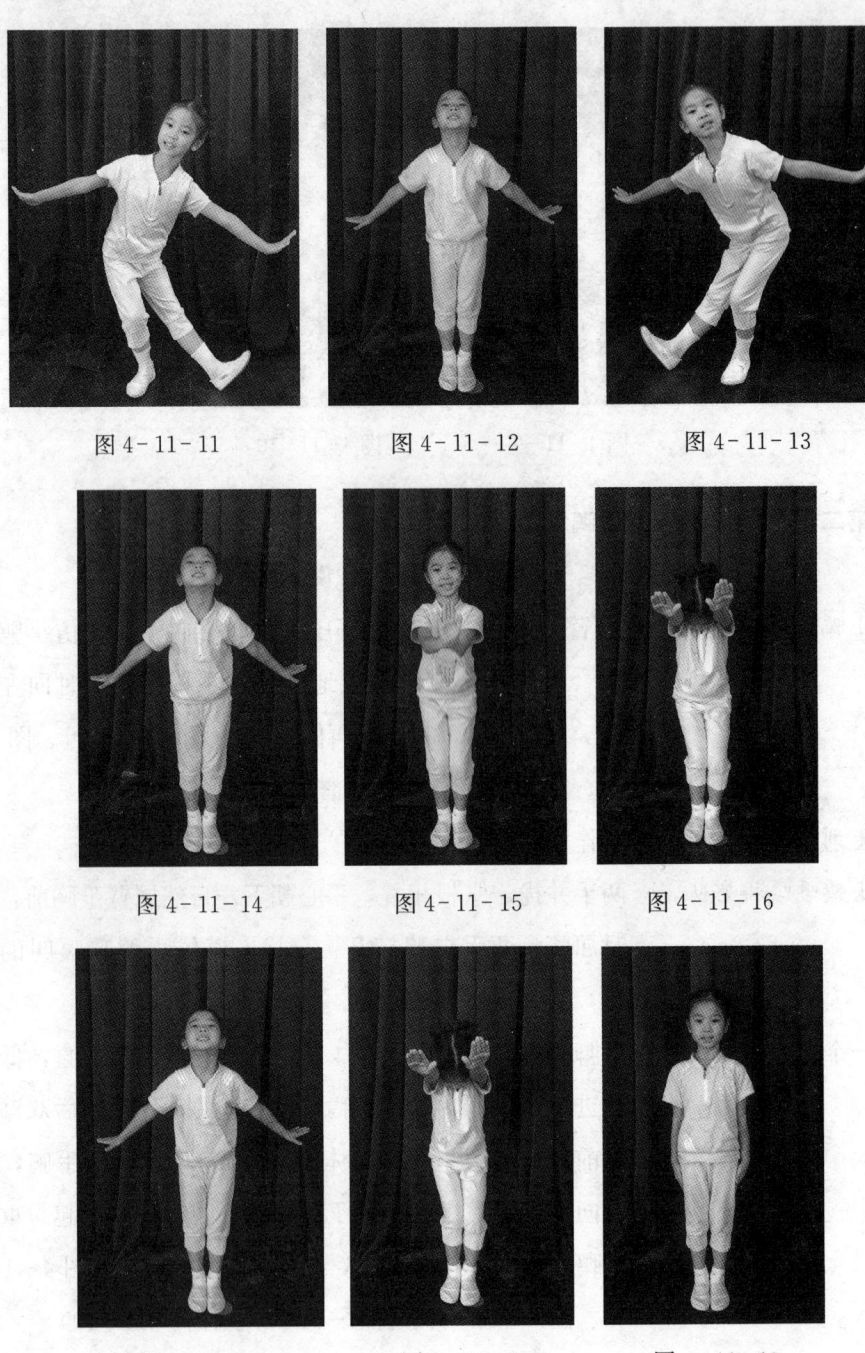

图4-11-11　　　　　图4-11-12　　　　　图4-11-13

图4-11-14　　　　　图4-11-15　　　　　图4-11-16

图4-11-17　　　　　图4-11-18　　　　　图4-11-19

第三节　体转运动（小猴摘桃子）（2×8拍）

　　　儿歌　　　　　　　　　　　动作说明

小猴子，真淘气，　左手叉腰，右手五指并拢，反手指尖向右搭在两眉上

276

方,作瞭望状,身体转向左侧。然后还原。反方向再做1次。(图4-11-20、图4-11-21、图4-11-22、图4-11-23)

找棵桃树爬上去。　　动作同上。

左摘一个咬一口,　　左手叉腰,右手向上伸直,模仿从树上摘桃的样子。同时身体转向左侧。然后身体转正,右手放在嘴边,模仿咬东西的样子。(图4-11-24、图4-11-25)

右摘一个扔出去。　　右手叉腰,左手向上伸直,模仿从树上摘桃的样子。同时身体转向右侧。然后身体转正,左手向前伸直,掌心向下,模仿扔东西的样子,再收回。(图4-11-26、图4-11-27)

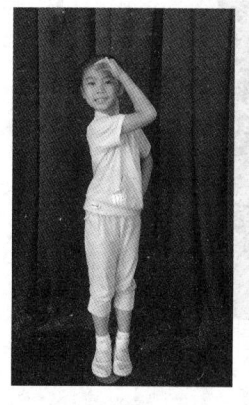 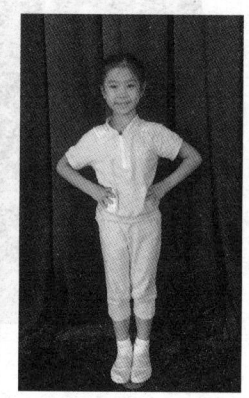 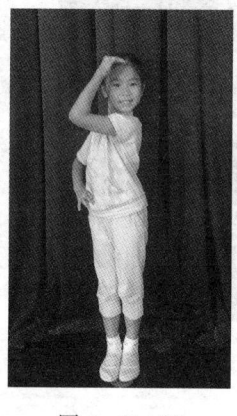 

图4-11-20　　　图4-11-21　　　图4-11-22　　　图4-11-23

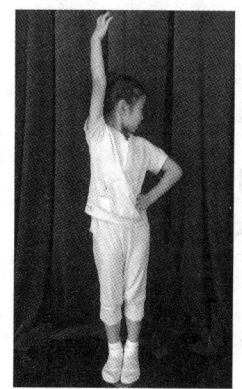 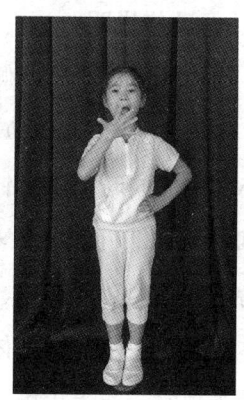 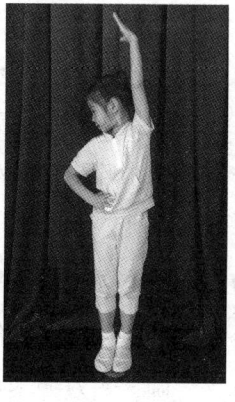 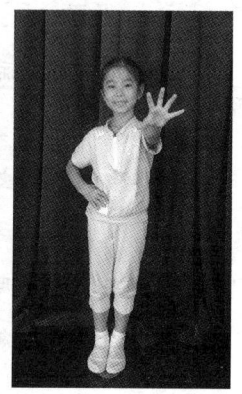

图4-11-24　　　图4-11-25　　　图4-11-26　　　图4-11-27

第四节　跳跃运动（小青蛙捉害虫）（2×8拍）

儿歌	动作说明
小青蛙，呱呱叫，	双手五指张开，双臂屈于身体两侧。同时双脚开立，屈腿小跳2次。跳动时双臂自然向前微微划动。（图4-11-28）
捉到害虫哈哈笑。	屈腿，用力蹬地跳起2次。跳起时两臂用力向上伸直。（图4-11-29）
小小青蛙保庄稼，	动作同"小青蛙，呱呱叫"。
小朋友们都爱它。	动作同"捉到害虫哈哈笑"。

图4-11-28

图4-11-29

第五节　整理运动（小鸟飞）（2×8拍）

儿歌	动作说明
小小鸟，真美丽，	两脚做小碎步，同时两臂经身体两侧作小鸟飞状，模仿小鸟飞的动作2次。（图4-11-30）
一飞飞到天上去。	做小碎步模仿小鸟飞的同时，逆时针原地自转一周（图4-11-31、图4-11-32、图4-11-33、图4-11-34）
飞到东，飞到西，	动作同"小小鸟，真美丽"。
晚上回家再休息。	双腿并拢，身体直立，双手自下经体前交叉向两侧画大圆。当双臂举过头顶时，双手手腕交叠。然后双手经体侧放下，合十枕于左侧耳下，同时全蹲，模仿小鸟睡着

的样子。(图 4-11-35、图 4-11-36)

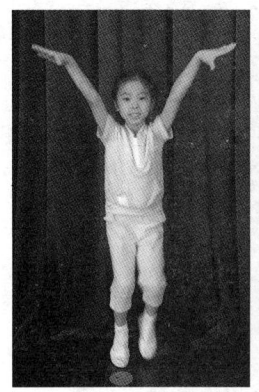 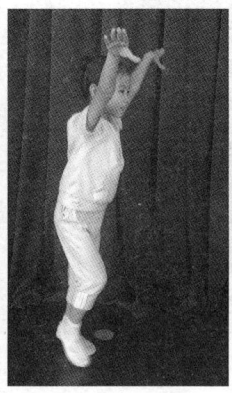 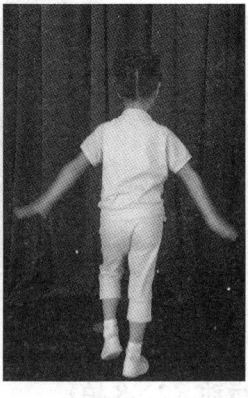 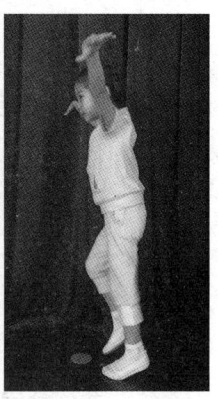

图 4-11-30　　　　图 4-11-31　　　　图 4-11-32　　　　图 4-11-33

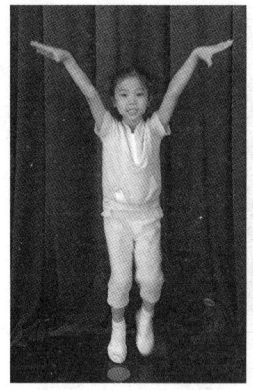  

图 4-11-34　　　　图 4-11-35　　　　图 4-11-36

(原中国人民解放军总后勤部六一幼儿园　王玉娜)

三、轻器械操

圈　操

预备姿势　身体自然直立，两手持圈放于体前。(图 4-12-1)

图 4-12-1

第一节 伸展运动（2×8 拍）

第一八拍：（图 4-12-2）

 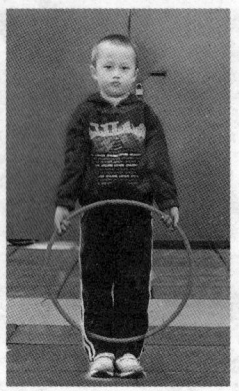

①～②　　　　　　③～④

图 4-12-2

①～②两腿并拢，提踵，两手持圈，两臂前平举。

③～④还原成预备姿势。

⑤～⑥动作同①～②。

⑦～⑧动作同③～④。

第二八拍：（图 4-12-3）

①～②左脚向左侧出，两手持圈，两臂前平举。

③～④两臂持圈上举。

⑤～⑥还原成①～②的姿势。

⑦～⑧还原成预备姿势。

   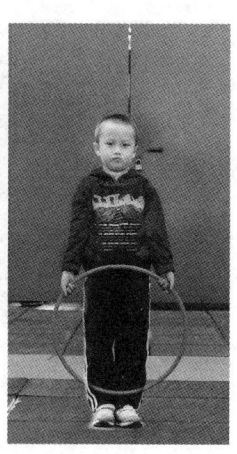

①~②　　　　　③~④　　　　　⑤~⑥　　　　　⑦~⑧

图 4-12-3

第二节　体侧运动（2×8 拍）

第一八拍：（图 4-12-4）

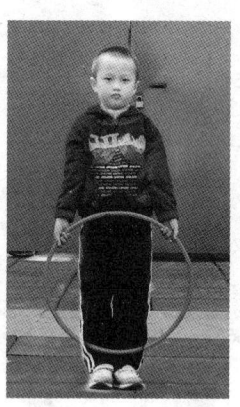

①~⑧

图 4-12-4

①~⑧身体直立，两臂下垂伸直，两手持圈轻击腿部 4 次。

第二八拍：（图 4-12-5）

①~②左脚向左侧出，脚跟点地，右膝稍屈，两手持圈于左侧平举。

③~④还原成直立，双手持圈立于胸前。

⑤~⑥动作同①~②，方向相反。

⑦~⑧动作同③~④。

①~②　　　　③~④　　　　⑤~⑥　　　　⑦~⑧

图 4-12-5

第三节　体转运动（2×8 拍）

第一八拍：（图 4-12-6）

①~②　　　　③~④　　　　⑤~⑥　　　　⑦~⑧

图 4-12-6

①~②左脚向左侧出一步，两手持圈前平举。

③~④两臂持圈上举。

⑤~⑥身体向左侧转，双手持圈套于肩部，双腿稍屈呈弓箭步。

⑦~⑧还原成预备姿势。

第二八拍：动作同第一八拍，方向相反。结束时，身体前屈将圈放于脚前地面，然后还原为直立。

第四节 跳跃运动（2×8 拍）

第一八拍：（图 4-12-7）

   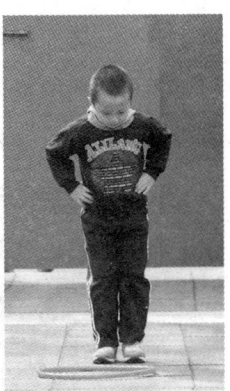

①～② ③～④ ⑤～⑥ ⑦～⑧

图 4-12-7

①～②两手叉腰，跳进圈内。

③～④两手叉腰，从圈内向后跳出。

⑤～⑥动作同①～②。

⑦～⑧动作同③～④。

第二八拍：动作同第一八拍。

第五节 踢腿运动（2×8 拍）

第一八拍：（图 4-12-8）

①～② ③～④ ⑤～⑥ ⑦～⑧

图 4-12-8

①～②身体直立，两手持圈前平举。

③～④两手持圈上举。

⑤～⑥踢左腿，同时两手持圈轻击左腿。

⑦～⑧还原成两腿直立，两臂屈肘，持圈立于胸前。

第二八拍：动作同第一八拍，换踢右腿。

间奏 变换队形（4×8拍）

第一八拍：（图4-12-9）

①～⑥　　　　　　　⑦～⑧

图4-12-9

①～⑥左右两队幼儿面对面踏步走到中间点。

⑦～⑧两人面对面站好，将圈对在一起。

第二八拍：（图4-12-10）

①～④　　　　　　　⑤～⑧

图4-12-10

①～④两人面对面同时蹲下。

⑤～⑧两人同时起立。

第三八拍：（图 4-12-11）

①～④　　　　　⑤～⑧

图 4-12-11

①～④蹲下将圈放在地上，然后起立，向前一步跨进圈内，面对面站好。

⑤～⑧两人相互左右击掌。

第四八拍：（图 4-12-12）

①～⑥　　　　　⑦～⑧

图 4-12-12

①～⑥退出圈外，两人各自持圈踏步回原位。

⑦～⑧双手持圈自然立于胸前。

第六节　腹背运动（2×8 拍）

第一八拍：（图 4-12-13）

①~②　　　　　③~④　　　　　⑤~⑥　　　　　⑦~⑧

图 4-12-13

①~②左脚向左侧出一步，双手持圈，两臂前平举。

③~④两臂上举，双手持圈，让圈直立。

⑤~⑥弯腰 90°，双手持圈，让圈直立于地面。

⑦~⑧左脚收回，身体还原成直立，双手持圈自然立于胸前。

第二八拍：动作同第一八拍，换右脚侧出、收回。

第七节　整理运动（2×8 拍）

第一八拍：（图 4-12-14）

①~②　　　　　③~④　　　　　⑤~⑥　　　　　⑦~⑧

图 4-12-14

①～⑧左右脚交替抬高，原地踏步，两手持圈立于体前，左右晃动作开车状。

第二八拍：（图 4-12-15）

   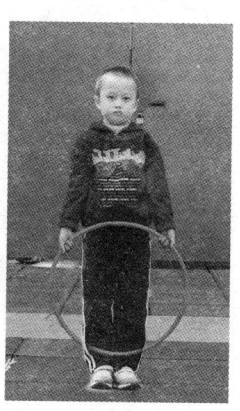

①～②　　　　　③～④　　　　　⑤～⑥　　　　　⑦～⑧

图 4-12-15

①～②两腿并拢，提踵，两手持圈前平举。

③～④还原成预备姿势。

⑤～⑥动作同①～②。

⑦～⑧动作同③～④。

结束动作　两脚左右开立，两手持圈上举。（图 4-12-16）

结束

图 4-12-16

（北京市东城区分司厅幼儿园　吴爽）

哑 铃 操

预备姿势 身体自然直立，两手持哑铃放于腿侧。（图 4-13-1）

图 4-13-1

前奏 预备动作（2×8 拍）

第一八拍：（图 4-13-2）

①～⑦　　　　　　⑧

图 4-13-2

①～⑦两手握哑铃，两臂自然前后摆动，两腿随音乐原地踏步。

⑧还原成预备姿势。

第二八拍：（图 4-13-3）

①～②两脚自然开立，与肩同宽。两臂屈肘，哑铃上举，身体转向左侧。

③～④还原成预备姿势。

⑤～⑥动作同①～②，身体转向右侧。

⑦～⑧还原成预备姿势。

  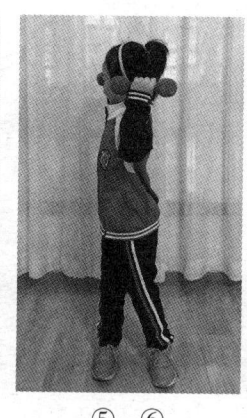 

①~②　　　　　③~④　　　　　⑤~⑥　　　　　⑦~⑧

图 4-13-3

第一节　上肢运动（2×8 拍）

第一八拍：（图 4-13-4）

①~②　　　　　③~④　　　　　⑤~⑥　　　　　⑦~⑧

图 4-13-4

①~②左脚侧出，脚跟点地，身体稍转向左侧，同时两臂平屈，于胸前对敲哑铃1次。

③~④收回左脚，身体转向正前，同时两臂侧举哑铃于耳侧。

⑤~⑥两手向上举起哑铃，同时稍抬头。

⑦~⑧原成③~④姿势。

第二八拍：动作同第一八拍，但方向相反。

第二节　踢腿运动（2×8 拍）

第一八拍：（图 4-13-5）

①~②　　　　③~④　　　　⑤~⑥　　　　⑦~⑧

图 4-13-5

①~②两腿直立，两手持哑铃在胸前平屈扩胸1次。

③~④两臂从胸前交叉，打开成侧平举。

⑤~⑥两臂前平举，同时向前踢左腿。

⑦~⑧收回左腿，还原成预备姿势。

第二八拍：动作同第一八拍，换右腿踢出、收回。

第三节　体侧运动（2×8拍）

第一八拍：（图4-13-6）

①~②　　　　③~④　　　　⑤~⑥　　　　⑦~⑧

图 4-13-6

①~②左脚向左侧出一步，两手侧平举。

③~④身体向左屈，侧击哑铃1次。

⑤~⑥还原成①~②姿势。

⑦~⑧还原成预备姿势。

第二八拍：动作同第一八拍，但方向相反。

间奏 变换队形（4×8拍）

第一八拍：（图4-13-7）

①~⑥

⑦~⑧

图4-13-7

①~⑥两名幼儿内侧手持哑铃侧上举，外侧手持哑铃侧下举，两臂呈直线。手腕摇动哑铃，踏步左右移动，交换位置。交换位置时，左侧幼儿在前，右侧幼儿在后。

⑦~⑧两人在交换后的位置站定，保持内侧手侧下举，外侧手侧上举。

第二八拍：（图4-13-8）

①~②两臂屈肘，举哑铃于耳侧，身体转至两人相对。

③~④还原成预备姿势。

①~②

③~④

⑤~⑥　　　　　　　　⑦~⑧

图 4-13-8

⑤~⑥动作同①~②，身体转至两人相背。

⑦~⑧动作同③~④。

第三八拍：动作同第一八拍，换回位置。

第四八拍：动作同第二八拍。

第四节　体转运动（2×8 拍）

第一八拍：（图 4-13-9）

①~②　　　　③~④　　　　⑤~⑥　　　　⑦~⑧

图 4-13-9

①~②左脚向左侧出一步，两手持哑铃前平举。

③~④身体向左后转体 180°，同时左臂向后打开，右臂屈肘于胸前。

⑤~⑥还原成①~②的姿势。

⑦~⑧还原成预备姿势。

第二八拍：动作同第一八拍，方向相反。

第五节　跳跃运动（2×8 拍）

第一八拍：（图 4-13-10）

①~④

⑤~⑧

图 4-13-10

①~④两手持哑铃放在腰间，两腿并齐向前跳 2 次。

⑤~⑧两腿并齐向后跳 2 次。

第二八拍：（图 4-13-11）

①~⑥

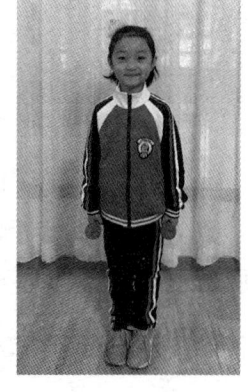
⑦~⑧

图 4-13-11

①~⑥两腿并齐向上纵跳 6 次，同时在胸前对击哑铃 6 次。

⑦~⑧还原成预备姿势。

第六节　整理运动（2×8 拍）

第一八拍：（图 4-13-12）

①~⑧原地踏步 8 次，同时两手持哑铃敲击肩部 8 次。

幼儿园健康教育资源　体育活动

①~⑧

图4-13-12

第二八拍：(图4-13-13)

①~⑥　　　　⑦~⑧

图4-13-13

①~⑥原地踏步6次，同时两手持哑铃敲击腰部6次。

⑦~⑧还原成预备姿势。

(北京市丰台区育英幼儿园　马莉、潘辛未)

第四节　大班基本体操

一、队形和队列练习

迷宫寻宝

目标

1. 能够根据指令和手势，在队列中精神饱满地踏步走和行进走，提高集体走队列的协调性。

2. 对走队列感兴趣,乐于参与集体活动。

准备

1. 口哨、进行曲音乐。

2. 安全、宽敞的场地,场地一边画有均匀分布的圆点,作为家,另一边画有大圆,作为迷宫。大圆外画有方形边框,圆上均匀六处画有标志作为宝藏,圆内画一同心小圆作为秘密基地。

过程

1. 幼儿站成六路纵队,在圆点上整装待发(原地踏步)。(图4-14-1)

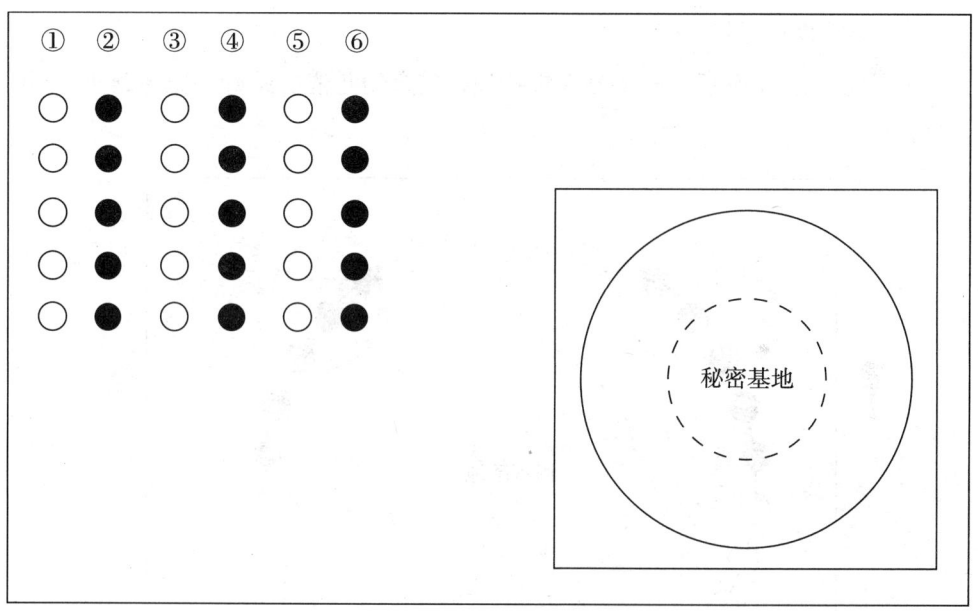

图4-14-1

注:图中●和〇均代表幼儿。

2. 听到哨声后,全体幼儿看手势,向后转,齐步走成密集队形,准备进入迷宫。从第六队开始,依次首尾相接,在大圆上齐步走一圈。(图4-14-2)

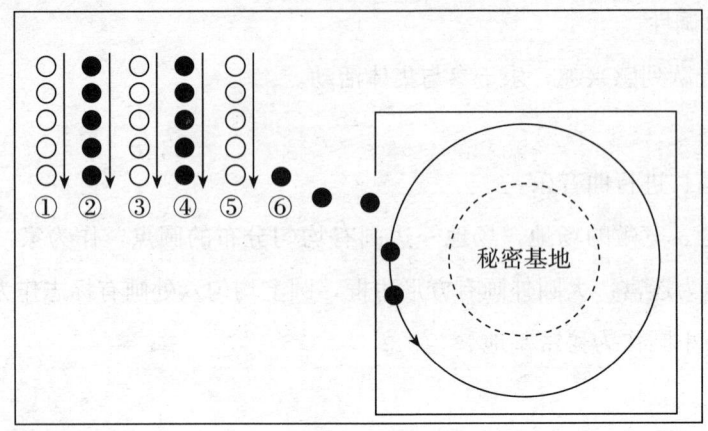

图 4-14-2

注：图中●和○均代表幼儿。

3. 每队找到宝藏后，排头站在宝藏处，其余幼儿依次站好，原地踏步。（图 4-14-3）

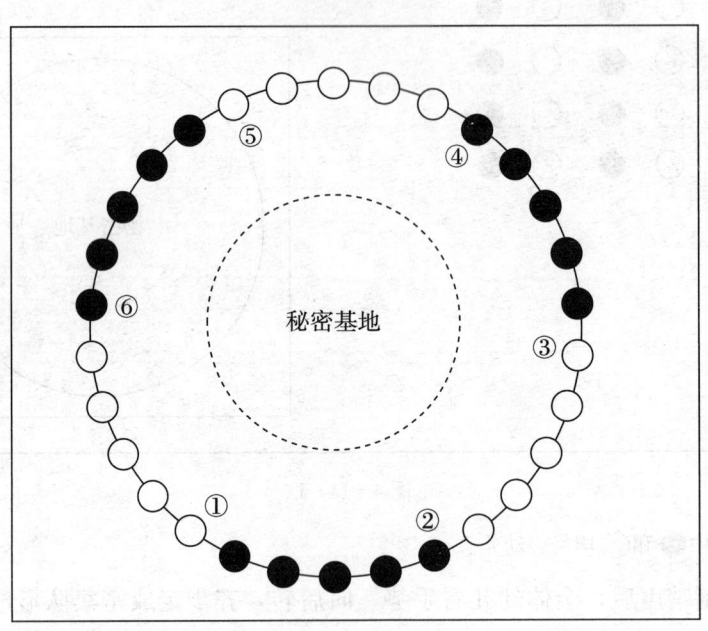

图 4-14-3

注：图中●和○均代表幼儿。

4. 获取宝藏后，听哨声和口令，六队排头带队，向秘密基地集中。排头到达代表秘密基地的小圆时停下，全体幼儿原地踏步。（图 4-14-4）

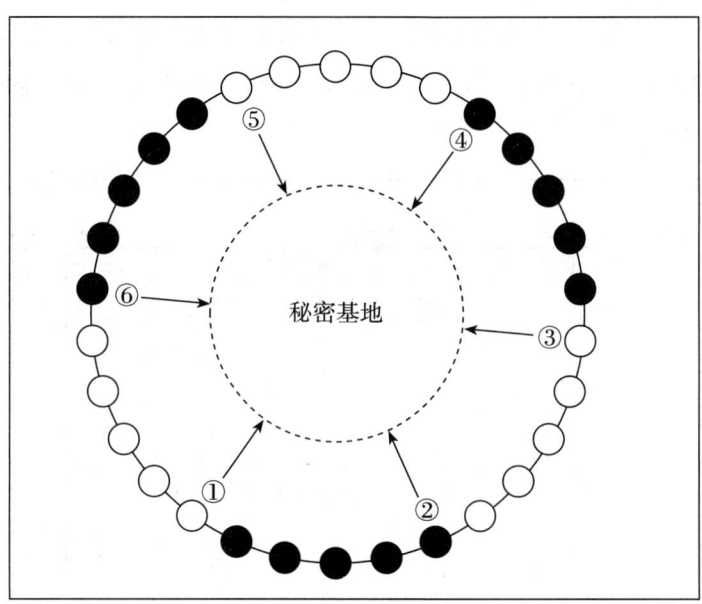

图 4-14-4

注：图中● 和○均代表幼儿。

5. 在秘密基地内，两队一起分享宝藏：听口令并队走，六队变为三队，然后原地踏步。（图 4-14-5）

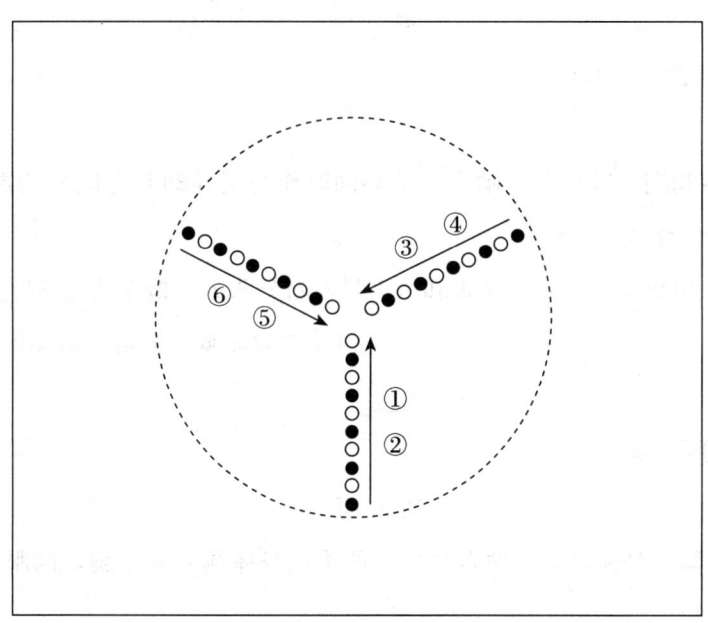

图 4-14-5

注：图中●和○均代表幼儿。

6. 找出口，回家：各队向对侧直走，沿标志线走到圆外的直线边框上，再沿顺时针方向齐步走（图4-14-6）；走出迷宫后，三队左右分队变回六队，回到原先的圆点上。

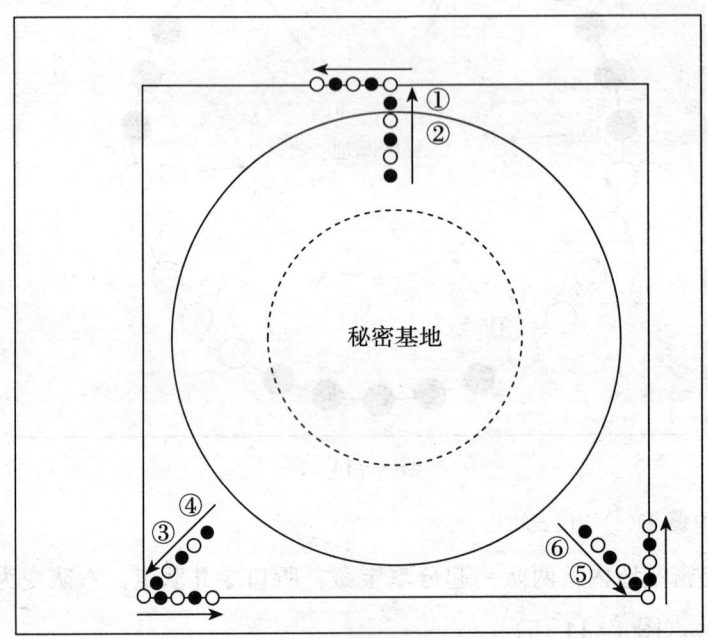

图4-14-6

注：图中●和○均代表幼儿。

建议

1. 游戏初期，以口令、哨音、手势同时作为引导幼儿走队列的提示，便于幼儿快速记住路线。

2. 重点引导幼儿练习并队走和听信号左右分队走，指导幼儿掌握要领。

（北京市东城区分司厅幼儿园　张婉婷）

二、徒手操

飞 鸟 乐 园

预备姿势　身体直立，两腿并拢，两手在身体侧下方压腕，两眼平视前方。（图4-15-1）

第四章 幼儿基本体操

图 4-15-1

第一节 头部运动（幼鸟觅食）（4×8 拍）

第一八拍：（模仿幼鸟在窝里着急地等待妈妈喂食）（图 4-15-2）

①～④头部依次朝左下点 1 次、抬头、朝右下点 1 次、低头。

299

⑦　　　　　　⑧

图 4-15-2

⑤~⑧头朝正前，双臂于体侧上下作鸟飞状，脚下做小碎步。

第二八拍：

①~④头部依次朝右下点1次、抬头、朝左下点1次、抬头。

⑤~⑧动作同第一八拍⑤~⑧。

第三八拍：（模仿幼鸟美餐后喜悦的样子）（图4-15-3）

①~②　　　③~④　　　⑤~⑥　　　⑦~⑧

图 4-15-3

①~②左臂屈肘，掌心向上端平，于体前从右侧上方划至左侧上方，同时屈膝，头部随手自然转动。

③~④右手从右侧盖过来，双手合掌。

⑤~⑧双手合掌，从左侧上方经体前下方划至右侧上方，头部随手自然转动。

第四八拍：动作同第三八拍，方向相反。

第二节　上肢运动（鸟儿展翅）（4×8拍）

第一八拍：（模仿鸟儿展翅飞翔）（图4-15-4）

①～②　　　　　③～④　　　　　⑤～⑥　　　　　⑦～⑧

图4-15-4

①～②左手提腕至斜上位，眼看左手。

③～④右手提腕至斜上位，眼看右手。

⑤～⑥左脚向前迈一步，同时双手压腕至斜下位，眼看前方。

⑦～⑧收左脚，还原成直立。

第二八拍：动作同第一八拍，方向相反。

第三八拍：（模仿鸟儿展翅舞蹈）（图4-15-5）

①～③　　　　　④　　　　　⑤～⑥　　　　　⑦～⑧

图4-15-5

①～③左脚向左侧出一步，左手从右至左转动手腕 3 次。

④收右脚，身体斜向左前方，屈膝双手向下伸直。

⑤～⑥提右腿，上体直立向前，双手提腕，掌心向下，双臂从身体两侧朝斜上侧举。

⑦～⑧身体直立，斜向左前方站好。

第四八拍：动作同第三八拍，方向相反。

变化队形 1（间奏 1）（1×4 拍）

①～④转身，两人面对面跪坐于垫上，两手动作同预备姿势。（图 4－15－6）

①～④

图 4－15－6

第三节　腹背运动（天鹅湖）（4×8 拍）

第一八拍：（模仿天鹅与同伴在湖中展示自己挺拔的身姿）（图 4－15－7）

①～②上体前屈，两手提腕触地。

③～④跪坐，双手经身体前方上举，带动上体直立，似芭蕾舞三位手。

⑤～⑥保持上体直立，双臂经前方朝下移至前平举，似芭蕾舞二位手。

①～②

③～④

⑤~⑥   ⑦~⑧

图 4-15-7

⑦~⑧右手向后触地，左手上举，眼看左手。

第二八拍：（模仿天鹅仰卧天空）（图 4-15-8）

①~⑥   ⑦~⑧

图 4-15-8

①~④左手经左前侧往下绕至后侧，扶住脚跟，右手经右前侧往上举，同时跪立。

⑤~⑥保持不动。

⑦~⑧还原为跪坐姿势。

第三八拍：动作同第一八拍，方向相反。

第四八拍：动作同第二八拍，方向相反。

变化队形 2（间奏 2）（1×8 拍）

①~⑧两人面对面，坐于垫上，双腿向两侧打开呈横叉，双手放身前，绷脚。（图 4-15-9）

①~⑧

图 4-15-9

注：队形变化2至第五节均为两人面对面做动作，为了便于读者理解，图中仅呈现了单人动作的效果。

第四节 脚部运动（调皮的小鸟）（4×8 拍）

第一八拍：（模仿小鸟调皮的神态）（图 4-15-10）

①~④　　　　　　　　　　　　⑤~⑧

图 4-15-10

①~④双脚同时勾脚。

⑤~⑧双脚同时绷脚。

第二八拍：动作同第一八拍。

第三八拍：（图 4-15-11）

①~④右脚绷脚，左脚勾脚，同时向左倾头。

⑤~⑧左脚绷脚，右脚勾脚，同时向右倾头。

第四八拍：动作同第三八拍。

①~④

⑤~⑧

图 4-15-11

第五节 体侧运动（海上卫士——海鸥）（4×8 拍）

第一八拍：（模仿海鸥在海上展翅飞翔、保卫家园）（图 4-15-12）

①~②

③~④

⑤~⑥

⑦~⑧

图 4-15-12

①~②双臂侧平举。

③~④向左侧腰压旁腿。

⑤~⑥还原成①~②的姿势。

⑦~⑧双手收回体前。

第二八拍：动作同第一八拍，向右侧腰压旁腿。

第三八拍：动作同第一八拍。

第四八拍：动作同第二八拍。

变化队形3（间奏3）（1×8拍）

①~⑧两人转身面向前方，上体直立。双腿向前伸直，双臂向后撑地。（图4－15－13）

①~⑧

图4－15－13

第六节　下肢运动（树木医生——啄木鸟）（4×8拍）

第一八拍：（模仿啄木鸟给大树捉虫子）（图4－15－14）

①~②　　　　　③~④　　　　　⑤~⑥　　　　　⑦~⑧

图4－15－14

①~②右腿为主力腿，保持不动，左腿屈膝立。

③~④右腿保持不动，左腿向前上方伸直。

⑤~⑥还原成①~②的姿势。

⑦~⑧回原位。

第二八拍：动作同第一八拍，换右腿屈伸。

第三八拍：动作同第一八拍。

第四八拍：动作同第二八拍。

第七节　跳跃运动（游戏时光）（4×8拍）

第一八拍：（模仿喜鹊在林中嬉戏）（图4-15-15）

①~④

⑤~⑥

⑦~⑧

图4-15-15

①~④双手叉腰，双脚呈小八字，连续跳4次，同时四人转向围成小圈。

⑤~⑥半蹲。

⑦~⑧双脚呈小八字位站立。

第二八拍：（图4-15-16）

①~⑥动作同第一八拍①~⑥。

⑦~⑧左脚侧出，双脚呈大八字位站立。

第三八拍：（图4-15-17）

①~④双手叉腰，双脚呈大八字，连续跳4次。

⑤~⑥半蹲。

⑦~⑧双脚呈大八字位站立。

①~④　　　　　⑤~⑥　　　　　⑦~⑧

图 4-15-16

①~④　　　　　⑤~⑥　　　　　⑦~⑧

图 4-15-17

第四八拍：（图 4-15-18）

①~④　　　　　⑤~⑥　　　　　⑦~⑧

图 4-15-18

①～⑥动作同第一八拍①～⑥。

⑦～⑧左脚收回，双脚呈小八字位站立。

第八节　整理运动（森林舞会）（2×8 拍）

第一八拍：（模仿天鹅、海鸥、啄木鸟、喜鹊在森林里举行盛大的舞会）（图4-15-19）

①～②　　　　③～④　　　　⑤～⑥　　　　⑦～⑧

图 4-15-19

①～⑧两手同预备姿势，踏小碎步，四人绕圈走。

第二八拍：动作同第一八拍，走回原位。

结束动作　自由模仿鸟类优美的身姿摆造型。

（北京市东城区分司厅幼儿园　李菲、董沫菡）

三、轻器械操

筷　子　操

预备姿势　两腿直立，两手持筷子于胸前交叉。（图4-16-1）

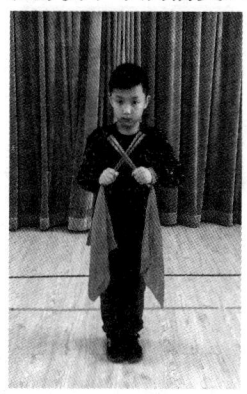

图 4-16-1

第一节 上肢运动（2×8 拍）

第一八拍：（图 4-16-2）

图 4-16-2

①~②左脚侧出一步，与肩同宽，同时两手持筷侧平举。

③~④两手上举，头随手动，对击筷子 2 下。

⑤~⑥还原成①~②的姿势。

⑦~⑧左脚收回，身体直立。

第二八拍：动作同第一八拍，换右脚侧出、收回。

第二节 腹背运动（2×8 拍）

第一八拍：（图 4-16-3）

①~②左脚侧出一步，与肩同宽，同时两手侧平举。

图 4-16-3

③～④上体前屈，两手持筷于体前对击2次。

⑤～⑥还原成①～②的姿势。

⑦～⑧左脚收回，身体直立。

第二八拍：动作同第一八拍，换右脚侧出、收回。

第三节　协调运动（2×8 拍）

第一八拍：（图 4-16-4）

①～②两臂屈于胸前，对击筷子2下。

③左臂侧平举，右臂屈肘于胸前，同时抬左腿。

④还原成直立姿势。

⑤～⑥动作同①～②。

⑦动作同③，方向相反。

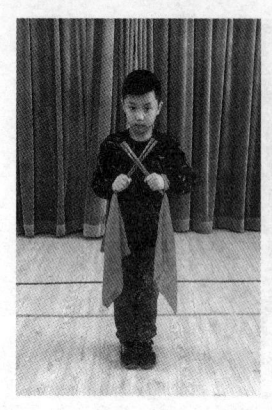  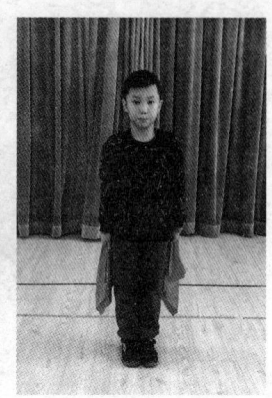

①~②　　　　　　　③　　　　　　　④

图 4-16-4

⑧还原成直立姿势。

第二八拍：动作同第一八拍，方向相反。

第四节　体转运动（2×8 拍）

第一八拍：（图 4-16-5）

①~②左脚侧出一步，与肩同宽，同时两手持筷侧平举。

③~④身体左转 90°，两手持筷于前方对击 2 次。

⑤~⑥还原成①~②的姿势。

⑦~⑧左脚收回，还原成直立姿势。

第二八拍：动作同第一八拍，换右脚侧出、收回。

①~②　　　　　　　③~④

⑤~⑥　　　　　　　　　⑦~⑧

图 4-16-5

间奏　队形变换（4×8 拍）

第一八拍：（图 4-16-6）

①~②　　　　　　　　　③~⑧

图 4-16-6

①~②一手侧上举，一手侧下举。

③~⑧踏步与旁侧幼儿换位。

第二八拍：（图 4-16-7）

①~②外侧腿向外侧跨出成弓步，同时两手持筷于胸前交叉。

③~④两手持筷对击 2 次。

⑤~⑥内侧臂指向内侧上方，呈射日姿势，眼看内侧手。

⑦~⑧外侧腿收回，还原成直立姿势。

第三八拍：动作同第一八拍，换回原位。

①~④　　　　　　　　⑤~⑥　　　　　　　⑦~⑧

图 4-16-7

第四八拍：动作同第二八拍，但方向相反。

第五节　跳跃运动（2×8 拍）

第一八拍：（图 4-16-8）

①　　　　　　　　　　　　　②

 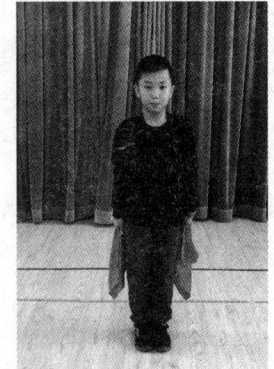

③　　　　　　　　　　　　　④

图 4-16-8

①两腿跳成开立，与肩同宽，同时两手侧平举。

②两腿跳成还原，同时两手持筷子上举，于头顶上方对击1次。

③动作同①。

④还原成直立，两手放于体侧。

⑤～⑧动作同①～④。

第二八拍：

①～④动作同第一个八拍①～④。

⑤～⑧踏步4次，同时两臂屈肘，两手持筷于胸前对击4次。

第六节　整理运动（2×8拍）

第一八拍：（图4－16－9）

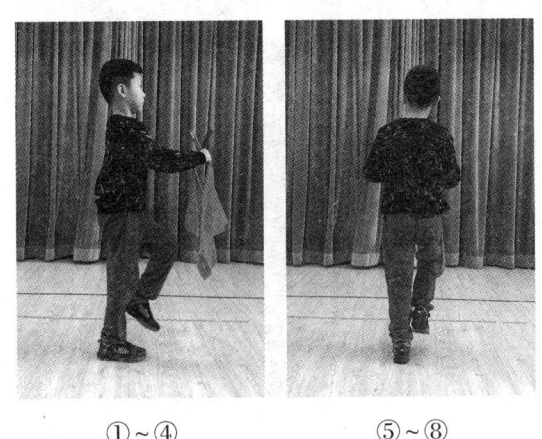

①～④　　　　　⑤～⑧

图4－16－9

①～④踏步4次，同时双手持筷于胸前对击4次，逆时针转体90°。

⑤～⑧动作同①～④，继续逆时针转体90°。

第二八拍：（图4－16－10）

①～④动作同第一八拍①～④。

⑤～⑧动作同①～④，转回原位。

 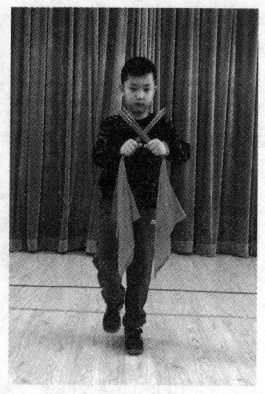

①~④　　　　　⑤~⑧

图 4-16-10

结束动作　两臂上举，跳起3次，喊"嘿嘿嘿！"（图4-16-11）

图 4-16-11

（国家安全监管总局幼儿园　吴素洁）

第五章 幼儿园体育教学活动

幼儿园体育教学活动是教师有计划、有目的、有组织地实施的,以促进幼儿基本动作和身体素质全面发展为主要目标的一种集体形式的体育活动。它是幼儿园体育活动的重要组织形式之一,在幼儿园体育活动中占有重要地位。

第一节 幼儿园体育教学活动概述

一、幼儿园体育教学活动的含义和特点

(一)幼儿园体育教学活动的含义

幼儿园体育教学活动是指依据各年龄段幼儿体育活动的目标以及幼儿发展的实际状况与需要,通过设定适宜的目标、内容和过程,引导幼儿积极、主动参与活动,促使幼儿获得基本动作和身体素质等方面发展的一种集体形式的体育活动。

体育教学活动一般用于教师引导幼儿学习新动作和新方法,保证基本身体素质获得全面、适宜的提高,帮助幼儿解决发展和锻炼过程中的共性问题,是保证幼儿基本学习的组织形式。

依据幼儿的年龄与学习特点,幼儿园体育教学活动应以幼儿感兴趣的游戏方式来组织。因此,幼儿园体育教学活动既包括我们通常所说的幼儿体育课,也包括具有明确教学目标和一定教学活动过程的幼儿体育游戏。

(二)幼儿园体育教学活动的特点

1. 目的性和计划性

幼儿在园的体育活动形式是丰富多样的,自主的活动形式很多,大多具有个别化的色彩。体育教学活动不同于自主体育活动,它是根据幼儿体育活动目标及发展需要而设计,有计划、有组织地实施的,所有幼儿都应参与,以保证幼儿在体育方面的基本学习。体育教学活动的目标是总目标和年龄阶段目标的具体化、系列化。因此,体育教学活动具有很强的目的性和计划性。

2. 适宜性和科学性

首先,幼儿园体育教学活动的活动目标和活动内容应当具有适宜性,既要符合幼儿身心发展的特点,符合该年龄段幼儿动作和身体素质发展的规律,依据该年龄段幼儿体育活动的目标以及幼儿发展的实际状况而开展,又要对幼儿现有水平有一定的挑战。其次,幼儿园体育教学活动的过程应该具有科学性,因为体育活动需要幼儿身心直接感知和参与,活动过程中必须遵循幼儿生理机能活动变化的规律、动作技能形成的规律以及幼儿的生理发育特征,同时需要充分考虑到幼儿的个体差异,才能保证体育教学活动有效开展。

3. 游戏性

幼儿是在游戏中学习、在活动中成长的。在游戏性方面,体育活动具有先天的优势。在体育教学活动中,教师应通过适宜的活动设计和指导,引导幼儿进行有意义的游戏,使幼儿积极参与其中,在游戏的过程中尝试、体验和练习,发挥幼儿的主动性,寓教于游戏之中。应避免出现机械的动作练习或训练。

二、幼儿园体育教学活动的组织要点

开展体育教学活动是完成幼儿园体育活动目标的重要途径之一。幼儿园每周应安排一两次体育教学活动。每次活动时间的长短应依据幼儿的年龄特点来确定。一般来说,小班幼儿体育课的时间为 15 分钟左右,中班的为 20 分钟左右,大班的为 25 分钟左右。若是开展具有明确教学目标和一定教学活动过程的幼儿体育游戏,则活动时间可以相应缩短。对于大班幼儿,应以组织幼儿体育课为主,以加强幼小衔接。

教师在组织体育教学活动时,主要从以下几个方面来把握。

(一)确定适宜的活动目标及内容

确定幼儿园体育教学活动目标是达成幼儿园体育活动目标的重要环节之一,教师不仅需要考虑如何激发幼儿参与体育活动的兴趣,更需要考虑如何实现对幼儿基本动作和身体素质的全面培养,后者也是目前幼儿园教师较难把握的方面。活动目标应依据本年龄段幼儿体育活动的目标、本班体育活动的月计划和周计划以及幼儿发展的实际状况与需要来确定。活动目标的重点应落实在幼儿体育兴趣的培养、基本动作和身体素质的提高上,同时也适当渗透对幼儿其他方面的培养。

活动目标的表述方式，可以是教育目标，也可以是幼儿学习与发展的目标。通常从幼儿学习与发展的角度来表述，如"尝试纵跳触物的动作，锻炼腿部的弹跳力量""发展下肢部位的肌肉力量，提高动作的协调性""体验和练习匍匐爬行的动作，提高身体动作的协调性和灵敏性""学会从高处跳下时的自我保护方法，体验与同伴一起游戏的快乐""探索球类活动的多种玩法，体验球类活动带来的乐趣与成功感"等。

（二）合理安排活动的结构

幼儿园体育教学活动的结构，主要是依据人体生理机能活动变化的规律以及活动中幼儿身心活动变化的特点等方面来确定的，一般可分为准备部分、基本部分和结束部分。

1. 准备部分

准备部分的主要任务是迅速将幼儿组织起来，使幼儿集中注意力，并在生理上和心理上做好准备。

生理准备要通过热身活动来完成。充分的热身活动非常重要，它可以逐步提高幼儿机体的活动能力，使幼儿身体主要器官、系统的机能进入到工作状态，以避免机体受伤。热身活动的动作不宜过快，活动部位应包括头部、上肢、躯干和下肢，让身体各部位做好充分的准备，如进行一定的走步练习、做简单的模仿动作或模仿操、做简单的器械操等。此外，热身活动还应根据本次活动的动作内容做一些有针对性的练习，例如：教学活动内容若以"钻"为主，热身时就要多做腰部的屈伸、转体、下蹲等动作；教学活动内容若以"跳跃"为主，热身时就要多活动脚踝和膝盖，多做弹跳等动作；教学活动内容若以"投掷"或"悬垂"为主，热身时则要多做上肢部位的屈伸、绕环等动作。

心理准备是指调动幼儿参与活动的积极性和愿望，使幼儿精神振奋、情绪饱满、充满期待地进入活动状态。

准备部分的活动时间一般为3～5分钟。

2. 基本部分

基本部分的主要任务是完成本次教学活动的主要教育任务，即通过一定的身体动作练习，发展幼儿的基本动作和身体素质。此外，也可以体育教学活动为契机，促使幼儿在认知、个性、社会性等方面得到积极、良好的体验和发展。

依据幼儿认知活动的特点，新内容、难点和重点内容通常应安排在前半段，以便使幼儿能有较集中的注意力和充沛的体力进行学习和练习；能引起幼儿高度兴奋或活动量较大的运动则应放在后半段，以便使其与幼儿身体机能活动的水平相适应，并激发和保持幼儿运动的兴趣。幼儿的活动量应逐渐增大。此外，还应考虑到活动过程中动与静的交替、上肢运动与下肢运动的有机结合等，避免让幼儿身体某一部位承受的生理负荷过重。

在基本部分，应以幼儿的积极尝试、探索和身体练习为主，教师的讲解、示范与指导为辅。基本部分的活动时间一般为 10~20 分钟。

3. 结束部分

结束部分的主要任务是有组织地结束本次教学活动，缓解幼儿身心的高度兴奋或紧张状态。主要包括以下两方面内容。

一是带领幼儿做一些身体的放松、整理活动，使幼儿由动到逐渐安静，放松肌肉，调整呼吸，维护健康。尤其是在运动量较大的活动后，一定不要让幼儿突然停下来，要做适当的放松活动。例如：可以根据当次活动的主题，延续其中的情节，做上肢、下肢等部位的放松动作，如小猴休息了、皮球撒气了、树叶落了；也可以播放一段舒缓的音乐，带领幼儿随音乐的节奏和旋律做一些放松动作，如小鸟飞、划小船；也可以引导幼儿做合作放松活动，如好朋友相互捏捏胳膊、拍拍肩；等等。此外，放松活动还应该有针对性地结合本次教学活动的重点动作来进行，例如：进行投掷活动后，重点放松上肢部位和肩部；进行跳跃活动后，重点放松下肢部位；等等。结束部分的放松、整理活动非常重要，不能忽视。

二是进行简单的小结，肯定幼儿付出的努力，赞赏幼儿的进步与成功，激发幼儿参与后续运动的兴趣和积极性。

结束部分的时间应根据具体的活动内容而定，一般为 2~3 分钟。

幼儿园体育教学活动的准备部分、基本部分和结束部分是相互联系的整体，应注意结构紧凑、过渡自然。幼儿园体育教学活动的结构不是固定不变的，各部分的活动时间可随活动目的、任务、幼儿实际情况、季节特点、场地条件等灵活安排，但都应遵循人体生理机能活动变化的规律。

（三）巧妙选用组织方法

幼儿园体育教学活动的组织过程应充分考虑到幼儿的年龄特点和学习特点，

以幼儿感兴趣的方式来建构活动过程，发挥幼儿参与运动的积极性和主动性，寓教于游戏之中。通常可参考以下两种组织方法。

1. 采用预设结构的游戏化的组织方法

这是幼儿园体育教学活动最常用的组织方法，它能帮助教师较好地围绕活动目标来设计活动过程，通过事先预设的结构性较强的游戏过程，来引导幼儿进行有针对性的身体练习。具体地说，就是教师以明确的角色扮演和情节设置来建构活动过程，引导幼儿有目的地重点学习和练习一两个方面的身体动作，或是围绕某些身体素质的发展目标进行身体锻炼。这种预设结构的游戏化的组织方法既能调动幼儿参与活动的积极性，又能使幼儿围绕教师预设的目标和建构的结构框架，在游戏情境中自然而然地进行有针对性的身体活动，从而获得相应的身体锻炼与动作发展。

采用这种组织方法时，可以根据不同年龄段幼儿的特点，设计具有适宜性的游戏情境。例如，围绕钻、跑等基本动作的练习以及平衡能力、协调性和灵敏性的发展目标，为小班幼儿设计"小蜜蜂采花蜜"的游戏情境，即引导幼儿扮成小蜜蜂，教师扮成蜜蜂妈妈，小蜜蜂在妈妈的带领下进行一定的身体练习，完成一定的任务，如钻过"小门"（拱形门、练习正面钻），绕过"小树林"（大可乐瓶、练习绕障碍跑），然后去采"花蜜"（小卡片），最后再跑回"家"（指定位置）。教师根据幼儿游戏活动的情况，做一定的正面钻动作的指导。在这一游戏过程中，幼儿在教师预设的游戏情境中积极地尝试和练习相关的身体动作，体验运动和游戏带来的快乐。又如，大班幼儿已具有一定的竞赛意识和合作能力，很喜欢竞赛性的游戏，因此，可以围绕体育教学活动的目标适当加入竞赛的元素，通常采取小组竞赛的游戏方法来建构活动过程，以激发幼儿活动的积极性，使幼儿在参与身体活动时更加努力和投入，如在"争当小勇士"的竞赛游戏中进行攀登练习，在"运西瓜比赛"的竞赛游戏中发展协调性、灵敏性，在"投球能手"的竞赛游戏中尝试和练习掷准动作等。在竞赛游戏的活动过程中，还可以引导幼儿分析取胜或落后的具体原因，逐渐培养幼儿分析问题和解决问题的能力，以及团队合作的意识和能力。

2. 采用自主探索的游戏化的组织方法

这也是一种较常见的幼儿园体育教学活动的组织方法。它较适合于以某些运动器械的探索以及某些身体动作的尝试与探索为活动目标的教学活动，重点在于激发幼儿的运动兴趣，有目的地丰富幼儿在某些方面的运动体验。具体而言，就是教师采用结构化较弱的、开放式的教学方式来鼓励幼儿进行自主的器械或动作探索与游戏，在此基础上，教师有目的或灵活地把握游戏过程，适当引入有针对性的身体活动进行练习并给予适宜的指导。这种自主探索的游戏化的教学方式更能调动幼儿参与活动的积极性和自主性，满足幼儿自主探索的需要，并使幼儿的创造性得到充分发挥，同时，幼儿也能结合自己现有的动作能力、发展水平和兴趣进行个性化的身体活动，还可以从其他人自主探索的情形中受到启发、进行模仿和学习，或与他人进行合作性探索，从而体验到合作与运动带来的快乐和成功感。在鼓励和支持幼儿进行充分的自主探索以后，教师可以从幼儿自主探索的动作内容中，有目的地选取两三个具有较好锻炼价值的游戏方法，请幼儿分享，并鼓励其他幼儿也进行尝试和练习，或者融入教师事先设计好的相关游戏方法，引导幼儿进行一定的尝试和体验。

采用这种组织方法时，可以根据具体的教学活动目标，鼓励幼儿围绕某一主题进行自主探索。例如，可以围绕小班幼儿爬与动作协调性、灵敏性等方面的发展目标，设计"动物爬爬爬"的教学活动。在活动中，先鼓励幼儿尝试和探索各种动物爬的姿势和动作，再请几名幼儿分享自己扮演的是哪种动物、是怎样爬的，最后，可以引导幼儿尝试和体验一两种特定的爬行动作，如学猴子手脚着地爬、学螃蟹横着爬等。又如，在中班可以围绕塑料圈的一物多玩开展"好玩的塑料圈"体育教学活动。教师为幼儿每人提供一个塑料圈，鼓励幼儿利用这一运动器材进行个人或结伴的自主探索和游戏，了解塑料圈的特点，尝试和体验圈的多种玩法，然后，组织幼儿进行相互观摩、交流与分享，并在此基础之上，选出其中的一两种动作方式和游戏方法，带领幼儿尝试和体验，进行一定目标的身体练习，提高和发展幼儿相应的身体素质和动作能力，实现本次教学活动的目标。

（四）注意发挥幼儿活动的自主性，兼顾幼儿的个体差异

在幼儿园体育教学活动中，应充分发挥幼儿的自主性，避免让幼儿被动、机械地进行动作模仿或身体练习。也就是说，在围绕某一活动目标进行身体练习和游戏时，教师应尽可能将活动的自主权交给幼儿，为幼儿提供自主选择、自主练习的机会。

以助跑跨跳游戏为例，在中班，可以为幼儿提供多种难度水平的"小河沟"（宽度不一、高度不一），让幼儿根据自己的能力水平和兴趣自主选择"小河沟"进行助跑跨跳的练习，在此过程中，教师鼓励幼儿挑战不同的难度，获得身体素质和动作技能上的发展，并体验胜任感；在大班，还可以让幼儿自由结成小组，教师为各小组提供多块泡沫拼板，鼓励他们通过小组内同伴的协商与合作，搭建出各种各样的跳跃障碍情境，并在此基础上自主地进行助跑跨跳练习。

（五）准确地做好动作示范与指导

在幼儿园体育教学活动中，幼儿需要学习和练习一些基本动作，例如，各种走的动作（如在窄道上走、在平衡木上走），跑步动作（如追逐躲闪跑、往返跑、慢跑），跳跃动作（如纵跳触物、从一定高处往下跳、助跑跨跳），投掷动作（如单手肩上掷远、掷准），攀登（如攀登攀登架、攀登攀爬网、攀岩），钻（如正面钻、侧面钻），爬（如匍匐爬），悬垂等。幼儿对这些动作的学习和掌握，都离不开教师正确的示范与指导。

对此，教师首先需要掌握这些动作的基本要领，明确每一个动作技能的重点和难点，才能准确示范，找到指导的切入点。其次，教师应采取多种方法来指导幼儿。例如：有时，教师可以先让幼儿自己尝试和体验某些动作，然后通过同伴间的相互观摩、讨论与交流，引出动作的关键方面，随后，教师再进行动作要领的示范与讲解，进一步引导幼儿做体验和练习；有时，教师也可以先进行动作讲解和示范，然后请个别能力较强的幼儿进行尝试和体验，随后再引导全体幼儿进行分散的体验和练习，教师进行观察和个别指导；对于小、中班的幼儿，教师可以将较难掌握的动作要领用简短的儿歌来进行表述，引导幼儿学习和模仿动作；对于大班的幼儿，教师则可以引导幼儿自己来分析和概括动作要领。

第二节 小班案例

案例1 小蚂蚁搬豆豆

活动目标

1. 学习手膝着地向前爬的动作。

2. 体验与同伴一起游戏的快乐。

活动准备

皮筋1根，两折软垫2块，大纸箱（去掉底和盖）、小篮子、装满各色小豆（红豆、黄豆、豌豆、芸豆等）的小筐各2个。

场地布置如下图。

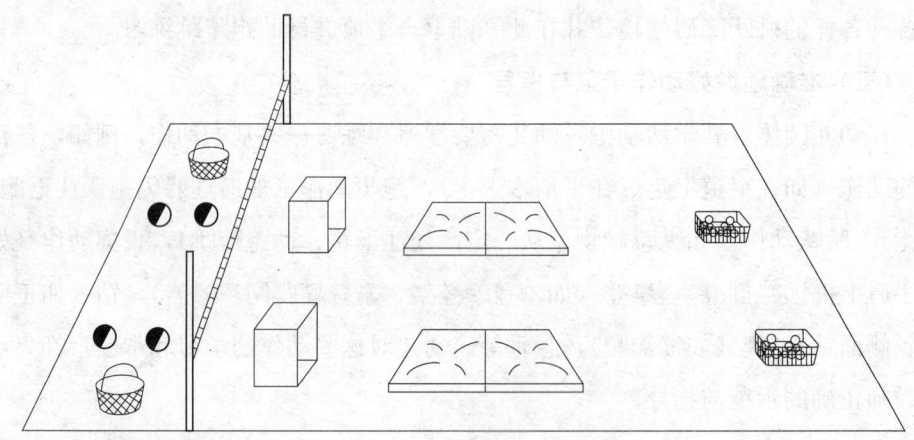

活动过程

1. 跟着妈妈练本领

教师扮演蚂蚁妈妈，幼儿扮演小蚂蚁。在场地上，妈妈带领小蚂蚁一起做"小蚂蚁操"，活动身体的各个部位，如头、颈、手腕、脚踝等，并跑一跑，跳一跳。

2. 游戏：小蚂蚁搬豆豆

（1）教师：小蚂蚁要准备过冬的粮食了，要把豆豆搬到粮仓里。

（2）在妈妈的带领下，小蚂蚁钻过山洞（即弯腰低头钻过皮筋），钻过纸箱，爬过垫子，跑到小筐处，从筐中捡一颗小豆，然后从场地两侧跑回"家"中，将小豆放进小篮子里。

（3）教师提出不同要求，继续游戏，如捡一颗大豌豆回家，捡一颗芸豆回家等。幼儿按不同要求重复活动几次。

3. 结束活动

小蚂蚁运回来好多豆子，蚂蚁妈妈带着小蚂蚁庆祝，原地蹦跳，自然结束。

活动建议

1. 在手膝着地爬的过程中，教师要提醒幼儿保持动作规范。每两名幼儿之间要保持一定距离,避免互相影响。

2. 教师注意控制好幼儿爬行的时间,运动量要适当。

3. 活动结束后,鼓励幼儿在户外的钻爬区,运用所学本领进行自主游戏和探索。

(选自《幼儿园领域活动课程 教师用书 语言·社会·健康 小班上册》,人民教育出版社2018年版,有改动)

案例2 我当司机把车开

活动目标

1. 学习与他人协调运动并灵活地调控身体。

2. 发展平衡、走、跑的能力。

活动准备

塑料圈(幼儿每人一个),红绿灯指示牌,装有水的可乐瓶若干。

场地布置如下图。

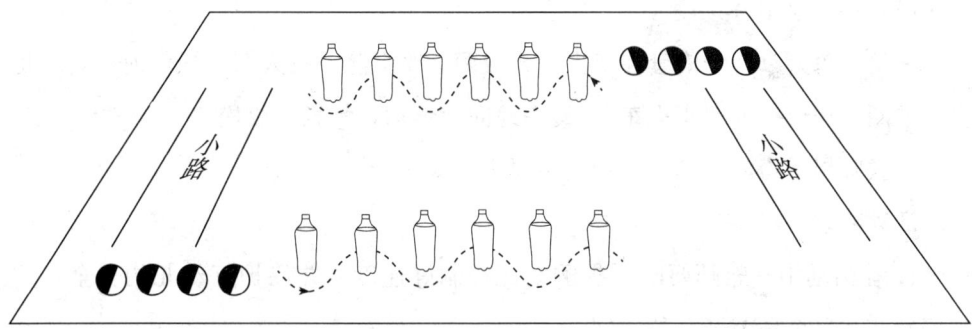

活动过程

1. 检查小汽车

(1) 教师带领幼儿在场地上自由跑动。

(2) 幼儿当小汽车,教师带领幼儿玩检查汽车各个部件的游戏,如车头(头部)、前轮(上肢)、后轮(下肢)、车身(躯干)等,检查到哪个部分,幼儿就活动身体的相应部位。

2. 开汽车

(1) 幼儿每人拿一个塑料圈,双手握好放于胸前,当汽车方向盘,准备玩

"开汽车"的游戏。

（2）教师介绍开车路线：从起点出发，边向前跑边转动手中的方向盘，先沿S形曲线跑过"小树林"（可乐瓶），再沿直线跑过"小路"（两条平行线），然后继续循环进行。

（3）幼儿自愿分成两个小组，分别由两名教师带领，从两个起点出发开始游戏。

（4）待幼儿能在场地上循环跑起来后，教师扮演警察，玩"红绿灯"的游戏：警察举起红灯指示牌，小司机要停车；举起绿灯指示牌，小司机可继续向前开车。

3. 去旅行

（1）乘坐小汽车。

• 女孩把手中的圈放在场地四周，男孩把圈套在自己身上，一个女孩站在一个男孩身后，双手拉着圈，两人一起开车向前走。

• 围着场地跑一圈后，男孩和女孩交换角色，继续开车。教师提示小司机控制好开车的速度。

（2）乘坐火车。

• 幼儿每人拿一个圈套在身上，排成两三路纵队，每人双手握住前一名幼儿身上的圈，连成一列"小火车"，慢慢地向前走动，休息、放松。

• 教师提示扮演火车头的幼儿不要走得太快。

活动建议

1. 在活动中，教师要随时提醒幼儿控制好速度，并保护好幼儿的安全，掌握好幼儿在每个环节开车的时间。

2. 玩"乘坐火车"游戏的时候，为了避免火车过长，教师可以根据幼儿的人数，将幼儿分成几组进行游戏。

（选自《幼儿园领域活动课程　教师用书　语言·社会·健康　小班上册》，人民教育出版社2018年版，有改动）

案例3　彩虹伞

活动目标

1. 尝试双手向上提拉物体，增强手臂力量及身体动作的灵活性。

2. 体验与同伴合作游戏的乐趣。

活动准备

彩虹伞1个（直径2米左右），塑料小球若干，大筐4个。

活动过程

1. 一起走

（1）教师带领幼儿手拉手围成一个大圆圈，边说儿歌边按顺时针方向走，并随儿歌内容做动作：我们都是好朋友，拉个圆圈走一走，向前走一走，向后走一走，一起长高高（踮脚，手臂上举），一起变小小（蹲下，手臂下垂）。

（2）教师重点引导幼儿在做动作时，要手拉手，动作一致，为后面一起提拉彩虹伞做好准备。

2. 踩包包

（1）教师将幼儿分成两大组，一组幼儿与教师一起提拉彩虹伞，另一组幼儿脱掉鞋子站在伞外准备。

（2）拉伞的幼儿听教师的口令"一、二、三"，一起向上撑起伞，再一起向下，并将彩虹伞的外边缘按在地上，使伞下留有一些空气，在伞内形成"气包"。在伞外的幼儿迅速跑到伞上，用力踩伞上的"气包"，将彩虹伞踩平。两组幼儿互换，继续游戏两三次。

3. 跳顶花伞

一组幼儿与教师上下抖动伞，另一组幼儿钻到伞下，双脚向上跳，用头去顶上下抖动的伞面。然后，两组幼儿互换角色再次游戏。游戏可进行两三次。

4. 跳动的小球

一组幼儿与教师一起撑好伞，教师将准备好的塑料小球倒在伞面上，然后一起向上抖，将伞面上的小球抛到伞外的地面上，另一组幼儿跑去捡球投到伞面上。两组幼儿互换角色，继续游戏两三次后，活动结束。

活动建议

1. 可根据参加游戏的幼儿人数的多少，投放彩虹伞的数量。若幼儿人数较多，可使用两个彩虹伞，由两名教师分别组织幼儿活动。

2. 在幼儿踩"气包"时，可适当增加难度，请幼儿踩指定的区域，如让幼儿踩在绿色的伞面上，让幼儿听指令做动作，加深幼儿对颜色的认识。同时，提醒幼儿注意安全，不互相挤撞。

3. 每个游戏玩的次数可以根据幼儿的兴趣随机调整。

（选自《幼儿园领域活动课程 教师用书 语言·社会·健康 小班下册》，人民教育出版社2012年版，有改动）

案例4 小猫捉鱼

活动目标

1. 尝试走高低不同的平衡材料，发展平衡能力。
2. 建立规则意识，懂得遵守简单的游戏规则。

活动准备

1. 热身音乐、舒缓音乐及播放器。
2. 小鱼图片若干，大筐、塑料圈各3个，平衡木、易拉罐排（将废旧易拉罐串联在一起）、泡沫地垫若干。

场地布置如下图。

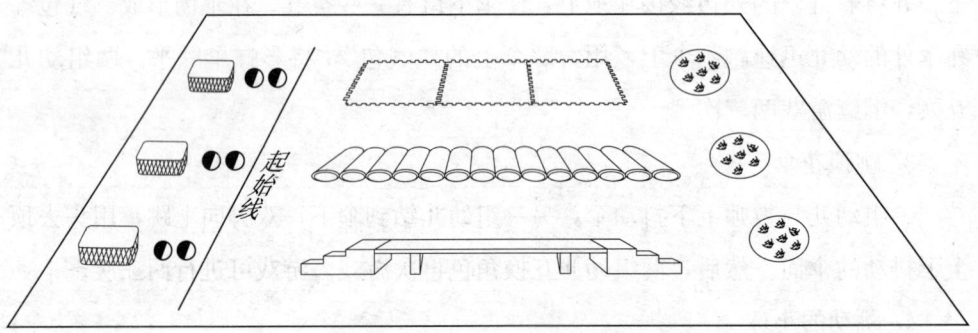

活动过程

1. 小猫出门

教师：今天天气真好，妈妈要带小猫们去捉鱼。小猫们，你们准备好了吗？

教师扮演猫妈妈，幼儿扮演小猫。教师和幼儿一起，在音乐《机器猫》伴奏下，做模仿小猫的动作，如伸伸懒腰、洗洗脸、梳梳头、做做操、穿上外套、背上鱼篓等，活动身体各个关节。

2. 小猫过桥

（1）教师描述游戏情境，鼓励幼儿大胆尝试走不同的平衡材料。

教师：桥那边的小湖里，有许多新鲜的小鱼。怎样才能走过小桥呢？请你试试看。

请幼儿自主选择"小桥"，试着走一走。

第一条"小桥"：由泡沫地垫拼接而成。

第二条"小桥"：由易拉罐排拼接而成。

第三条"小桥"：搭建好的平衡木。

（2）教师请走得好的幼儿展示自己是怎样走的，再示范、讲解过桥的基本动作要领：双臂在两侧打开保持身体平衡，眼睛向前下方看。

（3）鼓励幼儿再次尝试过桥，教师巡回指导，进一步帮助幼儿掌握走平衡的动作技巧。

3. 小猫捉鱼

（1）教师介绍并示范游戏玩法。

游戏玩法：走过小桥，从"湖里"（塑料圈内）捉一条"小鱼"，然后学小猫从桥的两边地面返回，将"小鱼"放到"鱼篓"（大筐）中。

（2）尝试新游戏。

幼儿了解游戏玩法后，教师播放音乐，幼儿自由选择小桥进行游戏。

教师提示幼儿：走下小桥时要轻轻跳下，双脚落地。鼓励幼儿尝试走不同的桥，直到把"小鱼"捉完为止。

（3）教师进行评价和小结，使幼儿获得成就感。

4. 小猫回家

播放音乐《大猫小猫》，引导幼儿调节呼吸，随音乐律动放松身体各个部位。

活动建议

在幼儿过桥的过程中，提醒幼儿注意安全，不要拥挤。

（北京市昌平区工业幼儿园　王小雪）

第三节 中班案例

案例1 好玩的椅子小路

活动目标

1. 练习在有一定高度的小椅子上行走,提高身体平衡能力。
2. 感受参加体育活动的乐趣。

活动准备

1. 小椅子、泡沫地垫若干,自制火山若干,桌子2张,圆垫6个。
2. 舒缓音乐及播放器。

场地布置如下图。

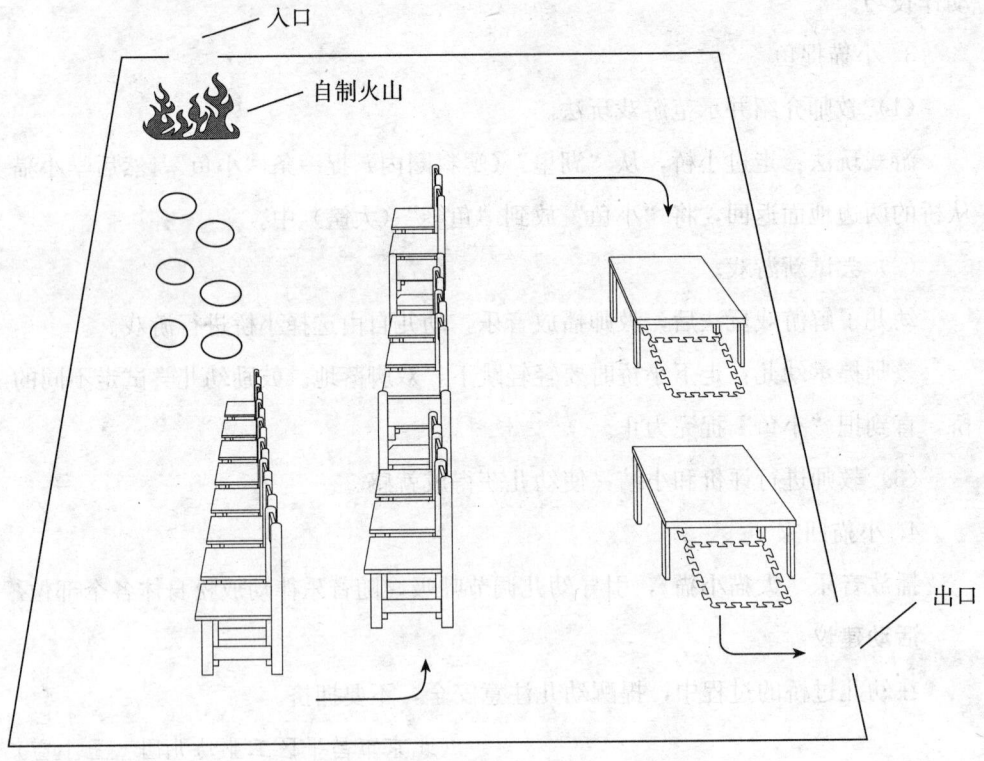

活动过程

1. 热身

教师依次说"动动你的小手""踢踢你的小腿""弯弯你的腰呀""伸伸你的

胳膊""压压你的肩膀""揉揉你的手腕""动动你的脚腕""活动活动全身""跳起来跳起来",每说一句,幼儿回答"1、2、3、4",并在教师带领下做相应的热身动作。

2. 走"椅子小路"

(1) 教师带领幼儿将若干小椅子椅面挨紧,搭建成平坦的"小路",幼儿尝试通过"小路"。

(2) 教师带领幼儿搭建有障碍的"小路":将3把小椅子的椅面挨紧后,放1把小椅子的椅背当作障碍,再紧挨着摆椅面。幼儿尝试通过"小路"。

(3) 请几名幼儿展示走两种"小路"的方法,其他幼儿观看,并说一说自己觉得怎样走更稳一些。

(4) 教师和幼儿一起小结走"椅子小路"时的动作要点:可以举起双臂保持身体平衡;跨越椅背时要踩稳,注意安全。

(5) 幼儿分为两组,鱼贯式尝试走两种不同的椅子小路,教师巡回指导、帮助。

3. 穿越丛林

(1) 布置游戏场地,创设游戏情景。

在入口处将自制火山摆成一排,再摆圆垫当作荷叶,依次将小椅子摆成两条相接的小路(一条是将若干把小椅子挨紧搭建成的平坦小路,另一条是将若干把小椅子按"3个椅面、1个椅背"的规律摆成的有障碍的小路),最后摆两张桌子当作山洞(桌下可铺设地垫)通向出口。

(2) 介绍游戏玩法,开展游戏。

幼儿从入口处跨过火山,双脚跳过荷叶,接着进入"丛林"(小椅子),先通过平坦的椅子小路,然后通过有障碍的小路,最后来到山洞处。幼儿可以从山洞下匍匐爬过,也可以从山洞上爬过,随后沿着箭头的方向从出口钻出,重新回到入口处排队开始新一轮游戏。

(3) 教师和幼儿一起回顾与小结,使幼儿获得成就感。

4. 放松整理

教师带领幼儿一起听舒缓音乐做放松活动,牵拉腿部、抖动胳膊,幼儿互相拍拍后背、揉揉手臂。稍事休息后,教师与幼儿一起收拾、整理材料。

活动建议

1. 后续活动中，可以引导幼儿用椅子摆出更多不同的"小路"（如将若干把小椅子左右交错摆放等），并试着走一走。

2. 幼儿走"椅子小路"时，教师注意保护幼儿的安全。

（北京市昌平区工业幼儿园　王秋红）

案例 2　时空隧道

活动目标

1. 练习持绳翻转动作，发展前庭觉，提高身体的控制能力，发展平衡素质。

2. 探索绳子的多种玩法，体验一物多玩的乐趣。

活动准备

1. 长度分别为 1 米、1.5 米的绳子若干（两人一条），鼓 2 面。

2. 热身音乐、舒缓音乐及播放器。

场地布置如下图。

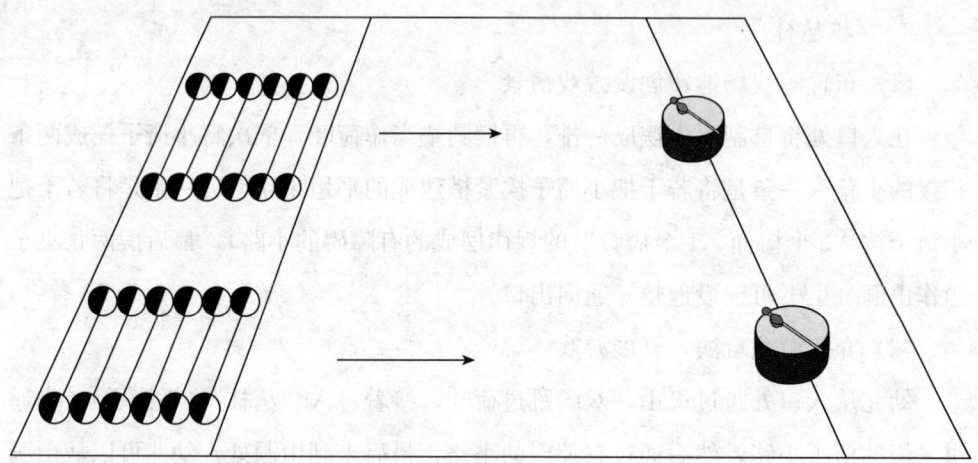

活动过程

1. 热身活动

教师播放热身音乐，带领幼儿依次活动头颈、肩部、腰部、腿部、脚踝等部位，如点点头、耸耸肩、扭扭腰、压压腿等。

2. 好玩的绳子

（1）教师出示绳子，请幼儿说一说绳子的玩法，想一想两个人可以怎样玩。

（2）幼儿两两结对，自选绳子自由探索不同的玩法，如跨、走、钻、转、拉等。

（3）幼儿围成一圈，教师请几对幼儿展示自己的玩法。

3. 持绳翻转

（1）教师示范并讲解持绳翻转的动作要领：两人各拿好绳子的一端，面对面站好，肩放松，开始翻转时，同时抬拉绳子的手臂，上身从绳下翻转后，再移动脚。

（2）幼儿结对分散练习三四次，教师巡回指导，帮助幼儿掌握动作要点：肩膀放松，两人同时抬手臂，由内向外翻转。

4. 时空隧道

（1）布置场地。

教师根据活动场地大小设置等待线和终点线，将鼓和鼓槌放到终点线处。

（2）介绍游戏玩法，开展游戏。

幼儿分成两大组，每组内两人结对持绳并排站立在等待线后。游戏开始，每组第一对幼儿持绳翻转向前移动，到达终点时敲鼓，下一对幼儿听到本组鼓声后出发，游戏继续，直至本组幼儿全部完成。最先全部到达终点的组获胜。

（3）教师带领幼儿进行回顾与小结，使幼儿获得成就感。

5. 放松整理

（1）播放舒缓音乐，教师带领幼儿根据音乐节奏调整呼吸，同时轻轻用手拍拍手臂、拍拍腿，慢慢甩甩手臂，互相抱一抱，轻轻帮助对方拍一拍，放松身体。

（2）幼儿和教师一起整理活动材料。

活动建议

1. 双人持绳翻转时，教师应注意观察幼儿的游戏情况，提醒幼儿控制翻转的速度，在保证稳的前提下再求快。

2. 教师可灵活调整等待线和终点线之间的距离，以适应幼儿的游戏水平。

3. 鼓励幼儿回家后与父母进行翻转的游戏。

（北京市昌平区工业幼儿园　张萌萌）

案例3　特警部队

活动目标

1. 尝试运用已有的平衡运动经验走过各种障碍物。
2. 能够不怕困难,勇敢地参加体育活动。

活动准备

1. 怪兽模型4个,动态平衡板1块,方砖5块,平衡木1个,易拉罐排1组(将废旧易拉罐串联在一起)。
2. 报纸、胶带若干。

场地布置如下图。

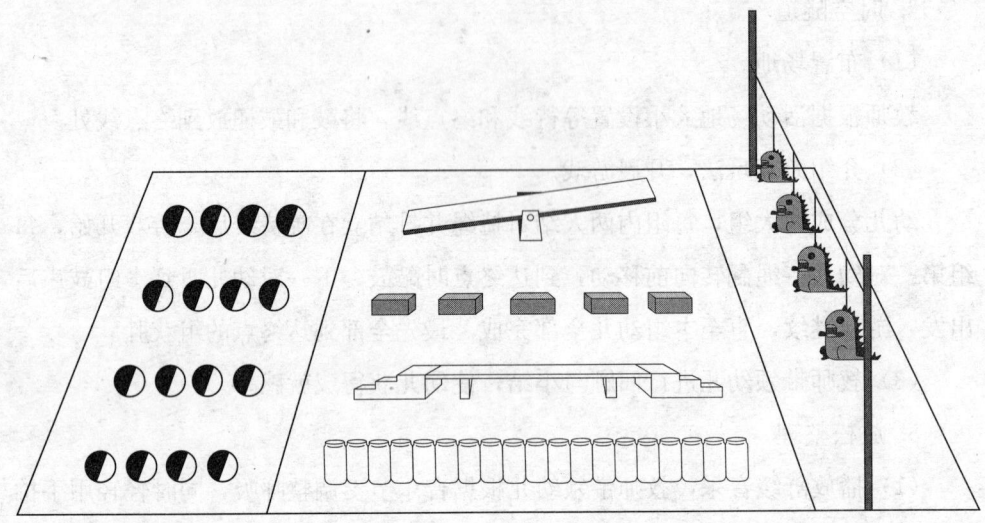

活动过程

1. 特警训练营

教师扮演指挥官,幼儿扮演特警,幼儿随教师一起进行准备活动。

(1) 报纸操:将报纸卷成筒状,随教师一起做上肢、下肢、体侧、体转、腹背、跳跃、整理等运动。

(2) 快快跑:将报纸打开贴在胸前,迎风向前跑。

(3) 钻山洞:幼儿分成两排,面对面站好,将手里的报纸打开,两两拉住报纸的两端,连成长长的山洞状,幼儿从排头开始依次由前向后钻,钻出来后马上再将报纸打开重新搭好。

(4) 过河：幼儿每人两张报纸，将报纸折叠两次后，站在其中一张报纸上，将另一张报纸放在前面，再移动站到其上，如此前进。要求脚不能踩在报纸外。

(5) 团纸球：幼儿在准备活动结束后，将手里的报纸团成纸球，并用胶带缠好。要求将报纸球尽量团紧。

2. 游戏：森林特警

(1) 教师介绍游戏任务：今天，我们接到了森林里小动物的报告，森林里出现了几只怪兽，需要我们森林特警去消灭他们。一会儿我们就出发。森林里有一条河，河的上面架了几座小桥，只有经过小桥才能到达出现怪兽的地方。希望大家勇敢、团结，一起战胜怪兽。

(2) 教师引导幼儿讨论：我们怎样经过这些桥呢？通过讨论，让幼儿了解游戏的玩法及规则。

• 玩法：幼儿分为四组，鱼贯出发，经过"小桥"后，用报纸球击打"怪兽"。

• 规则：要求每组幼儿都要经过不同的"小桥"。

(3) 幼儿将报纸球全部投完后，一起捡回来，换一种小桥重新开始游戏。游戏可进行两三遍。

3. 飞舞的流星

教师引导幼儿尝试用报纸球进行一物多玩：可以两个人互相抛接球，还可以夹球跳、踢球、赶球、投球等。

活动建议

1. 幼儿在团纸球时，教师要进行指导，让幼儿将纸球尽量团紧，并帮助幼儿缠紧胶带。

2. 走平衡木和动态平衡板对幼儿有一定的难度，教师要提醒幼儿走稳，并进行适当的保护。

3. 每次游戏时，注意调整怪兽的高度和远近距离，以适合幼儿的水平，达到锻炼的目的。

（选自《幼儿园领域活动课程 教师用书 语言·社会·健康 中班上册》，人民教育出版社2012年版。有改动）

案例4 葫芦娃大力士

活动目标

1. 能双手抓杠悬空吊起15秒左右,发展上肢力量和耐力素质。
2. 能够积极参加悬垂游戏,体验游戏的乐趣,发展不怕困难、坚持等意志品质。

活动准备

1. 幼儿能双手抓杠悬空吊起10秒左右,看过动画片《葫芦兄弟》。
2. 动画片《葫芦兄弟》主题曲、舒缓音乐及播放器。
3. 高低不同的"葫芦藤"(即缠满了葫芦藤的悬垂架,如下图),自制大扇子。

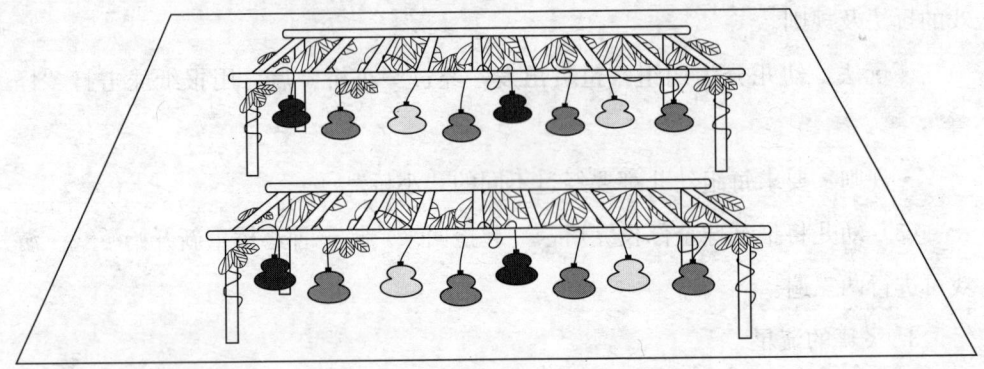

活动过程

1. 葫芦娃兄弟来做操

教师扮演老爷爷,幼儿扮演葫芦娃兄弟,在动画片《葫芦兄弟》主题曲音乐伴奏下,一起活动身体的各个关节,特别是上肢的肩、肘和腕等关节。

2. 快乐的葫芦娃

(1) 葫芦娃上藤了

幼儿自由选择悬垂杠进行上杠、悬垂游戏。教师观察幼儿游戏情况,并进行个别指导。

(2) 葫芦娃长大了

教师说明游戏玩法:葫芦娃要在葫芦藤上聚集能量,时间越长,能量就越多。聚集足够的能量后,葫芦娃就长大了,会从藤上落下来。哪个葫芦娃长大了(坚持不住,要掉下来了),就可以自己下来,也可以赶快喊"我长大啦",爷爷就会去把他摘下来。

幼儿自由选择悬垂杠，练习双手抓杠悬垂的动作。教师观察幼儿的活动情况，并进行指导：还没长大的葫芦娃，抓住藤条时手腕要用力，身体自然下垂。

3. 葫芦娃大力士

（1）教师讲解游戏玩法及规则。

游戏玩法：葫芦娃在藤上生长时会遇到教师用自制的大扇子扇的大风，风会持续10~15秒。只要坚持住，风停时还留在藤上的葫芦娃就是大力士。

（2）幼儿自由选择悬垂杠进行游戏，教师个别指导。

（3）教师小结并鼓励幼儿：能够战胜大风的葫芦娃都是大力士，只要双手握紧杠，坚持，就会胜利。

4. 放松，调整呼吸

伴随舒缓的音乐，教师和幼儿一起放松肌肉，并调整呼吸。

教师：葫芦娃大力士们，咱们一起来拍拍手臂，抖抖手腕。吸气，慢慢呼气，再吸气，慢慢呼出来。

活动建议

1. 游戏前，一定要充分活动肩、肘、腕等上肢部位的关节，避免运动伤害。

2. 教师注意观察幼儿在杠上坚持的情况，对勇于挑战自我的幼儿及时给予肯定和鼓励。

3. 鼓励幼儿在户外悬垂区继续尝试、练习。

（北京市昌平区工业幼儿园　何维）

第四节　大班案例

案例1　小小杂技员

活动目标

1. 探索平衡板的玩法，提高身体的平衡控制能力，增强下肢力量。

2. 激发对平衡游戏的兴趣，体验合作游戏的乐趣。

活动准备

1. 长短不同的平衡板若干个,铃鼓1个。
2. 皮球、沙包、飞盘等幼儿自选玩具材料若干。

活动过程

1. 杂技员做准备

教师带领幼儿一起学小小杂技员做热身操,有节奏、具有表现力地依次活动身体各部位,重点活动下肢(特别是脚踝),进行力量和平衡控制能力的练习,为探索平衡板做好充分的准备。

2. 尝试走平衡板

(1) 个人探索

教师出示长、短两种平衡板,让幼儿自由探索玩法。

• 幼儿尝试游戏,教师引导幼儿重点关注:站上平衡板时怎样保持平稳?如何在平衡板上平稳地行走?

• 教师带领幼儿小结在平衡板上行走时的动作要领,并进行讲解示范。

动作要领:双脚踩稳,踏上平衡板,依据自己的水平调整步伐大小,走到平衡板中间的支点处,一条腿自然向前迈过支点;脚踩稳,使支点在两腿中间;然后继续向前移动,两腿交替逐渐走下平衡板;在重心改变时,要保持好自己身体的平衡,双脚始终踩稳平衡板。

• 幼儿较熟练后,教师可以鼓励幼儿在平衡板上加快速度行走,在平衡板上边走边做动作,或是手中持物走过,增加游戏的难度及挑战。

(2) 小组探索

• 幼儿自由结伴,将各自的平衡板组合在一起游戏。

• 教师引导幼儿重点关注:平衡板如何衔接和摆放?与单独玩平衡板相比,遇到了哪些新的困难?

• 教师带领幼儿小结摆放平衡板以及在两个板之间连贯行走的要领:在从一个平衡板向另一个平衡板移动时,两个板之间的衔接很关键。能力强的幼儿可以摆得近一些,直接走过去;能力弱的幼儿要将两个平衡板拉开距离,中间留有空隙,这样会保证运动安全。

• 教师提醒幼儿行走时与前一个幼儿保持间距,要等前一名幼儿双脚都从平衡板上下去以后，再站到平衡板上，防止平衡板尾部下落时打到自己。

· 幼儿较熟练后，教师可以引导幼儿探索出平衡板的多种组合摆放方式，如四周连接成方形、前后一字摆、折线摆等，让幼儿在多种平衡板组合中行走体验，增加身体的平衡控制能力及腿部力量，同时能够在游戏中注意自己及同伴的安全。

3. 看谁能站住

（1）场地布置：在场地的4个角摆放4个小平衡板，所有幼儿站在平衡板围成的方形场地周围。

（2）明确游戏玩法，开展游戏。

游戏开始，教师摇铃鼓，幼儿根据铃鼓声的缓急顺时针变速跑。当铃鼓声停止时，4名反应快的幼儿迅速站到平衡板上，如果能双脚平稳地站在平衡板上，就可以得到一枚小贴画作为奖励。游戏重新开始，当铃鼓声再次停止时，要有4名反应快的幼儿和先前站在平衡板上的幼儿共同站在同一个平衡板上，如果能不从平衡板上掉下来，就可以得到一枚小贴画。游戏再次开始，每次铃鼓声停下时，都要有4名幼儿去争抢平衡板的站位，成功站上去且没有掉下平衡板的幼儿都可以得到一枚小贴画。游戏重复4次，最后得贴画多的幼儿获胜。

（3）教师进行评价和小结。鼓励能够迅速抢占平衡板，并在平衡板上站得稳的幼儿，表扬幼儿勇于挑战的精神。指出幼儿在走平衡板的动作上的问题，以使幼儿的动作更加稳定有力。

4. 放松整理

（1）教师带领幼儿牵拉、伸展、拍打身体各个部位，重点是腿部、脚踝等，让肌肉放松，并在舒缓的音乐中放松身心，感受体育活动的愉悦。

（2）放松过后，幼儿和教师一起收拾、整理活动教材。

活动建议

1. 提醒幼儿在跑和抢占平衡板时注意安全，不能用手互相推挤。

2. 将平衡板投放至平衡区或自选玩具中，鼓励幼儿继续自主探索和游戏。

（原中国人民解放军总后勤部六一幼儿园　赵萍）

案例 2 赛龙舟

活动目标

1. 体验合作全蹲走的运动方式，探索、调整自己的速度和步伐，发展身体的协调性和耐力。

2. 主动参与体育活动，体验合作游戏的快乐。

活动准备

1. 幼儿有全蹲走的游戏经验。

2. 节奏感较强的音乐、舒缓的音乐和播放器。

3. 教师提前布置好活动场地：设置幼儿蹲走的跑道，指定起点和终点；将锥形筒、体能条、彩色水瓶、单元砖等材料放在场地的一旁。

游戏路线可参考下图。

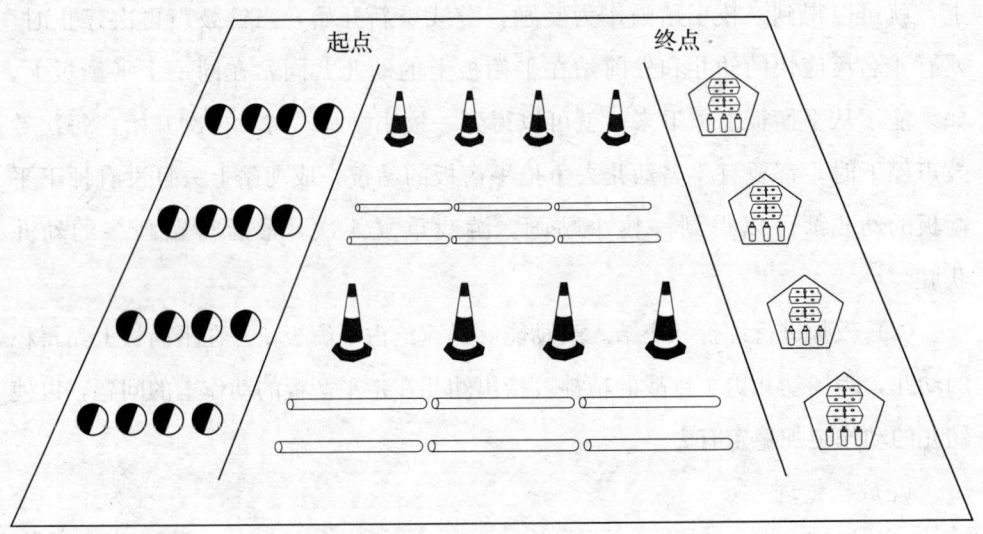

活动过程

1. 龙舟赛运动员

（1）幼儿扮演龙舟赛运动员，站成一路纵队，随音乐听指令变换多种队形，有精神地进行走步练习。

动作要求：挺胸抬头，有精神，并能控制与前后同伴的距离。

（2）幼儿站成圆圈，教师带领幼儿一起随音乐做热身操，重点活动下肢部位，如原地踏步、踢腿、双脚并拢随音乐蹲起、向上纵跳等。

2. 合作蹲走

（1）幼儿四人一组初步尝试，感受合作全蹲走的运动方式。

教师：孩子们，你们四个人一起合作试试，看看怎样能让自己的这艘龙舟划起来。

（2）同伴间交流分享合作全蹲走的方法。

教师：谁来说说，刚才你们的龙舟是怎样划起来的？

教师：怎样合作，就能让龙舟划的时候不从中间断开，一直平稳地划到终点？

（3）幼儿自由选择材料设计游戏路线，并运用已有经验再次游戏。

教师：这里有一些材料，请你们用这些材料摆出一条航线，试试在不同的航线上能不能顺利地划起来。

教师：换一条航线试一试。

3. 赛龙舟

（1）鼓励幼儿用探索出的方法，分组进行竞赛游戏。

游戏玩法：幼儿四人一组，共同商量、选择一条航线（可以沿体能条走直线航线，也可以绕着锥形筒走 S 形航线，等等），将本组龙舟划到终点，取一个彩色水瓶或者一块单元砖往回划，在龙舟不断开的情况下，取回物品最多的那组为胜。

每次游戏结束后，教师带领幼儿进行简单的放松活动：捶捶捶，敲敲敲，捏一捏，抖一抖。

（2）幼儿反复多次游戏，教师随机指导，并关注幼儿的运动量。

4. 整理放松

（1）教师带领幼儿随舒缓的音乐放松身体，重点放松下肢肌肉，逐渐放松身心。

（2）指导幼儿和教师一起将材料归放好，在归放的过程中提醒幼儿注意安全。

活动建议

1. 鼓励幼儿在户外活动中练习蹲走，提高腿部肌肉力量和耐力。

2. 幼儿动作熟练后，可在竞赛游戏中设置障碍，提高难度。

（北京市东城区分司厅幼儿园　吴爽）

案例3 我是特种兵

活动目标

1. 巩固匍匐爬的基本动作,提高身体动作的协调性和灵敏性,发展上下肢肌肉的力量。

2. 能主动参与体育活动,感受活动带来的快乐。

活动准备

1. 幼儿基本掌握了匍匐爬的动作。

2. 垫子12块,小桌子6张,钻爬桶、小筐各2个,铃铛、粘球若干。

3. 热身音乐、放松音乐及播放器。

场地布置如下图。

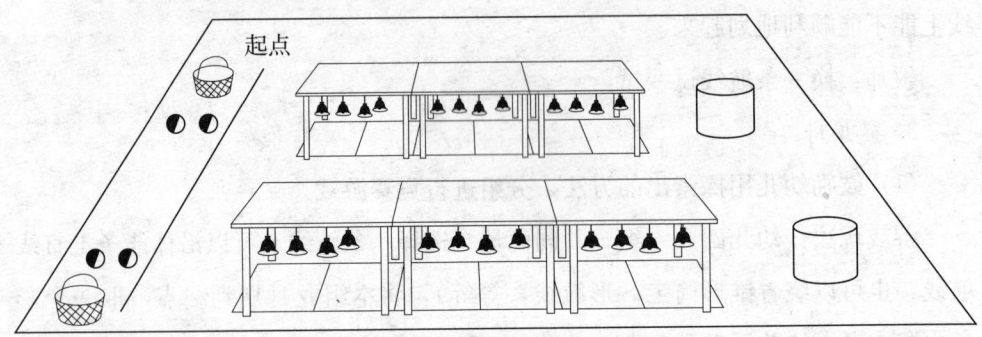

活动过程

1. **热身活动**

教师和幼儿一起听音乐活动身体的各个关节,如肩关节、髋关节、膝关节、踝关节等,为后面的活动做好准备。

2. **特种兵练本领**

(1) 教师带领幼儿来到提前准备好的"训练场"上(场地上平行摆出2张"电网",每张"电网"由3张小桌子首尾相连组成,桌面下悬吊若干铃铛,下方地面铺设6块垫子),为幼儿讲解游戏方法。

(2) 爬过电网,复习匍匐爬。

幼儿依次匍匐爬过电网,从两侧跑回。后一名幼儿在前一名幼儿爬到第二块垫子时才能出发。

教师重点关注幼儿匍匐爬的动作。

(3) 尝试快速通过电网，提高匍匐爬的速度。

教师：这次我们试试看，怎样能够既快速地爬过电网，又不碰到铃铛？

(4) 幼儿交流分享、展示，教师帮助小结。

动作要点：身体低低地趴在垫子上，胳膊向前挪动要快，腿要用力。

3. 特种兵大比武

(1) 第一关：匍匐前进

玩法：幼儿分成两组，匍匐爬过电网，不要碰到铃铛，从两侧快速跑回，先完成的组获胜。

游戏时，教师提示幼儿动作要规范，匍匐爬的时候不要碰到铃铛。

(2) 第二关：炸碉堡

玩法：幼儿拿"手榴弹"（粘球）匍匐爬过电网后，将手榴弹投进敌人的"碉堡"（钻爬筒），投完后快速跑回。

游戏时，教师提示幼儿站稳身体后，瞄准碉堡，投出手榴弹。

(3) 教师带领幼儿进行小结，肯定幼儿的表现，并提出游戏时动作和安全的注意事项。

4. 放松整理

(1) 老师带领幼儿一起随音乐做放松动作，放松肌肉，调整呼吸。

(2) 幼儿在教师的指导下收回器材，归放整齐。

活动建议

鼓励幼儿在户外钻爬区活动时，用匍匐爬的方法进行钻爬游戏。

（北京市昌平区工业幼儿园　刘岩）

案例4　小猴夺宝

活动目标

1. 进一步发展综合运用走、钻、跳、跑等技能的能力，提高身体的协调性。

2. 进一步养成自主、合作、不怕困难的品质。

活动准备

1. 画有飞机图案的大卡片两张（分成拼图，拼图块数和每组幼儿人数的一半一样多），分别装在2个筐内。

2. 平衡板 4 个，泡沫垫 4 块，拱形门 4 个，大滚桶 2 个，圈 8 个。

3. 热身音乐《猴哥》及播放器。

场地布置如下图。

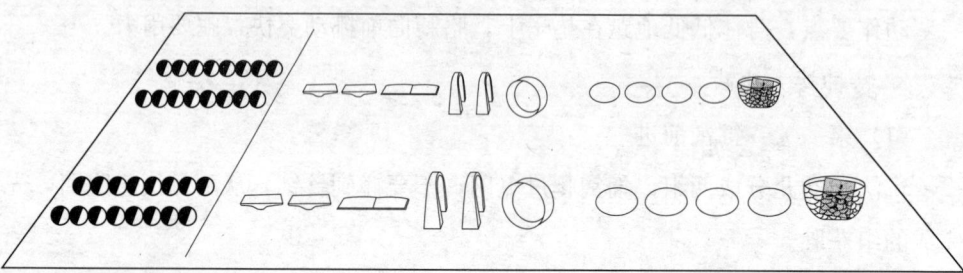

活动过程

1. 小猴出山

教师：美猴王在猴山上藏了许多宝物，小猴子们活动活动，准备去夺宝吧！

教师带领幼儿在音乐《猴歌》伴奏下，活动身体的各个部位。

2. 小猴探路

(1) 幼儿观察夺宝路线，讨论游戏玩法。

教师：看看寻宝的路上有什么？我们要闯过哪些关卡？想一想怎样才能安全过去？

(2) 教师和一名幼儿演示闯关方法，明确游戏玩法。

玩法：幼儿两人一组，侧身走过平衡板，各拿一块泡沫垫合作搭"桥"，从拱形门下钻过，之后一人钻进滚桶，一人推滚桶，配合来到"池塘"边，单脚跳过"荷叶"（圈）后，快速从两侧跑回，拍本队下一组幼儿的手后，回到队尾休息。下一组幼儿被拍手后才可以出发。

3. 小猴夺宝

(1) 第一次游戏，小猴子分成两队游戏，看哪队最先完成。

教师：你闯关的时候遇到了什么困难？你是怎么解决的？谁还有好办法？

师幼共同总结：过拱形门和大滚桶时，不能光自己走，还要留意同伴，两人相互配合。

(2) 第二次游戏，再次合作闯关，并将夺回的拼图拼成完整的图案。

教师出示装有拼图的"宝箱"（筐），引导幼儿在闯过平衡板、泡沫垫桥、拱形门、大滚桶、跳圈关后，从宝箱内取一块拼图归队。当本组所有幼儿都返回后，合作将拿回的拼图进行拼装，最快完成的组获胜。

游戏过程中，教师鼓励幼儿运用第一次总结出的方法解决遇到的困难。

4. 带宝物回家

（1）"猴子"们乘着夺回的飞机回家，教师带领幼儿做出模仿飞机飞行的动作，放松身体。

（2）幼儿在教师的指导下收回器材，并归放整齐。

活动建议

在户外活动时，鼓励幼儿自主摆设障碍物，并讨论过障碍物的方法，合作过障碍物。

（北京市石景山区第三幼儿园　郭莉、刘冬梅）

第六章　幼儿园区域体育活动

幼儿园区域体育活动是近年来幼儿园探索较多的体育活动形式，深受幼儿喜爱。它对激发幼儿体育活动的兴趣，促进幼儿动作技能、身体素质以及社会性等方面的发展具有十分重要的意义。本章在简要介绍幼儿园区域体育活动的含义、价值、分类以及组织要点的基础上，提供典型区域活动的设置案例。

第一节　幼儿园区域体育活动概述

一、幼儿园区域体育活动的含义与价值

（一）幼儿园区域体育活动的含义

幼儿园区域体育活动是幼儿园打破班级界限、提供多样的体育活动区，引导幼儿自主运动的幼儿园体育活动的组织形式，也称"幼儿园体育活动区的活动"，它具有开放性、自主性、灵活性等特点。

开放性体现在各个运动区域对幼儿是全部开放的，幼儿可以不受限制与约束地自主选择运动区域及游戏伙伴，完全打破班级的界限，幼儿可以接触各种运动，可以结识各班的小朋友和老师。自主性体现在幼儿可以自主选择运动区域，并在区域中根据自己的意愿选择运动器械，进行自主探索和动作练习，决定何时开始运动以及何时结束运动等。灵活性体现在运动区域的设置、区域中运动器械的选择与摆放、动作的内容与形式、参与游戏人员的多少等，都可以根据幼儿的运动兴趣与幼儿的能力水平进行灵活调整，以满足幼儿运动与发展的需要。

幼儿园区域体育活动通常每周可以开展一两次，每次活动时间以 40～45 分钟为宜，小班可以酌情减少，大班可以适当增加。

（二）幼儿园区域体育活动的价值

在幼儿园区域体育活动中，教师通过分区域提供充分的运动器械与游戏材料，引导幼儿自主自由地进行多样的身体活动，对幼儿的发展具有重要的价值和

意义。

1. 激发幼儿的运动兴趣，满足幼儿的运动需要

幼儿园区域体育活动丰富多样，幼儿可以自主选择、自主游戏，因此，幼儿会感到轻松愉悦，这能激发幼儿对运动的兴趣，并能满足幼儿个性化的运动需要。

2. 促进幼儿多种动作技能和身体素质的发展

幼儿园区域体育活动具有动作体验丰富、材料选择多样、游戏内容多变等特点，幼儿在一个区可以进行多层次、多类型的身体练习，也可以在多个区域的体验、练习与转换中发展多种动作能力，身体素质也会在自由自主的游戏过程中，得到相应的提高和发展。

3. 促进幼儿社会性的发展

在幼儿园区域体育活动中，幼儿之间的交往互动更多，自主决策、商议的机会更多，他们是区域体育活动的主人，可以自主决定玩什么、怎么玩、和谁玩。教师只在材料提供、观察指导、安全保护等方面提供支持与帮助。在此过程中，幼儿的协商与合作、计划与决策、自我控制与遵守规则等社会性品质能得到良好的发展。

4. 促进幼儿自我服务能力的提高

幼儿是区域体育活动的主人，有机会学习照顾好自己。例如：在活动前要检查服装是否穿戴好，鞋带是否系好；搬运器械时要学会注意安全，讲究搬运方法及寻找合作伙伴；运动中出汗了要学会找荫凉地方休息，及时喝水和擦汗，或是增减衣物；等等。真实的游戏情境给了幼儿提高自我服务能力的机会。

二、幼儿园体育活动区域的分类

幼儿园体育活动区域的创设方式、内容是多种多样的，教师要充分利用幼儿园多种环境资源，依据幼儿体育活动的目标，为幼儿开辟多种运动空间，提供多样的运动和游戏材料，让幼儿进行丰富多样的运动体验。幼儿园可以根据不同的维度来创设体育活动区域。

（一）按基本动作划分

依据幼儿基本动作和身体素质的发展需要，幼儿园体育活动区域可以划分为

走跑区、平衡区、跳跃区、钻爬区、投掷区、攀登区、悬垂区等。区域中投放的是以基本动作练习为主的、具有不同层次的运动器械和游戏材料，同时根据游戏情境与活动的需要，随时补充一些辅助材料。

（二）按幼儿园场地性质划分

依据幼儿园场地实际情况，可以创设不同的体育活动区域，如土坡区、戏水区、运动探索区等，幼儿可以在特定的场地中进行游戏玩耍，体验活动、场地的多样性。

（三）按设施、器械的特征划分

有一些运动设施和器械有自身的独特性，可以专门设置一个区域，如小车区、球区（足球区、篮球区、羽毛球区等）、旋转区、轮胎区、滑翔索道区等，教师在这些区域为幼儿提供同类多样的运动器械与游戏材料，让幼儿体验特有材料及玩法带来的挑战和乐趣。

（四）按游戏主题划分

运动区域也可以按游戏的主题来创设，如民族、民间体育游戏区、合作游戏区、挑战探索区、学做解放军区、快乐动物园、翻斗乐等，这些区域多数是综合性的运动区域，融合了多种运动器械和动作内容，幼儿以一个游戏主题进入情境中进行身体活动与游戏，并在活动中发展多种动作技能。

三、幼儿园区域体育活动的组织要点

为有效提高幼儿园区域体育活动的质量，可以从以下几个方面进行区域体育活动的组织与实施。

（一）合理设置体育活动区域

体育活动区域的设置需要依据幼儿体育活动的目标、幼儿身心发展的年龄特点与现有水平、幼儿的运动兴趣与需求，结合幼儿园场地特点、运动设施与器材拥有状况、各年龄段幼儿人数等实际情况，进行合理的规划、布局和安排。

1. 依据幼儿的年龄特点、发展需要及运动兴趣来确定开设哪些体育活动区域

幼儿园设置哪些体育活动区域，首先要依据每个年龄段幼儿基本动作和身体素质的发展需要与年龄特点来考虑，同时，也要充分考虑到幼儿的运动兴趣和需

要。例如，小班可以设置跑跳区、钻爬区、投掷区、小车区等；中、大班可以增加平衡区、攀爬区、悬垂区、球类区、合作区等。

2. 依据运动类型、运动器械和场地的特点来设置区域

不同的运动类型和运动器械所需要的运动环境与空间是不同的。例如：奔跑区、小车区需要较宽阔平坦的场地；平衡区需要放置平衡器械的平整场地以及可以在周边土地上设置木桩、梅花桩、木桥、轮胎路等平衡设施的空间；跳跃区的地面要有一定的弹性；钻爬区所需要的空间可以相对小一些等。同时，还要结合各年龄段幼儿的现有人数、运动场地面积的大小、运动设备和器械的多少、地面的具体情况等来确定区域设置的数量及摆放位置与方式。

3. 结合幼儿园环境特点开设区域

幼儿园应充分利用本园自身的环境和场所特点，因地制宜地为幼儿开辟体育活动区域，使游戏场地丰富多样、布局合理、富有情趣。例如：可以在较大的活动场地上同时开设几个区域，在较小的空间开设一两个区域，利用长道开设小车区；可以利用小土坡开设登山区，让幼儿自由地跑上跑下；可以把一面墙布置成投准区，安放上小篮筐、靶心；也可以将沙坑设置成跳跃区，让幼儿赤足在沙坑处跳进跳出、登上跳下等。

4. 充分考虑幼儿喜欢探索的特点，设置自主游戏空间

在设置体育活动区域时，还应该为幼儿提供一块开放性的活动场地，开辟自主游戏的空间。在这个区域中，投放一些低结构、多变的游戏材料，如大小、宽窄不一的平衡板、木板、纸板、木凳、木梯、大积木块、垫子、塑料圈、轮胎等，供幼儿自己商量游戏主题，共同设计、拼摆、搭建运动游戏场景，然后进行自主运动和游戏，充分发挥幼儿的自主性和创造性，使幼儿充分体验自主运动、游戏、创造以及合作的乐趣。

（二）科学投放体育活动器材

1. 结合幼儿发展目标投放适宜的体育活动器材

区域体育活动主要是围绕幼儿基本动作和身体素质的发展来设计的，体育活动器材可分为主材料和辅助材料。主材料是指那些主要用于完成基本动作的运动器材，如钻爬区中的拱形门、垫子，跳跃区的小跨栏、弹跳架，悬垂区的单杠、平梯，平衡区的平衡板、拱形板，小车区的儿童车等，都是主材料。主材料的投

放要多样化，以便给幼儿多样的运动体验。例如：在钻爬区里可以提供拱形门、钻筒、大纸箱通道、长长的隧道、垫子等；在小车区里可以提供多种类型的儿童车，有三轮的、四轮的，有单人骑的、双人骑的，还有手推的小车等；在平衡区里可以提供多种类型的平衡器材，如不同材质和形状的平衡木、荡桥、高低不平的梅花桩等。

辅助材料可以丰富幼儿体育活动和游戏的内容，增强运动时的挑战性和趣味性。例如：在钻爬区中可以提供沙包、小背包、玩具木枪等辅助材料，幼儿在钻爬过程中可以把这些材料背在身上；在平衡区中可以提供沙包、球、小轿子等辅助材料，幼儿在走平衡木时可以头顶沙包、边走边拍球，或两人抬小轿子过小桥等。辅助材料既可以适当增加运动的难度，增加了幼儿运动的挑战性，同时又能丰富动作的内容，增添游戏性，拓展思维和创造空间。

2. 注重投放体育活动器材的年龄适宜性和层次性

在体育活动区域中，器材的投放一定要考虑幼儿的年龄特点，应具有年龄适宜性。一般来说，小班投放的运动器材比较简单，同一玩具的数量要多，以保证每名幼儿都有可供操作的材料；中班投放的运动器材要多样化、层次化，以满足不同能力水平幼儿的需要，丰富幼儿的运动体验；大班投放的运动器械要有一定的难度和挑战性，以激发幼儿主动探索与创造的愿望。

以投掷区为例。可以鼓励小班幼儿在投掷区里玩一些简单的抛、投的游戏，激发他们参与投掷活动的兴趣，增加多种投掷体验；对于中班幼儿的投掷区，应适当增加投掷难度，如悬挂不同大小、高低的塑料圈当作投掷目标，以满足不同能力水平幼儿的运动需要，投掷的类型、投掷物和投掷目标也应多样，以丰富幼儿的投掷体验；对于大班幼儿的投掷区，应强调不断的变化与挑战，如投掷的距离可逐渐增长，投掷物的种类、轻重、大小可多样化，可以增加击中移动目标的要求等。

在考虑体育活动器材的年龄适宜性的同时，还应重视器材的层次性。不同的幼儿在同样的动作练习中，能够完成的任务难度是不同的，具有一定的个体差异，因此，体育活动区域中应尽可能提供难度不同的运动器材，以适应幼儿的能力水平，同时，也有助于幼儿在完成现有水平活动的基础上，进行高一层次的挑战。

此外，各体育活动区域投放的运动器械还应根据幼儿的活动情况、幼儿的兴趣以及幼儿的发展需要进行及时的调整、补充或定期的调换，以满足幼儿的运动需要，更有效地促进幼儿身心发展。

3. 结合季节变化适当调整体育活动区域和运动器材

在开设体育活动区域以及投放运动器材时，应考虑季节性的特点。天气冷时，应投放活动量较大、材质较柔软的材料，这样，幼儿在户外进行运动时便能较快地暖和起来，如跳跃区的绳子（跳绳）与羊角球、传统游戏区的铁环（滚铁环）等需要跳跃、跑动的器材。通常在北方冬季里不太适合开展悬垂区的活动，因为抓握单杠时感觉冰冷，会影响幼儿的悬垂活动。夏季天气较炎热的时候，可多投放平衡区、投掷区的运动器械，这样能使幼儿的运动量稍小一些，使出汗量相对减少。

4. 从身体发展的均衡性来投放体育活动器材

在投放体育活动区域运动器材时，还应注意幼儿上肢与下肢、左侧与右侧的协调发展。例如：小车区里既有脚踏车，又有手推小车，球区中既可以开展小篮球、小曲棍球的游戏，又可以开展小足球的游戏。在运动器材的使用过程中，还应鼓励幼儿尝试使用身体的左、右侧进行体验、练习和锻炼，如在投掷区鼓励幼儿使用左、右手来进行投掷练习，在跳跃区鼓励幼儿尝试用左、右脚做单脚跳或左、右脚进行交替跳等。

5. 考虑多种体育活动器材与材料的有机组合

体育活动区域投放的运动器材既包括购买的各类幼儿运动器械，也包括幼儿园自制的运动器材、安全的废旧材料等，各区域应根据幼儿运动与游戏的实际需要来进行有效的组合。例如：在小车区中除了投放购买的各种类型的儿童车外，还可以投放自制的障碍物、投递箱、小背包、废旧矿泉水瓶等，供幼儿进行绕障碍骑行、运货、快递等游戏，以丰富游戏的情境与内容；在钻爬区中除了投放垫子、拱形门、彩色隧道等购买的运动器材外，还可以投放用大纸箱自制的硬纸山洞、用轮胎搭建的小山洞、用松紧带自制的障碍网等，以丰富幼儿的运动体验与游戏内容。

（三）给予全面且有针对性的指导

1. 建立良好的区域体育活动常规

合理有效的区域活动常规是幼儿自主游戏安全的重要保障。教师应与幼儿一起建立每个体育活动区域的活动常规，一般包括进区常规、出区常规、游戏玩法常规、游戏路线常规、材料使用常规、"大带小"常规、收放运动器械和材料常规等。活动前应帮助幼儿熟悉和掌握各体育活动区域的常规要求，活动中应引导幼儿自觉遵守常规。

2. 巧妙利用音乐来引导区域体育活动的进程

巧妙地选用固定的音乐来引领区域体育活动的整个进程是一种很有效的方式，它可以使区域体育活动有条不紊地进行。例如，可以选择欢快、轻松的音乐作为区域体育活动的开场曲，表明区域体育活动马上就要开始了，激发幼儿参与区域体育活动的兴趣。在幼儿进行区域体育游戏的过程中，巧妙选择几种不同类型的乐曲作为特定活动的背景音乐，以此作为引导幼儿进行热身活动、区域转换、活动结束后收拾材料以及做放松活动的提示。背景音乐固定下来后，幼儿逐渐就能跟随不同音乐的引领来进行相应的活动了，同时，也能使幼儿在音乐的陪伴下更加轻松愉快地进行体育活动。

3. 做好充分的热身和放松活动

区域体育活动开始前，教师首先要带领幼儿进行全身的热身活动，为安全参与各区活动做好生理上的准备。热身活动要结合本区域体育活动内容的特点有针对性地进行设计，例如：参与投掷区活动，就要多进行上肢部位的屈伸、旋转的热身；参与钻爬区活动，就要针对腰部、上下肢进行热身；等等。活动前的热身要求教师认真对待，精心设计，并且示范正确。热身后，教师可引导幼儿一起摆放运动器材和布置场地，幼儿在搬运器材和布置运动环境的过程中，上肢力量、平衡能力与协调性能得到良好的锻炼，游戏同伴间也逐渐相互熟悉，使幼儿在身体及情绪上都做好运动与游戏的准备。

区域体育活动结束时，应带领幼儿做一定的身体放松和整理活动。

4. 观察仔细、有效指导

在指导区域体育活动的过程中，教师应分区域负责，主要观察幼儿运动过程中的情绪状态、运动方式的安全性、运动器材使用的正确性、幼儿之间的互动交往、动作发展水平、运动量大小等方面。重点指导幼儿合理选择游戏内容和器材、协商材料摆放、制订与遵守活动规则、学习同伴互助、使用礼貌用语、自主探索与体验，以及注意安全自护等，确保幼儿在区域体育活动中既能自主快乐地游戏，又能安全科学地运动，促进幼儿身心全面发展。

5. 适时分享与点评

教师要适时引导幼儿进行经验分享和点评，对有创新、有合作、动作练习有提高、游戏内容丰富的幼儿进行表扬，同时鼓励幼儿将创新玩法展示给大家，给其他幼儿以启发，并对下次开展此类游戏提出希望和建议。最后，在收拾器械与材料环节，教师要引导幼儿学习收纳、有序摆放，鼓励同伴间的礼让与合作，培养幼儿良好的收纳习惯和责任感。

（四）关注体育活动安全与卫生保健

区域体育活动中的安全工作至关重要，教师要在区域体育活动前做好幼儿自我保护方面的指导和教育。活动中，教师间要相互配合，注意站位，分工负责，保证每个参与区域体育活动幼儿的安全。具体注意以下几点。

1. 活动前排查场地、运动器材与材料的安全隐患，避免各种危险发生。带领幼儿做充分的热身活动，对幼儿提出必要的安全要求。

2. 在每次投放新运动器材时，教师要在集体教学活动中教授玩法，也可让幼儿以小组形式先探索、尝试，让幼儿知道活动中的安全要求，避免新运动器材对幼儿的伤害。活动中，教师还需要站在新运动器材的附近看护幼儿。

3. 重点关注那些比较活跃的幼儿、动作不够协调的幼儿、具有一定攻击性行为的幼儿，引导他们遵守体育游戏规则，正确操作材料。大班可以培养幼儿做"小小监督员"，监督提醒有不安全行为的幼儿，发挥幼儿的自主性。

4. 要随时检查本班负责区域的运动器械与材料，破损的要及时修补、替换，不适合幼儿活动的要及时移除，保证幼儿运动安全。

5. 保健人员要在各班区域体育活动时给予专业看护与救护，准备好小药箱，以便幼儿出现受伤情况时能快速处理和急救。同时，要关注各区域中幼儿的活动量，及时提醒各区教师把握好适宜的活动量，避免幼儿过于疲劳，特别要关注体弱儿和肥胖儿的活动。指导保育员为幼儿创设休息角、饮水处，供幼儿活动期间使用。定期对班级教师进行幼儿意外伤害应急处理培训。对于雾霾等恶劣天气，要做到及时通告。

第二节　各年龄班典型体育活动区域设置

幼儿园经常采用的体育活动区域设置的方式，是依据不同的基本动作练习和发展需要而创设。这些区域通常包括走跑区、钻爬区、投掷区、悬垂区、球区等。同样的活动区，在小、中、大班，既有相同的部分，也有不同的要求。为了避免繁复，本节分年龄班列举典型的体育活动区域设置。例如：小班列举了走跑区、跳跃区、钻爬区；中班列举了投掷区、球区、小车区和悬垂区；大班列举了平衡区、钻爬区、小足球区和投掷区。在介绍每一个体育活动区域的设置时，都是以某一个年龄段为重点，同时，在最后的区域延伸部分，列出了在其他年龄班设置这一区域的建议和要求。比如，在介绍完小班走跑区设置后，在区域延伸中，对于中、大班的走跑区的设置提出若干建议。这样，既避免了内容繁复，又兼顾了同一活动区域在不同年龄段的设置要求。

一、小班典型体育活动区域设置

（一）走跑区

区域活动目标

1. 在走跑中平稳控制自己身体，体验游戏快乐。
2. 能拉着物体向指定方向跑去跑回，提高身体的协调性。
3. 能有秩序地玩游戏，遵守游戏规则。

场地与材料

1. 场地：为幼儿选择较大、宽敞平坦的活动场地。
2. 材料：锥桶、塑料条、自制车、自制方向盘、沙包、推拉小车等。

区域活动建议

1. 运用辅助材料，自由练习多种方法走跑，如鼓励幼儿手拉小车，或手拿方向盘进行走跑游戏，学习控制自己的身体。
2. 变化场地设置，引导幼儿练习直线走、曲线走、障碍跑，并保持平稳。
3. 组织幼儿玩各种有情节的规则游戏，让幼儿听指令进行变化方向走跑、变速走跑、绕障碍跑等，锻炼反应能力，体验游戏快乐。

表6-1　走跑区可开展的相关游戏

	游戏名称	游戏内容
游戏1	小兔拔萝卜	练习绕障碍走、跑
游戏2	小汽车爬坡	练习爬坡走、跑
游戏3	送小动物回家	沿着规定的路线走、跑交替
游戏4	小司机	手拿方向盘玩走、跑游戏
游戏5	红绿灯	玩听指令走、跑游戏

图6-1-1

图6-1-2

动作指导要点

1. 能够步伐均匀地走跑。走跑时,两臂屈肘握拳于腰间,前后自然摆臂。

2. 设定标志物,在跑步过程中目视前方。

3. 在练习走跑时,能平稳控制自己身体。

区域规则要求

1. 如果玩小车,每人每次只能选择一辆。

2. 在指定范围内走、跑。

3. 运动后将所玩材料放回原处。

安全卫生要求

1. 提前检查场地及器械,消除安全隐患。

2. 提醒幼儿穿适合运动的鞋子,避免崴脚。

3. 活动前让幼儿进行四肢及手腕、脚踝的准备活动。

4. 提醒幼儿在游戏中注意他人,避免互相碰撞。

5. 指导幼儿选择辅助器械运动时,注意自身安全。

6. 提醒幼儿出汗后及时用干净毛巾擦汗。

区域延伸

1. 设置中大班的走跑区时,可以增加以下材料:高度、宽度不同的平衡木、平衡板、梯子组合、独木桥玩具组合、轮胎、木质方形积木块、自制梅花桩、自制的地雷、箱子、锥筒等。

2. 在中大班的走跑区,可以鼓励幼儿利用器械玩各种游戏,练习脚尖走、脚跟走、倒退走、蹲着走、绕障碍跑、四散跑等动作,提高动作的灵活性,发展耐力和力量素质。

(原中国人民解放军总后勤部六一幼儿园
安晶、徐砚昆、孙云芳、曹梅)

(二)跳跃区

区域活动目标

1. 练习多种跳跃动作,如双脚连续向前跳、从 15~25 厘米的高处向下跳、原地纵跳触物等,跳跃时能够手臂自然摆动,带动下肢跳跃。

2. 锻炼下肢力量及身体动作的协调性。

场地与材料

1. 场地：平整无异物的场地，有条件的话，选择有弹性的塑胶场地。

2. 材料：纸棍、呼啦圈、小跳袋、垫子（软、硬）、小椅子、矮墩、锥筒、各种挂饰（如桃子图片）等。

区域活动建议

1. 进行各种无障碍跳跃动作练习，以终点处有目标物或是以手持、肩背、怀抱等辅助动作的方式，一起完成跳跃练习。

2. 结合辅助材料，进行动作难度、距离远近不同的有层次跳跃练习，可尝试站在跳袋里跳跃、立定跳远、从高处向下跳、纵跳触物等。

3. 结合一些情境性、目的性游戏场景，与上肢动作结合，进行跳跃练习。

4. 参加一些规则性、情境性的集体游戏，听指令加快速度、提高难度，练习各种跳跃动作。

表6-2 跳跃区可开展的相关游戏

	游戏名称	游戏内容
游戏1	快乐小兔	练习双脚并拢连续跳
游戏2	小兔去吃草	练习沿直线、曲线进行双脚连续向前跳或双脚左右行进跳
游戏3	小袋鼠过河	练习双脚立定跳远，跳过30～40厘米宽的小河
游戏4	小跳棋	练习双脚连续向前跳
游戏5	小松鼠蹦极	练习从15～25厘米高的梯凳上向下跳

动作指导要点

1. 从高处向下跳时掌握好平衡，屈膝弯腿，前脚掌着地，双脚落地站稳后再离开。

2. 双脚连续行进跳时双脚并拢不分开，轻轻落地，连续不停顿。

3. 原地纵跳触物和立定跳远时，要用双臂带动双腿用力向上跳。

区域规则要求

1. 排队有序游戏，不与小朋友碰撞，不争抢玩具。

图 6-2-1

图 6-2-2

2. 根据教师指令做动作和游戏。

3. 能在教师带领下一起收拾整理活动材料。

安全卫生要求

1. 活动前检查好幼儿服装、鞋子，使之符合运动要求。

2. 做好充分的热身准备，重点是小腿、脚踝力量及协调性的训练。

3. 在玩从高处向下跳的游戏时，准备足够厚的垫子或松软的沙坑，做好保护措施。

区域延伸

1. 设置中大班的跳跃区时，可以增加以下材料：高度、宽度都较小班有所提高的跳跃障碍物,如纸棒、长方形积木块、松紧带、自制跳房子材料、长方形酸奶纸盒、纸圈、数字圆垫等;塑料圈、沙坑跳架、跳台、海绵垫、跳跳乐、跳袋及锥形筒;以及悬挂不同高度的绳子和各类动物水果悬挂物等辅助材料。

2. 引导幼儿利用各种器械进行有难度、有速度的跳跃练习,如双脚连续向前跳、左右行进跳、单脚跳、开合跳、单双脚交替行进跳、助跑跨跳、纵跳触物、从高处向下跳等,锻炼下肢的力量及灵活性。

(原中国人民解放军总后勤部六一幼儿园
高云红、曹梅、朱雪云、刘亚荣、张京)

(三)钻爬区

区域活动目标

1. 能上、下肢协调配合地手膝爬、手脚爬,能灵活地向前爬和向后退爬。
2. 能正面钻过宽50厘米、高70厘米的拱形门,钻时弯腰低头不碰拱形门。
3. 能独立攀爬小型攀登架,手脚协调用力。
4. 锻炼四肢协调配合能力及四肢的力量和耐力。

场地与材料

1. 场地:平坦、干净的场地。

2. 材料:

• 各种材质、色彩、规格不同的垫子若干;

• 小块榻榻米若干;

• 钻爬材料3种(布面和网布缝制在一起的钻爬筒、PVC管和迷彩布制作的高度不同的迷彩布钻爬网、将3个拱形门用纱网连接的高一些的钻爬网);

• 各种规格的拱形门若干;

• 废旧纸箱做的山洞3个;

• 沙包若干、吊篮4个、长约5米的长绳2根、欢快的背景音乐。

区域活动建议

1. 进行单一材料的钻、爬练习,体验动作要领。例如:正面钻过不同高度的长绳;钻过有高度、宽度限制的不同拱形门;在垫子、榻榻米上练习直线手膝着地爬、手脚着地正爬、退爬;等等。

2. 在路径、方向、长度不同的材料上爬，钻空间方向有变化的材料，随材料不同随时调整钻爬动作。

3. 结合上、下肢动作开展钻爬活动，如正面钻、手膝爬后进行纵跳触物或投掷活动。

4. 自如地在小型攀登架上爬上爬下，并结合一些辅助动作增加游戏性，如站在顶部向下抛沙包等。

5. 参加一些情境性、规则性游戏，如"小老鼠钻山洞""小乌龟运粮食"等，按指令和规则要求进行各种钻爬游戏。

表6-3 钻爬区可开展的相关游戏

	游戏名称	游戏内容
游戏1	小蜗牛去游乐场	练习手膝爬、攀爬滑梯
游戏2	小鱼水里游	练习正面钻不同的洞洞
游戏3	小花猫寻宝	练习手脚爬及正面连续钻山洞
游戏4	小勇士	手膝爬、手脚爬钻过爬网，再攀爬攀登架
游戏5	小老鼠钻山洞	自由拼摆材料进行钻爬
游戏6	小乌龟运粮食	幼儿扮演小乌龟，钻爬至场地中间的粮仓，取了粮食后运粮食回家

图6-3-1

图 6-3-2

动作指导要点

1. 钻拱形门时要弯腰低头，不碰撞拱形门。注意指导正面钻的动作要领：身体面向障碍物，两腿屈膝下蹲，低头弯腰，紧缩身体（团身），两脚交替向前移动，从障碍物下方通过。

2. 上、下肢协调配合爬行，能够变换速度、方向。指导手脚着地爬的动作要领：运用双手和双脚着地支撑的姿势，通过手和脚交替、协调配合的位移动作，使身体向前移动，头稍抬起，眼向前看。

3. 幼儿退爬或是向下爬时，注意手脚的配合。

区域规则要求

1. 在钻过爬网内不能停留，保持路线通畅。

2. 玩爬的游戏时要与前面或后面的幼儿保持距离，以免被踢伤、踩伤。

3. 在玩"小花猫寻宝"的游戏时，寻到宝物的小花猫要把宝物投入吊篮内，再继续寻宝。

安全卫生要求

1. 保证器械安全卫生，定期擦洗、及时修补破损材料。

2. 提醒幼儿出汗时用小毛巾擦汗。

3. 根据幼儿的运动量调整爬行的长度。

4. 提醒幼儿爬行时与前后同伴保持安全距离，防止踢伤。

区域延伸

1. 中大班的钻爬区，可以增加以下材料：立着呈 S 形摆放的前后相连的 5 个大号呼啦圈、不同尺寸的长方体纸箱、向上攀登的大型组合爬网、连接起来的管状长泡沫棍、攀岩山、侧面钻圈、大垫子、长腿木板凳、轮胎、轮胎山、匍匐爬的迷彩网、爬杆等。

2. 引导中大班幼儿利用上述各种器械进行钻爬游戏，如正面钻、侧面钻、侧面连续钻、手脚正爬倒爬、匍匐爬、攀爬攀岩山、攀爬大型爬网、攀爬轮胎山、向上爬杆等，增强四肢的灵活性、力量和协调配合能力。

（原中国人民解放军总后勤部六一幼儿园　徐永平、曹梅、张京）

二、中班典型体育活动区域设置

（一）投掷区

区域活动目标

1. 学习肩上挥臂投准、投远动作，发展手臂力量及身体的协调配合能力，感受投掷活动的乐趣。

2. 能与同伴游戏，学会协商解决问题。

3. 能与教师共同布置游戏场地、收拾、整理玩具材料。

场地与材料

1. 场地：平整、宽敞的地面，并有能悬挂各种饰物和材料的空间。

2. 材料：

• 沙包、软球、网球、皮球、纸球、自制手榴弹、玩具投掷标、环形标靶、投网、投篮、投筐、挂绳、粘球架、纸箱碉堡。

• 挂好的铃铛 8 个、挂好的体能圈 8 个、方砖若干、水瓶 16 个。

区域活动建议

1. 自主选择游戏材料，自由结伴，玩一些投掷游戏。如用不同的投掷物，针对远处的各种目标物，如靶心、纸箱碉堡等进行投远练习。

2. 用不同的投掷物，针对不同目标物进行投准练习，如高低、大小、材质不同的靶心；直径、倾斜角度不同的容器口等，学会灵活调整自己的投准动作及投掷力度。

3. 进行分组对抗游戏。如幼儿两两一组，一名幼儿向移动的靶子投掷，当靶心的幼儿手中拿一个筐去接住对方扔过来的包，接住的记一分，然后分组计分，比胜负。

4. 结合其他器械、辅助材料进行丰富的投掷游戏：如与平衡板相结合，站在不稳定的平衡板上投准，增加难度；与跳房子结合，进行投远练习；与夹包甩远游戏结合，先夹包甩远，然后投掷，使上下肢均衡发展。

5. 玩各种规则性游戏，提高投准、投远的水平和反应能力。如叫号砍包、赶鸭子、砍四角、打怪兽等。

表 6-4 投掷区可开展的相关游戏

	游戏名称	游戏内容
游戏 1	小士兵练本领	手持自制手榴弹或沙包练习 3 米距离投远
游戏 2	碰铃比赛	练习肩上挥臂投准
游戏 3	巧夺战壕	幼儿分两队，分别离隔离墙 4 米远进行肩上挥臂投准，击打对方水瓶。哪一队先将对方的水瓶全部击落，即为获胜
游戏 4	快乐小投手	练习投中移动的靶子

图 6-4-1

图6-4-2

动作指导要点

1. 练习肩上掷远动作，重点指导单手半侧面肩上掷远

单手半侧面肩上掷远动作要领：半侧身朝向投掷方向，两腿前后自然开立，后腿稍弯曲，重心放在后腿上，单手持投掷物置于后肩的上方，屈肘，眼看前方，通过蹬腿、转体、挥臂、甩腕等一系列快速、连贯的动作，将投掷物向前上方投去，投掷角度较适宜，投掷较有力。

2. 练习单手掷准动作，重点指导动作要领

单手掷准动作要领：正面朝向投掷方向，两腿左右自然开立，单手持投掷物置于体侧，屈肘，瞄准投掷目标，通过挥臂、甩腕的连续动作将投掷物投向既定目标。

区域规则要求

1. 提醒幼儿投掷时一定要往投掷区域里投，避免投向同伴。
2. 投掷结束后要把投出去的球和沙包等材料捡回来，方便其他幼儿使用。
3. 有投掷线的游戏，必须站在投掷线后投掷。
4. 玩小组对抗游戏时，幼儿要注意自己及同伴的安全。

安全卫生要求

1. 教师提供的自制材料要安全、环保，符合卫生要求。
2. 沙包类玩具中的填充物不要太坚硬、分量不宜太重，以免误伤幼儿。
3. 教师提供纸巾或小毛巾，提醒幼儿出汗后随时擦拭。
4. 人员密集时可分组开展投掷活动。

区域延伸

1. 小班的投掷区，可以提供以下材料：新颖有趣、分量较轻的投掷材料，如沙包、软球、网球，还可以提供一些自制的大软包、报纸球等，这些材料稳定性强不会滚远，幼儿不会把精力过多地放在追捡投掷物上。

2. 为小班幼儿提供多种投掷体验，增加自抛自接和腹前向上抛球以及胯下向后抛球动作，感受多种投掷抛接活动的乐趣。

（原中国人民解放军总后勤部六一幼儿园　何李婷、张京）

（二）球区

区域活动目标

1. 能够单手连续拍球或行进拍球，并能够用多种方法玩球（转、传、抛、踢、滚等）。

2. 能借助器械控制球，使球滚到指定地点。

3. 能与同伴友好游戏，学会协商解决问题。

4. 能在教师带领下完成材料和器械的摆放、收拾整理工作。

场地与材料

1. 场地：安全、卫生、平整、开阔的游戏场地，便于做各种拍球标记和图示。

2. 材料：各种球、小棍、自制树等障碍物，房子、草坪、脚印等标记图若干，彩虹伞、小篮球架。

区域活动建议

1. 结合地面固定图示，练习定点单手连续拍球，熟练后尝试双手交替拍球、边走边拍球。

2. 尝试合作玩球，并将玩球的范围扩大，如相互滚球、传球、抛球、踢球、接力拍球等。

3. 利用一些辅助材料玩球，如用小棍赶球绕障碍，用彩虹伞合作抖球，在滑梯上滚球，在平衡木上边走边拍球，踢球入门或是连续踢球过门、夹球行进跳等。

4. 将球的各种玩法，如拍球、滚球、拖拉球、踢球等进行组合，多方面感知球性，提高控球能力。

5. 玩一些规则性游戏，练习在规定距离、速度、范围、路径、器械中玩球，如贴人传球、过桥运球、快速抢球、多人叫号抛球等，也可进行多种游戏和竞赛。

表6-5 球区可开展的相关游戏

	游戏名称	游戏内容
游戏1	原地拍球	站在固定标记上连续拍球15个以上
游戏2	移动拍球	在8个脚印标记上移动拍球
游戏3	滚球	双手滚球绕过障碍物
游戏4	赶球入门	自己选择赶球材料，赶球沿指定路线走、跑，在终点处赶球入门
游戏5	运球走迷宫	用纸棒摆成迷宫，单手运球沿迷宫路线行走

图6-5-1

图6-5-2

动作指导要点

1. 指导个别幼儿掌握连续拍球方法，手型适宜，不用手掌心拍球，并会持续均匀用力。

2. 合作玩彩虹伞抖球类游戏时，提醒幼儿注意用力协调一致。

区域规则要求

1. 不能用球打人或是乱扔球。

2. 不抱球到其他区域玩耍。

3. 将球分类收放到指定筐里。

4. 能够主动捡回滚出规定场地外的球。

5. 对于特殊合作玩法，一定要遵守参与游戏人数的常规。

6. 球、参与人数都满额时，会互相谦让，不争抢不打闹。

安全卫生要求

1. 活动前检查活动材料是否安全、结实，无毛刺，无破损。

2. 规定幼儿游戏的安全范围，与其他区域保持一定间距。

3. 为幼儿准备擦汗的纸巾或毛巾。

4. 各种器械、材料分类摆放，有相应的标记，便于幼儿收放。

区域延伸

1. 小班的球区，可以提供皮球、篮球、纸球、软球等材料，让幼儿体验球的多种玩法，如滚球、定点拍球、踢球入门、自抛自接球、抱球走平衡木、赶球等，让幼儿逐渐增强对球的控制能力。

2. 大班的球区，球类活动更加丰富。例如：可以增加篮球、排球、足球、橄榄球等不同品种，丰富幼儿玩球体验；增加小组竞赛式玩球方法；增加各种有挑战的辅助材料，与球结合玩游戏，如在轮胎中滚球前进、在平衡板上拍球并投球入篮、抱球单手攀登攀爬网后投球入筐等。

（北京市昌平区工业幼儿园　赵越

原中国人民解放军总后勤部六一幼儿园　赵萍）

（三）小车区

区域活动目标

1. 喜欢车区的活动，感受玩车的乐趣。

2. 尝试手推、骑行各种车，感受车的不同控制方式，锻炼上、下肢力量及身体平衡控制能力。

3. 认识简单交通标志，游戏中能够自觉遵守交通规则。

场地与材料

1. 场地：地面平整且宽阔，以塑胶地面为主，提前在地面规划好长短、宽窄不同的行驶路线；规划好坡道、各种障碍的位置。

2. 材料：

- 各种车：三轮车、四轮自行车、小推车、手摇车。
- 交通标志：自制的环岛、左转弯、右转弯、红绿灯、停车场、禁行等标志。
- 用于运送的游戏材料若干（饮料、食品、沙包等）。

区域活动建议

1. 手推、骑行各种车辆，在教师设定的长短、宽窄不同的单一路线上行驶，熟悉车性，提高控车能力。

2. 灵活驾车行驶并通过坡道、小树林、山洞等障碍。

3. 玩用车运货载物游戏，行车过程中认识简单交通标志，并遵守规则。

4. 玩"手摇车夺红旗"等竞赛游戏，提高对复杂车型的控制能力。

5. 玩一些规则性游戏，提高幼儿对车的控制能力。

表6-6 小车区可开展的相关游戏

	游戏名称	游戏内容
游戏1	小小运货员	能平稳地推独轮车绕各种障碍前行
游戏2	小小司机拉客忙	骑三轮车载客，按照各种交通标志，沿直线或绕障碍规范行驶
游戏3	小小送信员	骑四轮自行车直线行驶30米左右，并按照红绿灯、左右转弯等交通标志安全行驶

续表

	游戏名称	游戏内容
游戏4	骑车去郊游	能够驾驶自己喜欢的车辆连续穿越障碍，提高保持身体平衡的能力
游戏5	手摇车夺红旗	将幼儿分成几组，坐手摇车到终点拔下红旗，再返回起点，进行接力

图6-6-1

图6-6-2

动作指导要点

1. 提醒骑行的幼儿眼睛要注视前方，骑行时要专注。
2. 指导幼儿认识交通标志，并遵守交通规则。
3. 结合生活经验和各种车的特性，引导幼儿学习熟练掌控各种车。

4. 示范讲解部分有难度的游戏玩法、规则。

5. 提醒幼儿运货时根据自己的能力决定运送货物的数量和重量，逐渐增加难度保证安全。

区域规则要求

1. 开车按照规定同向行驶，不逆行骑车。

2. 骑行时要与同伴保持一定安全距离，避免发生碰撞。

3. 骑行时要小心慢行，避免快骑、猛拐。

4. 坐在滑板车上赶球时注意保持平衡，不与同伴发生碰撞，也不要碰撞其他玩具以免摔倒。

5. 骑行结束后要将车停到指定地点。

安全卫生要求

1. 为幼儿准备骑行的安全防护装备，如安全帽、护肘、护膝、手套等。

2. 强调骑行规则。

3. 各种车的场地、间距划分合理，使幼儿活动时不互相影响，以免发生危险。

4. 教师提供纸巾或小毛巾，幼儿出汗后能够随时擦拭。

区域延伸

1. 在小班的小车区，可以提供手拉车、三轮车、教师自制拖车、小推车，以及儿童电动汽车，增强幼儿对车的初步体验，玩一些运送物品或是拖拉游戏。

2. 在大班的小车区，可以增加以下材料和玩法，以增加游戏难度及挑战性。

（1）增加站立带扶手滑板车、坐立圆形滑板车、两轮自行车、四轮平板滑板车等不同的车型。

（2）增加难度，如提高行驶路线的复杂性、将道路变窄、增加障碍物数量、增加运载"货物"的重量等。

（3）利用各种器械玩推车、骑车游戏。例如：将幼儿分两队，坐在滑板车上互相撕对方队员后背的"名牌"；坐在滑板车上，滑动滑板用纸棍赶报纸球入球门；坐在四轮平板滑板车上，身穿粘球衣，在行驶的平板车中互摘对方队友身上的球；等等。

（原中国人民解放军总后勤部六一幼儿园　朱春丽、张京）

（四）悬垂区

区域活动目标

1. 体验悬垂活动带来的挑战乐趣。

2. 掌握悬垂动作要领，能够悬垂10~15秒，锻炼手臂、手腕、手指力量和耐力，提高身体平衡控制能力。

3. 能够克服困难，勇敢挑战、勇于坚持。

场地与材料

1. 场地：幼儿活动场地平整，以松软的沙地为主。

2. 材料：

- 供中班幼儿使用的单、双杠设施（离地面有幼儿身高的1/2或1/3高）和独立的悬垂设施、大型综合玩具中的悬垂部分。

- 跳台、跳箱、绳索。

区域活动建议

1. 玩模仿游戏，如小风铃、小钟摆、小猴子等，模仿这些动物或玩具，在单杠设施上悬垂10~15秒，提高坚持的兴趣。

2. 双手抓住悬垂杆等前后摆动身体10~15下。教师在旁边摇铃或击鼓计时，规范幼儿悬垂动作。

3. 在长短不同的悬垂杠上，双手交替抓杠前行，移动5个杆后跳进沙坑。

4. 结合跳台玩具或是蹦床玩具，悬垂10~15秒后，站到跳台上从高处向下跳，以均衡上、下肢的活动强度。

5. 在单根或是多根并列的粗悬垂绳索中进行摆动和移动练习。

6. 在"学做解放军""快乐城堡"等大型综合玩具设施内的悬垂区域进行游戏，能够在并列杠架上双手交替抓杠悬垂前行6~8个杠，再玩平衡木、滑梯、秋千等设施，以均衡上、下肢活动强度。

表6-7 悬垂区可开展的相关游戏

	游戏名称	游戏内容
游戏1	小钟摆工作忙	按照指示牌提示进行悬垂摆动
游戏2	小猴子学本领	在悬垂杆上移动身体前行

续表

	游戏名称	游戏内容
游戏3	跳水运动员	悬垂后站在跳台上从高处往下跳
游戏4	学做解放军	设置洪水情境，提出在洪水中抢救小动物的任务，综合开展悬垂活动
游戏5	过桥	将平衡木和悬垂器械相结合，让幼儿交替进行悬垂活动和走平衡（见图6-7-2）

图6-7-1

图6-7-2

动作指导要点

1. 悬垂游戏前要充分活动手腕和手臂各个关节。

2. 加强动作指导：手掌抓住杆，双脚腾空离地，前后摆动身体，当摆到前方时一只手松开杆迅速抓下个杆，换手速度要快。

区域规则要求

1. 提醒幼儿在玩悬垂时双手抓紧杠或绳。

2. 悬垂时要根据自己的情况量力而行，坚持不住就双脚落地，保持身体平衡，避免受伤。

3. 不能在悬垂区域追跑打闹，避免撞伤。

4. 手抓住杆的同时脚要离地。

安全卫生要求

1. 悬垂区要有教师专人负责，确保幼儿安全。

2. 悬垂杆的直径要符合幼儿手的大小。

3. 指导幼儿排队有序游戏，等待时与悬垂器械保持一定安全距离。

4. 选择辅助器械运动时，注意自身安全。

5. 教师提供纸巾或小毛巾，提醒幼儿出汗后随时擦拭。

区域延伸

1. 小班的悬垂区

（1）材料：高 0.6 米、长 2 米的单杠，高低杠，体操垫等。

（2）活动：让幼儿平躺在单杠下的体操垫上，练习双手平行握杆，双臂用力让头和上肢尽量抬高；幼儿双手握杠，从一端走到另一端，根据幼儿直臂上举的高度适当调节，高度以幼儿脚稍稍离地就能够到双杠为宜；幼儿双手握单杠，弯腿屈膝让身体悬空，坚持 2~5 秒。通过这些活动，让幼儿喜欢悬垂活动，获得初步的悬垂运动体验，增强手臂力量及身体平衡控制能力。

2. 大班的悬垂区

（1）材料：提供更有挑战性的材料，如悬垂绳索、高低杆、双杠、滑翔轨道、高度和间隔宽度都有增加的悬垂杆设施、在水面上设置的悬垂绳索或是悬垂杆，增加幼儿悬垂动作的体验难度。

（2）活动：可以利用各种器械玩游戏，如单杠悬垂时间加长至 20 秒左右、在单杠上行进悬垂、尝试高空滑翔轨道悬垂、进行高低杠游戏和双杠行走游戏等，增强上肢力量，提高对身体平衡的控制能力，满足大班幼儿的挑战及竞赛欲望。

（原中国人民解放军总后勤部六一幼儿园　曹梅、张京、冯斌）

三、大班典型体育活动区域设置

（一）平衡区

区域活动目标

1. 愿意挑战各种平衡类器械，体验平衡游戏的乐趣。
2. 会通过移动重心来保持身体平衡，在平衡器械上行走或做动作，增强腿部力量及上、下肢协调配合能力。
3. 能够在旋转类平衡器械中保持身体平衡，增强前庭器官的功能。
4. 勇于挑战，不怕困难，有一定的坚持性。

场地与材料

1. 场地：宽敞的、有一定弹性的地面。
2. 材料：

- 平衡木、平衡板、平衡桥、木桩、梅花桩、滑翔索道、悬垂器械、秋千、转椅、滚筒、滑板车、轮胎、梯子、积木块。
- "军事五项"组合器械：翻越板、平衡木、索道桥、滑梯、爬网。

区域活动建议

1. 在较低矮的平衡直板或平衡木上正走或倒走。
2. 在多层次的平衡器材（如S形平衡桥、不同高矮宽窄的平衡木、跷跷板式的平衡板、积木块等）上行走，体验多种平衡动作。
3. 将积木块、平衡板、轮胎、梯子、木墩等组合使用，搭建一些不稳定的桥，进行尝试和挑战。
4. 将积木块垒高，或是将木棍、圆筒立起来，形成狭窄的空间，练习缩紧身体通过，增强平衡及控制能力。
5. 玩不同高度、长度的滑翔索道，玩秋千、转椅、滚筒等，提高在高空及多种动态环境下对身体的平衡控制能力。
6. 玩"军事五项"系列组合设施，尝试翻越板、平衡木、索道桥、滑梯、爬网的玩法，进行平衡能力的综合体验。
7. 组织规则性游戏，提高幼儿走平衡的速度、力度及稳定性，如小小消防员、小小杂技员、夺红旗等，让幼儿能够平稳通过平衡器材；将走平衡与一些上肢活动相结合开展游戏，如营造采摘情境，进行采摘游戏；营造钓鱼情境，进行钓鱼游戏；等等。通过以上活动，达到上、下肢均衡发展的目的。

表6-8 平衡区可开展的相关游戏

游戏名称		游戏内容
游戏1	小小消防员	幼儿扮演消防员，通过难度不同的平衡木和平衡板去救火，并进行接力游戏
游戏2	杂技演员	在梅花桩、垒高的积木块、滚筒上面走，体验动态中的平衡
游戏3	小小全能王	幼儿自由结伴进行游戏，挑战"军事五项"的各个内容
游戏4	小猴摘桃	在平衡板上方挂上不同高度的桃子图片，幼儿边走平衡边摘桃

图6-8-1

图6-8-2

动作指导要点

1. 引导幼儿在走有间隔或是移动的平衡器材时，会移动自己身体重心，保持身体的平衡稳定。

2. 引导幼儿在使用轮胎、梯子、平衡板搭桥时，注意器材衔接及摆放顺序的合理性和安全性。

3. 提醒幼儿在走平衡时，要眼看前方、步伐均匀快速通过平衡器材，可伸出双臂保持平衡。

区域规则要求

1. 游戏时注意保护自己，与前一个游戏的幼儿保持安全距离，以免被器械碰到。

2. 能按照正确方法操作不同的平衡器材进行游戏。

3. 在游戏材料搬运、使用中不争抢。

安全卫生要求

1. 平衡器械结实牢固无破损、无倒刺、无松动。

2. 各种器械分类安全摆放，便于幼儿取放。

3. 注意平衡器械之间的摆放位置，确保有安全距离。

区域延伸

1. 中小班平衡区可使用的材料

高度、宽度要求较低的平衡木、平衡板；矮小梯子组合、独木桥玩具、自制梅花桩、滚筒以及轮胎、木质方形积木块等。

2. 中小班平衡区的活动

鼓励幼儿利用各种器械玩游戏，如在平衡器械上正走、倒走，手持物品负重走、手持物品过小桥，双人合作滚筒等，提高幼儿的平衡控制能力。

（原中国人民解放军总后勤部六一幼儿园　陈怡、赵萍）

（二）钻爬区

区域活动目标

1. 喜欢参加钻爬区活动，不怕困难，勇于挑战。

2. 能进行正面钻，侧面钻，手脚着地正爬、倒爬，匍匐爬、侧滚、向上、向下攀登、翻越等活动。

3. 学习在活动中保护好自己，不碰撞、不受伤。

4. 能与同伴协商合作，共同确定游戏内容、搬运器材及布置场地。

场地与材料

1. 场地：平整、无异物、综合性和立体化的场地设计。

2. 材料：迷彩钻爬网、拱形门、3个拱形门连接的长纱网、各种纸箱、不透明的长钻网、侧面钻圈、横向连接的塑料圈、攀岩山、垫子、长板凳、轮胎、沙包、降落伞、粘贴短带。

区域活动建议

1. 利用钻爬器械和一些辅助材料，创设多变的钻爬情境，获得丰富的钻爬体验。如利用拱形门、钻爬网、纸箱、钻圈等器械进行多种正面钻、侧面钻、手脚着地正爬、退爬、匍匐爬等练习；用轮胎、垫子搭建"雪山"，用手膝爬、手脚爬的方式过雪山；竖放轮胎，钻进钻出；爬过矮板凳、钻爬桌子和长纱网等。

2. 利用大型滑梯、攀岩山，结合各种既定任务，进行攀爬练习。如：爬到攀岩山顶端，从上面向下投掷沙包或降落伞；爬上爬网，系上或是解下爬网高处的彩带；翻越绳网；等等。

3. 进行一些规则性游戏，在各种指令规则下，玩钻爬游戏，并增强身体的控制能力及快速反应能力。

表6-9 钻爬区可开展的相关游戏

游戏名称		游戏内容
游戏1	钻钻乐	练习多种钻的动作
游戏2	学做解放军	创设情境"炸碉堡"，将手脚爬、匍匐爬和投掷活动结合起来
游戏3	夺红旗	用轮胎搭建轮胎山，幼儿翻越轮胎山，接力夺红旗
游戏4	钻迷宫	用长钻网、纸箱营造迷宫，幼儿练习钻封闭不透明的长洞，培养方位知觉

图 6-9-1

图 6-9-2

动作指导要点

1. 幼儿连续钻爬时，要设计上肢游戏活动与之结合，注意上、下肢协调活动。

2. 匍匐爬的动作掌握起来有难度，教师要进行适当的示范与指导，提醒幼儿上肢用力。

3. 在进行攀登、翻越绳网等动作练习时，要指导幼儿手抓牢、脚蹬牢，上、下肢协调用力。平时还要多带幼儿做一些增强手指、手臂、脚踝、腿部力量的力量训练及身体平衡训练，为攀登翻越活动做准备。

区域规则要求

1. 在钻爬活动中，注意不与同伴离得过近，避免互相碰撞。

2. 能与同伴合作商量游戏内容，共同搬运器材，布置场地。

3. 要自主收放器械，摆到指定位置。

安全卫生要求

1. 垫子要定期曝晒、清洗。

2. 器械玩具要定期擦洗。

3. 要经常细致检查爬网的绳子，有损坏断开的地方要及时修补。

4. 要经常检查攀岩山的踩触点，不能有松动。

5. 要注意选择适合幼儿高度和宽度的拱形门。

6. 提醒幼儿劳逸结合、动静交替，出汗时能自己主动用纸巾或小毛巾擦汗。

区域延伸

1. 中小班钻爬区可投放的材料

难度相对较低的钻爬器械，如攀登架等。

2. 中小班钻爬区的活动

利用各种器械玩游戏，练习正面、侧面钻，攀登攀登架、在快乐城堡里玩综合性的钻爬游戏。

（原中国人民解放军总后勤部六一幼儿园　臧雪、赵萍）

（三）小足球区

区域活动目标

1. 会初步用脚背、脚弓踢球，会停球、传球。

2. 初步了解足球比赛的基本规则，并能遵守规则。

3. 学习团队协作进行游戏，能正确对待输赢。

场地与材料

1. 场地：空旷平整、有弹性的场地。

2. 材料：足球若干、障碍圈、锥筒、球门、球衣（队服）、节奏明显的音乐及播放器。

区域活动建议

1. 自由探索踢球的方法，如用脚背、脚弓踢球，向不同方向带球、运球。

2. 设立障碍物，能自如带球穿过不同障碍物，踢球入门或踢球穿过连续的通透球门。

3. 几名幼儿合作，相互传球、抢球、协作游戏。

4. 用手脚着地爬的方法保护足球，协同向前行进。

5. 进行小组足球赛，穿本队球衣，自己记录比赛分数。

6. 组织一些规则性足球游戏，灵活运用多种足球技能，增加游戏的竞争意识。

表6-10 小足球区可开展的相关游戏

	游戏名称	游戏内容
游戏1	我和足球做朋友	练习在空旷的场地上自由带球跑
游戏2	定点踢球	用标准部位（脚弓、脚背）在距离定点2米左右的地方练习定点踢球
游戏3	足球真听话	练习带球绕障碍
游戏4	脚下花样多	练习"进进出出""开合跳"等基本步法，提高脚下灵活性

动作指导要点

1. 引导幼儿了解足球游戏的玩法、规则，并鼓励幼儿自由结组，安排游戏角色，确定位置等。

2. 带球行进时，指导幼儿用脚背或脚内侧足弓踢球前行。

3. 指导幼儿学习用脚尖铲球（踢球）动作时，可将球离地2厘米左右摆放在支撑物品（如沙包）上，幼儿踢球时将脚面压低，将球托起用力向前踢出。

区域规则要求

1. 有禁止手球的意识。

图6-10-1

图 6-10-2

2. 踢球过程中不能相互推搡。

3. 带球的过程中,球不能离开脚。

4. 遵守每个游戏的游戏规则。

安全卫生要求

1. 每次活动前检查场地有无杂物,要清理场地。

2. 夏季为幼儿准备纸巾、毛巾,以备擦汗。

3. 检查球门安装是否牢固,有无松动,以免游戏中砸伤幼儿。

区域延伸

中小班的小足球区,可为幼儿提供小足球、各种障碍物、足球门,让幼儿在各种游戏中感受足球球性,学习掌握简单的踢球技能,有控球的意识。

(原中国人民解放军总后勤部六一幼儿园 李姣、赵萍)

(四)投掷区

区域活动目标

1. 对投掷活动感兴趣,能动作规范地投准、投远。

2. 在各种投掷活动中发展身体的协调配合能力,增强上肢力量。

3. 能与同伴合作游戏,体验投掷活动的乐趣。

场地与材料

1. 场地:较宽敞的场地,并有悬挂目标物的空间。

2. 材料:

沙包、粘球、小软球、大软球、粘球衣、投掷粘贴板、投掷布袋、篮网、塑料圈、羽毛球、板羽球、弹力粘贴球、各种投掷目标。

区域活动建议

1. 利用各种材料进行投准练习，如将沙包、小软球等投入悬挂好的塑料圈、投掷网中、固定好的粘球板上，将大软球投到固定好的篮网中。

2. 在不同的游戏情境中，利用沙包、小球等，进行投远练习。

3. 身穿粘球衣，手拿粘球相互追逐，进行移动投准练习；利用投掷沙包玩传统的砍包游戏。

4. 开展投篮、砍包等比赛活动。

5. 利用羽毛球、板羽球、弹力粘贴球等进行投掷，体验投掷活动的多样性。

6. 参加一些规则性游戏，如叫号砍包、打击怪兽、炸碉堡、小流星、小勇士等，在热烈的气氛中练习快速投准、投远，提高快速反应能力及投掷水平。

表6-11 投掷区可开展的相关游戏

	游戏名称	游戏内容
游戏1	快乐小投手	进行自由投掷、投远练习
游戏2	投中靶心	进行各种投包入篮游戏，幼儿根据篮筐口状态变化决定自己是投掷还是抛
游戏3	快跑快粘	一组幼儿穿粘球衣，一组幼儿向其投掷软包，练习打中移动的靶子
游戏4	站四角	幼儿结伴进行砍包游戏

动作指导要点

1. 投掷动作要准确，注意投掷角度，出手要有力，方向要正确。

2. 注意和下肢活动的结合，保证上、下肢协调均衡发展。

区域规则要求

1. 各种投掷材料投出后，要及时捡回放回原处。

2. 与同伴友好游戏，团结合作，不争抢角色和材料。

3. 在规定的范围内投掷。

4. 投掷时不要对准同伴的脸部或是头部投掷，注意游戏安全。

第六章 幼儿园区域体育活动

图 6-11-1

图 6-11-2

安全卫生要求

1. 定期清洗投掷材料，保证卫生。

2. 及时修补破损玩具。

3. 投掷物本身或是填充物不要过于坚硬，以免投掷时伤着幼儿。

（原中国人民解放军总后勤部六一幼儿园　王莉、赵萍）

第三节　综合性体育活动区域设置

除了依据动作练习和发展需要创设的典型区域外，幼儿园还可以利用整体户

383

外环境，为幼儿创设综合性的活动区域。比如，利用沙箱和沙池，创设沙土区；利用游泳池和戏水区，开展戏水活动；利用幼儿园地形，堆土成小山坡。教师可以依据本班幼儿的发展水平，结合一些活动器材，开展各种富有特色的体育活动，也可以打破年龄班的限制，开展混龄体育活动。

一、沙土区

区域活动目标

1. 感受沙土的典型特征，对玩沙活动感兴趣。
2. 在沙土中行走，锻炼下肢力量。
3. 参与挖土坑、挖山洞、筛沙子等游戏活动，训练手部力量及灵活性。
4. 在沙土中开展赤足活动，增强足底的触感及脚部灵活性。
5. 能与同伴共同完成摆放、收拾、整理玩具材料的工作。
6. 在区域中进行混龄游戏时，能友好合作，互相谦让，使用礼貌用语。

场地与材料

1. 场地：平整细致的沙土，和其他体育活动器材设备相结合，可以划分为赤足活动区、玩沙区、悬垂攀爬区、跳远区。
2. 材料：玩沙的工具玩具（铲子、小盆、小纱网、沙漏、小的塑料玩具），架在沙池上方的绳网和悬垂架。

区域活动建议

1. 在沙地进行赤足行走游戏，感受沙土性质特征。可以直线、曲线行走，正走、倒走，可以用手将沙垒高成"轨道"来进行螺旋形线路行走、按S形线路行走、按内八字和外八字等不同脚型来行走等，感受在沙地赤足行走的乐趣。
2. 在沙土区玩一些跳跃游戏，如立定跳远、从沙坑外向里跳、从高处向下跳、原地纵跳触物等，体验在沙土地落地的感觉，提高跳跃能力。
3. 利用铲子、小盆、沙漏、沙网等材料玩沙，进行一些小肌肉游戏活动，调节运动量，感受沙子游戏带来的乐趣。也可以用脚丫寻找事先埋在沙土中的小玩具，并用小脚丫夹出来，训练脚部触感及脚趾的灵活性。
4. 在沙土地上玩攀登爬网、绳索或悬垂游戏，体验赤足攀登及掉落沙地的感觉，感受沙土在运动中带来的安全感及松软的特性。

5. 和同伴合作挖大沙坑和山洞,并做游戏,自创玩沙方法。

6. 教师组织一些集体规则性游戏,将几种玩法贯穿起来,让幼儿在游戏、竞赛中感受沙土游戏的乐趣。

表6-12 沙土区可开展的相关游戏

	游戏名称	游戏内容
游戏1	能干的小脚丫	用脚寻找并夹出小玩具,放到分类盒中
游戏2	跳跃小勇士	练习在沙土地中灵活地进行各种跳跃活动
游戏3	沙子迷宫	按图示提示,按照脚形行走,独立找到迷宫出口
游戏4	小猴子快快爬	在沙土地上攀登绳网、玩悬垂,训练臂力及脚踝力量
游戏5	快乐小鼹鼠	合作挖大洞、大坑,一起做游戏

图6-12

动作指导要点

1. 注意内容的合理安排,减少拥挤和碰撞。

2. 赤足攀爬绳网时,教师引导幼儿要踩牢抓牢,每一个脚趾头都要用力。

3. 在用各种脚型走迷宫时,提醒幼儿脚和脚踝都要用力支撑身体,不采用有损幼儿脚部健康的脚型和行走动作。

4. 混龄游戏时提示中大班幼儿谦让，照顾小班幼儿。

5. 游戏结束后，能够自觉在沙坑边清理自己脚上的沙土，然后穿拖鞋到盥洗室洗脚。

6. 教师提醒幼儿游戏前如厕。

区域规则要求

1. 脱鞋进区游戏，将鞋子在指定地点摆放整齐。

2. 与同伴友好合作游戏，不争抢角色和材料，使用铲子等器械时注意安全。

3. 不私自将自带玩具埋入沙土中。

4. 游戏中不能将沙土扬起，以防弄到自己或小朋友眼中。

5. 不到跳跃和攀登绳网的沙土区域玩沙，以免被踩到。

6. 不要在人员密集地方跳跃。

安全卫生要求

1. 精选优质沙子供幼儿玩耍，场地宽敞，有遮荫处。

2. 定期筛沙子中的杂物，以防扎伤幼儿脚部。

3. 及时修补更换破损玩沙玩具。

4. 玩沙中的每一个游戏区域有明显的分界标志，避免幼儿人员拥挤或互相干扰。

5. 在玩具柜中划分小、中、大班区域，区分各自玩具，并有利于游戏后各自收放玩具。

6. 设置洗脚区域，配备拖鞋及相关设施，保证幼儿游戏后的清洁，并有专门的教师看护幼儿洗脚，防止滑倒。

（原中国人民解放军总后勤部六一幼儿园　赵萍）

二、玩水区

区域活动目标

1. 感受水的特性，对玩水活动感兴趣。

2. 能够大胆平稳地走过水中摇摆的平衡板，提高对身体的控制能力。

3. 在气垫游戏材料中感受漂浮的乐趣。

4. 游戏中注意自身及同伴的安全，不互相打闹推搡。

5. 不将杂物扔入水中，自觉保持水的干净整洁，做到心中有他人。

场地与材料

1. 场地：游泳池或戏水区，幼儿休息区（干）。

2. 材料：

- 水中半固定塑料平衡板、小型气垫船、气垫、水球、平衡木等。
- 塑料碗、盆、桶、漏勺、水枪、水枪喷射的目标物。
- 幼儿穿泳衣参与水池活动，干毛巾人手一条。

区域活动建议

1. 在固定区域内，自选材料，自由结伴，进行玩水游戏。例如用塑料碗、盆、桶、漏勺等玩水，感受水的特性。

2. 与同伴合作玩水枪游戏，喷射目标物，玩打水仗游戏。

3. 在气垫船中漂浮，或是一起划桨，感受水的浮力（水不宜过深，没过幼儿膝盖）。

4. 在水面半固定（底座固定）的平衡板上行走，提高身体的平衡控制能力。

5. 参加一些规则性游戏，在集体游戏中感受水的特性，体验集体玩水的乐趣。如"打水仗""快速穿越水面封锁线""漂浮比赛"等。

表6-13 玩水区可开展的相关游戏

	游戏名称	游戏内容
游戏1	运水小能手	探索使用各种容器和方法运水，感受水的特性
游戏2	小船漂流	坐在气垫或是小船中漂流，注意不能超载
游戏3	水枪大战	分成两队，对抗喷射水枪，或是用水枪喷射目标物，感受水受到压力时的状态，提高手眼协调能力
游戏4	过桥	在难度不同的几条水上漂浮板路线上快速行走，训练身体的平衡控制能力，增强幼儿前庭功能
游戏5	水球比赛	幼儿体验水面传球的乐趣

图 6-13-1

图 6-13-2

动作指导要点

1. 玩运水游戏时，指导幼儿选择恰当的材料，一次不要运太多。可以引导幼儿两只手拎水桶，走过放在地面上的平衡木，增加游戏难度。

2. 在走水上平衡板时，提醒幼儿不要走太快，可以伸出双臂保持身体平衡。先选择距离短、平稳一些的进行尝试，再逐渐增加难度。

3. 玩打水枪时，提醒幼儿不要对着同伴的脸部或头部喷射。

4. 引导脸部水多的幼儿到休息区用干毛巾擦拭。

5. 幼儿混龄游戏时，教师注意引导中大班幼儿在游戏时照顾小班幼儿，小班幼儿要在安全、水浅的地方游戏。

区域规则要求

1. 幼儿穿泳衣进入水池活动，游戏前将鞋子收放整齐。

2. 不往水中乱扔物品、垃圾。

3. 玩水枪、气垫船需要听从教师要求，方法正确。

4. 玩水上平衡板时有序排队不推挤。

安全卫生要求

1. 玩水区域设置相对大一些，每日对水进行消毒更换。

2. 水位有深浅之分，最深到大班幼儿膝盖上2厘米，最浅到小班幼儿膝盖上2厘米。

3. 破损、漏气玩具、气垫等及时检查、更换。

4. 设置安全员，在幼儿游戏全程监控幼儿安全。

5. 每日对幼儿使用的干毛巾进行清洗晾晒，每人有两条毛巾进行替换。

（原中国人民解放军总后勤部六一幼儿园　赵萍

照片提供：原中国人民解放军总后勤部六一幼儿园、

北京市石景山区实验幼儿园）

三、小山坡区

区域活动目标

1. 能灵活地在山坡上上下行走与奔跑，提高对身体的控制能力。

2. 能够在山坡上利用各种材料自主游戏，感受空间的变化。

3. 能与同伴合作游戏，注意运动中的安全。

4. 游戏后与同伴有序收放活动材料。

场地与材料

1. 场地：幼儿园的小山坡，种上草皮，并在山坡上布置一些体育活动器材，如梅花桩、卵石路、攀岩墙、小木屋、滑翔索道等，并用轮胎分割出小区域；也可以将山坡设置成几个起伏相连的小山坡。

2. 材料：沙包等投掷材料、自制小拖车、拉车、自行车、滑板车、小风车、皮球等。

区域活动建议

1. 幼儿手拿风车、小拖车、滑板车、皮球等在山坡上游戏，以不同速度通过小山坡，从而感受山坡特性及山坡游戏的乐趣。

2. 利用山坡和器材玩游戏，如爬上山坡坐滑翔索道滑下来，坐木板滑下山坡。

3. 在山坡上玩走卵石路、梅花桩、走轮胎的游戏。

4. 参加一些上山坡、下山坡的规则性游戏，让幼儿在各种指令下，变换走、跑的速度和方式，提高身体的灵敏性及耐力。

表 6-14 小山坡区可开展的相关游戏

	游戏名称	游戏内容
游戏 1	小汽车	幼儿开小汽车，按"信号灯"指示快走或慢走、停，按教师要求在山坡上跑上跑下
游戏 2	滚滚乐	两名幼儿在山坡上一上一下互相滚球
游戏 3	跑酷	幼儿按音乐节奏，跑占山头
游戏 4	小勇士	幼儿跑上山坡，再坐滑翔索道滑下山，可分组进行接力游戏
游戏 5	滑沙	幼儿坐在滑板车里滑下较缓的山坡

动作指导要点

1. 活动前教师要带领幼儿做热身准备活动，重点是大腿、小腿及脚踝部位，防止幼儿游戏时出现危险。

2. 指导幼儿灵活控制自己的速度，尤其是下坡时。

3. 遇到游戏中急停时，提醒幼儿能够注意保持身体的平衡。

图 6-14-1

图 6-14-2

4. 注意场地的协调与分配，指导幼儿拉车、拖车、推车、滚球时，避免与其他同伴互相碰撞。

5. 由于山坡区域面积有限，建议小、中、大年龄班幼儿错峰游戏，避免因场地狭小造成安全隐患。

6. 制订区域使用时间安排和具体要求。

区域规则要求

1. 游戏前熟悉上、下山坡的方向和路线，按路线要求游戏，避免互相碰撞。

2. 一次拿一个玩具，不宜拿多个玩具在山坡上游戏。

3. 不能在上、下山坡时做危险的动作。

安全卫生要求

1. 设计适宜幼儿发展水平的山坡坡度。

2. 定期清洗游戏材料，保证卫生。

3. 及时清理山坡上的垃圾、石块。

4. 滑板车以幼儿身高为准，保证幼儿游戏时的安全。

5. 风车棍要粗、圆，不宜太长，以免幼儿下坡奔跑时出现危险。

(原中国人民解放军总后勤部六一幼儿园　赵萍
照片提供：北京市门头沟区第一幼儿园、北京市昌平区工业幼儿园)

第七章　其他形式的体育活动

幼儿园的体育活动，除了日常户外体育活动、体育教学活动、区域体育活动之外，还有一些其他的组织形式，如室内体育活动、幼儿远足活动、幼儿运动会等，对发展幼儿动作、提高幼儿身体素质发挥着重要的作用。本章列举了这三种形式体育活动的案例，供教师参考。

第一节　室内体育活动

室内体育活动是对幼儿园户外体育活动的有益补充，受一些幼儿园客观条件限制以及特殊天气的影响，室内体育活动的研究日益受到重视，实践也愈加丰富。

一、室内体育活动概述

（一）室内体育活动的含义和特点

1. 含义

室内体育活动是指在室内开展的各种体育活动，是对户外体育活动的补充，也是幼儿园体育活动的一种重要组织形式。

室内体育活动可有效地解决因天气、季节因素造成的户外体育活动的局限，保障幼儿每天不少于1小时的体育活动，同时能进一步充实和丰富幼儿园体育活动的内容。有限的空间，经过有效利用，也能在发展幼儿体能、运动空间觉、运动视觉、自我保护能力等方面发挥重要作用；而在发展幼儿的身体协调性、柔韧性、脚的精细动作以及感知等方面，室内体育活动具有独特的优势。

2. 特点

室内体育活动具有如下几方面的特点。

（1）运动场地小，移动范围小。由于室内空间有限，幼儿室内运动往往会受到场地空间的限制。为了保证幼儿在室内运动中也能锻炼走、跑、跳跃、钻爬、投掷等多项身体动作，提高运动能力，教师应改变单一的运动模式，开展多区域、多器械、多形式的室内体育活动，以调动幼儿积极参与运动的兴趣，促进幼儿多种运动能力的发展。

（2）运动内容简易。由于受到场地和移动范围的限制，适宜在室内开展的运动应该简单易学。如果运动方法很难、游戏规则复杂，就不适合作为室内运动的活动内容。

（3）活动松散自主。幼儿室内运动和户外运动一样具有松散、低结构的特点，在室内运动中幼儿可以自主选择活动场地、运动材料、合作伙伴进行活动。

（二）室内体育活动的内容

1. 室内体育游戏

包含表现性与创造性的身体活动（如模仿动物的姿势和动作、体验各种姿势的爬或移动）、利用中小型运动器械（如小滑梯、平衡木、钻爬筒、摇马、拳击袋、套圈、投掷架、圈、沙包、球）的游戏。

2. 室内体操

大部分的室外体操，在宽敞的室内，也可以进行。同时，由于室内空间和家具的特点，也可以利用地板、桌子、椅子开展有特色的室内体操活动。

（三）室内体育活动的组织要点

组织室内体育活动不仅要充分考虑幼儿的主体性及活动兴趣，同时还要考虑室内空间狭窄的客观因素，确保幼儿的卫生和安全。为了更有效地组织室内体育活动，可以从以下几个方面来考虑。

1. 增强计划性，将室内体育活动纳入到幼儿园体育活动的整体规划之中

在制订幼儿园体育活动规划时，应将室内体育活动作为其中的一个重要组织形式，纳入整体规划之中。首先，要充分考虑室内环境的特点和优势，探讨其与户外体育活动目标、内容之间的相互关联，并使二者有机结合。其次，统筹做好室内体育活动场地的选择与利用、运动器材的选择与配备，制订出适宜的室内体育活动方案，这样，既能充分突出室内体育活动的特色，又能发挥其作为幼儿户外体育活动有益补充的作用。二者相互配合，共同实现幼儿园体育活动的目标。

当户外天气不利于运动时，可以自然地在室内进行这些事先计划好的体育游

戏或体育教学活动，减少随意性。例如：可以与幼儿一起编排一套适合在室内进行的幼儿基本体操；各班可利用活动室、走廊或睡眠室，分小组进行幼儿基本体操的练习，养成每天锻炼身体的良好习惯。

2. 确保安全与卫生

在开展室内体育活动时，一定要充分考虑到室内体育活动的安全与卫生。主要包括以下几个方面。

（1）场地、环境的安全与卫生。活动前要对场地和活动的环境进行检查，确保场地及其周围环境没有不安全因素，如桌椅摆放是否有利于幼儿活动，地面是否卫生等。

（2）活动材料的安全与卫生。活动前要检查所需运动器械以及所使用的其他辅助材料是否安全，确保材料的使用安全。

（3）活动内容的安全与卫生。在室内开展的体育活动内容要适宜，可选择走、掷准、钻、爬、侧身翻滚、翻越障碍物、搬运、传球、滚球等活动，必要时，可配备适宜的软垫或爬行用的布制手套。

（4）活动过程的安全与卫生。活动过程中，教师要关注幼儿的运动状况，确保运动安全，保持室内的空气流通与卫生，培养幼儿良好的室内体育活动常规，保证活动有序、安全地开展。

3. 合理、巧妙地利用室内活动空间

要充分考虑场地的特点，依据场地特点开展活动。例如：音体室、班级活动室较为宽敞，空间较大，可以开展占用空间相对较大，幼儿移动范围大的走、跑、爬行等活动；楼道、阳台空间狭小，可开展占用空间相对较小，幼儿移动范围不大的投准、纵跳等活动；利用寝室中的过道、有序摆放的床铺，开展适宜的平衡、手臂支撑等活动；运用班内有序摆放的桌椅，开展适宜的平衡、钻、爬、侧滚等活动；运用上下楼梯，开展攀爬活动；等等。

4. 提供多样、适宜、安全的器材和玩具

根据室内不同空间的特点，提供安全适宜的玩具。例如：体积较小、功能多样的手头玩具，如小球、沙包、短棍、沙袋、套圈等，适宜在室内使用；在较宽敞的小礼堂、门厅、多功能厅、音乐活动室，或较宽阔的走廊一端，可以放置一些中小型的幼儿运动器械，如各种平衡木、小攀登网、小滑梯、投掷架、钻爬通道、垫子、球、圈、毽子等，供幼儿进行分散、自由的运动。

根据锻炼需要和幼儿的发展水平，提供多样化的器材和玩具。例如：既要有活动上肢的玩具、材料，也要有活动下肢的玩具、材料，使幼儿身体均衡发展；玩具、材料要有层次性，以满足不同发展水平幼儿的需要；玩具、材料要有可变性及可探索性，尽可能做到一物多玩，以促进幼儿创造性思维的发展。

5. 科学、合理地安排活动内容与形式

（1）室内体育活动内容十分丰富。例如：可以利用桌、椅、地板、门框，开展各种钻、爬、走平衡等活动；可以进行垫上操、椅子操、瑜伽操等多种操节练习；还可以将室内体育活动与音乐活动有机地结合起来，引导幼儿根据音乐的不同节奏、旋律进行自由运动和舞蹈；等等。但是，内容安排要科学、合理，既要考虑幼儿上、下肢的均衡发展，又要考虑整体活动量是否适宜。

（2）室内体育活动的内容是丰富多彩的，组织形式也可以多种多样。组织形式可以是集体的、小组的、自由分散的；方式可以是室内体育教学活动、室内游戏活动，也可以是室内体操活动。

二、室内体育游戏精选

（一）小班

游戏1　打地鼠

游戏目标

锻炼腿部肌肉，增加下肢力量，发展动作的协调性和灵敏性。

游戏准备

地垫，气锤，各种动物卡片。

游戏玩法

玩法一：

将地垫围成一圈，幼儿站在地垫上，当地鼠。一名幼儿手拿气锤站在场地中间。游戏开始，地垫上的地鼠连续做"蹲—起"动作，中间的幼儿用气锤打站起来的地鼠，被打到的地鼠退出游戏。

场地布置如下图。

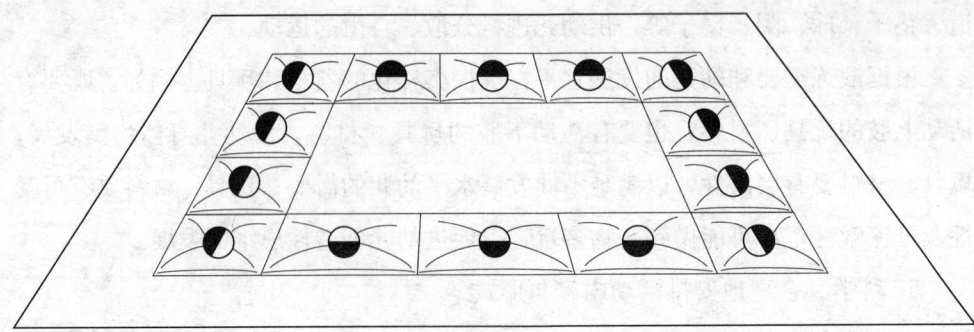

玩法二：

地鼠站在地垫外面。游戏开始，地鼠站上地垫捡地垫上的动物卡片。站在中间的幼儿拿气锤打站上地垫捡动物卡片的地鼠。被打中者退出。

场地布置如下图。

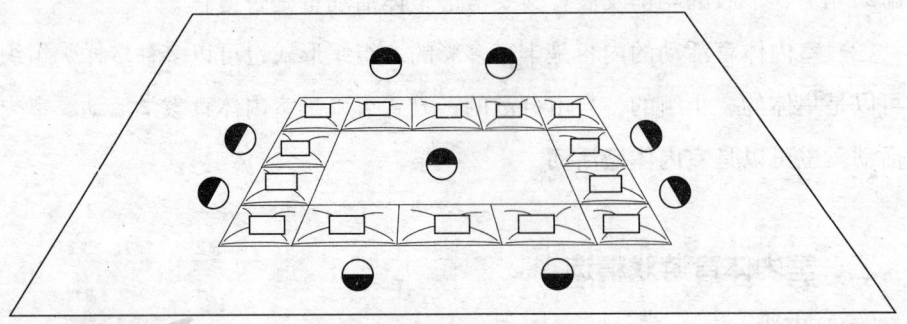

玩法三：

教师将动物卡片撒在地垫内，地鼠站在地垫外面。游戏开始，地鼠快速跑到地垫内捡动物卡片。站在中间的幼儿拿气锤打跑到地垫内的地鼠。被打中者退出游戏。

场地布置如下图。

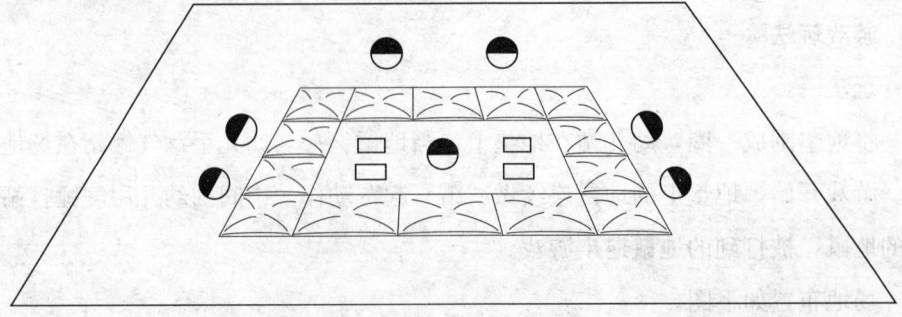

游戏规则

1. 气锤只能打地鼠头部以外的身体部位。
2. 被气锤打到的地鼠要退出游戏。

（北京市昌平区工业幼儿园　鲁甜甜）

游戏2　脚丫乐园

游戏目标

提高脚对各种自然物的感知能力，锻炼下肢肌肉耐力和身体的协调性。

游戏准备

长60厘米、宽30厘米的布袋4个（里面分别装有鹅卵石、海绵、豆子、光面桌布）；塑料筐，报纸、皱纹纸若干；彩圈6个，小动物玩偶6个，夹豆箱4个（里面装有小海绵块）；大小不同的软球若干，大气球若干。

游戏玩法

设置四个脚丫游戏区，幼儿分区活动，一段时间后，互换游戏区活动。

第一区：幼儿赤脚走过不同布袋组成的小路，用脚感知各种自然物不同的质感，然后猜一猜布袋里面装的是什么。

第二区：幼儿围坐一圈，用脚丫撕报纸或皱纹纸，撕好放入塑料筐中。

第三区：幼儿围坐一圈，圈中放上小动物玩偶，幼儿用脚丫从箱中夹"豆子"（小海绵块）喂小动物。

第四区：幼儿两两一组，脚对脚平躺在地毯上，教师在中间挂起气球。幼儿单脚或双脚蹬被挂起的气球，坚持时间长者即为获胜方；或者两名幼儿面对面坐着，用脚将软球踢向对方，看谁接住的球多。

游戏规则

幼儿每人一张游戏卡，在一个区活动完以后，请教师盖上章，去下一个区活动，集齐四个章，即为闯关成功。

游戏建议

1. 可依次教给幼儿四种玩法后，再进行综合性的游戏。
2. 此游戏的重点是增强脚对不同材质的感知能力，因此幼儿需脱鞋游戏。
3. 在第四区，幼儿可以尝试多种方法用脚将气球顶起。教师可以拴一些固定的气球，挂的高度不同，以便幼儿选择。

游戏3　快乐的小老鼠

游戏目标

练习手膝着地向前爬行，发展上、下肢的力量及协调性。

游戏准备

老鼠头饰若干、猫头饰一个；沙包若干（当食物），不同形状的大积木若干（当障碍物），地垫；欢快的音乐及播放器。

场地布置如下图。

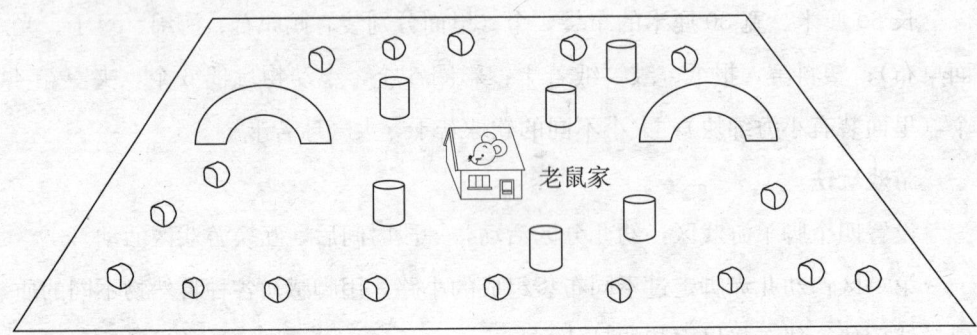

游戏玩法

幼儿扮演小老鼠，一名教师扮演老鼠妈妈，另一名教师扮演猫。教师事先将准备好的沙包散放在活动场地周边当食物。游戏开始，小老鼠手膝着地爬行去找食物，并用夹、驮等多种方法将食物运回家。几分钟后，猫出现了，老鼠妈妈带着小老鼠赶快回家躲起来。猫走了，大家再出门，把找到的食物带回家。

游戏规则

1. 幼儿手膝着地向前爬行。

2. 猫来的时候，小老鼠要赶快爬回家。猫离开了，小老鼠才能从家里出来。

游戏建议

1. 指导幼儿使用手和膝盖爬行，根据幼儿爬行时间长短确定猫的出场时间，以便幼儿在游戏中得到适当的休息。游戏全程播放音乐，调动幼儿积极性。

2. 障碍物的数量和摆放位置可根据本班幼儿水平确定。

（北京市昌平区工业幼儿园　韩雪娇）

游戏 4　救出小动物

游戏目标

能持物平稳走过障碍物，提高身体控制能力及平衡能力。

游戏准备

用橡皮筋拉成的"电网"，自制消防员安全帽，装有毛绒玩具的纸箱。

场地布置如下图。

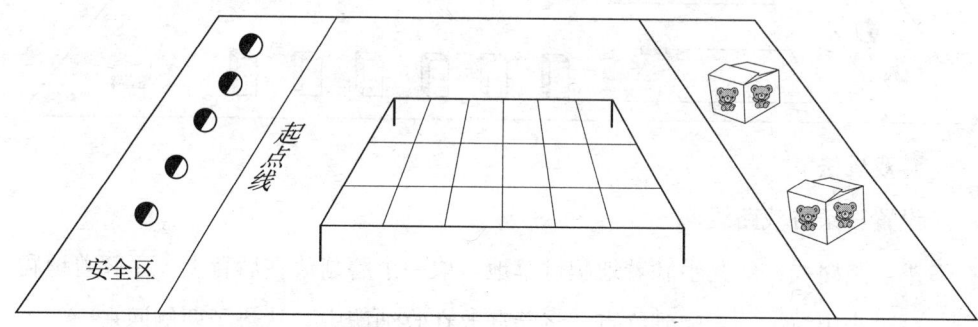

游戏玩法

幼儿戴好消防员安全帽，扮演消防员。游戏开始，消防员要跨过着火的电网，从着火的房子中救出小动物，抱着它们返回，通过电网，送到安全区域。

游戏规则

在通过电网时不能碰到电网，否则要回到起点重新开始游戏。

游戏建议

1. 引导幼儿探索怎样才能走得稳、走得快，安全救出小动物。
2. 设置电网高度时可以有差异，满足不同发展水平幼儿的需要。
3. 游戏可有几名幼儿同时进行。

（北京市昌平区工业幼儿园　朱晓楠）

游戏 5　采蘑菇

游戏目标

练习手膝着地向前爬、双脚交替在椅子上行走，发展上、下肢的协调能力以及身体控制能力。

游戏准备

垫子3块，小山坡1个，木椅子8把，单元砖6个，不织布绿草地3块，收纳筐6个，蘑菇卡片若干。

场地布置如下图。

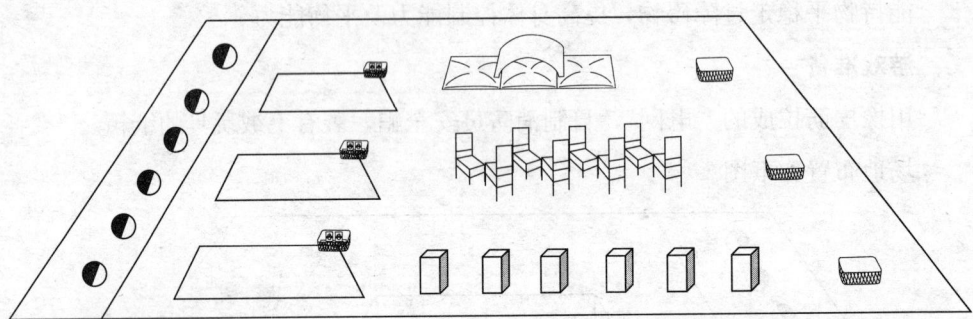

游戏玩法

设置三条游戏路线。

第一条路线：幼儿手膝着地爬过草地，取一个蘑菇放在后背上，手膝着地爬行，越过小山坡，一直爬到终点，将蘑菇放在收纳筐中，从垫子两侧回来。

第二条路线：幼儿手膝着地爬过草地，取一个蘑菇，手持蘑菇踩椅子走到终点，将蘑菇放在收纳筐中，从椅子两侧回来。

第三条路线：幼儿手膝着地爬过草地，取一个蘑菇，头顶蘑菇，绕单元砖走"S"形路线走到终点，将蘑菇放入收纳筐中，从单元砖两侧回来。

幼儿可以自由选择三条不同的游戏路线通过。

游戏规则

1. 前一个幼儿爬过草地后，下一个幼儿再开始游戏，防止互相碰撞。

2. 爬行和绕单元砖走时，要注意不让蘑菇掉落，在哪儿掉的，要在哪儿捡起来继续游戏。

3. 一次只能采一个蘑菇。

游戏建议

1. 要手膝着地爬行。

2. 提醒幼儿越过小山坡和踩椅子时要注意安全。

（北京市昌平区工业幼儿园　张密、张硕、甄珠）

游戏 6　漏球乐

游戏目标

练习合作用手臂控制物体的动作,发展上肢的力量和身体协调性。

游戏准备

自制漏球布 2 块,球 2 个。

游戏玩法

几名幼儿将漏球布拉开,把球投入拉开的布中,用手不断抖动漏球布,以免球从布的大洞中漏出。

游戏规则

1. 根据漏球布的大小,合理安排参与游戏的幼儿人数和所站的位置。

2. 球从布中漏出时,距离哪一个幼儿近,哪一个幼儿负责捡球。

游戏建议

提示幼儿注意球的滚动方向,然后抖动布。

（北京市昌平区工业幼儿园　杨俊娜、马琳）

游戏 7　摘星星

游戏目标

练习手脚着地爬和纵跳触物,发展身体协调能力。

游戏准备

游戏利用楼梯和走廊进行,在二层的楼梯口处,悬挂若干自制星星,高度以高出幼儿身高 10～15 厘米为宜;在一层楼梯口铺上地垫当草地,将楼梯当山坡。

游戏玩法

幼儿当小猴子,要爬上山顶摘星星。游戏开始,小猴子爬过草地,从右侧爬上山坡。到了山顶以后,向上跳起,碰到一颗星星,然后从老师那里领取一个星星贴画,再从右侧走下山坡。游戏可循环进行。

游戏规则

1. 上坡和下坡都在自己的右侧,避免与同伴碰撞。

2. 每次都只能取一张小星星贴画。

游戏建议

游戏结束后,收拾玩具,整理个人卫生。

(北京市昌平区工业幼儿园　秦洁、马琳、张佳鑫)

(二) 中班

游戏1　小脚丫本领大

游戏目标

练习小脚夹物,增强下肢力量,发展身体的灵敏性和控制力。

游戏准备

大刺球10个,小刺球10个,软球5个,报纸球5个,大小皮球各5个,高矮不同的玩具筐。

场地布置如下图。

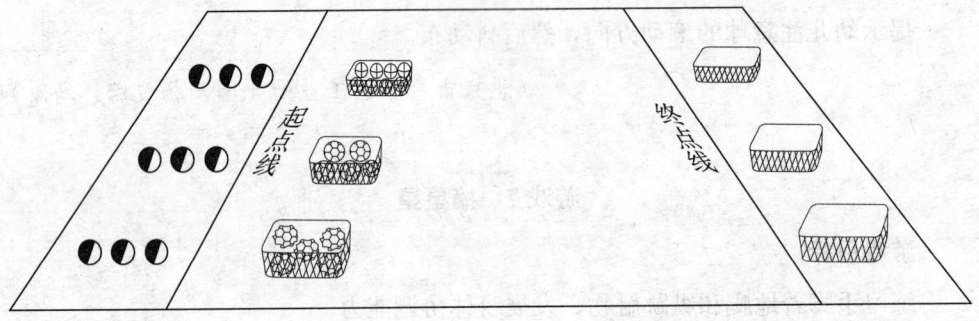

游戏玩法

将垫子摆成一个长方形场地,指定起点线和终点线。在起点线上摆放3个玩具筐,筐中投放大小、软硬不同的球。在终点线上摆放3个玩具筐当球宝宝家。

幼儿自由组成人数相等的三路纵队。听到信号后,排头的幼儿坐在场地上出发,用脚从玩具筐中夹出球,坐在地上,依靠上肢的力量,把球运到对面的球宝宝家后,爬回原地,第二名幼儿再出发。看哪队最先把球运回球宝宝家并返回到原地。

游戏规则

1. 如果脚上小球掉了,要从起点重新开始。
2. 幼儿在游戏过程中,不能碰到旁边幼儿的小脚。

游戏建议

1. 提示幼儿用脚内侧夹球，控制好夹球的力度和方向。
2. 提示幼儿在运球的过程中，胳膊要撑住地，控制好自己的身体。

（北京市昌平区工业幼儿园　杨立荣）

游戏 2　旋转的小陀螺

游戏目标

增强前庭器官功能，提高身体的控制能力，发展平衡能力。

游戏准备

长度分别为 1.5 米、2 米、2.5 米的绳子若干，空场地。

游戏玩法

幼儿两两一组，分别持一根绳子的两端，面对面站好。游戏开始，一个幼儿攥住绳的一头，站在原地不动，另一个幼儿攥住绳子的另一头，向同伴旋转靠拢，模仿"旋转的小陀螺"将绳子缠绕到自己身上，缠好以后，反向旋转，将绳子褪出。两人交换角色继续游戏。

游戏两三遍后，可以增加难度。两名幼儿同时向中间旋转靠拢，两人转到一起后比一比缠在谁身上的绳子多。

游戏规则

1. 两个幼儿分别攥住绳子的一头，向一方旋转时，不旋转的幼儿要在原地不动。
2. 两个幼儿同时向中间旋转靠拢时，两人转到一起后比一比缠在谁身上的绳子多。
3. 旋转时，不能松开攥着绳子的手。

游戏建议

1. 引导幼儿双脚踏步旋转，边踏边转，转动时上体要直，手臂自然摆动。
2. 提醒幼儿控制好自己的速度与旋转移动方向，注意安全。
3. 根据幼儿的平均身高和能力水平，及时调整绳子的长短。

（北京市昌平区工业幼儿园　张萌萌）

游戏3　捕鱼小能手

游戏目标

提高身体的控制能力，发展身体的协调性及灵敏性。

游戏准备

1. 幼儿玩过乒乓球、篮球，有拍球的经验。

2. 筐子，自制小腰篓，乒乓球若干（当小鱼），自制大树（当森林），用两条橡皮筋拉出宽40厘米的小河，欢快的音乐及播放器。

场地布置如下图。

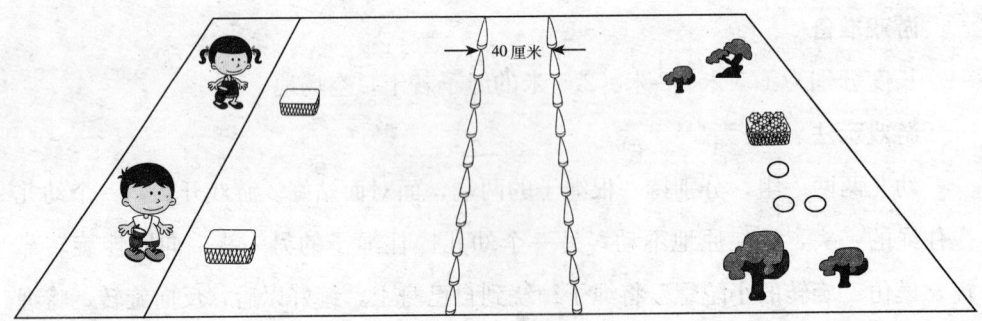

游戏玩法

将幼儿分成两路纵队。音乐响起，游戏开始。每组的第一个幼儿将自制小腰篓系好后出发，跳过小河，走进森林，从筐里拿出一条小鱼，用力扔到地上弹起后，用腰部的小腰篓去接，每个幼儿一次捉一条。返回后，幼儿将小鱼放进小筐，下一个幼儿系好小腰篓出发。看哪组用时最短，接到的小鱼数量最多。

游戏规则

1. 每个幼儿一次捉一条小鱼。

2. 捉小鱼的时候，要用小腰篓接住小鱼，用手接住小鱼再放进小腰篓里视为犯规。

游戏建议

1. 此游戏适宜在有一定硬度的地板上进行。

2. 可根据幼儿的游戏水平决定将小腰篓系在腰前还是腰后。如果系在腰后，需提醒幼儿接小鱼的时候要快速转身，但是需要确保旋转后的身体平衡。

（北京市昌平区工业幼儿园　高娜）

游戏 4　小乌龟滚球

游戏目标

练习向指定方向滚球，发展滚球能力和控制能力。

游戏准备

地垫若干，半圆滚筒做的小山坡 2 个，桌子 5 张，大小不同的圈 3 个，桶 3 个，大小不同的球若干，系上铃铛的小动物玩具 3 个，自制萝卜、蘑菇等食物卡片若干，玩具筐，音乐及播放器。

场地布置如下图。

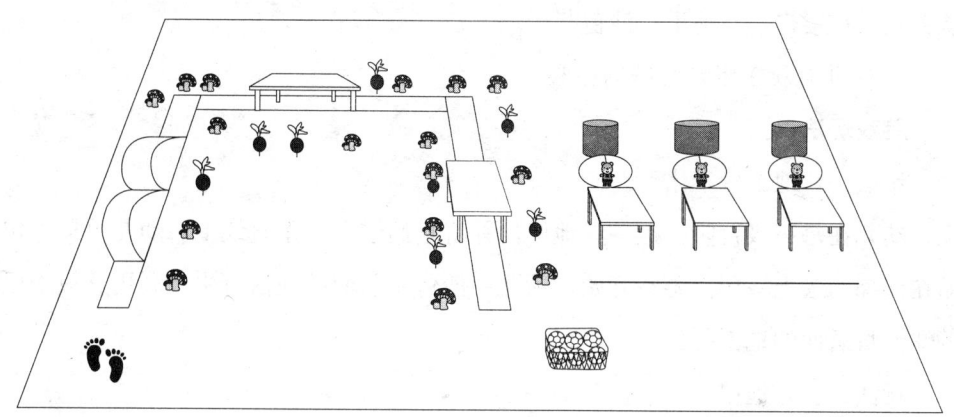

游戏玩法

教师将食物卡片随机摆放在游戏路线的两边，铃铛小动物玩具系在圈上，并将圈固定于桌子一端（如图所示）。

游戏开始，幼儿一个接着一个，爬过小山坡，低头钻爬过桌子，并在爬行的过程中拿取食物卡片。爬到终点（玩具筐处）后，将食物卡片放到箱子里，并从箱子里取一个小球，随机选择一张桌子，将球滚出。能将球滚过桌子打到小动物玩具并滚进山洞者为胜。

游戏规则

1. 滚球时打到动物铃铛，掉进洞里则获胜。

2. 滚球进洞者可以从桶里换球再次游戏，球没进者则捡起球排到队尾重新游戏。

游戏建议

1. 前一名幼儿爬过第一个小山坡后，后一名幼儿再开始游戏，防止互相碰撞。

2. 提示幼儿钻过桌子时低头,不要碰到头。

(北京市昌平区工业幼儿园　焦淼、张立新)

游戏5　地鼠多米诺

游戏目标

练习单手肩上投掷的动作,锻炼目测能力,发展动作的灵敏性和协调性。

游戏准备

1. 楼梯;装了半瓶水的500毫升饮料瓶若干,瓶身外粘有地鼠的头像,将饮料瓶摆在楼梯上当地瓜;沙包若干。

2. 幼儿有玩多米诺骨牌的经验。

游戏玩法

玩法一:地鼠多米诺

幼儿在每一级台阶上摆一只地鼠,并将它们摆在一条直线上。幼儿手持沙包站在楼梯的最上一层。游戏开始,幼儿用沙包将前面的地鼠打中,利用这只地鼠的惯性将后面的地鼠打倒。

玩法二:打地鼠

幼儿将地鼠不规则地摆放到每级台阶上,然后手持沙包站在楼梯的最下面一层。游戏开始,幼儿用沙包将地鼠打中。

游戏规则

1. 幼儿只能站在楼梯的最上面或最下面游戏,不能在台阶中间投掷。

2. 大家分工合作,有摆地鼠的、有投掷的,游戏中可互换角色。

3. 楼道是公共场所,不能大声喧哗。

游戏建议

1. 此游戏利用楼梯进行,因此要特别注意幼儿的安全。

2. 可以让幼儿自己探索摆放地鼠的方法,例如摆成三角形、圆形、Z字形等,增加游戏兴趣。

3. 楼梯空间小,建议与室内的其他活动结合,分组游戏,每次可有两三名幼儿参与。

(北京市昌平区工业幼儿园　王秋红)

游戏 6　挑战对抗赛

游戏目标

发展身体的控制能力和动作的灵敏性。

游戏准备

大箱子 10 个（可把箱子六面涂上不同的颜色，其中有一面是橘色或蓝色），计时器 1 个，橘色和蓝色的队标各 5 个，小垫子 4 块，小足球 1 个，球门 1 个，哨子 1 个。

场地布置如下图。

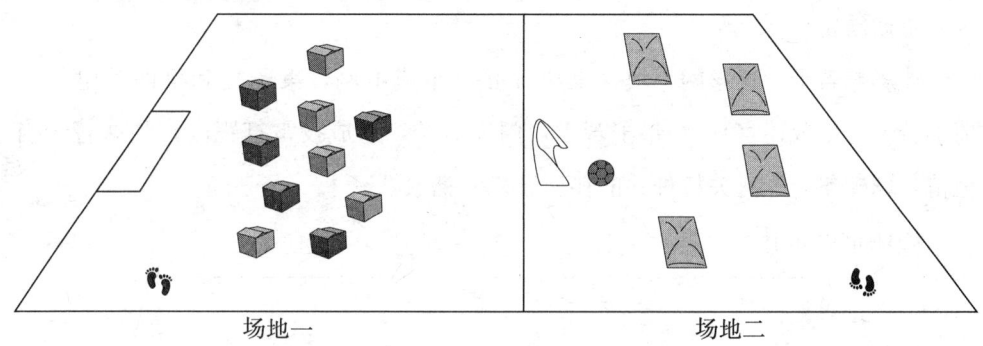

场地一　　　　　　　　场地二

游戏玩法

幼儿分成人数相等的两队，进行对抗赛。一队为橘色，一队为蓝色，并在衣服上贴上相应颜色的队标。

对抗赛 1：翻箱子。两队商量好游戏的时长，开启计时器。幼儿需翻动箱子，使其与本队队标一致的颜色朝上，在规定时间内，翻出一致颜色多的队获胜。

对抗赛 2：垫上足球对抗。幼儿可两人游戏，也可多人分成两组游戏。哨声响起，游戏开始，踢球者需坐在垫上，用脚将球踢进球门。在规定时间内，进球多者（组）获胜。

游戏规则

1. 每人每次只能翻一个箱子。
2. 进行垫上足球挑战时，只能坐在垫子上。

游戏建议

1. 师幼共同布置游戏场地。
2. 教师参与游戏，引导幼儿注意与同伴的合作。

3. 提示幼儿注意安全，有自我保护意识。

4. 教师关注幼儿的活动量，并及时调整。

（北京市昌平区工业幼儿园 苏欣、杜蓉蓉）

游戏 7　小小特种兵

游戏目标

1. 练习手膝爬，学习匍匐爬行，发展上、下肢力量和协调性。

2. 练习投球、击打球，发展耐力素质。

游戏准备

迷彩帽若干，迷彩网 1 块，桌子 6 张（组成电网，桌子腿和桌面当电线），椅子若干（组成迷宫）；小垫子若干，门靶 2 个，组成投雷打靶区；刺球若干当地雷，球棒 4 个；有关特种兵的伴奏音乐及播放器。

场地布置如下图。

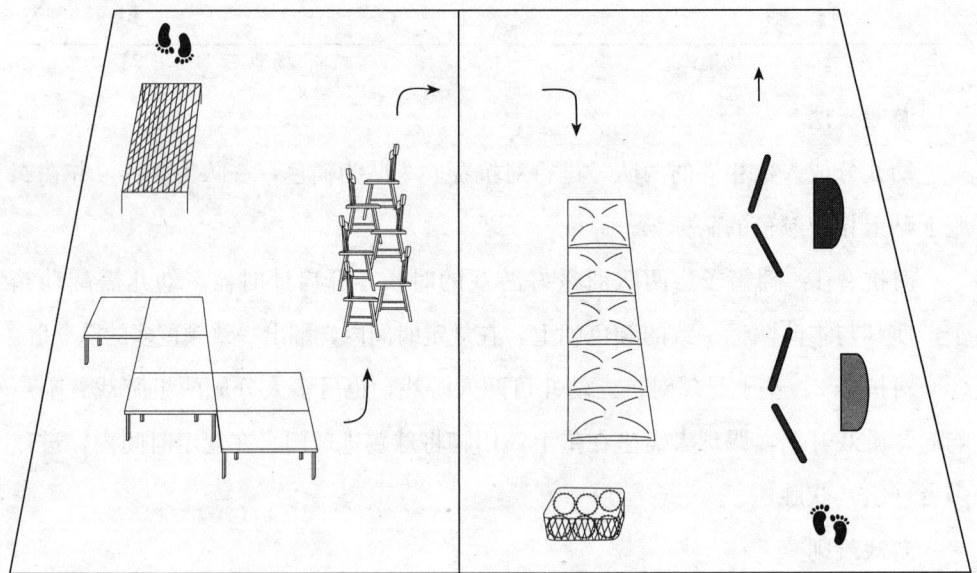

游戏玩法

两名幼儿扮演守护人，手持球棒守护门靶；其余幼儿扮演特种兵过关卡。

游戏开始，特种兵一个接一个自取迷彩帽戴好。以蹲走的方式钻过迷彩网，进入电网区，以手膝爬或匍匐爬的动作过电网，注意不要碰触电线。然后进入迷宫区域，从椅子上通过，寻找正确的出口，出迷宫时双脚并齐跳下。

最后来到投雷打靶区，特种兵手拿一枚地雷跪在垫子上，将地雷投向门靶，可以单手或双手进行投掷，保护靶心的幼儿，要手持球棒，将对方投过的地雷打出。

游戏规则

1. 过迷彩网时要低头弯腰或蹲走通过。
2. 保护靶心的特种兵不能离开靶位去拦截地雷。

游戏建议

1. 根据幼儿的能力水平，减少或增加环节或路线。
2. 前一名幼儿钻过电网后，后一名幼儿再进去，避免拥挤碰撞。

（北京市昌平区工业幼儿园　牛圆圆、郎凡）

（三）大班

游戏 1　推球乐

游戏目标

练习用手推球，提高手臂的控制能力。

游戏准备

瓶盖若干当球，自制球拍、球门，记分牌。

场地布置如下图。

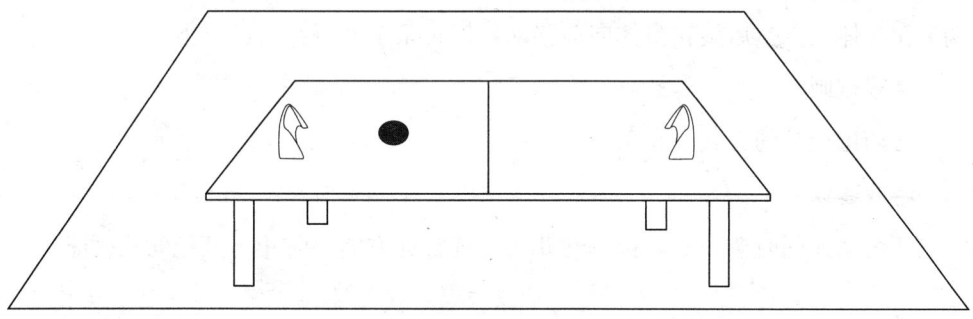

游戏玩法

设置游戏区域，两名幼儿在桌子两端面对面站好，用球拍将瓶盖推向对方球门，对方用球拍阻挡进球，记分员负责计分，先满 10 分者获胜。

游戏规则

必须用球拍推球或挡球。

游戏建议

1. 提示幼儿控制好角度和力度。
2. 也可以用其他物体（如积木等）替换瓶盖。

（北京市昌平区工业幼儿园　王小雪、钮亚磊、韩冰）

游戏 2　移动裹布条

游戏目标

学习旋转动作，发展前庭觉，培养体位感和灵敏素质。

游戏准备

长 3 米、宽 0.5 米的布条若干。游戏示意图如下。

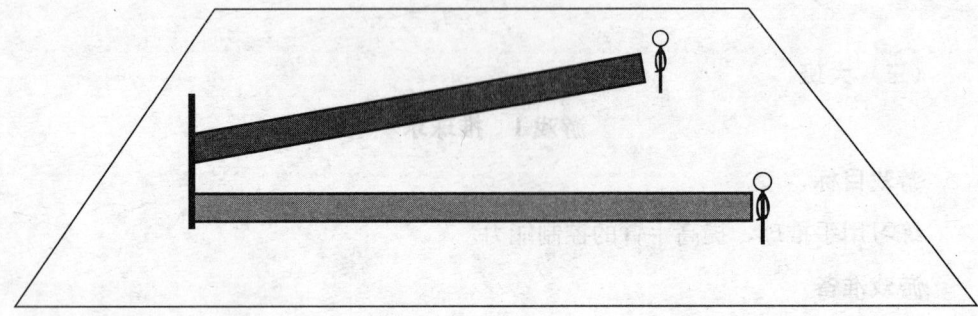

游戏玩法

将布条的一端竖着固定在 40～90 厘米高的床棱上。幼儿站立，将布条另一端裹在身体上，然后旋转身体向前移动，使布条全部裹在自己身上。

游戏规则

必须用旋转的方式裹布条。

游戏建议

几名幼儿同时游戏时，提醒幼儿注意旋转的方向，防止与其他幼儿碰撞。

（北京市昌平区工业幼儿园　杨俊娜、古妮娜）

游戏 3　滚布条

游戏目标

练习侧身翻滚，提高身体的协调性和灵活性。

游戏准备

长 5~8 米的布条若干，铜锣 4 个，空场地。

场地布置如下图。

游戏玩法

将四根布条的一头固定好，并将铜锣固定在布条的顶端，幼儿面向布条站成四路纵队。游戏开始，听到信号后，排头的幼儿躺下，将布条一端固定在身体一侧，侧身翻滚到布条的另一头后，敲击铜锣，然后迅速侧身翻滚回原点，进行接力，看哪组最先完成。

游戏规则

1. 幼儿做侧身翻滚时，不能滚到旁边幼儿的布条上。
2. 翻滚布条的过程中，如果布条散落，即为失败，将停止游戏一次。

游戏建议

1. 引导幼儿在做侧身翻滚时，注意控制好身体运动的方向。
2. 此游戏适宜在软地面或木地板上进行。
3. 游戏前应让幼儿尽量将上肢活动开。

（北京市昌平区工业幼儿园　陈思远）

游戏 4　筷子夹物

游戏目标

练习用手操控器械夹物，提高上肢肌肉力量和手的控制能力，发展平衡能力。

游戏准备

PVC 管自制大筷子 4 双；长 2 米、宽 1.5 米、高 5 厘米的大纸盒一个，内放布包、刺球、橡塑球、小纸盒若干；筐 4 个。

场地布置如下图。

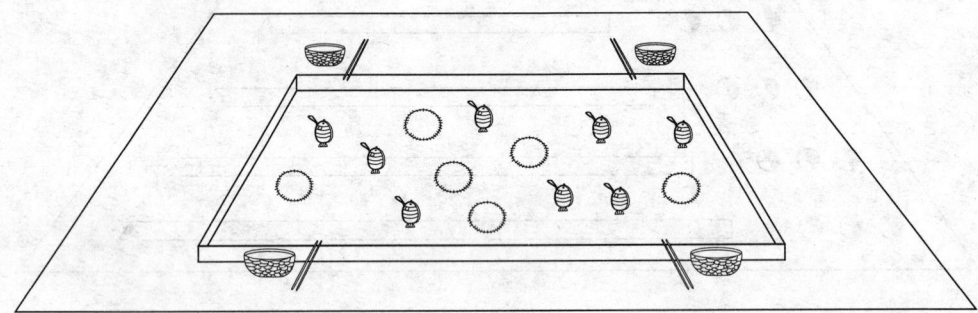

游戏玩法

幼儿拿起一双自己喜欢的大筷子，站在大纸盒外，双手握牢大筷子中下部位，将纸盒中的物品夹到自己面前的小筐中，看谁夹得多。

游戏规则

1. 幼儿不能进入纸盒夹物。
2. 夹物过程中物品若掉落在大纸盒外面，可以将其捡回，继续游戏。

游戏建议

1. 教师可以示范筷子的用法。
2. 提醒幼儿控制好角度和力度。
3. 根据幼儿的实际水平和能力，及时调整距离。
4. 此游戏可以单人游戏，也可以两人用一双大筷子合作游戏。

（北京市昌平区工业幼儿园　王小雪）

游戏 5　脚丫冲关乐

游戏目标

练习使用腿部、脚部及踝关节进行游戏活动，促进身体全面发展。

游戏准备

大塑料垫，气球 10 个；小地垫若干，刺球、塑料球、纸杯、编织球、藤球若干，筐 3 个，纸盒、大积木等（当障碍）；椅子五六把。

场地示意如下图。

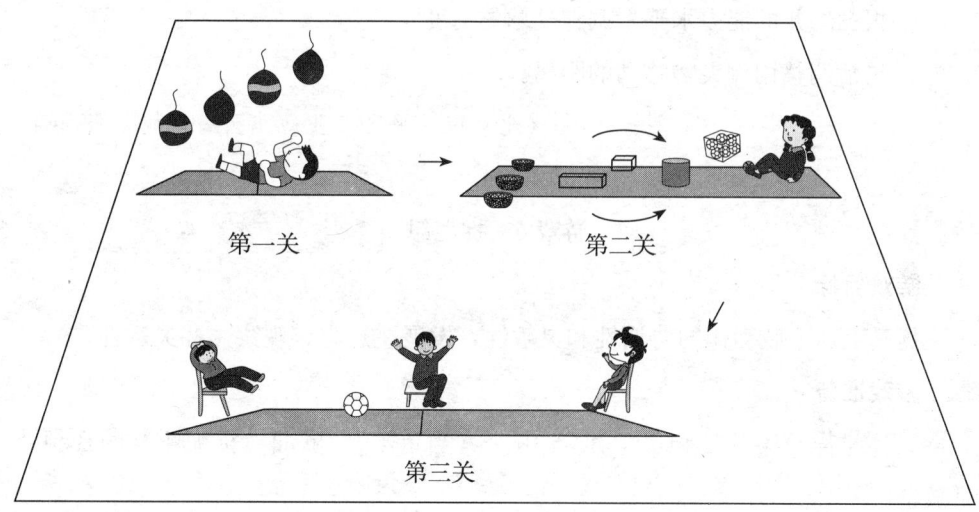

第一关　　　　　　　　第二关

第三关

游戏玩法

设置游戏关卡。

第一关：幼儿脱鞋平躺在大塑胶垫上，利用腰背部力量支起双腿去踢空中悬挂的气球。气球标号1~10，1号最低，10号最高，幼儿根据自身情况，可由1号开始向10号挑战，也可以选择从中间的一个号码开始挑战。挑战成功后到下一关。

第二关：用小脚丫将筐里不同的材料进行分类整理。运送时，幼儿需坐在垫子上用脚夹住物品（刺球、塑料球、纸杯、编织球、藤球等），绕过不同的障碍，借助四肢的力量用力向前移动，分类放到对面相应的空筐内。用脚放好物品后，需根据箭头方向，手膝着地爬返回起点。

第三关：将几把椅子摆在垫子周围，几名幼儿各选择一把椅子坐好。游戏开始，一名幼儿开球后，几名幼儿需配合，使用踢、滚等方式，让软足球在场地中来回移动而不滚出垫子的范围；幼儿也可采用夹球传递的方式进行游戏，使球不落到垫子下。

游戏规则

1. 用脚去踢气球时必须平躺。
2. 必须闯过上一关后，才能进行下一关游戏。
3. 用脚丫夹物体的时候，不能用手协助。

游戏建议

1. 根据幼儿的能力水平，调整气球的高度。

2. 灵活调整用脚夹物移动的距离。

（北京市昌平区工业幼儿园　马旭、张萌萌）

游戏 6　捉泥鳅

游戏目标

提高上、下肢动作的协调性和灵敏性，发展注意力、观察力和灵敏性。

游戏准备

乒乓球若干（当小泥鳅），纸篓 10 个（当鱼篓），歌曲《捉泥鳅》的音频及播放器。

游戏玩法

一部分幼儿扮捕鱼人，腰上戴有纸篓，站在场地中间；其余幼儿手持小泥鳅，在捕鱼人周围围成一个圈。游戏开始，手里拿着小泥鳅的幼儿将泥鳅扔向捕鱼人，捕鱼人通过腰部的灵活摆动带动鱼篓将球接住，在规定时间内，接的球最多的幼儿获胜。

游戏规则

用手接住球者为犯规。

游戏建议

1. 要稳住重心，不要摇晃，手眼协调一致，动作要迅速灵活。

2. 游戏也可以两两一组，以竞赛形式进行时，一人投球，另一人用腰篓去接。接得最多的一组为胜。

（北京市昌平区工业幼儿园　曹继荣）

游戏 7　石头、剪刀、布

游戏目标

练习从下往上跳，锻炼下肢爆发力，发展动作的灵敏性和协调性。

游戏准备

较宽敞的楼梯；知道"石头、剪刀、布"的表示方法。

游戏玩法

两名幼儿一组，面对面站在楼梯最低一层。游戏开始，两名幼儿一起说："石头、剪刀、布"当说到"布"时，各自选择"石头、剪刀、布"中的任何一种动作（双手握拳为石头、中指食指伸出作剪刀状为剪刀，五指张开为布），比一比谁胜利。胜的一方向上跳一级台阶，输的一方原地不动。游戏继续进行，谁最先登上楼梯最高处谁胜。

游戏规则

石头胜剪子，剪刀胜布，布胜石头。

游戏建议

1. 此游戏适合在较宽的楼梯上进行。

2. 根据幼儿的游戏水平，可增加游戏难度，例如：石头胜剪刀可连跳 3 级台阶；剪刀胜布可连跳 2 级台阶；布胜剪刀可跳 1 级台阶；等等。

3. 为避免幼儿等待，可将幼儿分组游戏。

（北京市昌平区工业幼儿园　杨俊娜）

三、室内体操精选

椅子操（中班）

预备姿势　坐在椅子上，上体正直，双手自然放于腿上（图 7-1-1）。

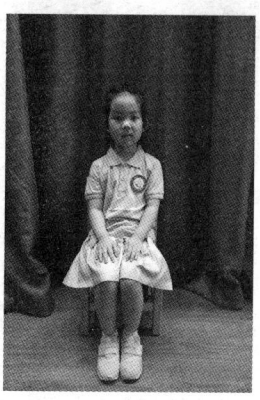

图 7-1-1

第一节　头部运动（4×8 拍）

第一八拍：（图 7-1-2）

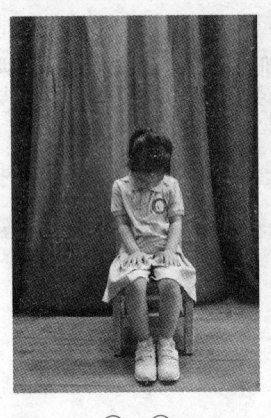 

①～④　　　　　⑤～⑧

图 7-1-2

①～④向前点头。

⑤～⑧向后点头。

第二八拍：动作同第一八拍。

第三八拍：（图 7-1-3）

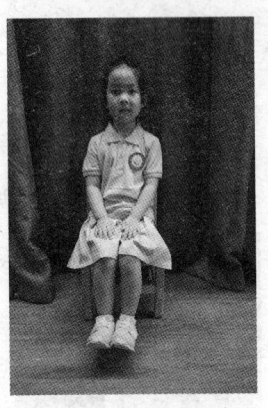

①～⑧

图 7-1-3

①～⑧双脚平放地上，前脚掌点地。两拍做 1 次，共做 4 次。

第四八拍：（图 7-1-4）

①～⑧双脚平放地上，踮后脚跟。两拍做 1 次，共做 4 次。

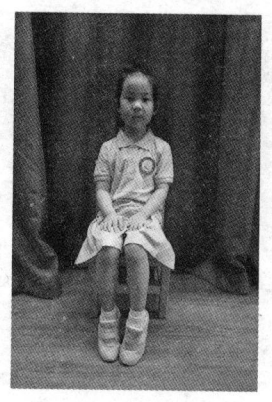

①～⑧

图 7-1-4

第二节　上肢运动（4×8 拍）

第一八拍：（图 7-1-5）

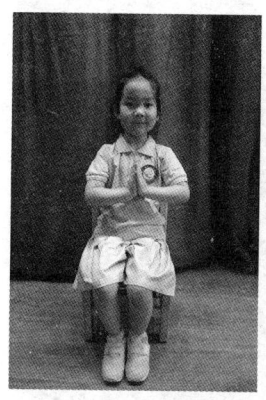 

①～④　　　　　　⑤～⑧

图 7-1-5

①～④坐在椅子上击掌 4 次。

⑤～⑧双臂胸前交叉，双手拍肩膀 4 下。

第二八拍：动作同第一八拍。

第三八拍：（图 7-1-6）

①～②双臂侧平举。

③～④双臂经两侧上举，掌心相对。

⑤～⑥双臂前平举，掌心相对。

⑦～⑧双臂收回，还原为预备姿势。

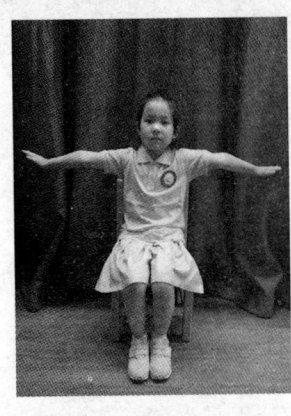 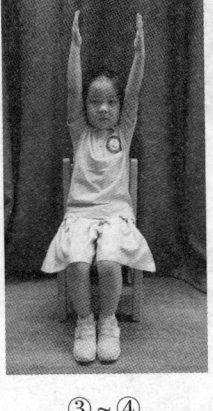 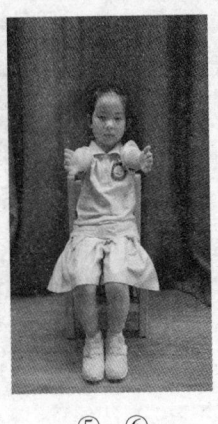 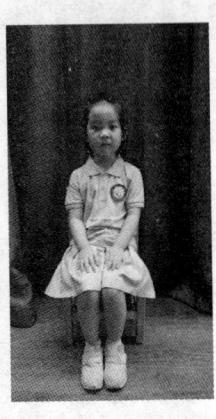

①～②　　　　　③～④　　　　　⑤～⑥　　　　　⑦～⑧

图 7-1-6

第四八拍：动作同第三八拍。

第三节　体侧运动（4×8 拍）

第一八拍：（图 7-1-7）

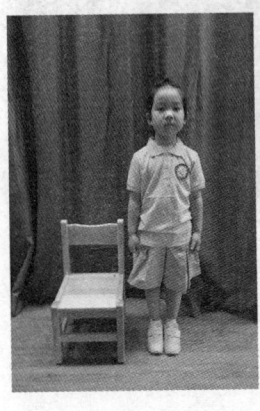 

①～④　　　　　⑤～⑧

图 7-1-7

①～④起身，在椅子左侧自然站立。

⑤～⑧原地踏步。

第二八拍：（图 7-1-8）

①～②右手扶椅子，左脚侧出，左臂直臂打开。

③～⑥向右弯腰做体侧动作 2 次。

⑦～⑧在椅子左侧自然站立。

第三八拍：

  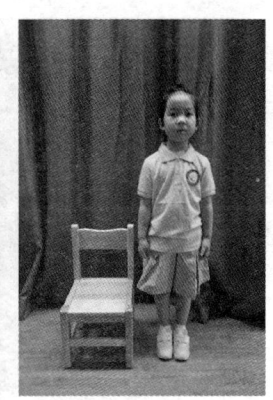

①~②　　　　　③~⑥　　　　　⑦~⑧

图 7-1-8

①~④从椅子前方踏步至椅子右侧。

⑤~⑧原地踏步。

第四八拍：

动作同第二八拍，方向相反。

第四节　腹背运动（4×8 拍）

第一八拍：（图 7-1-9）

 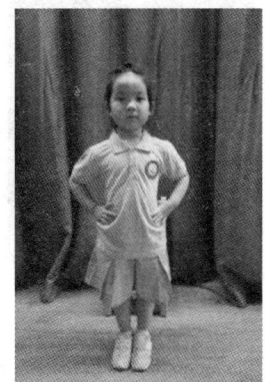

①~④　　　　　⑤~⑧

图 7-1-9

①~④双手叉腰踩上椅子。

⑤~⑧双手叉腰向前跳下。

第二八拍：（图 7-1-10）

①~②坐在椅子上，上体正直，双手自然放于腿上。

 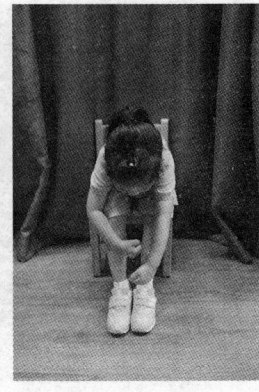 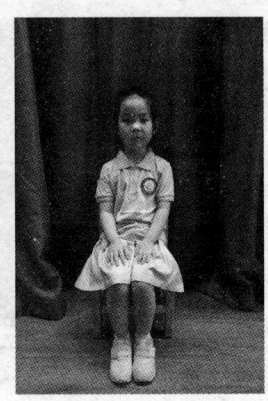

③~⑥　　　　　　⑦~⑧

图 7-1-10

③~⑥双臂上举，双手从头顶开始绕拳，同时身体前倾，绕拳至脚踝处。

⑦~⑧双手在脚踝处击掌，然后还原成上体直立。

第三八拍：动作同第二八拍。

第四八拍：（图 7-1-11）

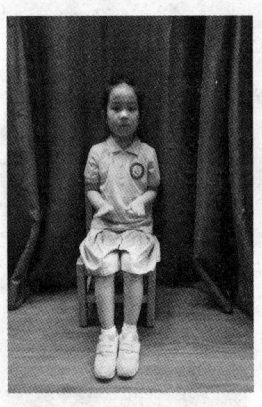 

①~④　　　　　　⑤~⑧

图 7-1-11

①~④双手拍大腿。

⑤~⑧双手叉腰起身站在椅子左侧。

第五节　伸展运动（4×8 拍）

第一八拍：（图 7-1-12）

①~②双手扶在椅面上。

③~④左腿伸直向后抬平，再放下。

第七章 其他形式的体育活动

①~②   ③~④

⑤~⑥   ⑦~⑧

图 7-1-12

⑤~⑥双手扶在椅面上。

⑦~⑧右腿伸直向后抬平，再放下。

第二八拍：动作同第一八拍。

第三八拍：（图 7-1-13）

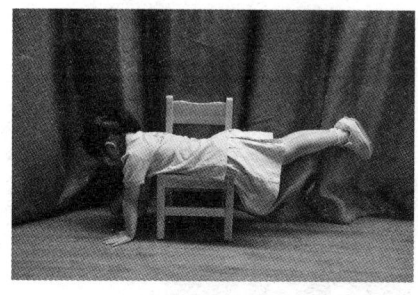 

①~④   ⑤~⑧

图 7-1-13

①~④肚子贴在椅子上，双手撑在地上，双腿腾空抬起绷直。

⑤~⑧肚子贴在椅子上，双脚撑在地上，双手离地直臂向两侧伸平。

第四八拍：动作同第三八拍。

421

第六节　变换队形（间奏）（2×8拍）

第一八拍：（图7-1-14）

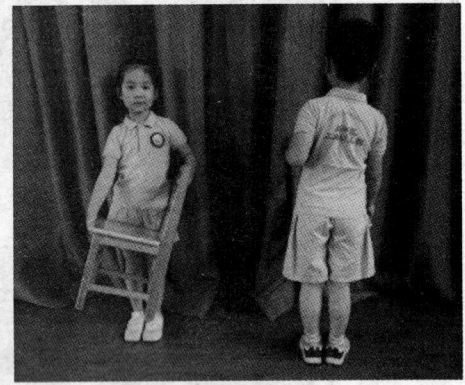

①~④　　　　　　　　　　　⑤~⑧

图7-1-14

①~④单数组幼儿双手搬椅子起立，原地不动；双数组幼儿搬椅子向后转。

⑤~⑧两人沿逆时针走动互换位置。

第二八拍：

①~④两人继续逆时针互换位置回原位。

⑤~⑧将椅子放回原位，坐好。

第七节　全身运动（4×8拍）

第一八拍：（图7-1-15）

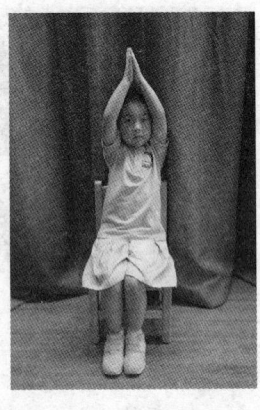

①~④　　　　　⑤~⑧

图7-1-15

①~④双臂上举击掌4次。

⑤~⑧左脚绷直伸出至斜前方，左臂伸直，左手摸左脚脚面。右手上举，左

手在左脚踝处转手腕花 2 次。

第二八拍：动作同第一八拍，方向相反。

第三八拍：动作同第一八拍。

第四八拍：动作同第二八拍。

第八节 整理运动（4×8 拍）

第一八拍：(图 7-1-16)

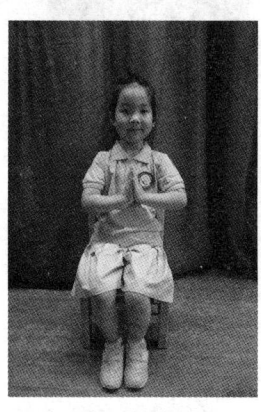 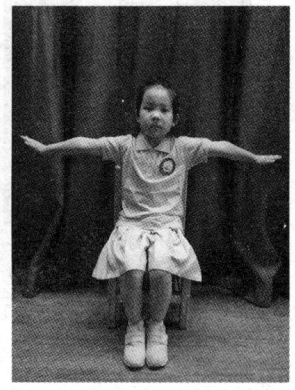

①～④　　　　　⑤～⑧

图 7-1-16

①～④胸前击掌 4 次。

⑤～⑧双臂侧平举。

第二八拍：(图 7-1-17)

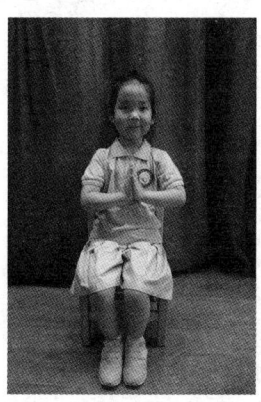 

①～④　　　　　⑤～⑧

图 7-1-17

①~④胸前击掌。

⑤~⑧双臂斜上举。

第三八拍：（图7-1-18）

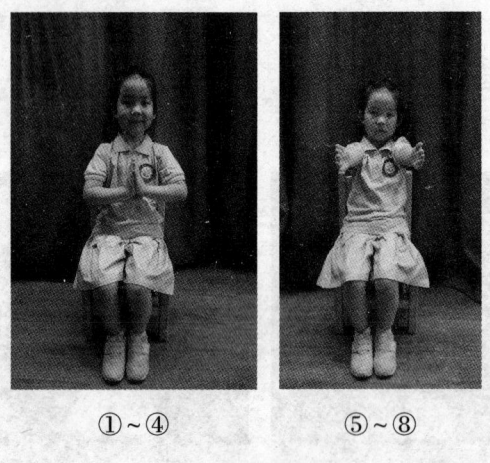

①~④　　　⑤~⑧

图7-1-18

①~④胸前击掌。

⑤~⑧双臂前平举，掌心相对。

第四八拍：

①~④胸前击掌。

⑤~⑧还原成预备姿势。

（北京市昌平区工业幼儿园　马旭）

瑜伽操（大班）

第一节　瑜伽起式（4×8拍）

第一八拍：盘腿坐在瑜伽垫上，双手自然放于膝盖上，按节拍交替呼吸（图7-2-1）。

第二八拍：动作同第一八拍。

第三八拍：动作同第二八拍，轻轻闭上双眼。

第四八拍：动作同第三八拍。

第二节　瑜伽坐式（4×8拍）

准备动作　双腿并齐向前伸，绷脚尖，双手举过头顶。

第一八拍：身体向前压，双手努力向前触碰双脚。（图7-2-2）

图7-2-1　　　　　　　图7-2-2

第二八拍：缓慢起身，还原成准备动作。

第三八拍：动作同第一八拍。

第四八拍：动作同第二八拍。

第三节　瑜伽珊瑚式（4×8拍）

第一八拍：左腿跪立，右腿向右侧伸直，绷右脚。

第二八拍：左臂上举，右手自然放于右腿上。（图7-2-3）

第三八拍：缓慢向右侧下腰，并保持不动。（图7-2-4）

图7-2-3　　　　　　　图7-2-4

第四八拍：手脚同时收回，成双腿跪立状。

第四节　瑜伽山式（4×8拍）

准备动作　双脚并齐站立，双手贴于身体两侧。

第一八拍：双手经身体两侧上举至头顶，做双手合十状。

第二八拍：双手不动，左腿屈膝抬起，脚心贴右腿膝盖内侧。（图 7-2-5）

第三八拍：双手不动，左脚落下。

第四八拍：双手缓缓落下，还原成准备动作。

第五节 瑜伽狼式（4×8 拍）

准备动作 双腿跪立，双手放于身体两侧。

第一八拍：左腿单腿跪立，上体直立，双臂上平举，掌心合十。（图 7-2-6）

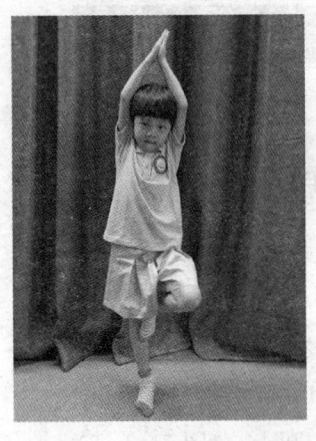
图 7-2-5

图 7-2-6

第二八拍：还原成准备动作。

第三八拍：动作同第一八拍，右腿单腿跪立。

第四八拍：动作同第二八拍。

第六节 瑜伽弓式（4×8 拍）

准备动作 趴在瑜伽垫上，双腿弯曲，左手握住左脚踝，右手握住右脚踝。

第一八拍：利用腰腹力量，头脚同时向上抬起。（图 7-2-7）

第二八拍：头脚缓慢落下。

第三八拍：动作同第一八拍。

第四八拍：动作同第二八拍。

第七节 瑜伽鸽式（4×8 拍）

第一八拍：左腿弯曲放于体前，右腿弯曲放于体后，右臂勾右脚，上体直立。左臂向左上方伸直，手指做鸟嘴状。（图 7-2-8）

图 7-2-7　　　　　　　　　图 7-2-8

第二八拍：保持不动。

第三八拍：动作同第一八拍，方向相反。

第四八拍：保持不动。

第八节　瑜伽冥想式（4×8 拍）

身体平躺于垫子上，双腿自然伸直，双手放于腹部，闭眼，跟着节奏呼吸至音乐结束。（见图 7-2-9）

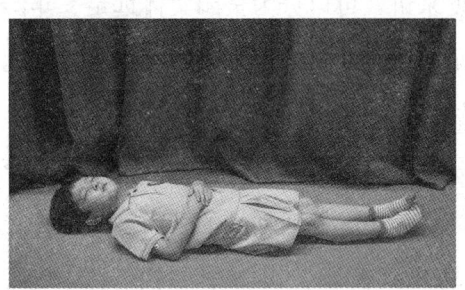

图 7-2-9

（北京市昌平区工业幼儿园　苏欣、郭蕊）

第二节　幼儿远足活动

远足活动是幼儿园的一项重要活动，能促进幼儿体能、智力的发展，达到陶冶性情、锻炼意志的目的。同时，它又为幼儿提供了亲近大自然的机会，扩大了幼儿接触、认识社会的活动空间，深受幼儿的喜爱。

一、幼儿远足活动概述

（一）幼儿远足活动的含义和分类

1. 含义

远足活动是指幼儿走出幼儿园，进行较长距离的徒步行走。它以结合当地环境资源进行适宜的户外活动为特征，是综合教育的一种形式。

2. 意义

与其他形式的体育活动相比，远足活动具有其独特的意义：较长距离的徒步，不仅发展了幼儿力量、耐力素质，锻炼了身体，而且长时间的运动，也锻炼着幼儿的坚持性和克服困难的勇气；远足还有效扩大了幼儿视野，增加了接触自然的机会，有利于发展幼儿的观察、思维能力；在远足过程中，幼儿感受人文及自然景观的独特魅力，更深入地了解家乡，有助于萌发幼儿爱家乡、爱自然的良好情感。

3. 分类

从参与人员的角度来讲，可以分为全园集体远足、年龄组远足、班级远足和亲子远足活动。从远足的内容及目的地来讲，可以分为主题性远足活动（包括定向越野）、游览性远足活动。

主题性远足活动是教师有目的、有计划地围绕近期教育教学活动主题安排的远足活动，将远足活动作为主题性活动中的子活动。如开展主题活动"美丽的春天"时，便可以带领幼儿到公园、田野中寻找春天、感受春天，探寻春天的秘密。

其中，定向越野是一种特殊的主题性远足活动，是指幼儿在教师的指导下，将按图识别线路、徒步行走，与完成预定任务相结合的一种远足活动。目的在于培养幼儿独立识别简易图示或地图的能力，提高幼儿综合素质。活动中幼儿手持简单、形象的图示或地图，边走边识别方向，并在图示或地图的帮助下完成预定的游戏任务。通常一次活动需要寻找 2~6 个目标物，小班总行走路程为 1 千米，中、大班为 1.5 千米，可以有间歇。

游览性远足活动是教师带领幼儿到公园、馆厅中进行游览观赏的活动，旨在开阔幼儿的视野，陶冶幼儿的情操，如到海洋馆中参观海洋生物，认识海洋动物，了解海洋生物的种类等。

(二) 幼儿远足活动的特点和内容

1. 特点

（1）综合性。远足活动不仅可以促进幼儿的体能发展，还可以在远足途中引导幼儿有意识地观察周围的环境，开展有意义的教育活动。教师可以自然地将幼儿园的日常课程计划与远足活动紧密结合，以远足活动为载体，将科学、艺术、社会性等领域的目标融入其中，开展多元化、综合性的教育活动。

（2）开放性。幼儿园组织远足活动，一般都会在远足活动前期制订具体详细的活动方案，但因为远足活动是到园所之外的空间实施的，时空相对开放、自由，具有一定的不可预见性，这就使远足活动具有了开放的特质。教师在组织活动时，要在保证安全的基础上，综合考虑多领域的教育元素，并给予幼儿更多的空间去探索、发现。

2. 内容

（1）发展幼儿基本动作和综合素质的内容。在远足途中或到达目的地后，可充分利用周边自然条件，让幼儿练习走、跑、跳等各种基本动作，如爬一爬小山坡，走一走蜿蜒曲折的小路等；教师还可随身携带一些小型体育器械（如跳绳、球等），带领幼儿到宽阔地带进行各种活动。

（2）发展幼儿认知能力的内容。在远足活动中，教师带领幼儿进入真实的自然和社会中，可以引导幼儿感受自然环境，观察比较人们的着装及建筑的外形，认识各种事物的属性等，了解并遵守交通规则、学习自我保护。

（3）培养良好品德及社会情感的内容。可以有计划地带领幼儿到当地的社区、科技馆、博物馆等地去参观，让幼儿欣赏家乡的美景，了解家乡的风土人情，感受家乡的发展，以进行热爱祖国、热爱家乡的教育；可以有计划地带领幼儿到农村、养老院等处，对幼儿进行关心他人、尊重他人的教育；在远足途中，还可以对幼儿进行互相帮助、同伴友好交往、克服困难等良好行为及品质等方面的培养。

（三）幼儿远足活动的组织要点

1. 远足活动方案的制订要符合幼儿的年龄特点

应根据幼儿的年龄特点、体质状况与能力水平，结合当地的社会、地理环境和资源，循序渐进地为幼儿规划远足方案。例如：远足地点的选择应多样化、安全；远足中徒步行走的距离应逐渐增加，幼儿的生理负荷量应逐渐增大；综合教育的内容应逐渐增多。

2. 慎重选择远足的地点

如果远足的目的地距离幼儿园较近（如附近的小公园、体育馆），沿途也比较安全，则可以组织幼儿从幼儿园徒步行走到目的地，然后在目的地开展一些活动（如做游戏、收集树叶、参观）。如果幼儿园所处的周围环境比较安全，远足活动也可以是围绕幼儿园附近的某一个小区域（如社区、街道、学校、农田、果园）绕一圈。

如果远足的目的地较远，幼儿园也可以通过使用交通工具，直接把幼儿送到目的地（如公园、儿童乐园、植物园、农场），然后在那里开展丰富多样的活动，如逛公园、做游戏、认识多种植物、采摘瓜果蔬菜等。

3. 做好远足活动的准备

幼儿远足活动前，教师应做好各项准备工作。远足活动的首要工作是安全工作。活动前，教师一定要事先按照预定的计划走一遍，充分估计到可能会出现的突发情况并做好应急预案。保健人员应一同参与，并备好基本的应急药品和物品。同时，教师要对幼儿的如厕、休息、饮水等生活环节以及相关的活动做细致的计划和安排。

做好家长的工作也十分重要。教师应事先召开家长会，与家长进行有效的沟通与交流，以得到家长的支持和配合。还可以根据工作和活动的需要，适当邀请部分家长或全体家长参加。

4. 制订远足活动的活动制度

远足活动并不是一种日常性的体育活动组织形式，一般来说幼儿园一学期会开展一两次，比较重视或有条件的幼儿园会一个月组织一次。但有些幼儿园要么不开展远足活动，要么是在临时决定开展远足活动前，才制订相应的活动方案。为保证远足活动的有效性及长期性，幼儿园应建立一套完善的远足活动机制，如远足活动常规要求，幼儿远足活动安全常识，远足活动保育工作要求，远足活动计划和方案等，使远足活动可以切实有效地开展下去，为幼儿提供别样的运动及生活体验。

二、案例精选

案例1　我们去秋游（小班）

活动目标

1. 练习走、跑等基本动作，发展耐力素质，培养克服困难、不怕困难的意志品质。

2. 观察秋天植物的特征，感受秋天的变化，亲近大自然。

3. 学习遵守交通规则，增强环保意识。

活动地点

幼儿园附近的公园（距幼儿园1千米左右）

参与人员

小一班、小二班全体教师和幼儿，幼儿园保健医，家长志愿者。

活动准备

1. 教师事先了解公园环境，确定活动路线，考察幼儿如厕、休息与活动地点等。

2. 给家长发《远足通知》，帮助孩子做好活动准备。例如：请家长于远足当天给孩子穿好合脚的运动鞋，带好水壶；邀请个别家长当志愿者，协助给孩子拍照；等等。

3. 提前联系保健医及保安人员，请保健医配备相应的应急药品。

4. 检查幼儿的着装是否便于运动，是否自备水壶。

5. 各班准备照相机。

活动过程

1. 去公园

（1）教师讲解活动目的与要求，请幼儿带好自己的水壶，排成双人队，准备出发。

（2）班长教师在队伍前，小一班教师在队伍中间，小二班教师在队伍后面。

（3）保健医、教师、家长志愿者做好安保工作，保证幼儿安全通过马路。同时，在行走过程中随时观察幼儿情绪状态和身体情况。

（4）在沿途中进行随机教育，如过马路时，提示幼儿要遵守规则，不抢道。

2. 在公园游玩

（1）教师带领幼儿在公园里走一走，观察秋天的景色，引导幼儿关注秋天公园里花草树木的变化。同时教育幼儿要尊重公园工人的劳动,爱护公园的公共设施,不乱扔垃圾。

(2) 找到一个空旷的地方,让幼儿捡落叶,看一看树叶是什么颜色的,说一说自己都捡到了什么树叶。

(3) 教师带领幼儿拿着找到的树叶一起玩游戏"秋天来了":把树叶捡起来扔向空中,再捡起来扔向空中。

(4) 组织集体游戏活动"大风和树叶"。教师扮演风姐姐,幼儿扮演树叶,小树叶听风姐姐的指令做动作:"风姐姐来了",小树叶站起来;"风大了",小树叶快快地跑;"风小了",小树叶慢慢地走;"龙卷风来了",小树叶原地转动;"风停了",小树叶蹲下不动。

(5) 安排幼儿在一个干净又有阳光的地方休息一会儿,让幼儿喝水、如厕,适当休息。

(6) 让幼儿自由活动,教师和家长拍下幼儿活动的精彩瞬间,并及时调整幼儿身心状况。

3. 返回幼儿园

(1) 清点幼儿人数,带领幼儿排着队走出公园,返回幼儿园。

(2) 可以让幼儿把自己捡到的树叶带回家,或者做树叶粘贴。

(3) 回到班级,引导幼儿一起谈论今天在公园里的见闻。

活动建议

1. 活动结束后,可以将远足活动中拍摄的精彩照片张贴在墙面上,还可以与幼儿一起看拍摄的录像,回忆、交流远足活动的美好时光。

2. 指导幼儿用捡到的树叶做树叶拼贴画。

(北京市延庆区第四幼儿园 崔凤兰)

案例 2　参观军营（中班）

活动目标

1. 喜欢远足活动,发展耐力素质。

2. 做事不怕累、能坚持到底。

3. 激发对解放军叔叔的敬仰之情,学习解放军叔叔纪律严明的作风。

活动地点

幼儿园附近的军营，距离幼儿园 1.5 千米。

活动准备

1. 园方事先与军营联系，取得参观许可，并沟通好参观路线和内容。

2. 确定远足路线，教师事先勘察沿途有哪些不安全因素，选择安全的人行道路。

3. 通过班级平台向家长介绍活动计划，请全体家长了解活动的具体安排与要求。

4. 召开远足前准备会，提出问题：军营里有什么？解放军叔叔的宿舍是什么样的？让幼儿带着问题参加活动。

5. 保健医准备好卫生纸，随身携带药箱。

6. 检查幼儿的着装，为幼儿准备遮阳帽，幼儿每人自带一个小水壶。

活动过程

1. 集合与动员

（1）全体集合，由年级组长介绍远足活动的内容、目的地及活动的要求和注意事项。

（2）幼儿分班佩戴统一的遮阳帽，以便教师辨认本班孩子，防止丢失。

（3）分组排队，每两名幼儿一组，并肩前行，走之前检查幼儿鞋带是否系紧。

（4）每班三位教师分别站在班级队伍的头、中间、尾部的位置，在行进过程中，教师随时清点幼儿人数。

2. 向军营出发

（1）行走途中，提醒幼儿注意安全，班级之间保持适当距离。

（2）行走途中，教师向幼儿介绍路旁盛开的鲜花及发芽的树木，以及体现军营文化的宣传画，让幼儿欣赏。

3. 到达军营，观看解放军叔叔整队、叠被子

（1）教师表扬坚持走完全程且遵守规则的幼儿，激励幼儿要学会坚持，要勇敢、坚强、有组织、有纪律。

（2）由部队主管分配各班参观的楼层和人员。由于房间小，每班分成两组进

行参观。

（3）幼儿进入解放军叔叔的宿舍，了解屋内各种物品是如何有序摆放的。

（4）解放军叔叔展示整理内务，如叠被子，幼儿仔细观看，记住叠被子的要领和步骤。

（5）请几名教师和幼儿来学习叠被子，解放军叔叔可以适当帮助。

（6）幼儿为解放军叔叔表演节目，表达对叔叔的谢意。

4. 返回幼儿园

（1）根据幼儿的活动状况，适时结束活动，准备离开。

（2）教师向幼儿提出返回的要求，请幼儿去上厕所。

（3）教师清点幼儿人数，提醒幼儿整理衣服、喝水，一起走回幼儿园。回程提醒幼儿不要奔跑和推挤。

（4）回到幼儿园，各班教师对于班级中幼儿的表现进行评价，同时指出在远足活动中存在的问题。

活动建议

1. 午睡后，请幼儿按照解放军叔叔教的叠被子的方法整理自己的床铺。

2. 引导幼儿回家后将此次远足活动的内容和体会告诉爸爸妈妈，与爸爸妈妈一起分享快乐。

（原中国人民解放军总后勤部六一幼儿园　赵萍）

案例3　拥抱大自然　快乐健康行（中班）

活动目标

1. 能积极参加登山活动，喜欢亲近自然。

2. 能连续行走1.5千米左右，增强腿部肌肉力量和耐力，发展平衡能力。

3. 在户外登山活动中，增强与同伴及教师之间的感情。

活动准备

1. 教师提前考察场地——昌平蟒山公园。

2. 班级教师商讨、确定活动流程并分工。

3. 召开全班家长会，介绍登山活动。

4. 各班教师与幼儿一同开展有关登山的教学活动。

5. 活动前发告知书,提示家长给孩子穿好园服、运动鞋,带好所需物品。

6. 帮助幼儿积累登山的经验,鼓励幼儿大胆参与。

7. 制作班牌、海报,准备伴奏音乐及播放器。

8. 布置登山活动墙饰。

活动过程

1. 准备活动

(1) 集合。8:30教师和幼儿到蟒山公园的大平台上集合,教师与幼儿进行互动。

(2) 在《向快乐出发》的音乐中,教师和幼儿一起做准备活动,重点活动下肢。

2. 教师提示在登山活动中的注意事项

(1) 在登山的过程中不推不挤,看好脚下的台阶。

(2) 在登山的时候不要边吃东西边爬山,否则肚子会不舒服。

(3) 在登山时还要注意保护公园里的环境,不乱扔垃圾,可以将垃圾放在自己带的垃圾袋中,做个讲文明、讲卫生的登山人。

(4) 中途遇到问题可以向身边的老师寻求帮助。

3. 介绍路线和口号

(1) 教师介绍路线:从大平台开始,登上534级台阶到达终点。并提示幼儿到达终点后要在自己班的班旗上签上名字,成为登山小勇士!

(2) 登山的口号:我们手牵手,一起向上走,勇攀最高处,我们是先锋!

4. 登山

(1) 幼儿和教师一起出发。

(2) 提醒幼儿一步一个台阶,登山时要看好脚下的路,不跑,不追,注意安全。

5. 到达终点

(1) 到达终点的幼儿在班旗上签名。

(2) 教师进行活动小结。

(3) 教师和幼儿合影留念。

活动建议

1. 收集幼儿登山时的照片,并进行展示。

2. 请幼儿将登山活动中的见闻和感受用自己的方式记录下来。

3. 请家长对此次活动进行评价,并提出意见与建议。

4. 各班教师针对自己班活动的情况进行书面小结。

(北京市昌平区工业幼儿园　何维)

案例4　采摘花生——定向越野(大班)

活动目标

1. 能独立徒步行走1.5千米以内的路程,增强腿部力量。

2. 能准确识图找到4个目标物,独立完成任务,体验定向越野活动的乐趣。

3. 了解花生的生长环境及生长方式,与同伴、教师一起完成采摘花生的任务。

活动准备

1. 幼儿有行走1.5公里以内路程的经验,腿部有一定的力量。

2. 教师事先勘察采摘园的地形,布置行走活动的范围,设置好目标物,目标物引导图示为花生生长过程图片,按花生生长顺序依次提示幼儿行走的路线。

3. 终点设置在花生地,教师组织幼儿一起观察花生的生长环境,采摘花生。

4. 将后勤人员与医务人员安排到每个班,保证幼儿全程活动的安全。

5. 为幼儿准备好采摘的工具及容器。

活动过程

1. 热身活动

教师带领幼儿一起做准备活动,引导幼儿在欢快的音乐伴奏下,一起活动全身,重点是下肢的腿部、脚踝处,增加柔韧及力量练习,同时做一些小跑步、高抬腿等动作,让幼儿身心做好充分的准备。

2. 寻找花生在哪里

(1) 认识图示。教师向每位幼儿发放识图图示,引导幼儿观察:这次任务有几个点?图示与实际地形的关系怎样?起点和终点在哪里?让幼儿能够有信心独立完成此次任务。

(2) 明确任务。图示以花生的生长阶段图片为标志,教师让幼儿依据图片中花生生长过程的提示，有序去寻找全部目标。幼儿找对标志物后选择一张相应的花生生长图片贴在路线点上，则表示完成标志打卡。

（3）教师提出活动的安全要求。鼓励幼儿坚持完成每个点的任务，注意途中的安全，不和陌生人说话，避免碰撞和摔倒，最后胜利到达终点。

（4）独立识图，开始行走。引导幼儿以花生生长过程图片为提示，依次找到全部目标。教师给予幼儿适当的帮助，重点帮助观察识图能力弱的幼儿、腿部力量及协调性差的幼儿，顺利完成定向越野的任务。

（5）幼儿到达终点后，教师检验幼儿的标识打卡是否正确，是否完成了所有任务。

3. 采摘花生

（1）教师请幼儿观察花生的生长情况，发现其在土下生长的特征、花生果实与茎的连接方式、花生本身的特征等，丰富幼儿科学常识。

（2）教师讲解采摘花生的方法，向幼儿发放采摘工具（塑料袋、铲子）并提醒幼儿注意安全。幼儿和教师合作采摘花生。

（3）各班教师指导幼儿将采摘好的花生放在塑料袋里或大筐里，一起抬上车，安全返程。

活动建议

1. 鼓励家长在周末时间多带领幼儿去采摘或是参加识图定向越野活动，增加幼儿徒步行走机会，锻炼腿部力量。

2. 教师也可以在园里继续组织幼儿进行1千米以内的定向越野活动，结合一些识图活动，培养幼儿的观察能力、识图能力和解决问题的能力。

（原中国人民解放军总后勤部六一幼儿园　赵萍）

案例5　参观消防局（大班）

活动目标

1. 发展身体素质，锻炼吃苦耐劳的精神。

2. 开阔眼界，丰富生活经验，了解有关消防安全知识，提高消防安全意识，加强自我保护能力。

3. 增强集体意识及生活自理能力。

活动路程

从昌平区工业幼儿园到昌平区南环路消防中队往返，共计2千米。

活动过程

1. 前期活动

通过问题讨论等方式，与幼儿共同商讨参观的目的、内容和程序，并在此基础上制订出参观计划。

（1）讨论：你都知道哪些消防知识？你还想知道什么？请记录下自己想问的问题。

（2）幼儿做计划：列出需要准备的远足物品及服装等。

（3）请家长协助幼儿准备好远足的用品及服装。

2. 远足到消防队

（1）出发前与幼儿共同回顾参观计划及远足的安全事宜。

提问：还记得你们要完成的任务吗？

　　　在徒步的过程中我们要注意什么问题呢？

（2）一起徒步到参观地点——昌平区南环路消防中队。

提示：跟紧老师，过路口时看红绿灯，发生事情要及时告诉老师。

（3）参观、体验各种消防车及工具。

幼儿邀请消防员叔叔介绍消防车及工具，并根据自己制订的计划向叔叔提问。

（4）幼儿自由参观消防员的服饰和居住的场所（内务）。

提问：（学习室）你们发现了什么？引导幼儿发现消防员叔叔的物品摆放都非常整齐、有序。

（宿舍）你们知道消防员叔叔是怎样把被子叠得这么整齐的吗？

请消防员叔叔演示，引导幼儿感受叔叔们做事认真的态度。

（5）观看消防员叔叔的消防演习。

（6）返回幼儿园。

3. 活动后小结

（1）远足活动后，通过集体分享、讨论等方式，帮助幼儿整理和提升相关的经验。

（2）教师为幼儿创设多种表达、表现的机会。鼓励幼儿将已有的知识和经验运用于制作图书、出专栏、编辑班级新闻等活动的过程中，记录和交流在参观过程中所获得的信息和自己的感受。

（北京市昌平区工业幼儿园　李迎春）

第三节　幼儿运动会

幼儿运动会是幼儿园体育活动的组织形式之一，是由幼儿园组织，家长、幼儿和教师共同参与的活动。运动会不仅有助于增强亲子间的情感，也有助于家长加深对幼儿教育、幼儿园和教师的了解，增进相互理解与信任。因此，运动会也是幼儿园与家庭、社区合作共育的一种方式。

一、幼儿运动会概述

（一）幼儿运动会的含义

幼儿运动会是指幼儿园以园或各年龄组为基本单位开展、以交流和展示幼儿运动能力、发展状况为基本特征的一种幼儿园体育活动的组织形式。

幼儿运动会是一项全员性的活动，能让每个幼儿体验到自信、成功以及运动、合作带来的快乐；能锻炼幼儿的体能，激发幼儿的运动兴趣，丰富幼儿的生活体验；促进不同年龄、不同班级幼儿之间的交往与互动；增强家园沟通，促进亲子互动，提升家长对于幼儿运动的认识，转变家长的教育观念。

（二）幼儿运动会的特点与内容

1. 特点

（1）全员性。幼儿运动会是每名幼儿都能参加的活动，应是一次所有幼儿展示自己、锻炼身体、快乐运动、团结合作的体验过程。在实际组织中，切忌为了显示幼儿园的某些"特色"或"创新"而仅挑选能力较强的幼儿参与。

幼儿运动会结束时，应给每个班发奖，如友爱奖、合作奖等，赠送给每个幼儿一件小纪念品或小奖品（纪念品或奖品可以是幼儿自己动手制作的，各班相互赠送），大家皆大欢喜，如过节一般。

(2)趣味性。这是由幼儿的年龄特点决定的，幼儿运动会应是轻松、愉快的，以游戏为基本形式，以激发幼儿积极参与运动为目的，结合幼儿年龄特点，弱化甚至不体现竞争性，使幼儿与教师没有心理压力和负担。在幼儿运动会召开之前，带领幼儿做一些必要的准备，熟悉和练习一下活动的内容，这是必要的，但一定要适宜。切忌在开运动会之前，花费较多的时间让幼儿集中反复练习，如排练入场式、排练新操、练习比赛项目等。这种反复、枯燥的练习，会影响幼儿参与活动的兴趣，让幼儿承受较大的生理负荷，有损于幼儿的身心健康，也干扰了幼儿正常的生活和游戏。

2. 内容

(1)基本体操或简单的律动

这类内容具有一定的展示性质，以班级或以年级组为单位交流展示幼儿已经掌握的基本体操、集体舞、律动等，还可以有简单的队形变换。这些内容都是幼儿日常体育活动的内容，需要班级中的每个幼儿都参加，如小班的"小动物模仿操"、中班的"小圈操"、大班的"武术操"，这类活动在整场运动会中不宜占时过长。

(2)适宜幼儿年龄特点的体育游戏

体育游戏是运动会的核心，在选取体育游戏时要关注到每个年龄组幼儿的能力水平与兴趣。小班幼儿以平行游戏为主，对游戏材料具有较强的依赖性，可以为小班幼儿提供情境性及趣味性较强的游戏环境，如"送宝宝回家""小兔拔萝卜"等。中班幼儿对游戏的规则有了初步的认识，但竞争意识还不明显，可以将侧重点放在规则性较强、具有一定探险性质的游戏，如"合力大闯关"等活动。大班幼儿已具有一定的合作意识和竞争意识，可以进行"两人三足"等合作类竞赛游戏。

(3)亲子类游戏

邀请家长与幼儿一同进行游戏，家长与自己的孩子合作，开展一些游戏比赛活动。如运西瓜、捉尾巴、过障碍接力等。

(三)幼儿运动会的组织类型与要点

1. 组织类型

结合季节、运动内容等，幼儿运动会一般有以下几种组织形式。

(1)年级运动会。即结合幼儿的年龄特点，以大、中、小不同的年龄段为单位开展的运动会。这类型的运动会主要由本年龄组的教师组织,教师由于对幼儿的发展水平较为了解,在安排时可更好地体现幼儿的运动水平、运动负荷,突出幼儿的年龄特点。

(2) 季节运动会。季节运动会主要是结合季节变化组织的运动会,可以分为春季运动会、夏季运动会、秋季运动会和冬季运动会。组织这类运动会,根据不同的季节、气候条件,运动会的运动量的安排也应有所差异。例如:在冬季,活动量较大的运动,如奔跑、跳跃的活动等,可以安排得多一些;夏天,如有条件,可以让幼儿在有树荫遮挡的场地上进行活动,活动量较大的活动可安排少一些。

(3) 民间体育游戏运动会。顾名思义,民间体育游戏运动会是以民间体育游戏为主要内容的运动会。民间体育游戏多种多样,具有较强的传承性,将民间体育游戏运用在幼儿运动会中,不仅丰富了运动会的内容,也可以使运动会彰显出独特的民俗韵味,潜移默化地传播传统文化。

(4) 亲子运动会。亲子运动会即为家长与幼儿共同参与的运动会,地点可在园内,也可拓展到社区。运动会的项目需要家长与幼儿一起参与、合作完成,活动设计时不仅要体现幼儿的运动水平,还需要家长担任不可替代的角色。

2. 组织要点

(1) 摆正运动会对幼儿发展的价值

幼儿园组织开展幼儿运动会,一定要摆正运动会对幼儿发展的促进意义,不能搞形式主义,更不能违背幼儿的年龄特点,伤害幼儿的身心。幼儿园的园长首先要树立正确的儿童观和教育观,把握正确的导向,同时,要使全体教职工形成共识。

(2) 依据幼儿的年龄特点确定合适的活动内容

幼儿运动会的活动程序以及活动内容的选择,都应该从幼儿的年龄特点、对幼儿发展的意义以及运动会本身的意义来考虑。活动程序应尽量简单,不要搞形式主义。活动内容的选择应适合幼儿的年龄特点。幼儿运动会是面向全体幼儿的,人人参与,重在调动每个幼儿参与运动的热情和积极性,并使每个幼儿都能体验到运动带来的快乐和成功。因此,选择的活动内容一定要大众化,是每个幼儿都熟悉、能完成的,或者提供差别化的材料供幼儿选择。此外,活动内容要注意动静交替并考虑到幼儿上肢与下肢的均衡练习，关注运动的强度和密度，注重整体活动安排的科学性。

（3）做好各项准备工作

确定好幼儿运动会的主要程序和活动内容后，应召开教师和相关人员的准备会，对运动会的各环节的内容、顺序、环境布置、道具器材、后勤保障等做进一步的安排，明确分工，责任落实到人，确保幼儿运动会的顺利进行。

班级教师可利用幼儿户外体育活动的时间，带领全体幼儿了解和熟悉幼儿运动会中所参与的活动的内容及流程，但要避免进行枯燥、重复的练习。此外，还需要召开家长会，向家长说明幼儿运动会的意义、运动会的流程以及配合事项，若需要家长参与亲子体育游戏，则可以将体育游戏的玩法印发给家长，或带领家长预先学习或练习游戏的玩法。

（4）做好运动会的现场组织工作

在幼儿运动会的进行过程中，全园教职工要相互配合，注意调动幼儿的活动热情，安排好幼儿的各项活动以及如厕、饮水等生活环节。另外，还需做好家长的引导工作，提示家长不要随意离开座位拍照、摄像，以免影响幼儿活动。

运动会结束时，应发给每个班级数量充足的小奖品，奖励每个幼儿在运动会中的积极参与和大胆表现。

二、案例精选

案例1 六一运动会（大班）

活动目标

1. 积极参与竞赛类体育活动，有集体荣誉感与拼搏精神。
2. 发展和提高走、跑、跳、投、平衡等身体综合素质。
3. 在比赛中不怕困难、不放弃，能团结友爱、互相帮助。
4. 感受六一儿童节的快乐气氛，体验节日的快乐。

活动准备

【活动前期准备】

1. 年龄组长、班长和主班教师共同拟订活动方案

（1）确定活动流程，具体环节包括：入场式、升旗仪式、会操表演、比赛项

目、颁奖仪式。

（2）确定各环节的内容和负责人

顺序	环节名称	内容	负责人
1	入场式	幼儿、教师入场	年龄组长
2	升旗仪式	值日班	教学园长
3	园长讲话		园长（教学园长）
4	运动会表演	会操	各班班长
5	比赛	6个比赛项目	每个班负责一个项目
6	颁奖仪式	奖品 游戏前三名奖 班级集体奖	年龄组长和各班班长

2. 活动具体准备

（1）入场式准备：各班教师和幼儿一起讨论，准备入场式的手持物、班徽（或班标、班牌）、口号等，并进行入场队列练习（结合会操表演，进行绕圈走、切断分队走的练习）。

（2）会操表演：各班准备表演本学期创编的新操，有韵律操、武术操、器械操等，每天间操以后合练一次。

（3）准备比赛项目

根据大班孩子的年龄特点、活动的趣味性、表演性和竞赛性等因素，确定运动会游戏项目，确定玩法和规则，六个班达成一致意见。

•游戏项目和顺序确定为：

①小小消防员

②小袋鼠送果子

③直线行进运球

④穿越封锁线

⑤占圈

⑥小勇士

具体玩法和规则附后。

- 教师准备

确定游戏项目后，排好游戏顺序，划分场地。（活动当天操场上可以同时准备两个比赛项目的场地及材料。一项活动结束以后，即可开始第二项，同时，撤去第一项的场地，准备第三项，依此类推）

专人负责材料准备。六个大班，每个班的教师对应负责一个项目，如大一班负责第一个游戏"小小消防员"材料准备，活动当天，大一班也负责该游戏的场地布置及裁判工作。依此类推。

分配比赛项目。各班教师请幼儿报名运动会的六个游戏项目，尽量保证每个幼儿参与三个游戏。

主持人与各班裁判员老师沟通游戏规则及裁判员职责。

- 幼儿准备

针对运动会部分比赛项目，各班教师可以提前带幼儿进行个人、小组、集体练习，为运动会活动项目顺利进行、保证幼儿运动安全做准备。

3. 布置比赛场地

- 在大班操场支好足量的太阳伞，注意插接牢固，不摇摆和倒晃。

- 排查场地及周边环境，消除各项安全隐患，调试音像设备，准备好运动会所需音乐（各班会操表演音乐及每一个比赛项目的背景音乐）。

4. 取得家长配合

请家长了解运动会日程和准备情况，运动会当天为幼儿穿戴好园服及运动鞋，保证幼儿参加运动会及准备活动的安全。

5. 其他准备工作

（1）准备发放的奖状、奖品，各班准备本班入场式的班牌。

（2）提前一天准备好运动会当天教师、幼儿饮用的矿泉水。

（3）教师穿统一工作服、运动鞋。

（4）请后勤人员及医务室人员参与活动，分工负责，保障活动中的安全。

【活动当天准备】

1. 检查运动会各项准备工作完成情况，发现问题及时上报解决。

2. 工作人员到位，保证相关器材及设备到位。

3. 8：45各班教师带领幼儿搬椅子坐到指定位置，做好入场式的准备。

活动过程

1. 致欢迎词

园长致欢迎词，祝贺小朋友的节日，提参加运动会的相关要求。

2. 大会开始

主持人宣布大班幼儿运动会正式开始。

3. 幼儿入场式

要求各班幼儿队列整齐，高举班牌。有班级口号的，经过主席台时要响亮地喊出班级口号，体现班级团结向上、积极乐观、勇于拼搏的精神面貌。

4. 大班幼儿会操表演

各班表演班级创编的新操，有韵律操、武术操、器械操等。

5. 运动会游戏项目展示

主持人宣读游戏项目比赛方法、规则及评判优胜队的标准。请各班幼儿明确玩法及要求，要求每一个参赛幼儿遵守比赛规则，在运动中注意自身及同伴的安全。

各班裁判员老师就位，游戏开始（游戏进行时，一名教师负责播放不同的背景音乐，来烘托热烈节日气氛及激烈的竞争氛围）。

（1）游戏：小小消防员

目标：练习快跑及平稳地走过平衡木，发展身体平衡能力。

准备：画好起始线、6根平衡木、小动物玩具若干个、玩具消防栓（灭火器）6个、自制动物园。

玩法：每班出10名幼儿，各列一纵队站在起始线后，每队第一名幼儿手持一个玩具灭火器站好。主持人说"开始"后，第一名幼儿拿着灭火器快速跑向平衡木，快速平稳走过平衡木后，到达动物园着火区，喷射灭火器3下，然后抱起1只小动物并手拿灭火器从场地旁边快速跑回，将灭火器交给第二名幼儿。第二名幼儿出发，方法同前，游戏依次进行。哪个班消防员最先完成营救任务（每人营救1只小动物），并且全程遵守游戏规则算是获胜队，按照遵守规则情况、用时情况分别评出名次，游戏结束。

规则：第一名幼儿将灭火器交给第二名幼儿后，第二名幼儿才能出发。

（2）游戏：小袋鼠送果子

目标：练习双脚行进开合跳，双手体前向上抛球，发展上、下肢力量。

准备：每队 12 个塑料圈，按照"单圈、双圈、单圈、双圈"的顺序依次摆放，10 个皮球；在终点处拉一根长 6 米的网线或长绳，离地面 1.5～2 米高。

玩法：每班出 10 名幼儿参与游戏，各列一路纵队（共 6 队），站在起始线后。主持人说"开始"后，各队排头幼儿快速开合跳过所有塑料圈，然后站到网子前捡起一个球，体前向上抛球抛过网后，从塑料圈旁跑回，拍第二名幼儿的手。第二名幼儿出发，玩法同前，直到每名队员都完成游戏，按用时长短、遵守规则情况分别评出名次，游戏结束。

规则：必须按照要求做相关动作，开合跳过呼啦圈，体前向上抛球。

(3) 游戏：直线行进运球

目标：15 米直线行进运球，发展控制能力。

准备：篮球 6 个，球篮筐 6 个。

玩法：每班 10 名幼儿参与游戏，各列一路纵队，依次站在起始线后，排头抱球。主持人说"开始"后，每队第一名幼儿快速直线运球 15 米到篮筐处，投球入篮，然后抱球原路跑回队首，拍第二名幼儿手。第二名幼儿出发，玩法同前，直到每队幼儿依次游戏结束，按用时长短、进球率分别评出名次，游戏结束。

规则：第一名幼儿跑回起点拍第二名幼儿的手，第二名幼儿方可出发。

(4) 游戏：穿越封锁线

目标：练习匍匐爬及穿越多条横竖交错的"封锁线"，提高身体的协调能力及平衡控制能力。

准备：垫子 18 个（每 3 个接在一起），5 根长 5 米的绳子组成横竖交错的封锁线。

玩法：每班 8 名幼儿参与游戏，各列一路纵队，依次站在起始线后。主持人说"开始"后，每队第一名幼儿快速匍匐爬过 3 个垫子，然后小心翼翼地穿过"封锁线"，站到对面终点线后，第二名幼儿方可出发，玩法同前。每班幼儿依次进行完，匍匐爬方法不正确，身体碰封锁线 2 处者算犯规，按照用时长短、完成效果分别评出名次。

规则：第一名幼儿到达终点后，第二名幼儿方可出发。

(5) 游戏：占圈

目标：发展快速躲闪能力及快速反应能力。

准备：50个塑料圈。

玩法：教师将50个圈散放在场地中央，参与游戏的60名幼儿（每班10名，可根据园所情况自行确定参与游戏的幼儿人数）围站在场地外。主持人说"开始"，音乐响起，幼儿围圈慢跑，音乐停，幼儿抢着站圈，没抢到的幼儿停止游戏。游戏继续进行，每次撤去10个塑料圈（最后一次撤掉5个圈），共撤去4次，看最后有哪些幼儿能够站在圈中。后两次可以增加游戏难度，不仅让幼儿在音乐停时占圈，主持人还要说出一个圈中站几个人，按要求站对的幼儿可以继续游戏，没站对的幼儿停止游戏，最后15名剩在圈中的幼儿获胜，游戏结束。

规则：音乐停止时才能去占圈。

(6) 综合游戏：小勇士

目标：完成综合运动项目，提高身体综合素质。

准备：跳袋6个、拱形门6个，爬网6个，锥筒24个。

玩法：每班10名幼儿参与游戏，各列一路纵队，站在起始线后。主持人说"开始"，幼儿站在跳袋中，双手提跳袋的提带双脚行进跳过到拱形门处，取下跳袋，拿在手中。钻过一个拱形门，手膝爬过爬网，再绕4个锥筒S形跑，到达终点线后跑回，将跳袋交给第二名幼儿，第二名幼儿出发。玩法规则同前，直到各队幼儿都完成游戏，按用时长短及遵守规则情况分别评出名次，游戏结束。

规则：第一名幼儿跑回后，第二名幼儿才能出发。

颁奖仪式

1. 颁发各项游戏前三名奖，获胜组的每一个幼儿都得奖。

2. 颁发各班集体奖：勇敢宝贝、健康宝贝、快乐宝贝、聪明宝贝、团结宝贝、靓丽宝贝。

3. 主持人进行小结，鼓励、表扬幼儿表现出的勇敢、坚持、团结友爱及遵守规则的好品质。

4. 教师带领部分幼儿一起收放运动会使用的运动器械。

5. 全体幼儿随各班教师有序撤离操场，回到各班休息调整。

（原中国人民解放军总后勤部六一幼儿园　赵萍）

案例 2　欢乐亲子运动会（小班）

活动目标

1. 愿意参与集体体育活动。

2. 增强体能，促进全面发展。

3. 感受与父母、同伴共同活动的乐趣，增进家园、亲子情感。

4. 加强家园联系，增强家庭教育和幼儿园教育的互动。

活动准备

【活动前期准备】

活动前期准备的方式同大班"六一运动会"，需要重点注意的事项：

1. 发放家长通知，提前将亲子体育游戏的玩法发给家长，让家长与孩子利用周末时间，在家里进行学习和练习。

2. 幼儿当天穿园服、运动鞋；教师穿统一工作服、运动鞋；家长穿运动服和运动鞋，注意运动的安全。

【活动当天准备】

1. 检查活动前期工作的完成情况，发现问题或不安全因素及时上报和解决。

2. 工作人员到位，保证相关器材及设备到位。

3. 做好家长接待工作，家长8：40凭入园凭证进园。

4. 各班提前几分钟带领幼儿进入场地，家长搬椅子坐到指定位置，给各班椅子做好标记，以免混淆、丢失。

活动过程

1. 大会开始

主持人宣布亲子运动会正式开始，并提出运动会的相关要求。

2. 家长、幼儿入场

3. 会操表演

小班全体幼儿体操表演，做平时学会的基本体操。

4. 亲子体育游戏

（1）游戏：大脚小脚

目标：发展身体协调和合作能力。

准备：起始线、圆点若干。

玩法：一名家长和一名幼儿为一组，每班出相同数目的组参赛，分两队，进行面对面接力。接力时，幼儿背对家长，双脚踩在家长的脚上，家长握住幼儿双臂。

规则：每班排头的家长和幼儿同时从起点出发，到达对面终点后，对面的家长、幼儿方可出发，全体幼儿和家长都抵达终点后，游戏结束。

(2) 游戏：占圈

目标：发展快速反应能力。

准备：圈若干（少于参赛组的数量两三个）。

玩法：一名家长和一名幼儿为一组，每班出相同数目的组参赛，游戏开始，家长背着幼儿，在圈的外围站好，放音乐，游戏开始，家长背着幼儿围着圈跑。

规则：音乐一停，家长迅速站到一个圈中，没有站到圈里的家长和幼儿停止游戏，再撤出一两个圈，继续游戏。最后音乐停止，站到圈里的家长和幼儿获胜。

(3) 游戏：运球

目标：发展身体稳定性及对球的控制能力。

准备：小篮球、协力布道等若干。

玩法：一名家长和一名幼儿为一组，每班出相同数目的组参赛，并分两队，面对面站好。亲子合作用协力布道运送篮球，并进行接力比赛。

规则：每班排头的家长和幼儿分别拽住协力布道的两条边，将一个小篮球放在布道中间。当主持人说"开始"后，家长和幼儿迅速抬着球向对面跑去，跑到对面家长处，对面的家长和幼儿再出发，所有家长和幼儿都进行一遍后，游戏结束。

(4) 游戏：跳荷叶

目标：发展协调和合作能力。

准备：彩色塑料圈若干。

玩法：一名家长和一名幼儿为一组，每班出相同数目的组参赛，分成两队，进行迎面接力。排头的家长双手分别拿两个圈站好。主持人说"开始"后，每班排头家长半蹲，将两个圈一前一后并列放好，幼儿依次跳出圈中，家长依次向前移动这两个圈，直到幼儿跳到本队对面的家长和幼儿面前，对面的家长和幼儿再依此方法游戏。所有家长和幼儿都游戏一遍，游戏结束。

规则：必须在圈中进行移动。

(5) 家长游戏：捉尾巴

目标：发展躲闪能力。

准备：每班选用一种颜色皱纹纸，剪成长条当尾巴，数量与参赛家长人数相同。

玩法：家长背着孩子，将尾巴塞进孩子的衣服中。游戏开始，互相捉尾巴，哪个班家长捉到尾巴数量多为胜。请家长在追逐中注意幼儿和自己的安全。

规则：音乐响，游戏开始；音乐停，游戏结束。

活动结束

1. 颁发小奖状：勇敢宝贝、健康宝贝、快乐宝贝、团结宝贝等。
2. 幼儿和家长按顺序安全退场。

（原中国人民解放军总后勤部六一幼儿园　赵萍）

案例3　趣味运动会（中班）

活动目标

1. 有参与集体体育活动的兴趣，并遵守活动规则。
2. 发展身体素质，培养良好的竞争意识。

活动准备

【活动前期准备】

1. 召开活动前准备会议，确定人员名单、场地、时间及活动方案。
2. 布置活动场地，准备相关器械，调试音响设备。
3. 幼儿自制一张运动卡片，用于盖小印章。

【活动当天准备】

1. 检查前期准备工作的完成情况，发现问题及时解决。
2. 工作人员到位，保证相关器械及设备准备到位。
3. 各班准备好小奖品。

活动过程

1. 主持人宣布活动开始
2. 运动员入场

各班幼儿分站成四路纵队，一名幼儿手举班牌，当入场音乐响起时，各班按顺序精神饱满地进场，当走过主席台时，各班要喊出本班的口号，到达指定位置后全体面向主席台立定站好。

3. 升国旗、唱国歌

升旗手、护旗手护送国旗入场，升旗手升国旗，全体教师、幼儿面向国旗行注目礼。

4. 园长及幼儿代表发言

5. 中班幼儿器械操、韵律操展示

6. 开展趣味游戏活动

（1）游戏：羊角球接力赛

目标：

①练习跳跃动作，发展身体协调能力。

②遵守游戏规则，有初步的竞争意识。

准备：羊角球3个；自制树6棵；纸盒9个；自制响铃若干个，挂在距离起点20米的小绳上。

场地布置如下图。

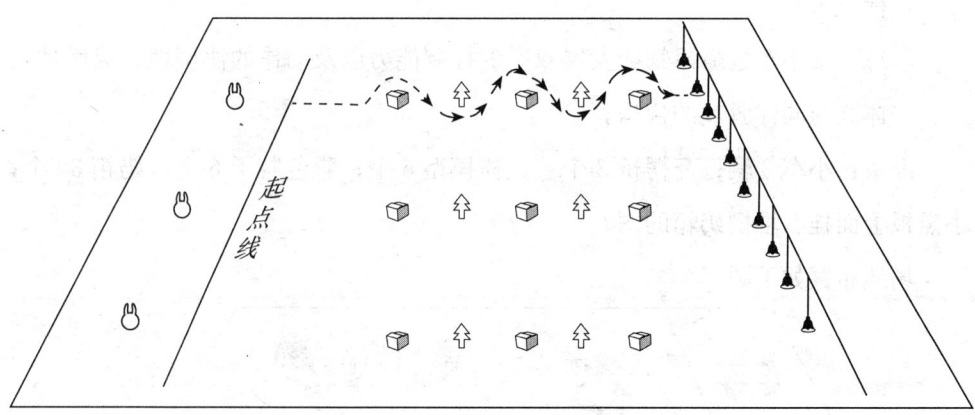

玩法：幼儿分3组，每组10名幼儿，成纵队站在起点线后。听到口令后，第一名幼儿跳羊角球，曲线绕过障碍物，到终点后拍响响铃，然后继续跳羊角球绕障碍物返回。第二人接力游戏，先进行完的小组为胜。

（2）游戏：夺红旗

目标：

①通过爬、钻、跑等动作练习，提高动作的协调性、灵敏性。

②体验合作游戏的快乐。

准备：轮胎12个，小垫子12个，拱形门3个，小红旗30面。

场地布置如下图。

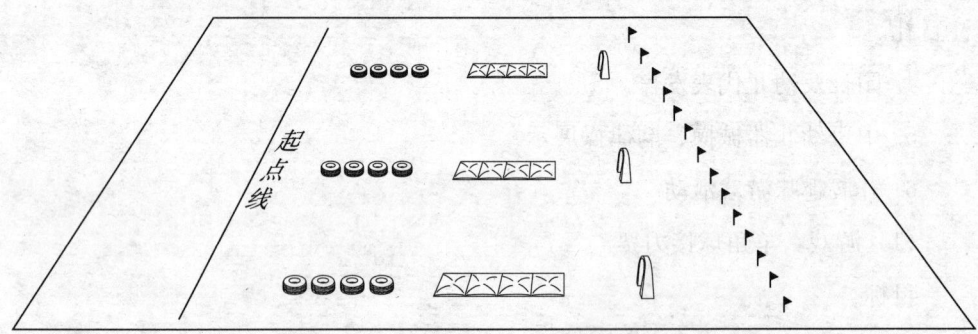

玩法：幼儿分3组，每组10名幼儿，成纵队站在起点线后。听到口令后，第一名幼儿依次走过4个轮胎，爬过垫子，钻过山洞到达终点，取一面小红旗直接跑回起点，拍下一名幼儿的手。第二名幼儿再出发，最先完成的一队为胜。

(3) 游戏：小小搬运工

目标：

①练习推小车过障碍物，发展双手的控制能力以及动作的协调性、灵敏性。

②体验与同伴游戏的快乐。

准备：小车3辆；瓦楞桥3个；大树模型6个；彩色瓶子6个；奶箱30个；小黑板上面挂有堆摆奶箱的图。

场地布置如下图。

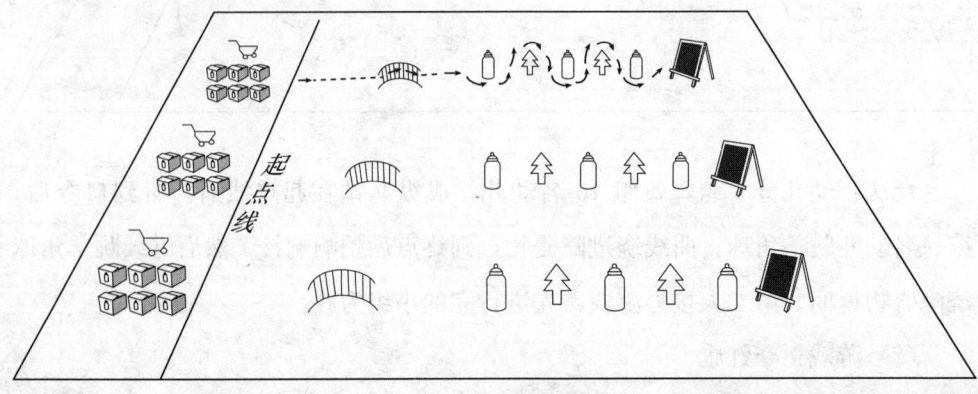

玩法：幼儿分3组，每组10名幼儿，成纵队站在起点线后。听到口令后，第一名幼儿将奶箱装入小车，推小车向前行驶一段，绕过瓦楞桥，绕过大树和瓶子障碍，将奶箱运到对面终点线，按黑板上的范例进行堆摆。摆放好后，推小车回到起始点，交给下一名幼儿。10名幼儿依次运完奶箱，摆成范例式样，用时最短者即为胜利者。

规则：每名幼儿每次运一个奶箱。在绕障碍物的过程中，若奶箱落地，则要在落地点拣起奶箱，继续进行比赛。

7. 幼儿个人体能展示

特别说明：此项活动不要强调输赢，重点在于展示幼儿体育锻炼的成果，并让幼儿体验集体游戏的快乐。

建议教师根据幼儿的个体特点和个人兴趣，与幼儿一起商量参加体育游戏的种类。每个幼儿可以自选两三个游戏，要把握人人参与的基本原则，同时鼓励体质较弱的幼儿积极参与。

每个幼儿带上自己制作的小卡片，每参加一个游戏，就盖上一个小印章。

安排的体育游戏的数量，可依据幼儿的人数、活动能力和体质状况等酌情增减。体能展示项目如下。

（1）投沙包掷远

材料：沙包若干、米尺1个、白灰粉

地点：操场一侧

规则：每班8名幼儿参加，分组进行。幼儿站在投掷线后，肩上投远。投在4米以内的幼儿盖1个小印章，投过4米的幼儿盖2个小印章。

（2）袋鼠跳

材料：米尺1个，跳袋若干

规则：每班8名幼儿参加，分组进行。幼儿穿上跳袋，自选跳6米组或8米组。完成6米组任务的幼儿，盖1个小印章；完成8米组任务的幼儿，盖2个小印章。

（3）20米冲刺

材料：秒表4块

地点：塑胶场地一侧

规则：每班 8 名幼儿，幼儿分组站在起跑线后，听口令起跑。完成任务者能获得 2 个小印章。

（4）1 分钟拍球

材料：秒表 6 个、儿童球若干

地点：塑胶场地另一侧

规则：每班 8 名幼儿。幼儿按组进行，自选拍半分钟组或拍 1 分钟组。完成半分钟组任务的幼儿，盖 1 个小印章；完成 1 分钟组任务的幼儿，盖 2 个小印章。

8. 颁奖仪式

（1）颁发集体奖状，包括团结奖、最佳表现奖、文明奖等。

（2）以班级为单位，颁发小奖品，人人有份，奖励幼儿的积极参与。

9. 运动会结束

主持人进行小结，各班按顺序退场，回班休息。

10. 延伸活动

幼儿将运动卡片带回班级，交流自己参与的运动项目和感受。随后幼儿将运动卡片带回家，展示给爸爸妈妈看。

（北京市昌平区工业幼儿园　李迎春）

案例 4　民间体育运动会（大班）

活动目标

1. 发展动作协调性和灵活性，促进体能的全面发展。

2. 充分体验民间体育游戏的乐趣，增强对传统文化的认同感。

3. 发展积极进取、与同伴合作游戏的意志品质，增强集体荣誉感。

活动准备

【活动前期准备】

1. 征集家长意见，教师、家长共同拟订活动方案

体现民族、民间游戏特色的方案及准备包括以下几项。

（1）开幕式上，请社区高跷队进行踩高跷表演；

（2）开幕式上，幼儿进行舞龙器械操表演，教师进行太极拳表演。

（3）各班的民间游戏展示：跳竹竿，抖空竹，抽陀螺，跳皮筋。每个项目，

每班出一个队参加,运动会当天,几个队一起表演。

(4) 有特色的民间游戏比赛项目,包括滚铁环,穿大鞋,跳大绳,海底捞月等。

2. 明确人员分工,结合活动内容做好各项准备

(1) 确定园长为总负责人。

(2) 教学园长负责表演项目的材料和组织。

(3) 后勤园长负责与社区表演队联系表演事宜,准备好场地、音响。

(4) 年龄组长与各班班长负责确定比赛项目的玩法和规则,每班负责一个项目的材料准备及裁判工作。

(5) 邀请家长作为志愿者参与活动,帮助完成器械摆放、拍照、摄像等工作。

3. 年龄组长与各班班长准备好各环节背景音乐、运动会的主题曲(如《中国功夫》)及小奖品。

4. 各班教师和幼儿一起讨论,准备入场式的手持物、班徽(或班标、班牌)、口号等。

【活动当天准备】

1. 8:00前各组将活动材料准备完毕,清点后将运动器械按项目分类,有序摆放到大型玩具两侧。

2. 指导家长参与志愿服务,组织家长志愿者在每个比赛项目结束后迅速更换游戏器械。

活动过程

1. 主持人宣布运动会开始

2. 各班运动员入场

各班幼儿排成四路纵队入场,按照入场路线依次进入场地。行进过程中,每班一名幼儿手举班旗或班牌,其他幼儿手持能够凸显本班特色或营造热烈气氛的手持物,队伍行进至主席台处齐声喊班级口号。

3. 升旗仪式

4. 园长及幼儿代表讲话

5. 表演

（1）全体大班幼儿进行舞龙器械操表演

（2）教师太极拳表演

（3）社区高跷队表演

6. 民间体育游戏比赛项目

（1）推铁环

目标：

①练习推铁环过障碍物，发展上肢的控制能力，提高身体动作的协调性、灵敏性。

②体验与同伴游戏的快乐。

准备：铁环 3 个、拱形门 6 个、隔离墩 12 个

玩法：每班 10 名幼儿参与。10 名幼儿为一组，纵队排好。听到口令后，第一名幼儿推铁环向前行走，钻过拱形门，然后以"S"形线路绕过隔离墩，推铁环至对面终点后，返回将铁环推回到起点交与下一名幼儿。10 名幼儿依次推铁环，用时最短的班级获胜。

（2）穿大鞋

目标：

①发展协调能力及动态平衡能力。

②能团结合作、不怕苦难，共同完成任务。

准备：三人用的大鞋 9 组（前三排幼儿先穿好大鞋等待），三面大鼓

玩法：每班 15 名幼儿参与。15 名幼儿为一大组，3 名幼儿为一小组，组成 5 个小队依次纵队站好。待排头的幼儿都穿好大鞋并进行安全检查后，教师发布"开始"指令，各组幼儿沿直线前进，到达对面目的地后，幼儿敲击大鼓，然后原路返回，与下一组幼儿击掌后，第二组幼儿出发（第一组幼儿脱下大鞋给后面的组穿）。如此往复，用时最短的班级获胜。

（3）游戏：海底捞月

目标：

①发展腰部肌肉力量，提高上肢动作的协调性。

②培养互相配合、合作的精神。

准备：3 个篮球。

玩法：每班15名幼儿参加。每个队15名幼儿依次纵队排列，每名幼儿之间间距一臂，排头的幼儿手持篮球。教师发出"开始"指令后，第一名幼儿双手举起篮球，其余队员弯下腰，双脚分开，第一名幼儿将球从胯下传给第二名幼儿，依次类推，当最后一名幼儿接到球后，再将球依次传回，当球回到第一名幼儿手中时，游戏结束，用时少的队伍获胜。

规则：在传球过程中，球如果落地，须由传球队员捡球后重新传球。

7. 民族、民间游戏展示

教师提前告知幼儿展示项目，在日常体育活动中鼓励幼儿创新玩法，运动会中每名幼儿可结合自己的实际情况自选一两个项目进行展示。可借助辅助材料来展示。

（1）抖空竹：每班1队，每队4人。

（2）跳竹竿：每班1队，每队8人，先进行一副竹竿表演，再进行两副竹竿联合表演。

（3）抽陀螺：每班1队，每队6人。

（4）跳皮筋：每班1队，每队4人。

8. 颁奖仪式

园长及家长代表为幼儿颁发集体奖状，赠送小奖品。

9. 运动会结束

主持人进行小结，各班按顺序回班休息。

（北京市丰台区蒲黄榆第一幼儿园　于霖）